Sonnenfinsternis und Schneesturm

Adalbert Stifter erzählt die Natur

Sonnenfinsternis und Schneesturm

Adalbert Stifter erzählt die Natur

Ein Lesebuch
von Wolfgang Frühwald

DuMont

Erste Auflage 2005
© 2005 für die Auswahl dieser Ausgabe:
DuMont Literatur und Kunst Verlag, Köln
Ausstattung und Umschlag:
Groothuis, Lohfert, Consorten (Hamburg)
Gesetzt aus der Stempel Garamond
Gedruckt auf säurefreiem und chlorfrei gebleichtem Papier
Satz: Greiner & Reichel, Köln
Druck und Verarbeitung: Clausen & Bosse, Leck
Printed in Germany
ISBN 3-8321-7922-4

Inhalt

Der Condor 7
Brigitta 35
Der sanftmütige Obrist 105
Das sanfte Gesetz 141
Kalkstein 151
Bergkristall 229
Die Sonnenfinsternis am 8. Juli 1842 293
Winterbriefe aus Kirchschlag 307
Aus dem bairischen Walde 337

Zu den Texten 373
Nachwort 377

Der Condor

1.
Ein Nachtstück

Um zwei Uhr einer schönen Junimondnacht ging ein Kater längs des Dachfirstes und schaute in den Mond. Das eine seiner Augen, von dem Strahle des Nachtgestirnes schräg getroffen, erglänzte wie ein grüner Irrwisch, das andere war schwarz wie Küchenpech, und so glotzte er zuletzt, am Ende der Dachkante ankommend, bei einem Fenster hinein – und ich heraus. Die großen, freundlichen Räder seiner Augen auf mich heftend, schien er befremdlich fragen zu wollen: »Was ist denn das, du lieber, alter Spiel- und Stubengenosse, daß du heute in die späte Nacht dein Gesicht zum Fenster hinaushältst, das sonst immer rot und gesund auf dem weißen Kissen lag und ruhig schlummerte, wenn ich bei meinen Nachtgängen gelegentlich vorbeikam und hineinschaute?«

»Ei, Trauter«, erwiderte ich ihm auf die stumme Frage, »die Zeiten haben sich nun einmal sehr geändert, das siehst du; – die weißen Kissen liegen unzerknittert dort auf dem Bettgestelle, und der Vollmond malt die lieblich flirrenden Fensterscheiben darauf, statt daß er in mein schlummerndes Angesicht schiene, welches Gesicht ich dafür da am Simse in die Nacht hinaushalten muß, um damit schon durch drei Vierteile derselben auf den Himmel zu schauen; denn an demselben wird heute das seltenste und tollste Gestirn emporsteigen, was er je gesehen. Es wird zwar nicht leuchten, aber wenn nach Verdienst gerichtet würde, so ist etwas in ihm, das strahlenreicher ist, als der Mond und alle Sterne zusammengerechnet, deine glänzenden Augen nicht ausgenommen, Verehrtester.«

So sagte ich ungefähr zu dem Kater, er aber drehte seine Augen, als verstände er meine Rede, noch einmal so groß und noch einmal

so freundlich gegen mich, daß sie wie Glimmerscheiben leuchteten, und die Seite seines weichen Felles gegen meine Hand krümmend und stemmend, hob er sofort sein traulich Spinnen an, während ich fortfuhr, mit ihm zu kosen: »Man sieht viel in einer langen Mondnacht, das wirst du wissen, Lieber, wenn du sonst Beobachtungsgeist besitzest; aber siehe, *ich* wußte es nicht, da ich nie Zeit hatte, eine so recht von Herzen anzuschauen, allein in diesem Harren und Schauen nach dem Himmel, namentlich da der gehoffte Weltkörper immer nicht kam, hatte ich Muße genug, den Lebenslauf einer Frühlingsnacht zu studieren.«

Da aber alles wahr ist, was ich da meinem lieben Freunde Hinze eröffnete, so sehe ich nicht ab, warum ich es nicht auch einem noch lieberen Menschenauge eröffnen, dem einst dieses Blatt vorkommen könnte, warum ich nicht sagen sollte, daß mich wirklich ein närrisches und unglückliches Verhängnis an dieses Fenster kettete und meine Blicke die ganze Nacht in die Lüfte bannte. Es will fast närrisch sein, aber jeder säße auch bei mir heroben, wenn er vorher das erlebt hätte, was ich.

Die Zeit war zäh, wie Blei.

Leider war ich schon viel zu früh heraufgestiegen, als sich noch das leidige Abendgetümmel der Menschen durch die Gassen schleppte und eine wunderliche Dissonanz bildete zu dem lieben Monde, der bereits mit rosenrotem Angesichte dort drüben zwischen zwei mächtigen Rauchfängen lag und auf meine zwei Fenster herübergrüßte.

Allmählig puppte sich denn doch alles, was Mensch heißt, in seine Nachthüllen ein, und nur die Rufe der Schlemmer tönten hie und da herauf, wie sie ihren späten Nachtweg nach Hause suchten – dann hob jene Zeit an, die die Philosophen, Dichter und Kater

lieben, die *Nachtstille* – mein vierpfotiger Freund hat eben nicht den übelsten Geschmack für die Zeit seiner Spaziergänge. – Der Mond hatte sich endlich von den Dächern gelöset und stand hoch im Blau – ein Glänzen und ein Flimmern und ein Leuchten durch den ganzen Himmel begann, durch alle Wolken schoß Silber, von allen Blechdächern rannen breite Ströme desselben nieder, und an die Blitzableiter, Dachspitzen und Turmkreuze waren Funken geschleudert. Ein feiner Silberrauch ging über die Dächer der weiten Stadt, wie ein Schleier, der auf den hunderttausend schlummernden Herzen liegt. Der einzige Goldpunkt in dem Meere von Silber war die brennende Lampe drüben in dem Dachstübchen der armen Waschfrau, deren Kind auf den Tod liegt.

So schön das alles war, so wurden doch die Stunden eine nach der andern länger – die Schatten der Schornsteine hatten sich längst umgekehrt, die silberne Mondkugel rollte schon bergab auf der zweiten Hälfte ihres dunklen Bogens – es war die tödlichste Stille – nur ich und jenes Lämpchen wachten.

Was ich aber suchte, das erschien nicht.

Zweimal schritt Hinze über die Dächer, ohne zu mir zu kommen. Die große Stadt unter mir, in der undeutlichen Magie des Mondlichts schwimmend, lag im tiefsten Schlummer, als sollte man sie atmen hören – aber auch der Himmel an der gesuchten Stelle blieb glänzend einsam, wie er die ganze Nacht gewesen. Ich harrte fort. Es war, als würde es mit jeder Minute lautloser. Der Mond zog sichtlich der zweiten Halbkugel zu; eine Herde Lämmerwolken, die tief gegen Süden auf der blauen Weide gingen, wurde leise angezündet, und selbst ferne Wolkenbänke, die schon seit Abend unten am Westhimmel schlummerten und sich dehnten – und lange in unsere Nacht hinein die Sonne Amerikas wiederge-

schienen hatten, waren erloschen und glommen nun vom Monde an, und durch ihre Glieder floß ein sanftes, blasses Licht, als regten sie sich leise.

Da schlug es zwei Uhr, und Hinze kam. Er war mir in dieser Nacht ordentlich bedeutsam geworden. Es entspann sich das stumme Gespräch mit ihm, das ich anfangs dieses Blattes berichtete; aber freilich dauerte die Unterhaltung mit ihm nicht lange, da wir beide des Zwiegesprächs bald müde waren und jeder zu unserm Geschäfte überingen: er zu seinem Lustwandeln, ich zu meinem einförmigen Schauen.

Das Lämpchen der Witwe war mittlerweile ausgelöscht worden, dafür fürchtete ich, daß bald eine ganz andere Lampe angezündet werden würde; denn im Osten kroch bereits ein verdächtiges Lichtgrauen herum, als sei es der Morgen; auch die Luft, bisher so warm und todesruhig, machte sich auf; denn ich fühlte es schon zweimal kühl aus Morgen her an mein Gesicht wehen, und das Rauschen der Frühlingsgewässer wurde deutlich von den Bergen herübergetragen.

Da auf einmal, in einem lichten Gürtel des Himmels, den zwei lange Wolkenbänder zwischen sich ließen, war mirs, als schwebe langsam eine dunkle Scheibe – ich griff rasch um das Fernrohr und schwang es gegen jene Stelle des Firmaments – Sterne, Wolken, Himmelsglanz flatterten durch das Objektiv – ich achtete ihrer nicht, sondern suchte angstvoll mit dem Glase, bis ich plötzlich eine große, schwarze Kugel erfaßte und festhielt.

Also ist es richtig, *eine* Voraussage trifft ein: gegen den zarten, weißen Frühhimmel, so schwach rot erst wie eine Pfirsichblüte, zeichnete sich eine bedeutend große, dunkle Kugel, unmerklich emporschwebend – und unter ihr an unsichtbaren Fäden hängend,

im Glase des Rohres zitternd und schwankend, klein wie ein Gedankenstrich am Himmel – das Schiffchen, ein gebogenes Kartenblatt, das drei Menschenleben trägt und sie noch vor dem Frührote herabschütteln kann, so naturgemäß, wie aus der Wolke daneben ein Morgentropfen fällt.

Cornelia, armes, verblendetes Kind! möge dich Gott retten und schirmen!

Ich mußte das Rohr weglegen; denn es wurde mir immer grauiger, daß ich durchaus die Stricke nicht sehen konnte, mit denen das Schiff am Ballon hing.

Ist nun auch die *zweite* Tatsache so gewiß wie die erste, dann lebe wohl, du mein Herz, – dann kanntest du und liebtest du das schönste, großherzigste, leichtsinnigste Weib!!

Ich mußte doch das Rohr wieder nehmen; aber der Ballon war nicht mehr sichtbar, wahrscheinlich hatte ihn das obere jener Wolkenbänder aufgenommen, gegen dessen Grund seine Zeichnung verschwand. Ich wartete und suchte dann noch lange am Himmel, fand aber nichts mehr.

Mit seltsamen Gefühlen des Unwillens und der Angst legte ich das Fernrohr weg und starrte in die Lüfte, bis endlich eine andere, aber glühende Kugel emporstieg und ihr strahlendes Licht über die große, heitere Stadt ausgoß, und auf meine Fenster, und auf einen ungeheuren, klaren, heitern, leeren Himmel.

2.
Tagstück

Der junge Mann, aus dessen Tagebuche das Vorstehende wörtlich genommen wurde, war ein angehender Künstler, ein Maler, noch nicht völlig zweiundzwanzig Jahre alt, aber seinem Ansehen nach hätte man ihm kaum achtzehn gegeben. Aus einer Fülle blonder Haare, die er noch fast knabenhaft in Locken trug, sah ein unbeschreiblich treuherziges Gesicht heraus, weiß und rot, voll Gesundheit, geziert mit den Erstlingen eines Bartes, den er sehr liebte, und der kindisch trotzig auf der Oberlippe saß, – zwei dunkelblaue, schwärmerische Augen unter einer ruhigen Stirn, auf der noch alle Unschuld seiner Kindheit wohnte. Wirklich hatte er auch aus der Einsamkeit des Waldlandes, in dem er erzogen wurde, alle Herzenseinfalt seines Tales und so viel Wissen, als bei seinen Jahren überhaupt möglich ist, in die große, lasterhafte Stadt gebracht.

Und so saß er früh nach jener ihm merkwürdigen Nacht, die er oben beschrieb, auf seiner Dachstube, die nach und nach voll warmen Morgenlichts anquoll, rückgelehnt auf die hohe Lehne eines tuchenen, altmodischen Sessels, des unzählige gelbe Nägel im Frühlichte einen gleißenden Sternenbogen um ihn spannten. Die Hände ruhten in dem Schoße, und die Augen schauten auf die leere Leinwand, die vor ihm auf der Staffelei stand, aber sie sannen nicht auf Bilder, sondern in ihrem tiefen, schwermütigen Feuer stand der Anfang einer Leidenschaft, die düster-selig in dem Herzen anbrannte und trotzig-schön in das kindliche Antlitz trat – auf dem unbeschriebenen Blatte die ersten Lettern der großen Stadt, der Titel, daß nun ein heißes Leben beginne, voll Seligkeit und Unruhe, aber fernabliegend von der friedlichen Insel seiner Kindheit.

Die Liebe ist ein schöner Engel, aber oft ein schöner Todesengel für das gläubige, betrogne Herz!

Sein Nachtgenosse, Hinze, der Kater seiner Mietsfrau, lag auf dem breiten Fenstersimse und schlief in den Strahlen der Morgensonne. Nicht weit davon auf der Zeichnung eines Cherubs lag das Fernrohr. Unten in den Gassen lärmte bereits die Industrie einer großen Hauptstadt, sorgend für den heutigen Hunger und für die heutige Üppigkeit.

Während nun der Künstler so saß in seiner engen Dachstube, die ihm der Himmel endlich ganz mit Sonnengold angefüllt hatte, begab sich anderswo eine andere Szene: hoch am Firmamente in der Einöde unbegrenzter Lüfte schwebte der Ballon und führte sein Schiffchen und die kühnen Menschen darinnen in dem wesenlosen Ozeane mit einem sanften Luftstrome westwärts. Rings ausgestorbene Stille, nur zeitweise unterbrochen durch das zarte Knarren des Taffets, wenn der Ostwind an seinen Wänden strich, oder durch ein kaum hörbares Seufzen in dem seidenen Tauwerk. Drei Menschen, ebenfalls im tiefsten Schweigen, saßen in dem Schiffe, bis ans Kinn in dichte Pelze gehüllt, und doppelte grüne Schleier über die Gesichter. Durch einen derselben schimmerten die sanften Umrisse eines schönen, blassen Frauenantlitzes mit großen, geistvollen, zagenden Augen – und somit war auch die zweite Tatsache richtig, welche der nächtliche Beobachter der Auffahrt vermutet hatte. Aber wie sie hier schiffte, war in ihr nicht mehr jene kühne Cornelia zu erkennen, die gleich ihrer römischen Namensschwester erhaben sein wollte über ihr Geschlecht und gleich den heldenmütigen Söhnen derselben den Versuch wagen, ob man nicht die Bande der Unterdrückten sprengen möge, und die an sich wenigstens ein Beispiel aufstellen wollte, daß auch ein Weib sich

frei erklären könne von den willkürlichen Grenzen, die der harte Mann seit Jahrtausenden um sie gezogen hatte – frei, ohne doch an Tugend und Weiblichkeit etwas zu verlieren. Sie war nicht mehr, was sie kaum noch vor einer halben Stunde gewesen; denn alles, alles war anders geworden, als sie sich gedacht hatte.

In frühester Morgendämmerung, um jeder unberufenen Beobachtung zu entgehen, ward die Auffahrt veranstaltet, und mit hochgehobenem Herzen stand die schöne Jungfrau dabei, als der Ballon gefüllt wurde, fast nicht bändigend den klopfenden Busen und die ahnungsreiche Erwartung der Dinge, die da kommen sollten. Dennoch war es ein banger Augenblick für die umstehenden Teilnehmer, als der unscheinbare Taffet zu einer riesenhaften Kugel anschwoll und die mächtigen Taue straff spannte, mit denen sie an die Erde gebunden war. Seltsame Instrumente und Vorrichtungen wurden gebracht und in die Fächer des Schiffes geschnallt. Ein schöner, großer Mann – sonst war er sanft, fröhlich und wohlgemut, heute blaß und ernst – ging vielmal um die Maschine herum und prüfte sie stellenweise um ihre Tüchtigkeit. Endlich fragte er die Jungfrau, ob sie auf ihrem Wunsche beharre, und auf das Ja sah er sie mit einem seltsamen Blicke der Bewunderung an, und führte sie ehrerbietig in das Schiff, bemerkend, daß er ihr nicht mit Wiederholung der Warnungen lästig sein wolle, die er ihr schon vor vierzehn Tagen gemacht, da sie dieselben ohne Zweifel wohl überlegt haben würde. Er wartete noch einige Minuten, und da keine Antwort erfolgte, so stieg auch er ein, und ein alter Mann war der letzte; sie hielt ihn für einen ergrauten, wissenschaftlichen Famulus.

Alle waren sie nun in Bereitschaft, die Maschine in Ordnung. Einen Blick noch tat Cornelia auf die Bäume des Gartens, die ins Morgengrau vermummt umherstanden und zusahen – dann er-

scholl aus dem Munde ihres Begleiters der Ruf: »Nun laßt im Namen Gottes den braven Condor fliegen – löst die Taue!« Es geschah, und von den tausend unsichtbaren Armen der Luft gefaßt und gedrängt, erzitterte der Riesenbau der Kugel und schwankte eine Sekunde – dann sachte aufsteigend zog er das Schiffchen los vom mütterlichen Grunde der Erde, und mit jedem Atemzuge an Schnelligkeit gewinnend, schoß er endlich pfeilschnell, senkrecht in den Morgenstrom des Lichts empor, und im Momente flogen auch auf seine Wölbung und in das Tauwerk die Flammen der Morgensonne, daß Cornelia erschrak und meinte, der ganze Ballon brenne; denn wie glühende Stäbe schnitten sich die Linien der Schnüre aus dem indigoblauen Himmel, und seine Rundung flammte, wie eine riesenhafte Sonne. Die zurücktretende Erde war noch ganz schwarz und unentwirrbar, in Finsternis verrinnend. Weit im Westen auf einer Nebelbank lag der erblassende Mond.

So schwebten sie höher und höher, immer mehr und mehr an Rundsicht gewinnend. Zwei Herzen, und vielleicht auch das dritte, alte, pochten der Größe des Augenblicks entgegen.

Die Erhabenheit begann nun allgemach ihre Pergamente auseinanderzurollen – und der Begriff des Raumes fing an mit seiner Urgewalt zu wirken. Die Schiffenden stiegen eben einem Archipel von Wolken entgegen, die der Erde in demselben Augenblicke ihre Morgenrosen sandten, hier oben aber weiß schimmernde Eisländer waren, in den furchtbar blauen Bächen der Luft schwimmend und mit Schlünden und Spalten dem Schiffe entgegen starrend. Und wie sie näher kamen, regten und rührten sich die Eisländer als weiße, wallende Nebel. In diesem Augenblicke ging auf der Erde die Sonne auf, und diese Erde wurde wieder weithin sichtbar. Es war noch das gewohnte Mutterantlitz, wie wir es von hohen Ber-

gen sehen, nur lieblich schön errötend unter dem Strahlennetze der Morgensonne, welche eben auch das Fenster des Dachstübchens vergoldete, in dem der arme junge Meister saß.

»Wie weit, Coloman?« fragte der Luftschiffer.

»Fast Montblancs Höhe,« antwortete der alte Mann, der am andern Ende des Schiffchens saß, »wohl über vierzehntausend Fuß, Mylord.«

»Es ist gut.«

Cornelia sah bei dieser Rede behutsam über Bord des Schiffes und tauchte ihre Blicke senkrecht nieder durch den luftigen Abgrund auf die liebe verlassene, nunmehr schimmernde Erde, ob sie etwa bekannte Stellen entdecken möge – aber siehe, alles war fremd, und die vertraute Wohnlichkeit derselben war schon nicht mehr sichtbar, und mithin auch nicht die Fäden, die uns an ein teures, kleines Fleckchen binden, das wir Heimat nennen. Wie große Schatten zogen die Wälder gegen den Horizont hinaus – ein wunderliches Bauwerk von Gebirgen, wie wimmelnde Wogen, ging in die Breite und lief gegen fahle Flecken ab, wahrscheinlich Gefilde. Nur ein Strom war deutlich sichtbar, ein dünner, zitternder Silberfaden, wie sie oft im Spätherbste auf dunkler Haide spinnen. Über dem Ganzen schien ein sonderbar gelbes Licht zu schweben.

Wie sie ihre Blicke wieder zurückzog, begegnete sie dem ruhigen Auge des Lords, an dem sie sich erholte. Er stellte eben ein Teleskop zurecht und befestigte es.

Dies nun war der Moment, in welchem wir den Ballon trafen, als wir uns aus der Stube des Künstlers entfernten. Er zog, wie wir sagten, mit einem sanften Luftstrome westwärts, ohne weiter zu steigen; denn schon über zwanzig Minuten fiel das Quecksilber in der Röhre gar nicht mehr. Die beiden Männer arbeiteten mit ihren

Instrumenten. Cornelia drückte sich tiefer in ihre Gewänder und in die Ecke ihres Sitzes. Die fließende Luft spielte um ihre Locken, und das Fahrzeug wiegte sich. Von ihrem Herzen gab sie sich keine Rechenschaft.

Die Stille wurde nur unterbrochen durch eintönige Laute der Männer, wie der eine diktierte, der andere schrieb. Am Horizonte tauchten jetzt in nebelhafter Ferne ungeheure schimmernde Schneefelder auf, die sich Cornelia nicht enträtseln konnte. »Es ist das Mittelmeer, verehrtes Fräulein,« sagte Coloman; »wir wollen hier nur noch einige Luftproben in unsere Fächer schöpfen und die Elektrizität prüfen; dann sollen Sie den Spiegel noch viel schöner sehen, nicht mehr silbern, sondern wie lauter blitzendes Gold.«

Während dessen hatte der junge Luftschiffer eine Phiole mit starkem Kaffee gefüllt, in ungelöschten Kalk gelegt, hatte Wasser auf den Kalk gegossen und so die Flüssigkeit gewärmt; dann goß er etwas Rum dazu und reichte der Jungfrau einen Becher des heißen und erhitzenden Getränkes. Bei der großen Kälte fühlte sie die wohltätige Wirkung augenblicklich wie neues Leben durch ihre Nerven fließen. Auch die Männer tranken. Dann redeten sie leise, und der jüngere nickte. Hierauf fing der ältere an, Säcke mit Sand, die im Schiffe standen, über Bord zu leeren. Der Condor wiegte sich in seinem Bade, und wie mit den prächtigen Schwingen seines Namensgenossen hob er sich langsam und feierlich in den höchsten Äther – und hier nun änderte sich die Szene schnell und überwältigend.

Der erste Blick Cornelias war wieder auf die Erde – diese aber war nicht mehr das wohlbekannte Vaterhaus: in einem fremden, goldnen Rauche lodernd, *taumelte* sie gleichsam zurück, an ihrer äußersten Stirn das Mittelmeer wie ein schmales, gleißendes Gold-

band tragend, überschwimmend in unbekannte phantastische Massen. Erschrocken wandte die Jungfrau ihr Auge zurück, als hätte sie ein Ungeheuer erblickt – aber auch um das Schiff herum wallten weithin weiße, dünne, sich dehnende und regende Leichentücher – von der Erde gesehen – Silberschäfchen des Himmels. – Zu diesem Himmel floh nun ihr Blick – aber siehe, er war gar nicht mehr da: das ganze Himmelsgewölbe, die schöne blaue Glocke unserer Erde, war ein ganz schwarzer Abgrund geworden, ohne Maß und Grenze in die Tiefe gehend, – jenes Labsal, das wir unten so gedankenlos genießen, war hier oben völlig verschwunden, die Fülle und Flut des Lichtes auf der schönen Erde. Wie zum Hohne, wurden alle Sterne sichtbar – winzige, ohnmächtige Goldpunkte, verloren durch die Öde gestreut – und endlich die Sonne, ein drohendes Gestirn, ohne Wärme, ohne Strahlen, eine scharfgeschnittene Scheibe aus wallendem, blähendem, weißgeschmolzenem Metalle: so glotzte sie mit vernichtendem Glanze aus dem Schlunde – und doch nicht einen Hauch des Lichtes festhaltend in diesen wesenlosen Räumen; nur auf dem Ballon und dem Schiffe starrte ein grelles Licht, die Maschine gespenstig von der umgebenden Nacht abhebend und die Gesichter totenartig zeichnend, wie in einer laterna magica.

Und dennoch – die Phantasie begriff es kaum – dennoch war es unsere zarte, liebe Luft, in der sie schifften – dieselbe Luft, die morgen die Wangen eines Säuglings fächelt. Der Ballon kam, wie der Alte bemerkte, in den obern umgekehrten Passatstrom, und mußte mit fürchterlicher Schnelligkeit dahingehen, was das ungemeine Schiefhängen des Schiffes bewies, und das gewaltige Rütteln und Zerren an dem Taffet, der dessenungeachtet keinen stärkern Laut gab als das Wimmern eines Kindes; denn auch das Reich des

Klanges war hier oben aus – und wenn das Schiff sich von der Sonne wendete, so war nichts, nichts da, als die entsetzlichen Sterne, wie Geister, die bei Tage umgehen.

Jetzt, nach langem Schweigen, taten sich zwei schneebleiche Lippen auf und sagten furchtsam leise: »Mir schwindelt.«

Man hörte sie aber nicht.

Sie schlug nun den Pelz dichter um sich, um den schüttelnden Fieberfrost abzuwehren. Die Männer arbeiteten noch Dinge, die sie gar nicht verstand; nur der junge, schöne, furchtbare Mann, deuchte es ihr, schoß zuweilen einen majestätischen Blick in die großartige Finsternis und spielte dichterisch mit Gefahr und Größe – an dem Alten war nicht ein einzig Zeichen eines Affektes bemerkbar.

Nach langer, langer Zeit der Vergessenheit neigte der Jüngling doch sein Angesicht gegen die Jungfrau, um nach ihr zu sehen: sie aber schaute mit stillen, wahnsinnigen Augen um sich, und auf ihren Lippen stand ein Tropfen Blut.

»Coloman,« rief der Jüngling, so stark er es hier vermochte, »Coloman, wir müssen niedergehen; die Lady ist sehr unwohl.«

Der alte Mann stand auf von den Instrumenten und sah hin, es war ein Blick voll strahlenden Zornes und ein tief entrüstetes Antlitz. Mit überraschend starker Stimme rief er aus: »Ich habe es dir gesagt, Richard, das Weib erträgt den Himmel nicht – die Unternehmung, die so viel kostete, ist nun unvollendet; eine so schöne Fahrt, die einfachste und ruhigste in meinem ganzen Leben, geht umsonst verloren. Wir müssen freilich nieder, das Weib stirbt sonst hier. Lüfte nur die Klappen.«

Nach diesen Worten saß er wieder nieder, klammerte sich an ein Tau und zog die Falten seines Mantels zusammen; der Jüngling

aber tat einen jähen Zug an einer grünseidnen Schnur – und wie ein Riesenfalke stieß der Condor hundert Klafter senkrecht nieder in der Luft – und sank dann langsamer immer mehr und mehr.

Der Lord hielt die ohnmächtige Cornelia in den Armen.

3.
Blumenstück

Ich weiß nicht, wie viel Zeit seit der Luftfahrt vergangen war – da war es wieder eines Morgens, ehe kaum der Tag graute, daß der junge Künstler wieder auf dem altmodischen Sessel mit den gelben Nägeln saß und wieder auf die gespannte Leinwand schaute: aber diesmal war sie nicht leer, sondern mit einem großen skizzierten Bilde prangend, das bereits ein schwerer Goldrahmen umfing. Wie einer, der heißhungrig nach Taten ist, arbeitete er an dem Bilde, und wer ihn so gesehen hätte, wie er in Selbstvergessenheit die Augen über die gemalte Landschaft strömen ließ, der hätte gemeint, aus ihnen müsse die Wärme und Zärtlichkeit in das Bild geflossen sein, die so unverkennbar und reizend aus demselben traten. Oft ging er einen Schritt zurück, mit klugem Blicke das Ganze prüfend und wägend; dann ward mit leuchtenden Augen die Arbeit fortgesetzt. Es ist ein schöner Anblick, wenn der Engel der Kunst in ein unbewußtes, reizendes Jünglingsantlitz tritt, dasselbe verklärt und es ohne Ahnung des Besitzers so schön und so weit über den Ausdruck des Tages emporhebt. Heller und heller schien die Sonne in das Gemach, und in dieser Stimmung war es, daß ein Diener gegen Mittag ein versiegeltes Blättchen brachte.

Der Jüngling riß es auf. »Gut, ich werde kommen«, sagte er, und ein heißes Rot lief auf seine Wangen, der Zeuge eines Gefühls, das er in der tiefsten Falte seines Herzens verborgen wähnte und in letzter Zeit gar unmutig und unwillig niedergekämpft hatte.

Der Diener ging – der Jüngling aber malte nun nicht mehr.

Um zehn Uhr des andern Tages, in feines Schwarz gekleidet, den leichten Hut über den blonden, vorquellenden Locken, ging er aus der Stadt, die langen, lichten Gassen der Vorstadt entlang, bis er zu dem Eingange eines schönen Landhauses gelangte; dort trat er ein, stieg die breite, sommerliche Treppe hinauf und öffnete die Flügeltüren zu einem großen Saale voll Bilder. Hier harrte er und ließ sich melden. Nach einer Zeit tat sich eine Tür gegenüber dem Eingange auf, und eine ältliche Frau trat heraus, die ihm sogleich mit mütterlicher Freude die Hand reichte und sie herzlich drückte.

»Gehen Sie nur hinein,« sagte sie, »gehen Sie hinein – Sie werden fast mit Angst erwartet. Ach, Gustav, was habe ich gelitten! – Sie hat es wirklich ausgeführt; dann war sie krank – sie muß fürchterliche Dinge gesehen haben, sie muß sehr weit, sehr weit gewesen sein; denn drei Tage und Nächte dauerte die Rückreise. – Seit sie genesen, ist sie gut und sanft, daß es mir oft wunderbar ins Herz geht; aber sie sagt von jener Sache auch nicht ein leises, leises Wörtchen. Gehen Sie nur hinein.«

Der Jüngling hatte mit düsterer Miene zugehört; er schwieg, und die Miene wurde nur noch düsterer.

Er schritt der Türe zu, öffnete sie und verschwand hinter derselben. Das Zimmer, in dem er sich nun befand, war groß und mit dem feinsten Sinne eingerichtet. An einem Fenster desselben, mitten in einem Walde fremder Blumen, saß eine junge Dame. Sie war

in einem weißen Atlaskleide, dessen sanfter Glanz sich edel abhob von den dunkelgrünen Blättern der Kamelien.

Sie war aufgestanden, als der junge Mann eintrat, und ging ihm freundlich entgegen. Eine Gestalt über mittlerer Größe, voll jener hohen Grazie der Vornehmen, aber auch voll jener höheren der Sitte, die den Menschen so schön macht. Ihr Angesicht war geistvoll, blühend, aber heute blaß. Zwei große schwarze Augen schauten dem Künstler aus der Blässe entgegen und grüßten ihn freundlich.

Er aber sah es nicht, daß ein leises Ding voll Demütigung oder Krankheit in ihrem Wesen zittere – sein Herz lag gebannt in der Vergangenheit, sein Auge war gedrückt und trotzend.

Einen Moment war Stille.

»Wir haben uns lange nicht gesehen«, sagte sie weich; »ich war auch ein wenig krank.«

Er sagte auf ihre Anrede nichts, sondern verbeugte sich nur.

»Sie waren immer wohl?« fragte sie.

»Ich war wohl«, antwortete er.

Ein großer, verwundernder Blick flog auf ihn – aber sie sagte nichts, sondern ging gegen die Kamelien, wo eine Staffelei stand, rückte dort etwas, dem kein Rücken not tat; stellte etwas zurechte, das ohnedies recht stand; sah in die grünen Pflanzenblätter, als suche sie etwas – und kam dann wieder zurück. Er stand indessen auf demselben Flecke, wie einer, der Befehle erwartet, den Hut in der Hand, und seinen Ort nicht um die Breite eines Haares verrückkend.

Die Dame atmete und fragte dann endlich sich zwingend noch sanfter: »Dachten Sie wohl auch die Zeit her an uns?«

»Ich dachte oft,« sagte er mit unbefangener Stimme, »an Sie und

an unsere Studien. Jetzt werden wohl die Farben auf dem Bilde gar zu sehr verdorrt sein.«

Nun aber wird sie purpurrot und stieß heiß heraus: »Malen wir.«

Das Rot des Antlitzes war im raschen Umwenden ihrer Gestalt nur hinter den Schläfen sichtbar geworden, und den tiefen Unmutsblitz des Auges hatte nur der Spiegel aufgefangen. Es war ganz deutlich, und schon ihr Anzug hatte es gezeigt, daß sie nicht hatte malen wollen: aber wie er nun den Hut abgelegt, an die Staffelei getreten, dort ein Fach geöffnet, Malergeräte herausgenommen und stehend die Farben auf die Palette gestellt – und wie sie allem dem mit großem, schweigendem Auge zugesehen hatte – und wie er ihr die Palette artig reichte: so drückte sie rasch den einen Ärmel ihres Atlasgewandes zusammen, empfing die Palette und setzte sich mit unsäglichem Stolze nieder.

Er stand hinter ihr, auf dem Antlitze nicht einen Hauch von Erregung zeigend.

Das Malen begann. Die ältliche Frau, die Amme der jungen Dame, ging zeitweise ab und zu.

Der junge Mann, als Lehrer, begann mit klarer Stimme kühl und ruhig die Beurteilung des bereits auf der Leinwand Vorhandenen, und tat dieses Geschäft lobender und kürzer als sonst; dann gab er den Plan für das, was nun dem Bilde zunächst not tue; er nannte die erforderlichen Töne und die Farben, aus denen sie zu mischen seien.

Sie nahm und mischte.

»Gut«, sagte er. Die Töne wurden nun in einem Bogen auf der Palette neben einander aufgestellt – das Malen begann, und das Zimmer war totenstill; nur, wie eine Grotte durch fallende Trop-

fen, so ward es durch die gelegentlichen Worte unterbrochen: »gut – wärmer – tiefer –.« Nach und nach tönte auch dies nicht mehr; mit dem langen Stiele des Pinsels zeigte er, was zu verbinden war, was zu trennen; oder er setzte plötzlich ein Lichtchen oder einen Drucker hin, wo es not tat und sie es nicht wagte.

Was er gewollt, hatte er erreicht; aber wer ihn nun gesehen hätte, wie er sein schönes Antlitz hinter ihrem Rücken einsam emporhob, der hätte den leisen, heißen Schmerz bemerkt, der in demselben schwamm – aber sie sah sich nicht um, und sonst waren rings nur die blinden Wände.

Wie so oft der Geist des Zwiespalts zwischen Menschen tritt, anfangs als ein so kleines, wesenloses Ding, daß sie es nicht sehen oder nicht wert halten, es mit einem Hauch des Mundes, mit einer Falte des Gewandes wegzufegen – wie es dann heimlich wächst, und endlich als unangreifbarer Riese wolkig, dunkel zwischen ihnen steht: so war es auch hier. Einstens, ja in einem schönen Traume war es ihm gewesen, als zittre auch in ihr der Anfang jenes heißen Wesens, das so dunkel über seiner Seele lag, einstens in einem schönen Traume; aber dann war ihr Stolz wieder da, ihr Freiheitsstreben, ihr Wagen – alles, alles so ganz anders, als ihm sein schüchtern wachsendes, schwellendes Herz sagte, daß es sein solle – so ganz anders, ganz anders, daß er plötzlich knirschend alles hinter sich geworfen, und null dastand, wie einer, der verachtet – und wie sie immer fortmalte und auch nicht *eine* Seitenbewegung ihres Hauptes machte, und auch nicht *ein* Wort sagte: da preßte er die Zähne seines Mundes auf einander und dachte, er hasse dieses Weib recht inbrünstiglich! – Und wie Stunde um Stunde des Vormittags floß, – wie er ihren Atem hörte, und wie doch keine Sekunde etwas anderes brachte, als immer dasselbe Bild: – da wurde

es schwül im Zimmer, und auf einmal – er wußte nicht warum – trat er an das Fenster und sah hinaus. Es war draußen still, wie drinnen; ein traurig blauer Himmel zog über reglose grüne Bäume – der Jüngling meinte, er ringe mit einer Riesenschlange, um sie zu zerdrücken. Plötzlich war es, als höre er hinter sich einen dumpfen Ton, wie wenn etwas niedergelegt würde – er sah um: wirklich waren Palette und Malerstab weggelegt, und die Jungfrau saß im Stuhle rückgelehnt, die beiden Hände fest vor ihr Antlitz drückend. Einen Moment schaute er auf sie und begann zu beben: – dann ging er leise näher – sie regte sich nicht – dann noch näher – sie regte sich nicht – er hielt den Atem an, er sah auf die schönen Finger, die sich gegen die Blüte des Antlitzes drückten – und da sah er endlich, wie quellend Wasser zwischen ihnen vordrang – mit eins lag er auf seinen Knieen vor ihr. Man erzählt von einer fabelhaften Blume der Wüste, die jahrelang ein starres Kraut war, aber in *einer* Nacht bricht sie in Blüten auf, sie erschrickt und schauert in der eigenen Seligkeit – so wars hier: mit Angst suchte er unter ihren Händen empor in ihr Angesicht zu schauen; allein er konnte es nicht sehen, – er suchte sanft den Arm zu fassen, um ihr eine Hand herabzuziehen; – allein sie ließ den Arm nicht. Da preßten seine Lippen das heiße Wort heraus: »Liebe, teure Cornelia!«

Sie drückte ihre Hände nur noch fester gegen das Gesicht, und nur noch heißer und nur noch reichlicher flossen die Tränen hervor.

Ihm aber – – wie war ihm denn? Angst des Todes war es über diese Tränen, und dennoch rollte jede wie eine Perle jauchzenden Entzückens über sein Herz – – wo ist die Schlange am Fenster hin? wo der drückende blaue Himmel? – Ein lachendes Gewölbe sprang über die Welt, und die grünen Bäume wiegten ein Meer von Glanz und Schimmer!

Er hatte noch immer ihren Arm gefaßt, aber er suchte nicht mehr ihn herabzuziehen – sie ward ruhiger – endlich stille. Ohne das Antlitz zu enthüllen, sagte sie leise: »Sie haben mir einst über mein den Männern nachgebildetes Leben ein Freundeswort gesagt …«

»Lassen wir das,« unterbrach er sie, »es war Torheit, Anmaßung von mir …«

»Nein, nein,« sagte sie, »ich muß reden, ich muß Ihnen sagen, daß es anders werden wird – – ach, ich bin doch nur ein armes, schwaches Weib, wie schwach, wie arm selbst gegen jenen greisen, hinfälligen Mann – – sie erträgt den Himmel nicht! – –«

Hier stockte sie, und wieder wollten Tränen kommen. Der Jüngling zog nun ihre Hände herab; sie folgte, aber der erste Blick, den sie auf ihn tat, machte sie erschrecken, daß plötzlich die Tränen stockten. Wie war er verwandelt! Aus den Locken des Knaben schaute ein gespanntes, ernstes Männerantlitz empor, schimmernd in dem fremden Glanze des tiefsten Fühlens; – aber auch sie war anders: in den stolzen, dunklen Sonnen lag ein Blick der tiefsten Demut, und diese demütigen Sonnen hafteten beide auf ihm, und so weich, so liebreich wie nie – – hingegeben, hilflos, willenlos – sie sahen sich sprachlos an – die heiße Lohe des Gefühles wehte – das Herz war ohnmächtig – ein leises Ansichziehen – ein sanftes Folgen – und die Lippen schmolzen heiß zusammen, nur noch ein unbestimmter Laut der Stimme – und der seligste Augenblick zweier Menschenleben war gekommen, und – vorüber.

Der Kranz aus Gold und Ebenholz um ihre Häupter hatte sich gelöset, der Funke war gesprungen, und sie beugten sich auseinander – aber die Häupter blickten sich nun nicht an, sondern sahen zur Erde und waren stumm.

Nach langer, langer Pause wagte der Jüngling zuerst ein Wort

und sagte gedämpft: »Cornelia, was soll nun dieser Augenblick bedeuten?«

»Das Höchste, was er kann«, erwiderte sie stolz und leise.

»Wohl, er ist das Schönste, was mir Gott in meinem Leben vorgezeichnet,« sagte er, »aber hinter der großen Seligkeit ist mir jetzt, als stände ein großer, langer Schmerz – Cornelia – wie werde ich diesen Augenblick vergessen lernen?!«

»Um Gott nicht,« sagte sie erschrocken, »Gustav, lieber, einziger Freund, den allein ich auf dieser weiten Erde hatte, als ich mich verblendet über mein Geschlecht erheben wollte – wir wollen ihn auch nicht vergessen; ich müßte mich hassen, wenn ich es je könnte. – Und auch Sie, bewahren Sie mir in Liebe und Wahrheit Ihr großes, schönes Herz.«

Er schlug nun plötzlich die Augen zu ihr auf, erhob sich von dem Sitze, trat vor sie, ordentlich höher geworden, wie ein starker Mann, und rief: »Vielleicht ist dieses Herz reicher, als ich selber weiß; eben kommt ihm ein Entschluß, der mich selber überrascht, aber er ist gut: meine vorgenommene Reise trete ich *sogleich* und zwar morgen schon an. – Ich kann noch an das neue Glück nicht glauben – ist es etwa nur ein Moment, ein Blitz, in dem zwei Herzen sich begegneten, und ist es dann wieder Nacht? Laß uns nun sehen, was diese Herzen sind. *Verloren* kann diese Minute nie sein, aber was sie bringen wird!? Sie bringe, was sie muß und kann – und so gewiß eine Sonne draußen steht, so gewiß wird sie eines Tages die Frucht der heutigen Blume beleuchten, sie sei so oder so – – – ich weiß nur eines, daß draußen eine andere Welt ist, andere Bäume, andere Lüfte – und ich ein anderer Mensch. O Cornelia, hilf mirs sagen, welch ein wundervoller Sternenhimmel in meinem Herzen ist, so selig, leuchtend, glänzend, als sollt' ich ihn in

Schöpfungen ausströmen, so groß, als das Universum selbst, – aber ach, ich kann es nicht, ich kann ja nicht einmal sagen, wie grenzenlos, wie unaussprechlich und wie ewig ich Sie liebe und lieben will, so lange nur eine Faser dieses Herzens halten mag.«

Cornelia war im höchsten Grade erstaunt über den Jüngling und seine Sprache. – Sie war mit ihm in gleichem Alter, aber *sie* war eine aufgeblühte, volle Blume, *er* konnte zu Zeiten fast noch ein Knabe heißen. – Bewußt oder unbewußt hatte sie die Liebe vorzeitig aus ihm gelockt – in *einer* Minute war er ein Mann geworden; er wurde vor ihren Augen immer schöner, wie Seele und Liebe in sein Gesicht trat, und sie sah ihn mit Entzücken an, wie er vor ihr stand, so schön, so kräftig, schimmernd schon von künftigem Geistesleben und künftiger Geistesgröße, und doch unschuldig wie ein Knabe und unbewußt der göttlichen Flamme, Genie, die um seine Scheitel spielte.

Seele kann nur Seele lieben, und Genie nur Genie entzünden.

Cornelia war nun auch aufgestanden, sie hatte ihre schönen Augen zu ihm emporgeschlagen, und alles, was je gut und edel und schön war in ihrem Leben, die unbegrenzte Fülle eines guten Herzens lag in ihrem Lächeln, und sie wußte es nicht, und meinte zu arm zu sein, um dieses Herz lohnen zu können, das sich da vor ihr entfaltete. Er aber versprach sich in diesem Momente innerlich, daß er ringen wolle, so lange ein Hauch des Lebens in ihm sei, bis er geistesgroß und tatengroß vor allen Menschen der Welt dastehe, um ihr nur vergelten zu können, daß sie ihr herrlich Leben an ihn hingebe für kein anderes Pfand, als für sein Herz.

Sie waren mittlerweile an das Fenster getreten, und so sehr jedes innerlich sprach, so stumm und so befangener wurden sie äußerlich.

Es ist seltsam, wie das Gemüt in seiner Unschuld ist: wenn der erste Wonnesturz der ersten Liebe auf dasselbe fällt, und nun vorüber ist – so ist der erste Eindruck *der*, zu fliehen, selbst vor der Geliebten zu fliehen, um die stumme Übermacht ins Einsame zu tragen.

So standen auch die beiden an dem Fenster, so nahe aneinander, und doch so fern. Da trat die Amme ein, und gab beide sich selbst wieder. Er vermochte es, von seiner Reise und von seinen Plänen zu sprechen, und als die Amme sagte, er möge doch auch schreiben, und die Gebirge und Wälder und Quellen so schön beschreiben, wie er oft auf Spaziergängen getan habe, – da streifte sein Blick scheu auf Cornelia, und er sah, wie sie errötete.

Als endlich die Amme wieder abgerufen wurde, nahm auch er sachte seinen Hut und sagte: »Cornelia, leben Sie wohl!«

»Reisen Sie recht glücklich«, antwortete sie, und setzte hinzu: »Schreiben Sie einmal.«

Sie hatte nicht mehr den Mut, nur noch mit einem Worte die vergangene Szene zu berühren. Sie getraute sich nicht zu bitten, daß er die Reise aufschiebe, und er nicht zu sagen, daß er lieber hier bliebe, und so gingen sie auseinander, nur daß er unter der Tür noch einmal umblickte und die liebe, teure Gestalt schamvoll neben den Blumen stehen sah.

Als er aber draußen war, eilte sie rasch vor ihr Marienbild, sank vor demselben auf die Knie und sagte: »Mutter der Gnaden, Mutter der Waisen, höre mein Gelübde: ein demütig schlechtes Blümchen will ich hinfort sein und bleiben, das er mit Freuden an sein schönes Künstlerherz stecke, damit er dann wisse, wie unsäglich ich ihn liebe und ewig lieben werde.«

Und wieder flossen ihre Tränen, aber es waren linde, warme und selige.

So trennten sich zum erstenmal zwei Menschen, die sich gefunden. Wer weiß es, was die Zukunft bringen wird? Beide sind sie unschuldige, überraschte Herzen, beider glühendster, einzigster Entschluß ist es, das Äußerste zu wagen, um nur einander wert zu sein, um nur sich zu besitzen, immerfort in Ewigkeit und Ewigkeit.

Ach, ihr Armen, kennt ihr denn die Herrlichkeit, und kennt ihr denn die Tücke des menschlichen Herzens?

4.
Fruchtstück

Manches Jahr war seit dem Obigen verflossen, allein es liegt nichts davon vor. – Welch ein Glühen, welch ein Kämpfen zwischen beiden war, wer weiß es? Nur ein ganz kleines Bild aus späterer Zeit ist noch da, welches ich gerne gebe.

Vor einigen Jahren war ich in Paris, und hörte einmal zufällig beim Restaurateur einem heftigen Streite zu, der sich über den Vorzug zweier Bilder erhob, die eben auf der Ausstellung waren. Wie es zu gehen pflegt, einer pries das erste, der andere das zweite, aber darin waren alle einig, daß die neue Zeit nichts dem Ähnliches gesehen habe, und was die ganze Welt nur noch mehr reizte, war, daß kein Mensch wußte, von wem die Bilder seien.

»Ich kenne den Künstler,« rief ein langer Herr, »es ist derselbe blasse Mann, der vorigen Sommer so oft auf dem Turme von Notre-Dame war und so viel schwieg. Er soll jetzt in Südamerika sein.«

»Das Bild ist von Mousard,« sagte ein anderer, »er will nur die Welt äffen.«

»Ja, das malt einmal Mousard,« schrie ein dritter, »die Gemälde sind darum mit einem falschen Namen versehen, sage ich, weil sie von einer hohen Hand sind.«

Einige lachten, andere schrieen, und so ging es fort, ich aber begab mich vom Restaurateur auf den Salon, um diese gepriesenen Stücke zu sehen. Ich fand sie leicht, und in der Tat, sie machten mich eben so betroffen wie die andern, die neben mir standen. Es waren zwei Mondbilder – nein, keine Mondbilder, sondern wirkliche Mondnächte, aber so dichterisch, so gehaucht, so trunken, wie ich nie solche gesehen. Immer stand eine gedrängte Gruppe davor, und es war merkwürdig, wie selbst dem Munde der untersten Klassen ein Ruf des Entzückens entfuhr, wenn sie dieselben erblickten und von dieser Natur getroffen wurden. Das erste war eine große Stadt von oben gesehen, mit einem Gewimmel von Häusern, Türmen, Kathedralen, im Mondlichte schwimmend – das zweite eine Flußpartie in einer schwülen, elektrischen, wolkigen Sommermondnacht.

»Gustav R... aus Deutschland« stand im Kataloge, und man kann denken, welche Reihe von Erinnerungen plötzlich in mir aufzuckten, als ich »Gustav« las – ich kannte nun den Künstler sehr wohl. – Also auf *diese* Weise, dachte ich, ist dein Herz in Erfüllung gegangen, und hat sich deine Liebe entfaltet! Armer, getäuschter Mann! – Auch das werden unsere Leser verstehen, was sich damals ganz Paris als eine Seltsamkeit und Künstlerlaune erzählte, daß nämlich auf jedem Bilde eine Katze vorkomme – der ehrliche, gute Hinze.

Ich blieb fast bis zum Schlusse, und sah nun auch die andern Bilder an. Als ich auf meinem Rückwege durch die Säle wieder an den zwei Gemälden vorüberkam, bemerkte ich, wie ein Galerie-

diener einer Dame, die davor stand, bedeutete, daß sie gehen müsse, weil geschlossen werde. Die Dame zögerte noch einen Moment, dann löste sie ihr Auge von den Gemälden und wandte sich zum Gehen – nie wurde ich von zwei schöneren Augen getroffen – sie ließ den Schleier überfallen und ging davon.

Ich konnte damals nicht ahnen, wer sie war, und erst heute nach einer Reihe von Jahren vermag ich zu berichten, daß die Dame nach jenem Besuche in dem Salon nach ihrem Hause in der Straße St. Honoré fuhr, daß sie dort in ihrem Schlafgemache die Fenstervorhänge niederließ, die Hände über ihrem Haupte zusammenschlug und dann ihr Angesicht tief in die Kissen des Sofas drückte. Wie zuckte in ihrem Gehirne all das leise Flimmern und Leuchten dieser unschuldigen, keuschen Bilder, gleichsam leise, leise Vorwürfe einer Seele, die da schweigt, aber mit Lichtstrahlen redet, die tiefer dringen, die immer da sind, immer leuchten, und nie verklingen, wie der Ton!

Paris wußte es nicht, als jenes Tages seine gefeiertste Schönheit in keinem der Zirkel erschien, die Schönheit, welche tausend Herzen entzündete und mit tausenden spielte – Paris wußte es nicht, daß sie zu Hause in ihrem verdunkelten Zimmer sitze und hilflos siedende Tränen über ihre Wangen rollen lasse, Tränen, die ihr fast das lechzende Herz zerdrücken wollten; – aber es war vergebens, vergebens! Gelassen und kalt stand die Macht des Geschehenen vor ihrer Seele, und war nie und nimmermehr zu beugen – und fern, fern von ihr in den Urgebirgen der Cordilleren wandelte ein unbekannter, starker, verachtender Mensch, um dort neue Himmel für sein wallendes, schaffendes, dürstendes, schuldlos gebliebenes Herz zu suchen.

Anmerkungen zu dem Condor

Es wurde im zweiten Kapitel gesagt, daß den Luftschiffern die Erde in goldnem Rauche erschien, daß die Sterne sichtbar wurden, und daß der beleuchtete Ballon in schwarzem, finsterm Rauche hing.

Für Nichtphysiker diene folgende kleine Erklärung:

1. Da das von der beleuchteten Erde allseitig in die Luft geworfene Licht blau *reflektiert wird, so ist das hinausgehende (nach der Optik) das komplementäre* Orange, *daher die Erde, von außen gesehen, golden erscheint wie die andern Sterne.*

2. Das Licht selbst ist nicht sichtbar, sondern nur die von ihm getroffenen Flächen, daher der gegenstandlose Raum schwarz ist. Das Licht ist nur auf den Welten, nicht zwischen denselben erkennbar. Wäre unsere Erde von keiner Luft umgeben, so stände die Sonne als scharfe Scheibe in völligem Schwarz.

3. Daß wir am Tage keine Sterne sehen, rührt von dem Lichtglanze, den alle Objekte ins Auge senden; wo dieser abgehalten wird, wie zum Beispiel in tiefen Brunnen, erscheinen uns auch die Sterne am Tage.

Brigitta

1.
Steppenwanderung

Es gibt oft Dinge und Beziehungen in dem menschlichen Leben, die uns nicht sogleich klar sind, und deren Grund wir nicht in Schnelligkeit hervor zu ziehen vermögen. Sie wirken dann meistens mit einem gewissen schönen und sanften Reize des Geheimnisvollen auf unsere Seele. In dem Angesichte eines Häßlichen ist für uns oft eine innere Schönheit, die wir nicht auf der Stelle von seinem Werte herzuleiten vermögen, während uns oft die Züge eines andern kalt und leer sind, von denen alle sagen, daß sie die größte Schönheit besitzen. Eben so fühlen wir uns manchmal zu einem hingezogen, den wir eigentlich gar nicht kennen, es gefallen uns seine Bewegungen, es gefällt uns seine Art, wir trauern, wenn er uns verlassen hat, und haben eine gewisse Sehnsucht, ja eine Liebe zu ihm, wenn wir oft noch in späteren Jahren seiner gedenken: während wir mit einem andern, dessen Wert in vielen Taten vor uns liegt, nicht ins Reine kommen können, wenn wir auch Jahre lang mit ihm umgegangen sind. Daß zuletzt sittliche Gründe vorhanden sind, die das Herz heraus fühlt, ist kein Zweifel, allein wir können sie nicht immer mit der Waage des Bewußtseins und der Rechnung hervor heben und anschauen. Die Seelenkunde hat manches beleuchtet und erklärt, aber vieles ist ihr dunkel und in großer Entfernung geblieben. Wir glauben daher, daß es nicht zu viel ist, wenn wir sagen, es sei für uns noch ein heiterer, unermeßlicher Abgrund, in dem Gott und die Geister wandeln. Die Seele in Augenblicken der Entzückung überfliegt ihn oft, die Dichtkunst in kindlicher Unbewußtheit lüftet ihn zuweilen; aber die Wissenschaft mit ihrem Hammer und Richtscheite steht häufig erst an

dem Rande, und mag in vielen Fällen noch gar nicht einmal Hand angelegt haben.

Zu diesen Bemerkungen bin ich durch eine Begebenheit veranlaßt worden, die ich einmal in sehr jungen Jahren auf dem Gute eines alten Majors erlebte, da ich noch eine sehr große Wanderlust hatte, die mich bald hier, bald dort ein Stück in die Welt hinein trieb, weil ich noch weiß Gott was zu erleben und zu erforschen verhoffte.

Ich hatte den Major auf einer Reise kennen gelernt, und schon damals lud er mich wiederholt ein, ihn einmal in seiner Heimat zu besuchen. Allein ich hielt dies für eine bloße Redeformel und Artigkeit, wie Reisende wohl oft zu wechseln pflegen, und hätte der Sache wahrscheinlich keine weitere Folge gegeben, wenn nicht im zweiten Jahre unserer Trennung ein Brief von ihm gekommen wäre, in welchem er sich angelegentlich um mein Befinden erkundigte und zuletzt wieder die alte Bitte hinzu fügte, doch einmal zu ihm zu kommen und einen Sommer, ein Jahr, oder fünf oder zehn Jahre bei ihm zuzubringen, wie es mir gefällig wäre; denn er sei jetzt endlich gesonnen, auf einem einzigen winzigen Punkte dieser Erdkugel kleben zu bleiben und kein anderes Stäubchen mehr auf seinen Fuß gelangen zu lassen als das der Heimat, in welcher er nunmehr ein Ziel gefunden habe, das er sonst vergeblich auf der ganzen Welt gesucht hatte.

Da es nun eben Frühling war, da ich neugierig war, sein Ziel kennen zu lernen, da ich eben nicht wußte, wo ich hin reisen sollte, beschloß ich, seiner Bitte nachzugeben und seiner Einladung zu folgen.

Er hatte sein Gut im östlichen Ungarn – zwei Tage schlug ich mich mit Plänen herum, wie ich die Reise am geschicktesten ma-

chen sollte, am dritten Tage saß ich im Postwagen und rollte nach Osten, während ich mich, da ich das Land nie gesehen hatte, bereits mit Bildern von Haiden und Wäldern trug – und am achten wandelte ich bereits auf einer Pußta, so prachtvoll und öde, als sie nur immer Ungarn aufzuweisen haben mag.

Anfangs war meine ganze Seele von der Größe des Bildes gefaßt: wie die endlose Luft um mich schmeichelte, wie die Steppe duftete, und ein Glanz der Einsamkeit überall und allüberall hinaus webte: – aber wie das morgen wieder so wurde, übermorgen wieder – immer gar nichts, als der feine Ring, in dem sich Himmel und Erde küßten, gewöhnte sich der Geist daran, das Auge begann zu erliegen und von dem Nichts so übersättigt zu werden, als hätte es Massen von Stoff auf sich geladen – es kehrte in sich zurück, und wie die Sonnenstrahlen spielten, die Gräser glänzten, zogen verschiedene einsame Gedanken durch die Seele, alte Erinnerungen kamen wimmelnd über die Haide, und darunter war auch das Bild des Mannes, zu dem ich eben auf der Wanderung war – ich griff es gerne auf, und in der Öde hatte ich Zeit genug, alle Züge, die ich von ihm erfahren hatte, in meinem Gedächtnisse zusammen zu suchen und ihnen neue Frische zu geben.

In Unteritalien, beinahe in einer eben so feierlichen Öde, wie die war, durch die ich heute wandelte, hatte ich ihn zum ersten Male gesehen. Er war damals in allen Gesellschaften gefeiert und, obwohl schon fast fünfzig Jahre alt, doch noch das Ziel von manchen schönen Augen; denn nie hat man einen Mann gesehen, dessen Bau und Antlitz schöner genannt werden konnte, noch einen, der dieses Äußere edler zu tragen verstand. Ich möchte sagen, es war eine sanfte Hoheit, die um alle seine Bewegungen floß, so einfach und so siegend, daß er mehr als einmal auch Männer betörte. Auf

Frauenherzen aber, ging die Sage, soll er einst wahrhaft sinnverwirrend gewirkt haben. Man trug sich mit Geschichten von Siegen und Eroberungen, die er gemacht haben soll, und die wunderbar genug waren. Aber ein Fehler, sagte man, hänge ihm an, der ihn erst recht gefährlich mache; nämlich, es sei noch niemandem, selbst der größten Schönheit, die diese Erde trage, gelungen, ihn länger zu fesseln, als es ihm eben beliebte. Mit aller Lieblichkeit, die ihm jedes Herz gewann und das der Erkornen mit siegreicher Wonne füllte, benahm er sich bis zu Ende, dann nahm er Abschied, machte eine Reise, und kam nicht wieder. – Aber dieser Fehler, statt sie abzuschrecken, gewann ihm die Weiber nur noch mehr, und manche rasche Südländerin mochte glühen, ihr Herz und ihr Glück, so bald als nur immer möglich, an seine Brust zu werfen. Auch reizte es sehr, daß man nicht wußte, woher er sei, und welche Stellung er unter den Menschen einnehme. Obwohl sie sagten, daß die Grazien um seinen Mund spielen, setzten sie doch hinzu, daß auf seiner Stirne eine Art Trauer wohne, die der Zeiger einer bedeutenden Vergangenheit sei – aber das war am Ende das Lockendste, daß niemand diese Vergangenheit wußte. Er soll in Staatsbegebenheiten verwickelt gewesen sein, er soll sich unglücklich vermählt, er soll seinen Bruder erschossen haben – und was dieser Dinge mehr waren. Das aber wußten alle, daß er sich jetzt sehr stark mit Wissenschaften beschäftigte.

Ich hatte schon sehr viel von ihm gehört, und erkannte ihn augenblicklich, als ich ihn einmal auf dem Vesuve Steine herab schlagen und dann zu dem neuen Krater hinzu gehen und freundlich auf das blaue Ringeln des Rauches schauen sah, der noch sparsam aus der Öffnung und aus den Ritzen quoll. Ich ging über die gelb glänzenden Knollen zu ihm hin und redete ihn an. Er antwortete

gerne, und ein Wort gab das andere. Wirklich war damals eine furchtbar zerworfene, dunkle Öde um uns, die so schroffer wurde, als der unsäglich anmutige, tiefblaue Südhimmel gerade über ihr stand, zu dem die Rauchwölkchen traulich seitwärts zogen. Wir sprachen damals lange mit einander, gingen dann aber jeder allein von dem Berge.

Später fand sich wieder Gelegenheit, daß wir zusammen kamen, wir besuchten uns dann öfter, und waren endlich bis zu meiner Heimreise fast unzertrennt bei einander. Ich fand, daß er an den Wirkungen, die sein Äußeres machen sollte, ziemlich unschuldig war. Aus seinem Innern brach oft so etwas Ursprüngliches und Anfangsmäßiges, gleichsam als hätte er sich, obwohl er schon gegen die fünfzig Jahre ging, seine Seele bis jetzt aufgehoben, weil sie das Rechte nicht hatte finden können. Dabei erkannte ich, als ich länger mit ihm umging, daß diese Seele das Glühendste und Dichterischste sei, was mir bis dahin vorgekommen ist, daher es auch kommen mochte, daß sie das Kindliche, Unbewußte, Einfache, Einsame, ja oft Einfältige an sich hatte. Er war sich dieser Gaben nicht bewußt, und sagte in Natürlichkeit die schönsten Worte, die ich je aus einem Munde gehört habe, und nie in meinem Leben, selbst später nicht, als ich Gelegenheit hatte, mit Dichtern und Künstlern umzugehen, habe ich einen so empfindlichen Schönheitssinn angetroffen, der durch Ungestalt und Rohheit bis zur Ungeduld gereizt werden konnte, als an ihm. Diese unbewußten Gaben mochten es auch sein, die ihm alle Herzen des andern Geschlechtes zufliegen machten, weil dieses Spielen und Glänzen an Männern in vorgerückten Jahren gar so selten ist. Eben daher mochte es auch kommen, daß er mit mir als einem ganz jungen Menschen so gerne umging, so wie ich meinerseits in jenen Zeiten

eigentlich auch noch nicht recht diese Dinge zu würdigen vermochte, und mir dieselben erst recht einleuchtend wurden, da ich älter war und daran ging, die Erzählung seines Lebens zusammen zu stellen. Wie weit es mit seinem sagenhaften Glücke bei Weibern ging, habe ich nie erfahren können, da er niemals über diese Dinge sprach und sich auch nie Gelegenheit zu Beobachtungen vorfand. Von jener Trauer, die auf seiner Stirne sitzen sollte, konnte ich ebenfalls nichts wahrnehmen, so wie ich auch von seinen früheren Schicksalen damals nichts erfuhr, als daß er einst beständige Reisen gemacht habe, jetzt aber schon Jahre lang in Neapel sei und Lava und Altertümer sammle. Daß er in Ungarn Besitzungen habe, erzählte er mir selber und lud mich, wie ich oben sagte, wiederholt dahin ein.

Wir lebten ziemlich lange neben einander, und trennten uns zuletzt, da ich fort ging, nicht ohne Teilnahme. Aber mancherlei Gestalten von Ländern und Menschen drangen nachher noch durch mein Gedächtnis, so daß es mir endlich nicht im Traume beigekommen wäre, daß ich einmal auf einer ungarischen Haide zu diesem Manne unterwegs sein würde, wie ich es nun wirklich war. Ich malte mir sein Bild in Gedanken immer mehr aus und senkte mich so hinein, daß ich oft Mühe hatte, nicht zu glauben, ich sei in Italien; denn so heiß, so schweigsam war es auf der Ebene, auf der ich wandelte, wie dort, und die blaue Dunstschichte der Ferne spiegelte sich mir zum Trugbilde der Pontinischen Sümpfe.

Ich ging aber doch nicht in gerader Richtung auf das mir in dem Briefe bezeichnete Gut des Majors los, sondern ich machte mehrere Kreuz- und Querzüge, um mir das Land zu besehen. So wie mir das Bild desselben früher immer meines Freundes wegen mit Italien zusammen geflossen war, so webte es sich nun immer mehr

und immer eigentümlicher als Selbstständiges und Ganzes heraus. Ich war über hundert Bächlein, Bäche und Flüsse gegangen, ich hatte oft bei Hirten und ihren zottigen Hunden geschlafen, ich hatte aus jenen einsamen Haidebrunnen getrunken, die mit dem furchtbar hohen Stangenwinkel zum Himmel sehen, und ich hatte unter manchem tief herabgehenden Rohrdache gegessen – dort lehnte der Sackpfeifer, dort flog der schnelle Fuhrmann über die Haide, dort glänzte der weiße Mantel des Roßhirten – – oft dachte ich mir, wie denn mein Freund in diesem Lande aussehen werde; denn ich hatte ihn nur in Gesellschaft gesehen und in dem Getriebe, wo sich alle Menschen wie die Bachkiesel gleichen. Dort war er im Äußern der glatte, feine Mann gewesen – hier aber war alles anders, und oft, wenn ich ganze Tage nichts sah als das ferne, rötlich blaue Dämmern der Steppe und die tausend kleinen weißen Punkte darinnen, die Rinder des Landes, wenn zu meinen Füßen die tiefschwarze Erde war, und so viel Wildheit, so viel Üppigkeit, trotz der uralten Geschichte so viel Anfang und Ursprünglichkeit, dachte ich, wie wird er sich denn hier benehmen. Ich ging in dem Lande herum, ich lebte mich immer mehr in seine Art und Weise und in seine Eigentümlichkeiten hinein, und es war mir, als hörte ich den Hammer schallen, womit die Zukunft dieses Volkes geschmiedet wird. Jedes in dem Lande zeigt auf kommende Zeiten, alles Vergehende ist müde, alles Werdende feurig, darum sah ich recht gerne seine endlosen Dörfer, sah seine Weinhügel aufstreben, sah seine Sümpfe und Röhrichte, und weit draußen seine sanft blauen Berge ziehen.

Nach monatlangem Herumwandern glaubte ich endlich eines Tages, ich müsse mich nun in sehr großer Nähe bei dem Gute meines Freundes befinden, und des vielen Schauens doch etwas müde,

beschloß ich, dem Pilgern ein Ziel zu setzen und gerade auf die Besitzung meines künftigen Beherbergers zuzulenken. Ich war den ganzen Nachmittag durch ein heißes Steinfeld gegangen; links stiegen fernblaue Berghäupter am Himmel auf – ich hielt sie für die Karpathen – rechts stand zerrissenes Land mit jener eigentümlich rötlichen Färbung, wie sie so oft der Hauch der Steppe gibt: beide aber vereinigten sich nicht, und zwischen beiden ging das endlose Bild der Ebenen fort. Endlich, wie ich eben aus einer Mulde, in der das Bette eines ausgetrockneten Baches lief, empor stieg, sprang rechts ein Kastanienwald und ein weißes Haus herüber – eine Sandwehe hatte mir beides bisher gedeckt. – Drei Meilen, drei Meilen – so hatte ich fast den ganzen Nachmittag gehört, wenn ich nach Uwar fragte – so hieß das Schloß des Majors – drei Meilen: aber da ich die ungarischen Meilen aus Erfahrung kannte, so war ich gewiß ihrer fünfe gegangen, und wünschte daher sehnlich, das Haus möchte Uwar heißen. In nicht großer Ferne stiegen Felder gegen einen Erddamm empor, auf denen ich Menschen sah. Diese wollte ich fragen, und durchschritt zu dem Zwecke einen Flügel des Kastanienwaldes. Hier sah ich nun, was ich, durch die vielen Gesichtstäuschungen dieses Landes belehrt, sogleich geahnet, nämlich, daß das Haus nicht an dem Walde liege, sondern erst hinter einer Ebene, die von den Kastanien weg lief, und daß es ein sehr großes Gebäude sein müsse. Über die Ebene aber sah ich eine Gestalt herüber sprengen, gerade auf jene Felder zu, auf denen die Leute arbeiteten. Auch sammelten sich alle Arbeiter um die Gestalt, da sie bei ihnen angekommen war, wie um einen Herrn – aber meinem Major sah das Wesen ganz und gar nicht ähnlich. Ich ging langsam gegen die Erdlehne empor, die auch weiter entfernt war, als ich dachte, und kam eben an, als bereits die ganze Glut der

Abendröte um die dunkeln, wogenden Maisfelder und die Gruppen bärtiger Knechte und um den Reiter loderte. Dieser aber war nichts anderes als ein Weib, etwa vierzig Jahre alt, welches sonderbar genug die weiten landesmäßigen Beinkleider an hatte und auch wie ein Mann zu Pferde saß. Da die Knechte schon auseinander gingen und sie fast allein auf dem Flecke war, richtete ich mein Anliegen an sie. Meinen Wanderstab unter das Ränzlein stützend, zu ihr empor schauend und mir gleichsam die Strahlen der Abendröte, die schief herein kamen, aus dem Gesichte streichend, sagte ich deutsch zu ihr: »Guten Abend, Mutter.«

»Guten Abend«, antwortete sie in derselben Sprache.

»Gewährt mir eine Bitte und sagt: heißt jenes Gebäude Uwar?«

»Jenes Gebäude heißt nicht Uwar. Seid Ihr nach Uwar bestellt?«

»Allerdings. Ich habe dort meinen Reisefreund, den Major, zu besuchen, der mich dahin eingeladen hat.«

»So geht nur ein wenig neben meinem Rosse her.«

Mit diesen Worten setzte sie ihr Pferd in Schritt und ritt langsam, damit ich ihr folgen konnte, zwischen den hohen grünen Maisbüscheln den Abhang hinan. Ich ging hinter ihr her und hatte Gelegenheit, meine Blicke auf die Umgebung richten zu können – und in der Tat, ich bekam immer mehr Ursache, mich zu verwundern. Wie wir höher kamen, öffnete sich zusehends das Tal hinter uns, ein ganzer, ungeheurer Gartenwald lief von dem Schlosse in die Berge hinein, die hinter ihm begannen, Alleen streckten sich gegen die Felder, ein Wirtschaftsstück nach dem andern legte sich bloß und schien in trefflichem Stande. Ich habe nie dieses lange, fette, frische Blatt des Maises gesehen, und nicht ein Gräschen war zwischen seinen Stängeln. Der Weinberg, an dessen Rande wir eben ankamen, erinnerte mich an die des Rheins, nur habe ich am

Rheine nicht dieses derbe Trotzen und Strotzen von Blatt und Reben gesehen wie hier. Die Ebene zwischen den Kastanien und dem Schlosse war eine Wiese, so rein und sanft, als wäre Samt gebreitet, sie war mit eingehegten Wegen durchschnitten, in denen die weißen Rinder des Landes wandelten, aber glatt und schlank wie Hirsche. Das Ganze hob sich wunderbar von dem Steinfelde ab, das ich heute durchwandert hatte, und das jetzt in der Abendluft draußen lag und in den rötlich spinnenden Strahlen heiß und trocken herein sah zu dieser kühlen, grünen Frische.

Indessen waren wir zu einem jener weißen Häuschen gelangt, wie ich mehrere im Grün der Rebengelände zerstreut wahrgenommen hatte, und das Weib sagte zu einem jungen Manne, der trotz des heißen Juniabends in seinem zottigen Pelze stak und vor der Tür des Häuschens allerlei hantierte: »Milosch, der Herr will heute noch nach Uwar, wenn du etwa die zwei Weidebraunen nähmest, ihm einen gäbest und ihn bis zum Galgen geleitetest.«

»Ja«, erwiderte der Bursche und stand auf.

»Jetzt geht nur mit ihm, er wird Euch schon richtig führen«, sagte das Weib, und wendete ihr Pferd, um des Weges zurück zu reiten, den sie mit mir gekommen war.

Ich hielt sie für eine Art Schaffnerin und wollte ihr ein namhaftes Geldstück für den Dienst geben, den sie mir so eben geleistet hatte. Sie aber lachte nur und zeigte hiebei eine Reihe sehr schöner Zähne. Durch den Weinberg ritt sie langsam hinab, dann hörten wir aber bald darauf die schnellen Hufschläge ihres Pferdes, wie sie über die Ebene flog.

Ich steckte mein Geld wieder ein und wendete mich zu Milosch. Dieser hatte einstweilen zu seinem Pelze einen breiten Hut aufgesetzt und führte mich um eine Strecke in den Weinpflanzungen

fort, bis wir in eine Talkrümme stiegen und auf Wirtschaftsgebäude stießen, aus denen er zwei jener kleinen Rosse zog, wie man sie auf den Haiden dieses Landes antrifft. Meines sattelte er, seines bestieg er, wie es war, und sofort ritten wir in die Abenddämmerung hinein dem dunkeln Osthimmel entgegen. Es mochte ein sonderbarer Anblick gewesen sein: der deutsche Wandersmann samt Ränzlein, Knotenstock und Kappe zu Pferde sitzend, neben ihm der schlanke Ungar mit rundem Hute, Schnurrbart, Zottelpelz und flatternden weißen Beinkleidern – beide in Nacht und Wüste reitend. In der Tat war es eine Wüste, in die wir jenseits der Weinberge gerieten, und die Ansiedelung war wie eine Fabel darinnen. Eigentlich war die Wüste wieder mein altes Steinfeld, und zwar sich selber so gleich geblieben, daß ich wähnte, wir reiten denselben Weg zurück, den ich gekommen bin, wenn mich nicht das schmutzige Rot, das noch hinter meinem Rücken am Himmel glühte, belehrt hätte, daß wir wirklich gegen Morgen reiten.

»Wie weit ist noch nach Uwar?« fragte ich.

»Es sind noch anderthalb Meilen«, antwortete Milosch.

Ich fügte mich in die Antwort und ritt hinter ihm her, so gut ich konnte. Wir ritten an denselben unzähligen grauen Steinen vorbei, wie ich sie heute den ganzen Tag zu Tausenden gezählt habe. Sie glitten mit falschem Lichte auf dem dunklen Boden hinter mich, und weil wir eigentlich auf trocknem, sehr festen Moore ritten, hörte ich keinen Hufschlag unserer Pferde, außer wenn zufällig das Eisen auf einen der Steine schlug, die sonst diese Tiere, an derlei Wege gewöhnt, sehr gut zu vermeiden wissen. Der Boden war immer eben, nur daß wir wieder zwei oder drei Mulden hinab und hinan gestiegen waren, in deren jeder ein starrer Strom von Kieselgerölle lag.

»Wem gehört denn das Anwesen, das wir verlassen haben?« fragte ich meinen Begleiter.

»Maroshely«, antwortete er.

Ich wußte nicht, weil er die Worte schnell vor mir reitend gesprochen hatte, ob dies der Name des Besitzers sei, oder ob ich überhaupt recht verstanden habe; denn die Bewegung erschwerte das Sprechen und Hören.

Endlich ging ein blutrotes Stück Mond auf, und in seinem schwachen Lichte stand auch schon das schlanke Gerüste auf der Halde, das ich für das Ziel meiner Begleitung hielt.

»Hier ist der Galgen,« sagte Milosch, »dort unten, wo es glänzt, rinnt ein Bach, daneben ist ein schwarzer Haufen, auf den geht zu, es ist eine Eiche, auf der sonst die Übeltäter aufgehängt worden sind. Jetzt darf das nicht mehr sein, weil ein Galgen ist. Von der Eiche beginnt ein gemachter Weg, an welchem junge Bäume zu beiden Seiten stehen. Auf dem Wege geht etwas weniger als eine Stunde fort, dann zieht an der Glockenstange des Gitters. Hört, wenn auch nicht zugesperrt ist, geht doch nicht hinein; es ist wegen der Hunde. Zieht nur an der Glockenstange. So, jetzt steigt ab, und macht den Rock besser zu, daß Ihr nicht das Fieber bekommt.«

Ich stieg ab, und obwohl ich mit meiner Belohnung bei der Schaffnerin nicht gut angekommen war, bot ich Milosch doch auch wieder eine. Er nahm sie an und steckte sie in den Pelz. Dann haschte er nach dem Zügel meines Pferdes, wandte sich und flog eilends davon, ehe ich nur sagen konnte, er möge dem Herrn der Pferde meinen Dank melden, daß ich so unbedingt auf einem in der Nacht fort reiten durfte. Offenbar hatte er von dem Orte weg getrachtet. Ich blickte hin. Es standen zwei Säulen, und darauf war ein Querbalken. So ragte es in das gelbe Mondlicht empor. Oben

lag etwas wie ein Kopf. In der Tat aber mochte es irgendeine Erhöhung sein. Ich ging weiter, gleichsam als ob das Gras der Haide hinter mir lispelte und sich etwas am Fuße des Galgens rührte. Von Milosch war nicht mehr das geringste zu vernehmen, als sei er gar nie da gewesen. Ich kam sogleich zu der Todeseiche. Der Bach schillerte und glänzte und ringelte sich um Binsen, wie eine tote Schlange. Daneben war der schwarze Bau des Baumes. Ich ging um ihn herum, und jenseits war ein gerader weißer Weg, von dem Monde beschienen. Der Weg war gestampft und hatte Gräben und eine Allee junger Pappeln. Es tat mir wohl, daß ich wieder meine Schritte schallen hörte, wie es daheim in unserem Lande auf den Wegen der Fall ist.

Ich ging langsam dahin. Der Mond hob sich mehr und mehr und stand endlich klar an dem warmen Sommerhimmel. Die Haide lief wie eine fahle Scheibe unter ihm weg. Endlich, da eine gute Stunde vergangen sein mochte, hoben sich vor mir schwarze Klumpen, wie ein Wald oder ein Garten, und in kurzer Frist stieß der Weg an ein Gitter, das in einer Mauer stand, die außer dem Walde hinlief und hinter sich riesengroße Wipfel hatte, die todesstille in dem Silber der Nachtluft empor standen. An dem Gitter war ein Glockengriff, ich zog, und es schellte von innen. Gleich darauf ertönte nicht etwa ein Bellen, sondern zwei Stöße jenes tiefen, entschloßnen und neugierigen Schnaufens edler Hunde – ein dumpfer Sprung – und der größte, schönste Hund, den ich in meinem Leben gesehen habe, stand von innen an dem Gitter. Er stellte sich auf die Hinterfüße, faßte mit den vorderen die eisernen Stangen, und sah auf mich heraus, ohne nur den geringsten Laut zu geben, wie es die ernste Art dieser Tiere gewohnt ist. Bald kamen murrend und jagend noch zwei kleinere und jüngere derselben Gat-

tung, glatte Bulldoggen, und alle schauten unverwandt auf mich. Nach einer Weile hörte ich auch nahende Menschentritte, und ein Mann im zottigen Pelze kam und fragte um mein Begehren. Ich entgegnete, ob ich in Uwar sei, und nannte meinen Namen. Er mußte Weisung haben, denn sofort beschwichtigte er mit ungarischen Worten die Hunde und öffnete dann das Gitter.

»Der Herr hat Briefe von Euch und erwartet Euch schon lange«, sagte der Mann, als wir weiter gingen.

»Ich habe ihm ja geschrieben, daß ich mir Euer Land ansehen wolle«, antwortete ich.

»Und das habt Ihr lange angesehen«, sagte er.

»Freilich«, antwortete ich. »Ist der Herr Major noch wach?«

»Er ist gar nicht zu Hause, sondern in der Sitzung, morgen früh wird er herüber reiten. Für Euch hat er drei Zimmer richten lassen und gesagt, daß wir Euch hinein führen sollen, wenn Ihr in seiner Abwesenheit kämet.«

»Nun so führt mich hinein.«

»Wohl.«

Diese Worte waren die einzigen, die wir auf dem langen Wege wechselten, den wir meiner Meinung nach eher durch einen Urwald als durch einen Garten machten. Riesige Tannen streckten sich gegen den Himmel, und mannsdicke Eichenäste griffen herum. Der größere Hund ging ruhig neben uns, die andern schnoberten in meinen Kleidern und jagten sich dann gelegentlich. Als wir so den Hain durchschritten hatten, kamen wir zu einer baumlosen Erhöhung, auf welcher das Schloß stand – so viel ich jetzt erkennen konnte – ein großes viereckiges Gebäude. Aber die Erhöhung führte eine breite Steintreppe empor, auf der das schönste Mondlicht starrte. Hinter der Treppe war ein etwas ebener Platz,

und dann ein großes Gitter, das statt des Tores des Hauses diente. Als wir an dem Gitter angekommen waren, sprach mein Begleiter einige Worte zu den Hunden, worauf sie in den Garten zurück schossen. Nun schloß er das Gitter auf und führte mich in das Gebäude.

Auf der Treppe brannte noch Licht und beglänzte hohe, seltsame Steinbilder mit weiten Stiefeln und schleppenden Gewändern. Es mochten ungarische Könige sein. Dann empfing uns im ersten Geschosse ein langer, mit Rohrmatten belegter Gang. Wir gingen ihn entlang und stiegen dann noch eine Treppe hoch. Hier war wieder ein solcher Gang, und einen der Türflügel, die in demselben waren, öffnend, sagte mein Begleiter, hier seien meine Zimmer. Wir gingen hinein. Nachdem er in jedem mehrere Kerzen angezündet hatte, wünschte er mir gute Nacht und ging fort. In einer Weile wurde von einem anderen Wein, Brod und kalter Braten gebracht, worauf mir von ihm, wie von seinem Vorgänger, gute Nacht geboten wurde. Ich erkannte hieraus und aus der völligen Einrichtung der Zimmer, daß ich nun allein bleiben würde, und ging daher an die Türen und schloß mich ab.

Hierauf aß ich und musterte dabei meine Wohnung. Das erste Zimmer, in welchem die Speisen auf einen großen Tisch gestellt wurden, war sehr geräumig. Die Kerzen strahlten hell und beleuchteten alles. Die Geräte waren anders, als sie bei uns gebräuchlich sind. In der Mitte stand eine lange Tafel, an deren einem Ende ich aß. Um die Tafel waren Bänke von Eichenholz gestellt, nicht eigentlich wohnlich aussehend, sondern wie zu Sitzungen bestimmt. Sonst war nur noch hie und da ein Stuhl zu sehen. An den Wänden hingen Waffen aus verschiedenen Zeiten der Geschichte. Sie mochten einst der ungarischen angehören. Es waren noch viele

Bogen und Pfeile darunter. Außer den Waffen hingen auch Kleider da, ungarische, die man aus früheren Zeiten aufgehoben hatte, und dann jene schlotternden seidenen, die entweder Türken oder gar Tartaren angehört haben mochten.

Als ich mit meinem Nachtmahle fertig war, ging ich in die zwei Nebenzimmer, die auf diesen Saal folgten. Sie waren kleiner und, wie ich gleich bei dem ersten Blicke, da ich eingeführt wurde, bemerkt hatte, wohnlicher eingerichtet als der Saal. Es waren Stühle, Tische, Schränke, Waschgeräte, Schreibzeug und alles da, was ein einsamer Wanderer in seiner Wohnung nur immer wünschen kann. Selbst Bücher lagen auf dem Nachttische, und sie waren sämtlich in deutscher Sprache. In jedem der zwei Zimmer stand ein Bett, aber statt der Decke war auf ein jedes das weite volkstümliche Kleidungsstück gebreitet, welches sie Bunda heißen. Es ist dies gewöhnlich ein Mantel aus Fellen, wobei die rauhe Seite nach innen, die glatte weiße nach außen gekehrt ist. Letztere hat häufig allerlei farbiges Riemzeug und ist mit aufgenähten farbigen Zeichnungen von Leder verziert.

Ehe ich mich schlafen legte, ging ich noch, wie es immer an fremden Orten meine Gewohnheit ist, an das Fenster, um zu schauen, wie es draußen aussähe. Es war nicht viel zu sehen. Das aber erkannte ich im Mondlichte, daß die Landschaft nicht deutsch sei. Wie eine andere, nur riesengroße Bunda lag der dunkle Fleck des Waldes oder Gartens unten auf die Steppe gebreitet – draußen schillerte das Grau der Haide – dann waren allerlei Streifen, ich wußte nicht, waren es Gegenstände dieser Erde oder Schichten von Wolken.

Nachdem ich meine Augen eine Weile über diese Dinge hatte gehen lassen, wendete ich mich wieder ab, schloß die Fenster, ent-

kleidete mich, ging zu dem nächst besten Bette und legte mich nieder.

Als ich das weiche Pelzwerk der Bunda über meine ermüdeten Glieder zog, und als ich schon fast die Augen zutat, dachte ich noch: »So bin ich nun begierig, was ich in dieser Wohnung Freundliches oder Häßliches erleben werde.«

Dann entschlummerte ich, und alles war tot, was schon in meinem Leben gewesen ist, und was ich sehnlichst wünschte, daß noch in dasselbe eintreten möchte.

2.
Steppenhaus

Wie lange ich geschlafen habe, weiß ich nicht, aber daß es nicht fest und gut war, das wußte ich. Es mußte die allzu große Müdigkeit daran schuld sein. Die ganze Nacht ging ich auf dem Vesuve herum, und sah den Major bald in einem Pilgeranzuge in Pompeji sitzen, bald im Fracke zwischen den Schlacken stehen und Steine suchen. In meinem Morgentraum tönte Pferdegewieher und Hundegebell, dann schlief ich einige Zeit fest, und als ich erwachte, war heller Tag in dem Zimmer, und ich sah hinaus in den Saal, in dem die Waffen und Kleider von der Sonne beschienen hingen. Unten erbrauste der dunkle Park von dem Lärmen der Vögel, und als ich aufgestanden und an eines der Fenster getreten war, funkelte die Haide draußen in einem Netze von Sonnenstrahlen. Da ich noch kaum angekleidet war, klopfte es an meine Tür, ich öffnete, und es trat mein Reisefreund herein. Ich war immer die Tage her begierig

gewesen, wie er aussehen möge, und er sah nicht anders aus, als er eben aussehen konnte, nämlich so zu der ganzen Umgebung stimmend, daß es schien, ich hätte ihn immer so gesehen. Auf der Oberlippe hatte er den gebräuchlichen Bart, der die Augen noch funkelnder machte, das Haupt deckte ein breiter, runder Hut, und von den Lenden fiel das weite, weiße Beinkleid hinab. Es war ganz natürlich, daß er so sein mußte, ich konnte plötzlich nicht mehr denken, wie ihm der Frack stehe, seine Tracht schien mir reizend, daß mir mein deutscher Flaus, der bestaubt und herabgeschunden auf einer Bank unter dem verschossenen Seidenkleide eines Tartaren lag, fast erbärmlich vorkam. Sein Rock war kürzer, als sie gewöhnlich in Deutschland sind, stand aber sehr gut zu dem Ganzen. Mein Freund schien zwar gealtert; denn seine Haare mischten sich mit Grau, und sein Antlitz war voll von jenen feinen und kurzen Linien, die bei wohlgebildeten Menschen, die sich lange erhalten, doch endlich die wachsende Zahl der Jahre anzeigen; aber er erschien mir so angenehm und einnehmend wie immer.

Er grüßte mich sehr freundlich, sehr herzlich, ja fast innig – und als wir eine halbe Stunde geplaudert hatten, waren wir schon wieder so bekannt wie zuvor. Es schien, als hätten wir uns seit unserer italienischen Reise gar nicht getrennt. Da ich mich ankleidete und dazu bemerkte, daß ein Koffer mit meinen andern Sachen ankommen werde, schlug er vor, ich möchte bis dahin, oder wenn ich wollte, in der Zeit meines ganzen Hierseins ungarische Kleider anziehen. Ich ging in die Sache ein, und die nötigen Bestandstücke waren bald herbeigeschafft, wobei er bemerkte, daß er in den nächsten Tagen schon für Abwechslung sorgen werde. Wie wir nun so in den Hof hinunter kamen zu den mit uns gleich gekleideten Knechten, und wie diese aus den finstern Schnurrbärten und

den buschigen Augenbrauen so beifällig auf uns blickten und uns die Pferde zu einem Morgenritte zuführten, war etwas so Edles und Beruhigendes in dem Schauspiele, daß ich mich innerlichst recht davon erquickt fühlte.

Wir ritten von der großen, sanften Dogge begleitet in den Besitzungen des Majors herum. Er zeigte mir alles und gab gelegentlich Befehle und Lobsprüche. Der Park, durch den wir zuerst ritten, war eine freundliche Wildnis, sehr gut gehegt, rein gehalten und von Wegen durchschnitten. Als wir hinaus auf die Felder kamen, wogten sie im dunkelsten Grün. Nur in England habe ich ein gleiches gesehen; aber dort, schien es mir, war es zarter und weichlicher, während dieses hier kräftiger und sonnedurchdrungener erschien. Wir ritten hinter dem Parke sachte bergan, und an dem Kamme dieser sanften Höhe, die gegen die Haide ging, zogen sich die Weinpflanzungen dahin. Überall war ein dunkles, breites Blatt, die Pflanzungen nahmen einen großen Strich ein, an allen Stellen waren Pfirsichbäume eingestreut, und von den gehörigen Orten blickten, wie in Maroshely, die weißen, leuchtenden Punkte der Wächterhäuschen herüber. Auf die Haide gekommen, sahen wir seine Rinder, eine große, zerstreute, fast unübersehbare Herde. Eine Stunde Reitens führte uns dann zu den Gestütten und Schäfereien. Da wir über die Haide kamen, zeigte er auf einen schmalen, schwarzen Streifen, der sehr weit im Westen das hingehende Grau der Steppe schnitt, und sagte: »Das sind die Weinberge von Maroshely, von wo Ihr gestern die Pferde hattet.«

Den Rückweg nahmen wir auf einer andern Seite, und hier zeigte er mir seine Gärten, seine Obstanlagen und seine Glashäuser. Ehe wir dazu kamen, ritten wir an einem sehr unansehnlichen Landstriche vorbei, auf dem bedeutend viele Menschen beschäftigt

waren. Auf meine Frage sagte er, dies seien Bettler, Herumstreicher, selbst Gesindel, die er durch pünktliche Bezahlung gewonnen habe, daß sie ihm arbeiten. Sie trocknen eben einen sumpfigen Strich und legen eine Straße an.

Zu Mittage, da wir nach Hause gekommen waren, aßen wir mit allen Knechten und Mägden in einer Art Vorhalle, oder vielmehr unter einem ungeheuren Vordache, an dem ein riesiger Nußbaum stand. An dem hölzernen Brunnengerüste musizierten eben durchziehende Zigeuner. – Es war zu Tische auch ein Fremder gekommen, ein Jüngling in frühesten Jahren. Er fiel mir durch seine außerordentliche Schönheit auf. Er hatte Briefe aus der Nachbarschaft gebracht und war nach dem Essen wieder fortgeritten. Von dem Major war er sehr achtungsvoll, fast zärtlich behandelt worden.

Den heißen Nachmittag verbrachten wir in den kühlen Zimmern. Abends zeigte mir mein Gastfreund das Abendrot der Haide. Wir ritten eigens zu dem Zwecke hinaus, nachdem er mir geraten hatte, so wie er, gegen die Fieberluft der Ebene einen Pelz um zu tun, wenn ihn auch die noch warme Luft entbehrlich zu machen scheint. Wir warteten, da wir hinaus gekommen waren, an dem von ihm angegebenen Punkte, bis die Sonne untergegangen war. Und in der Tat, es war ein prachtvoller Anblick, der nun folgte: auf der ganzen schwarzen Scheibe der Haide war die Riesenglocke des brennend gelben, flammenden Himmels gestellt, so sehr in die Augen wogend und sie beherrschend, daß jedes Ding der Erde schwarz und fremd wird. Ein Grashalm der Halde steht wie ein Balken gegen die Glut, ein gelegentlich vorüber gehendes Tier zeichnet ein schwarzes Ungeheuer auf den Goldgrund, und arme Wachholder- und Schlehenbüsche malen ferne Dome und

Paläste. Im Osten fängt dann nach wenigen Augenblicken das feuchte, kalte Blau der Nacht herauf zu steigen an und schneidet mit trübem und undurchsichtigem Dunste den eigentlichen Glanz der Kuppel des Himmels.

Die Erscheinung dauert vorzüglich in den Junitagen, wo die Sonne hoch steht, sehr lange. Als wir schon zu Hause waren, als wir schon das Abendmahl eingenommen und einige Zeit mit einander verplaudert hatten, als ich dann in meinem Schlafzimmer war, an dem Fenster stand und bereits fast die Mitternacht heran kam, stand noch ein trüb gelbes Stückchen Licht im Westen, während schon im blauen Osten die rote Scheibe des Halbmondes glühte.

Ich nahm mir an diesem Abende vor, morgen oder übermorgen, oder wenn sich immer in den nächstfolgenden Tagen eine Gelegenheit ergäbe, den Major um das Ziel zu fragen, von dem er mir geschrieben hatte, daß er es endlich gefunden habe, und daß es ihn auf immerwährende Zeiten an die Heimat binde.

Des andern Morgens weckte er mich vor Sonnenaufgang und fragte, ob ich den Tag für mich zubringen, oder ob ich ihn mit ihm teilen wolle. Beides stehe mir auch in der Zukunft frei. Wenn ich an den Geschäften und Bestrebungen des Hauses Teil nehmen wollte, so dürfe ich nur an dem Tage, an dem ich solches im Sinne habe, beim Klange der Hofglocke, die jeden Morgen geläutet werde, aufstehen und mich zu dem gemeinschaftlichen Frühmahle einfinden. Hätte ich aber an einem Tage abgesonderte Pläne, so seien schon seine Leute, falls er selber nicht da wäre, angewiesen, mir mit Pferden, mit Begleitung oder mit anderm Nötigen an der Hand zu sein. Lieb wäre es ihm, wenn ich ihn von solchen Dingen, vorzüglich, wenn sie weitere Entfernungen von Hause beträfen,

immer vorher in Kenntnis setzte, damit er mich vor Umwegen, Schwierigkeiten und vielleicht auch vor kleinen Gefahren, die eintreten könnten, bewahre. Ich war ihm für seine Bereitwilligkeit dankbar, und erklärte, daß ich heute und morgen und überhaupt so lange, bis es mir anders einfiele, seine Zeit teilen wolle.

Ich stand daher auf, kleidete mich an und begab mich unter das Vordach zu dem Frühmahle. Die Leute waren schon fast fertig und trennten sich, um zu ihren verschiedenen Arbeiten zu gehen. Der Major hatte meiner geharrt, und wartete, bis ich mit der Einnahme meines Frühstückes fertig war. Dann wurden die gesattelten Pferde vorgeführt. Ich fragte nicht, was er tun werde, sondern folgte ihm, wohin er ritt.

Wir ritten heute nicht mehr so im allgemeinen herum, daß er mir überhaupt seine Besitzungen und Beschäftigungen zeige, sondern er sagte, er wolle das, was der heutige Tag von ihm fordere, tun, und ich möge ihm zusehen, falls es mir nicht lange Weile mache.

Wir kamen zu gedehntem Wiesenlande, auf dem Heu gemacht wurde. Der schöne ungarische Braune, den der Major ritt, trug ihn tanzend auf dem schönen, weichen, geschorenen Rasengrün hin. Er stieg ab, während ein Knecht das Pferd hielt, und besah an verschiedenen Schobern das Heu. Es wurde von dem Knechte bemerkt, daß es auf den Nachmittag zum Einführen bestimmt sei. Der Major ordnete, so lange die Wiese geschoren sei, das Schlagen mehrerer Gräben an, damit überflüssiges Wasser abgehe, und an andern Stellen, damit es gesammelt werde. Von der Wiese schlug er den Weg zu den Gewächshäusern ein, die nicht, wie es sonst gewöhnlich ist, in der Nähe des Wohnhauses waren, sondern auf einem geeigneten Platze, wo ein sanfter Erdhang seine Dachung ge-

gen Aufgang und Mittag zeigte. Es war an diesen Häusern ein kleiner, reiner Stall angebracht, wohin der Major und seine Begleitung, wenn zufällig eine da war, ihre Pferde tun konnten; denn es war nicht selten der Fall, daß er sich hier lange aufhalten mußte, und wenn Besuch da war, der die Gewächsanlagen besehen wollte, geschah es wohl auch, daß mehrere Stunden darüber hin gingen. Wir taten unsere Pferde gesattelt in den Stall, und er ging zuerst daran, mehrere Gewächsstücke und Pflanzen, die auf Begehren zu Versendungen geordnet wurden, zu besichtigen, dann ging er in die Gärtnerstube, wo Schreibereien lagen, und brachte ziemlich lange Zeit an dem Tische bei denselben zu. Ich sah indessen die Dinge um mich an, von denen ich aber gerade so viel und so wenig verstand, als ein unaufhörlich Reisender, welcher unzählige Gewächshäuser besah, verstehen kann. Als ich aber später in seinem Bücherzimmer die Werke und Abbildungen über diesen Zweig ein wenig durchging, erkannte ich, wie wenig ich eigentlich von dem Kerne dieser Sache wußte.

»Wenn man von diesen reizenden Dingen,« sagte der Major zu einer andern Zeit einmal, »die so gerne vom Hundertsten ins Tausendste führen, wirklich Früchte haben soll, so muß man sie vom Grunde aus betreiben und die andern, die darin arbeiten, bedeutend zu übertreffen suchen.«

Von der Gärtnerstube heraus kommend, sah er eine Weile mehreren Weibern zu, die mit Abstauben und Reinigen der grünen Kamelienblätter beschäftigt waren. Diese Pflanze war damals noch selten und teuer. Er untersuchte auch die gereinigten und machte seine Bemerkungen. Von da kamen wir an den vielen reinen, weißen Sandbeeten der Glashäuser vorüber, in denen die ganz jungen Pflänzchen standen, dann an all den Blumen und Gewächsen, de-

ren Zucht er sich zur Aufgabe gemacht hatte. An dem entgegengesetzten Ausgange der Anlagen warteten unsere Pferde, die ein Gärtnerbursche indessen hinten herum geführt hatte. Hier waren die Stellen zur Bereitung und Mischung der Erden, die von Eseln in Körben aus verschiedenen Gegenden und oft von weit entfernten Nadelwaldungen das ganze Jahr hindurch herbeigebracht werden. Selbst zum Brennen der Erde waren bestimmte Orte, und in der Nähe war das Eichenholz aufgeschichtet, das im Winter zur Erwärmung dient.

Da, wie ich schon gestern bemerkt hatte, von den Gewächsanlagen nicht weit auf die Halde war, so ritten wir nun auf dieselbe hinaus. Der gute Lauf unserer schlanken Pferde trug uns bald so weit auf die einförmige, morgenduftige Ebene hinaus, daß wir das Schloß und den Park nur mehr als einen dunklen Fleck in der Ferne liegen sahen. Hier stießen wir zu seinen Hirten. Einige Stangen, so mager, daß von ihnen als Schutzwerken gar keine Rede sein kann, bildeten eine Hütte, oder vielleicht gar nur ein Zeichen, welches in der Steppe leicht gesehen und gefunden werden kann. Unter diesen Stangen brannte oder glimmte vielmehr ein Feuer, das von den zähen Ästen oder den Wurzeln der Wachholder- und Schlehen- und anderer Krüppelsträuche unterhalten wurde. Hier bereiteten die Hirten, die um elf Uhr schon Mittag hielten, ihr Mahl. Braune Gestalten, deren Pelze auf der Erde umher lagen, standen in schmutzig weißen Beinkleidern und Hemdärmeln um den Major herum und antworteten auf seine Fragen. Andere, da sie seine Ankunft auf der weithin gedehnten Fläche wahrgenommen hatten, jagten auf kleinen, unscheinbaren Rossen herbei, die weder Sattel noch Decke und statt Zügel und Halfter oft nur einen Strick hatten. Sie stiegen ab, hielten ihre Tiere an der Hand und umring-

ten den Major, der ebenfalls abgestiegen war und sein Pferd zu halten gab. Sie sprachen nicht bloß von ihrer Beschäftigung mit ihm, sondern auch von andern Dingen, und er kannte sie fast alle mit Namen. Er war so leutselig mit ihnen, als wäre er einer aus ihrer Mitte, und dies, wie ich glaubte, erweckte eine Art Begeisterung unter den Menschen. Wie bei uns in den Bergen, so waren auch hier die Tiere den ganzen Sommer über im Freien. Es waren jene weißen, langgehörnten Rinder, welche in dem Lande vorkommen und sich von den Kräutern der Steppe nähren, die eine Würze und einen Blumengeruch haben, die wir Alpenländler ihnen kaum zutrauen sollten. Bei diesen Tieren bleiben die Menschen, die ihnen zugegeben sind, ebenfalls im Freien, und haben oft gar nichts über sich als den Himmel und die Sterne der Haide, oft nur, wie wir eben gesehen hatten, einige Stangen oder eine gegrabene Hütte von Erde. Sie standen vor dem Major, dem Grundherrn, wie sie ihn hier hießen, und hörten seinen Anordnungen zu. Als er wieder aufstieg, hielt ihm einer, der blitzende Augen aus dem Schwarz seines Gesichtes und seiner Braunen herauszeigte, das Pferd, während sich ein anderer mit langen Haaren und dichtem Schnurrbarte bückte und ihm die Steigbügel hielt.

»Lebt wohl, Kinder,« sagte er beim Fortreiten, »ich werde euch bald wieder besuchen, und wenn die Nachbarn herüber kommen, werden wir einen Nachmittag auf der Haide liegen und bei euch essen.«

Er hatte diese Worte auf ungarisch gesagt und sie mir auf meine Bitte verdeutscht.

Im Fortreiten sagte er zu mir: »Wenn es Euch ergötzt, diese Haidewirtschaft einmal im einzelnen genau anzuschauen, und Ihr etwa einmal allein heraus kommen wolltet, um mit diesen Leuten

gleichsam zu leben, müßt Ihr auf die Hunde achten, die sie haben. Sie sind nicht immer so zahm und geduldig, wie Ihr sie heute gesehen habt, sondern sie würden Euch strenge mit fahren. Ihr müßt es mir vorher sagen, daß ich Euch hin geleite, oder wenn ich nicht kann, daß ich Euch einen bekannten Hirten mit gebe, der Euch führe, und den die Hunde lieben.«

Ich hatte in der Tat, da wir bei dem Hirtenfeuer waren, die ungemein großen, schlanken, zottigen Hunde bewundert, derlei ich auf meiner ganzen Wanderung nicht angetroffen habe, und die so sittsam neben und unter uns am Feuer herum saßen, als verstünden sie etwas von der Verhandlung und nähmen daran Teil.

Wir wendeten uns, da wir fort ritten, dem Schlosse wieder zu, da bereits die Zeit zum Mittagessen heran rückte. Als wir, so wie gestern, in der Nähe der Strecke vorüber kamen, auf der die Leute arbeiteten, um den Sumpf zu trocknen und die Grundrisse einer Straße zu ziehen, sagte er, indem er auf ein Weizenfeld zeigte, an dem wir ziemlich nahe vorbei ritten, und auf welchem die Frucht außerordentlich schön stand: »Diese guten Schollen, wenn sie ihre Schuldigkeit tun, müssen uns das Geld herbeischaffen, daß wir auch an andern Stellen etwas verrichten können. Die Leute arbeiten da drüben in der Öde das ganze Jahr. Sie haben ihren Taglohn und kochen gleich neben ihren Geschäften im Freien. Zum Schlafen gehen sie in jene hölzernen Hütten, die Ihr seht. Im Winter, wenn sich Eis bildet, gehen wir den tiefern Stellen zu, denen wir jetzt wegen zu großer Weiche des Bodens nicht ankönnen, und füllen Gerölle der Haide und Steine, die wir von den Weinpflanzungen nehmen, hinein.«

Wirklich erblickte ich, da ich auf die eigentümliche Anlage hinüber schaute, die hölzernen Hütten, von denen er gesprochen hat-

te, und sah an verschiedenen Stellen des Haiderückens schwachen Rauch aufgehen, der die kunstlosen Herde anzeigen mochte, auf denen die Leute ihr Mittagessen kochten.

Als wir in den Park einritten, umsprungen von den großen und kleinen Doggen, läutete in dem Herrenhause eben die Glocke, die uns und die anderen Leute zum Mahle rief.

Ich fragte an dem Abende dieses Tages meinen Reisefreund nicht um sein Ziel, wie ich mir tags vorher beim Schlafengehen so fest vorgenommen hatte.

Der Nachmittag verging, wie gewöhnlich, zu Hause, nur daß der Major gegen fünf Uhr auf dem gebahnten Wege mit der Pappelallee, auf dem ich in der Nacht gekommen war, ich weiß nicht wohin fuhr, während ich die Bücher musterte, die er mir in immer größerer Anzahl aus seinem Bücherzimmer auf meine Stube bringen ließ.

Des folgenden Tages hatte der Major viel zu schreiben, und ich brachte schier den ganzen Tag damit zu, seine Pferde, die er zu Hause hatte, zu besehen und mit seinen Leuten Bekanntschaft zu machen.

An dem Tage, der nachher folgte, war ich mit ihm in der Schäferei, die zwei Stunden Reitens entfernt ist, und in welcher wir den ganzen Tag zubrachten. Er hat einige Leute dort, die bedeutende Bildung verraten und mit ihm in das Wesen der Sache, die sie lieben, einzugehen scheinen. Hier sah ich auch, daß alle Zweige seiner Tätigkeit ihre eigene Geldverwaltung haben, indem er den Schäfereien eine Summe vorstreckte, die aus einem andern Bereiche genommen war. Die Sache wurde sehr genau und richtig in die Papiere aufgenommen und verbrieft. Die Anlagen sind sehr weitschichtig und die Zuchten nach ihrem Bedürfnisse geordnet.

Ein anderes Mal sah ich die Gestütte, und wir waren auf der Weide, auf welcher seine Füllen und die jüngeren Pferde gewöhnlichen Schlages unter Hirten stehen, wie anderswo die Rinder.

Auf diese Weise lernte ich nach und nach den ganzen Kreis seiner Tätigkeit kennen, welcher wahrhaftig nicht geringfügig war. Ich wunderte mich, daß er diesen Sachen eine solche Aufmerksamkeit und Umsicht zuwendete, da ich ihn doch früher mehr als träumend und in Wissenschaften herum dichtend und forschend gekannt habe.

»Ich glaube,« sagte er einmal, »daß man es so mit dem Boden eines Landes beginnen müsse. Unsere Verfassung, unsere Geschichte ist sehr alt, aber noch vieles ist zu tun; wir sind in ihr, gleichsam wie eine Blume in einem Gedenkbuche, aufgehoben worden. Dieses weite Land ist ein größeres Kleinod, als man denken mag, aber es muß noch immer mehr gefaßt werden. Die ganze Welt kömmt in ein Ringen, sich nutzbar zu machen, und wir müssen mit. Welcher Blüte und Schönheit ist vorerst noch der Körper dieses Landes fähig, und beide müssen hervorgezogen werden. Ihr müßt es ja gesehen haben, da ihr zu mir kamt. Diese Haiden sind der feinste schwarze Ackergrund, in diesen Anhöhen voll glitzernden Gesteins bis zu jenen blauen Bergen hin, die Ihr im Norden sehet, schläft der feurige Fluß des Weines, und dämmert von Erde umflort der Glanzblick des Metalles. Zwei sehr edle Ströme ziehen durch unser Land, über ihnen ist, so zu sagen, die Luft noch tot und harret, daß unzählige bunte Wimpel in ihr flattern. Vielerlei Volk ist in dem Lande, manches ist ein Kind, dem man vormachen muß, was es beginnen soll. Seit ich in der Mitte meiner Leute lebe, über die ich eigentlich mehr Recht habe, als Ihr Euch denket, seit ich mit ihnen in ihrer Kleidung gehe, ihre Sitten teile und mir ihre

Achtung erworben habe, ist es mir eigentlich, als hätte ich dieses und jenes Glück errungen, das ich sonst immer in der einen oder der andern Entfernung gesucht habe.«

Ich fragte den Mann nun gar nicht mehr um sein Ziel, dessen er in seinem Briefe an mich erwähnt hatte.

Vorzugsweise waren es die Getreidearten, denen er seine Aufmerksamkeit zugewendet hatte. Und sie standen aber auch in einer Fülle und Schönheit, daß ich schon neugierig war, wenn sich diese Ähren der Reife zuwenden, und wenn wir sie heimführen würden.

Die Einsamkeit und Kraft dieser Beschäftigungen erinnerte mich häufig an die alten starken Römer, die den Landbau auch so sehr geliebt hatten, und die wenigstens in ihrer früheren Zeit auch gerne einsam und kräftig waren.

»Wie schön und ursprünglich«, dachte ich, »ist die Bestimmung des Landmannes, wenn er sie versteht und veredelt. In ihrer Einfalt und Mannigfaltigkeit, in dem ersten Zusammenleben mit der Natur, die leidenschaftlos ist, grenzt sie zunächst an die Sage von dem Paradiese.«

Da ich einmal längere Zeit auf der Besitzung des Majors war, da ich die Teile derselben übersah und verstehen lernte, da die Dinge vor mir wuchsen und ich an dem Gedeihen derselben Anteil nahm: hatte mich das gleichförmig sanfte Abfließen dieser Tage und Geschäfte so eingesponnen, daß ich mich wohl und ebenmäßig angeregt fühlte und auf unsere Städte vergaß, gleichsam als wäre das ein Kleines, was in ihnen bewegt wird.

Da wir wieder einmal unter den Pferden gewesen waren, die auf der Haide sind, und da sich zu den Hirten derselben auch die gesellt hatten, die das Geschäft der Rinder über sich haben, so daß zufällig eine größere Menge dieser Menschen auf der Haide bei-

sammen und bei uns waren, sagte der Major im Nachhausefahren zu mir – denn dieses Mal hatte er ein schönes Haidegespann mit Riemengeschirr vor einem Wagen gespannt, der mit großer Spurweite sicher auf dem Grase der Haide dahin rollte: »Diese würde ich sogar zum Blutvergießen führen können, sobald ich mich nur an ihre Spitze stellte. Sie sind mir unbedingt zugetan. Auch die andern, die Knechte und die Arbeiter, die ich zu Hause habe, würden sich eher ihre Glieder zerschlagen lassen, ehe einer zugäbe, daß mir ein Haar gekrümmt würde. Wenn ich nun die dazu rechne, die mir wegen dem Verhältnisse der Grundherrlichkeit untertan sind, und die mir, wie ich bei vielen Gelegenheiten erfahren konnte, vom Grunde des Herzens zugetan sind, so würde ich, wie ich glaube, eine ziemlich große Zahl von Menschen zusammen bringen, die mich lieben. – – Seht nur, und ich bin erst zu ihnen gekommen, als mein Haupt schon grau geworden war, und als ich viele Jahre auf sie vergessen hatte. Wie müßte es sein, so Hunderttausende zu leiten und sie zum Guten zu führen; denn meistens, wenn sie vertrauen, sind sie wie Kinder, und folgen zum Guten wie zum Bösen.«

»Einmal,« fuhr er nach einer Weile fort, »habe ich geglaubt, ich werde ein Künstler oder Gelehrter werden. Ich habe aber eingesehen, daß diese ein tiefes, ernstes Wort zu der Menschheit sagen müssen, das sie begeistert und edler und größer macht – oder daß wenigstens der Gelehrte Dinge zu Tage schaffe und erfinde, welche die Menschen in dem irdischen Gute, in den Mitteln fördern und weiter bringen. In beiden Fällen aber ist es notwendig, daß ein solcher Mann zuerst selber ein einfaches und großes Herz habe. Aber da ich dies nicht besitze, so ließ ich alles wieder fahren, und es ist nun vorbei.«

Mir war es, da er diese Worte sagte, als ginge ein sanfter Schatten über sein Auge, und als blicke es in diesem Augenblicke noch immer mit jener Schwärmerei in die Luft hinaus, wie einstens, wenn wir manchmal müßig auf dem Epomeo saßen, ein ganzes Meer von Himmelsbläue um uns feierte, unten die See glänzte und er von allerlei Wünschen und Träumen junger Herzen redete. Darum kam mir auch plötzlich der Gedanke, ob etwa das Glück, von dem er mir sagte, daß er es gefunden habe, doch noch nicht ganz da sei.

Das war das einzige Mal gewesen, daß er seit unserer Bekanntschaft auf seine Vergangenheit angespielt hatte, vorher in unserem ganzen Umgange nie. Ich habe auch nie gefragt, so wie ich später nicht fragte. Wer viel reiset, lernt schon die Menschen schonen und läßt sie in dem inneren Haushalte ihres Lebens gewähren, der sich nicht aufschließt, wenn es nicht freiwillig ist. Ich war nun schon ziemlich lange auf Uwar, und war gerne da, weil ich an den Beschäftigungen des Ortes mit Aufmerksamkeit, und öfter auch mit wirklicher Tätigkeit Anteil nahm, und weil ich zu andern Zeiten an dem Tagebuche meiner Reisen und Erfahrungen weiter schrieb: aber das glaubte ich zu erkennen, daß in dem reinen, beschäftigten Leben des Majors irgendein Bodensatz liege, der es nicht zur völligen Abklärung kommen ließ, und mir war, als sei doch irgendeine Art Trauer da, die sich natürlich bei einem Manne nur durch Ruhe und Ernst ausdrückt.

Sonst war er in seinem Leben und in seinem Umgange mit mir sehr einfach, und von einer Zurückhaltung oder Verstellung war nicht im geringsten die Rede. So stand auf dem Tische seines Schreibzimmers, in das ich sehr oft kam, und an dem wir an heißen Nachmittagen oder abends bei der Kerze, wenn wir noch nicht schlafen gingen, von verschiedenen Dingen plauderten, ein Bild –

es war in schönem Goldrahmen das verkleinerte Bild eines Mädchens von vielleicht zwanzig – zweiundzwanzig Jahren – aber sonderbar war es, wie auch der Maler die Sache verschleiert haben mochte, es war nicht das Bild eines schönen, sondern eines häßlichen Mädchens – die dunkle Farbe des Angesichtes und der Bau der Stirne waren seltsam, aber es lag etwas wie Stärke und Kraft darinnen, und der Blick war wild, wie bei einem entschlossenen Wesen. Daß dieses Mädchen etwa in seinem früheren Leben eine Rolle gespielt habe, wurde mir klar, und mir fiel der Gedanke ein, warum sich denn dieser Mensch nicht vermählt habe, so wie mir dieser Gedanke auch schon bei unserer italienischen Bekanntschaft gekommen war; aber nach meinen Grundsätzen hatte ich damals nicht gefragt, und fragte auch jetzt nicht. Er durfte freilich das Bild ruhig auf dem Tische stehen lassen; denn es kam niemand von seinen Leuten in das Schreibgemach, sondern sie mußten im Vorzimmer, wo ein Glöcklein beim Eintritte läutete, stehen bleiben, wenn ihm einer etwas zu sagen hatte. Auch von seinen Bekannten und von Besuchenden kam niemand in das Zimmer, da er sie immer in seiner anderen Wohnung empfing. Es war also schon ein Grad Vertraulichkeit, daß ich da hinein durfte und alles besehen konnte, was da stand und lag. Diese Vertraulichkeit mochte ich wohl dem Umstande zu verdanken haben, daß ich nie forschte und grübelte.

Mittlerweile war die Ernte gekommen, und nie werde ich jener heitern, vergnüglichen Zeit vergessen.

Der Major mußte unterdessen auch einige Male kleine Reisen in die Nachbarschaft machen und lud mich dazu ein. In keinem Lande sind die Entfernungen zwischen den bewohnten Punkten oft so groß wie hier, aber mit den schnellen Rossen legt man sie reitend,

oder mit den leichten Wägen über die Haide fahrend, in verhältnismäßig kurzer Zeit zurück. Einmal hatte der Major das enganliegende ungarische Volkskleid an, er war in großem Schmucke, mit dem Säbel an der Seite. Es stand ihm sehr wohl. Er hielt in einer Versammlung seiner Gespanschaft über gemeinsame Angelegenheiten eine ungarische Rede. Da es von jeher meine Gewohnheit war, in jedem Lande, in das ich kam, schnell so viel von der Sprache zu lernen, als mir nur immer möglich war, so hatte ich auch bereits von den Leuten des Majors und allen, die mich umgaben, etwas Ungarisch gelernt, daher verstand ich manches von der Rede, die bei einem Teile heftige Bewunderung, bei dem andern heftigen Tadel hervor rief; im Nachhausefahren übersetzte er sie mir vollständig ins Deutsche. Nachmittag bei Tische sah ich ihn in jenem Tage im Fracke, wie einstens in Italien, so wie die meisten der Anwesenden ihre Volkskleidung abgelegt hatten und in dem gemeinschaftlichen europäischen Fracke waren.

Auch zu anderen Besuchen, die er in der Nachbarschaft machte, hatte ich ihn begleitet. Hier erfuhr ich nun, daß vier solcher Sitze bestehen, wie der Major einen hatte. Man hatte vor einigen Jahren einen Bund geschlossen, den Landbau und die Hervorrufung der ursprünglichen Erzeugnisse dadurch zu heben, daß man dies zuerst in dem besten Maßstabe auf den eigenen Besitzungen tue, und so den andern mit einem Beispiele voran gehe, namentlich wenn sie sehen, daß Wohlhabenheit und besseres Leben sich aus dem Dinge entwickle. Der Bund hatte auch seine Gesetze, und die Beigetretenen hielten landwirtschaftliche Versammlungen. Außer diesen vier großen Musterhöfen, die eigentlich bis jetzt erst nur die einzigen Mitglieder des Bundes waren, hatten schon einige kleinere Besitzer angefangen, das Verfahren ihrer größeren Nachbarn

nachzuahmen, ohne daß sie deswegen eigentlich Glieder des Bundes waren. Zur Sitzung, aber nur als Zuhörer oder gelegentlich als Ratfrager, durften alle Landwirte und andere Menschen kommen, wenn sie sich nur vorher angemeldet hatten. Und sie nahmen nicht sparsam Teil, wie ich aus einer Versammlung abnahm, die vier Stunden Reitens von Uwar entfernt bei dem Mitgliede Gömör abgehalten wurde, wo von Mitgliedern nur der Major und Gömör, aber von Zuhörern eine ziemliche Menge war.

Ich bin nach der Hand noch zweimal ganz allein bei Gömör gewesen, und habe das letzte Mal sogar mehrere Tage bei ihm zugebracht.

Da die Ernte sich zu ihrem Ende neigte und die Arbeiten etwas weniger wurden, sagte der Major eines Tages zu mir: »Weil wir jetzt ein wenig Muße bekommen werden, werden wir in der nächsten Woche zu meiner Nachbarin Brigitta Maroshely hinüber reiten und ihr einen Besuch machen. Sie werden in meiner Nachbarin Maroshely das herrlichste Weib auf dieser Erde kennen lernen.«

Zwei Tage nach diesem Ausspruche stellte er mir Brigittas Sohn vor, der zufällig herüber gekommen war. Es war dies derselbe junge Mann, der am ersten Tage meines Aufenthaltes in Uwar mit uns zu Mittag gespeist hatte, und der mir wegen seiner außerordentlichen Schönheit damals aufgefallen war. Er blieb schier den ganzen Tag bei uns, und war mit uns auf verschiedenen Punkten der Besitzungen. Er war, wie ich schon das erste Mal bemerkte, in den frühesten Jahren des Jünglings, kaum bei dem Übergange vom Knaben zum Jünglinge, und er gefiel mir sehr wohl. Sein dunkles, sanftes Auge sprach so schön zu mir, und wenn er zu Pferde saß, so kraftvoll und so demütig: neigte sich mein ganzes Wesen zu ihm. Ich hatte einen Freund, der so war, und in den frühesten Jah-

ren seiner Jugend in das kalte Grab mußte. Gustav, so hieß der Sohn Brigittas, erinnerte mich lebhaft an ihn.

Seit der Major den Ausspruch über Brigitta getan hatte, und seit ich ihren Sohn kannte, war ich sehr neugierig, sie nun auch persönlich zu sehen.

Über die Vergangenheit meines Gastfreundes, des Majors, hatte ich ein weniges von Gömör, als ich bei ihm war, erfahren. Gömör ist, wie mancher seiner Freunde, die ich bei ihm kennen gelernt hatte, von offener, freundlicher Zunge, und sagte mir unaufgefordert, was er wußte. Der Major sei nicht in der Gegend geboren. Er stamme von einer sehr reichen Familie. Er sei seit seiner Jugend fast immer auf Reisen gewesen, man wisse eigentlich nicht recht, wo, so wie man auch nicht wisse, in welchen Diensten er sich den Majorsrang verdient habe. Auf seiner Besitzung Uwar ist er in seinem ganzen früheren Leben nicht gewesen. Vor einigen Jahren kam er, machte sich in Uwar ansässig und schloß sich dem Bunde der Landwirtschaftsfreunde an. Damals waren nur erst zwei Glieder des Bundes: er, Gömör, selber und Brigitta Maroshely. Eigentlich war es kein Bund; denn die Zusammenkünfte und die Gesetze kamen erst später auf, sondern die zwei Nachbarn, er und Brigitta, haben einstimmig die bessere Bewirtschaftung ihrer Güter in dieser öden Gegend begonnen. Im Grunde sei es Brigitta gewesen, welche den Anfang gemacht habe. Weil sie eher unschön als angenehm zu nennen sei, so habe sie ihr Gatte, ein junger, leichtsinniger Mensch, dem sie in ihren jüngeren Jahren angetraut worden war, verlassen und sei nicht wieder gekommen. Damals erschien sie mit ihrem Kinde auf ihrem Sitze Maroshely, habe wie ein Mann umzuändern und zu wirtschaften begonnen, und sei bis jetzt noch gekleidet und reite wie ein Mann. Sie halte ihre Dienerschaft zusam-

men, sei tätig und wirtschafte vom Morgen bis in die Nacht. Man könne hier sehen, was unausgesetzte Arbeit vermöge; denn sie habe auf dem Steinfelde fast Wunder gewirkt. Er sei, als er sie kennen gelernt habe, ihr Nachahmer geworden und habe ihre Art und Weise auf seiner Besitzung eingeführt. Bis jetzt habe er es nicht bereut. Der Major sei anfangs, da er sich in Uwar niedergelassen hatte, mehrere Jahre nicht zu ihr hinüber gekommen. Dann sei sie einmal todkrank geworden: da sei er zu ihr über die Haide geritten und habe sie gesund gemacht. Von der Zeit an kam er dann immer zu ihr. Die Leute sagten damals, er habe die Heilkräfte des Magnetismus angewendet, deren er teilhaftig sei, aber niemand weiß eigentlich in der Sache etwas Rechtes zu sagen. Es hat sich ein ungewöhnlich inniges und freundschaftliches Band entwickelt – der höchsten Freundschaft sei das Weib auch würdig – aber ob die Leidenschaft, die der Major zu der häßlichen und bereits auch alternden Brigitta gefaßt habe, natürlich sei, das sei eine andere Frage – und Leidenschaft sei es ganz gewiß, das erkenne ein jeder, der hinüber komme. Der Major würde gewiß Brigitta heiraten, wenn er könnte – er gräme sich offenbar tief, daß er es nicht könne; aber weil man von ihrem angetrauten Manne nichts wisse, so könne kein Totenschein und kein Trennungsschein herbei gebracht werden. Es spreche diese Tatsache recht sehr zu Gunsten Brigittas, und verurteile ihren Gemahl, der einst so leichtsinnig von ihr gegangen sei, während nun ein so ernster Mann sich sehne, sie zu besitzen.

Diese Dinge hatte mir Gömör über den Major und Brigitta gesagt, und ich kam noch ein paar Male mit Gustav, ihrem Sohne, bei Gelegenheit eines Besuches, den wir bei Nachbarn machten, zusammen, ehe der Tag erschien, der bestimmt war, daß wir zu seiner Mutter hinüber reiten sollten.

Am Vorabende dieses Tages, da schon das tausendstimmige Zirpen der abendlichen Haidegrillen in meine schlaftrunkenen Ohren fiel, dachte ich noch an sie. Dann träumte mir allerlei von ihr, vorzüglich kam ich von dem Traume nicht los, daß ich auf der Haide vor der seltsamen Reiterin stehe, die mir damals die Pferde mitgegeben hatte, daß sie mich mit schönen Augen banne, daß ich immer stehen müsse, daß ich keinen Fuß heben könne, und daß ich alle Tage meines Lebens nicht mehr von dem Flecke der Haide weg zu kommen vermöge. Dann schlief ich fest ein, erwachte des andern Tages frisch und gestärkt, die Pferde wurden vorgeführt, und ich freute mich, nun die auch von Angesicht zu Angesicht zu sehen, die heute so vielfach im Traume bei mir gewesen war.

3.
Steppenvergangenheit

Ehe ich entwickle, wie wir nach Maroshely geritten sind, wie ich Brigitta kennen gelernt habe, und wie ich noch recht oft auf ihrem Gute gewesen hin, ist es nötig, daß ich einen Teil ihres früheren Lebens erzähle, ohne den das Folgende nicht verständlich wäre. Wie ich zu so tief gehender Kenntnis der Zustände, die hier geschildert werden, gelangen konnte, wird sich aus meinen Verhältnissen zu dem Major und zu Brigitta ergeben und am Ende dieser Geschichte von selbst klar werden, ohne daß ich nötig hätte, vor der Zeit zu enthüllen, was ich auch nicht vor der Zeit, sondern durch die natürliche Entwicklung der Dinge erfuhr.

Es liegt im menschlichen Geschlechte das wundervolle Ding

der Schönheit. Wir alle sind gezogen von der Süßigkeit der Erscheinung, und können nicht immer sagen, wo das Holde liegt. Es ist im Weltall, es ist in einem Auge, dann ist es wieder nicht in Zügen, die nach jeder Regel der Verständigen gebildet sind. Oft wird die Schönheit nicht gesehen, weil sie in der Wüste ist, oder weil das rechte Auge nicht gekommen ist – oft wird sie angebetet und vergöttert, und ist nicht da: aber fehlen darf sie nirgends, wo ein Herz in Inbrunst und Entzücken schlägt, oder wo zwei Seelen an einander glühen; denn sonst steht das Herz stille, und die Liebe der Seelen ist tot. Aus welchem Boden aber diese Blume bricht, ist in tausend Fällen tausendmal anders; wenn sie aber da ist, darf man ihr jede Stelle des Keimens nehmen, und sie bricht doch an einer andern hervor, wo man es gar nicht geahnet hatte. Es ist nur dem Menschen eigen, und adelt nur den Menschen, daß er vor ihr kniet – und alles, was sich in dem Leben lohnt und preiset, gießt sie allein in das zitternde, beseligte Herz. Es ist traurig für einen, der sie nicht hat oder nicht kennt, oder an dem sie kein fremdes Auge finden kann. Selbst das Herz der Mutter wendet sich von dem Kinde ab, wenn sie nicht mehr, ob auch nur einen einzigen Schimmer dieses Strahles an ihm zu entdecken vermag.

So war es mit dem Kinde Brigitta geschehen. Als es geboren ward, zeigte es sich nicht als der schöne Engel, als der das Kind gewöhnlich der Mutter erscheint. Später lag es in dem schönen goldenen Prunkbettchen in den schneeweißen Linnen mit einem nicht angenehm verdüsterten Gesichtchen, gleichsam als hätte es ein Dämon angehaucht. Die Mutter wandte, von sich selber unbemerkt, das Auge ab und heftete es auf zwei kleine, schöne Engel, die auf dem reichen Teppiche des Bodens spielten. Wenn fremde Leute kamen, tadelten sie das Kind nicht, lobten es nicht, und fragten nach

den Schwestern. So wurde es immer größer. Der Vater ging öfter durch das Zimmer nach seinen Geschäften, und wenn die Mutter wohl manchmal gleichsam aus verzweiflungsvoller Brünstigkeit die andern Kinder herzte, sah sie nicht das starre, schwarze Auge Brigittas, das sich hin heftete, als verstünde das winzige Kind schon die Kränkung. Wenn sie weinte, half man ihrem Bedürfnisse ab; weinte sie nicht, ließ man sie ruhig liegen, alle hatten für sich zu tun, und sie richtete die großen Augen auf die Vergoldung des Bettchens, oder auf die Schnörkel der Wandtapeten. Da die Glieder stark geworden waren und ihre Wohnung nicht mehr in dem engen Bettchen bestand, saß sie in einem Winkel, spielte mit Steinchen und sagte Laute, die sie von niemanden gehört hatte. Als sie in ihren Spielen vorrückte und behender ward, verdrehte sie oft die großen, wilden Augen, wie Knaben tun, die innerlich bereits dunkle Taten spielen. Auf die Schwestern schlug sie, wenn sie sich in ihre Spiele einmischen wollten – und wenn jetzt die Mutter in einer Anwandlung verspäteter Liebe und Barmherzigkeit das kleine Wesen in die Arme schloß und mit Tränen benetzte, so zeigte dasselbe keineswegs Freude, sondern weinte und wand sich aus den umfassenden Händen. Die Mutter aber wurde dadurch noch mehr zugleich liebend und erbittert, weil sie nicht wußte, daß die kleinen Würzlein, als sie einst den warmen Boden der Mutterliebe suchten und nicht fanden, in den Fels des eigenen Herzens schlagen mußten und da trotzen.

So ward die Wüste immer größer.

Als die Kinder empor wuchsen und schöne Kleider ins Haus kamen, waren jene Brigittas immer recht, die der Schwestern wurden mannigfach geändert, bis sie paßten. Die andern bekamen Verhaltungsregeln und Lob, sie nicht einmal Tadel, wenn sie auch ihr

Kleidchen beschmutzt oder zerdrückt hatte. Da das Lernen kam und die Stunden des Vormittags ausgefüllt waren, saß sie unten an und starrte mit dem einzigen Schönen, das sie hatte, mit den in der Tat schönen, düstern Augen auf die Ecke des fernen Buches oder der Landkarte; und wenn der Lehrer eine seltene, rasche Frage an sie tat, erschrak sie und wußte keine Antwort. Aber an langen Abenden, oder sonst, wenn man im Gesellschaftszimmer saß und sie nicht vermißte, lag sie auf der Erde über durcheinander geworfenen Büchern oder über Bildern und zerrissenen Karten, die die andern nicht mehr brauchten. Sie mochte eine phantastische, verstümmelte Welt in ihr Herz hinein brüten. Sie hatte von den Büchern ihres Vaters, da der Schlüssel immer stak, beinahe die Hälfte gelesen, ohne daß man es ahnte. Darunter waren die meisten, die sie nicht verstehen konnte. In der Wohnung fand man oft Papiere, auf denen seltsame, wilde Dinge gezeichnet waren, die von ihr sein mußten.

Als die Mädchen in das Jungfrauenalter getreten waren, stand sie wie eine fremde Pflanze unter ihnen. Die Schwestern waren weich und schön geworden, sie bloß schlank und stark. In ihrem Körper war fast Manneskraft, was sich dadurch erwies, daß sie eine Schwester, wenn sie ihr Tändeleien sagen oder sie liebkosen wollte, mit dem schlanken Arme bloß ruhig weg bog, oder daß sie, wie sie gerne tat, Hand an knechtliche Arbeit legte, bis ihr die Tropfen auf der Stirne standen. Musik machen lernte sie nicht, aber sie ritt gut und kühn, wie ein Mann, lag oft mit dem schönsten Kleide auf dem Rasen des Gartens und tat halbe Reden und Ausrufungen in das Laub der Büsche. Nun kam es auch, daß der Vater begann, ihr Ermahnungen über ihr störriges und stummes Wesen zu geben. Dann, wenn sie auch eben redete, hörte sie plötzlich auf, wurde noch

stummer und noch störriger. Es half nichts, daß ihr die Mutter Zeichen gab und zur Kundgebung ihres Unmutes in bittrer Ratlosigkeit die Hände rang. Das Mädchen redete nicht. Als sich der Vater einmal so weit vergaß, daß er sie, die Erwachsene, weil sie durchaus nicht in das Gesellschaftszimmer gehen wollte, körperlich strafte, sah sie ihn bloß mit den heißen, trockenen Augen an, und ging doch nicht hinüber, er hätte ihr tun können, was er wollte.

Wenn nur einer gewesen wäre, für die verhüllte Seele ein Auge zu haben und ihre Schönheit zu sehen, daß sie sich nicht verachte. – Aber es war keiner: die andern konnten es nicht, und sie konnte es auch nicht.

Ihr Vater lebte in der Hauptstadt, wie es überhaupt seine Gewohnheit war, und gab sich einem glänzenden Wohlleben hin. Als seine Mädchen herangewachsen waren, verbreitete sich der Ruf ihrer Schönheit durch das Land, viele kamen herbei, sie zu sehen, und die Versammlungen und Gesellschaften in dem Hause wurden noch zahlreicher und belebter, als sie es bisher gewesen waren. Manches Herz schlug heftig und trachtete nach dem Besitze der Kleinode, welche dieses Haus beherbergte – aber die Kleinode achteten nicht darauf, oder sie waren noch zu jung, solche Huldigungen zu verstehen. Desto mehr gaben sie sich den Vergnügungen hin, die solche Gesellschaften mit sich führten, und ein Putzkleid oder die Anordnung eines Festes konnte sie Tage lang auf das ergreifendste und innigste beschäftigen. Brigitta, als die jüngste, wurde nicht gefragt, als verstünde sie die Sache nicht. Sie war manchmal in den Versammlungen gegenwärtig, und dann trug sie immer ein weites, schwarzseidenes Kleid, das sie sich selber zusammen gemacht hatte – oder sie mied dieselben, saß indessen auf ihrem Zimmer, und man wußte nicht, was sie dort tat.

So gingen ein paar Jahre hin.

Gegen Ende derselben erschien ein Mann in der Hauptstadt, der in den verschiedenen Kreisen derselben Aufsehen erregte. Er hieß Stephan Murai. Sein Vater hatte ihn auf dem Lande aufzuziehen, um ihn für das Leben vorzubereiten. Als seine Erziehung vollendet war, mußte er zuerst Reisen machen, und dann sollte er die gewählte Gesellschaft seines Vaterlandes kennen lernen. Dies war die Ursache, daß er in die Hauptstadt kam. Hier wurde er bald der fast einzige Gegenstand der Gespräche. Einige rühmten seinen Verstand, andere sein Benehmen und seine Bescheidenheit, wieder andere sagten, daß sie nie etwas so Schönes gesehen hätten als diesen Mann. Mehrere behaupteten, er sei ein Genie, und wie es an Verleumdungen und Nachreden auch nicht fehlte, sagten manche, daß er etwas Wildes und Scheues an sich habe, und daß man es ihm ansehe, daß er in dem Walde aufgezogen worden sei. Einige meinten auch, er besitze Stolz, und wenn es darauf ankomme, gewiß auch Falschheit. Manches Mädchenherz war im mindesten doch neugierig, ihn einmal erblicken zu können. Brigittas Vater kannte die Familie des neuen Ankömmlings sehr gut, er war in früheren Jahren, da er noch Ausflüge machte, öfter auf ihre Besitzungen gekommen, und war nur später, da er immer in der Hauptstadt lebte, und sie nie, mit ihr außer Berührung geraten. Da er sich um den Stand der Güter, der einst ein vortrefflicher gewesen war, erkundigte, und erfuhr, daß derselbe jetzt noch bedeutend besser sei und bei der einfachen Lebensweise der Familie sich noch immer verbessere: dachte er, wenn der Mann sonst auch noch in seinem Wesen nach seinem Sinne wäre, so könnte er einen erwünschten Bräutigam für eine seiner Töchter abgeben. Da aber dasselbe mehrere Väter und Mütter dachten, so beeilte sich Brigittas Vater, ihnen den

Vorsprung abzugewinnen. Er lud den jungen Mann in sein Haus, dieser sagte zu, und war schon mehrere Male in einer Abendgesellschaft desselben gewesen. Brigitta hatte ihn nicht gesehen, weil sie gerade in jener Zeit schon seit länger her nicht in das Gesellschaftszimmer gekommen war.

Einmal ging sie zu ihrem Oheime, der eine Art Fest veranstaltet und sie dazu geladen hatte. Sie war auch schon in früheren Zeiten manchmal nicht ungern zu der Familie des Oheims gegangen. An jenem Abende saß sie in ihrem gewöhnlichen schwarzseidenen Kleide da. Um das Haupt hatte sie einen Kopfputz, den sie selber gemacht hatte, und den ihre Schwestern häßlich nannten. Wenigstens war es in der ganzen Stadt nicht Sitte, einen solchen zu tragen, aber er stand zu ihrer dunklen Farbe sehr gut.

Es waren viele Menschen zugegen, und da sie einmal durch eine Gruppe derselben hindurch blickte, sah sie zwei dunkle, sanfte Jünglingsaugen auf sie geheftet. Sie blickte gleich wieder weg. Da sie später noch einmal hinschaute, sah sie, daß die Augen wieder gegen sie gerichtet gewesen seien. Es war Stephan Murai, der sie angeblickt hatte.

Ungefähr acht Tage darnach wurde bei ihrem Vater getanzt. Murai war auch geladen, und kam, da schon die meisten zugegen waren und der Tanz bereits begonnen hatte. Er schaute zu, und da man sich zum zweiten Tanze zusammengestellt hatte, ging er gegen Brigitta hin und bat sie mit bescheidener Stimme um einen Tanz. Sie sagte, daß sie nie tanzen gelernt habe. Er verbeugte sich und mischte sich wieder unter die Zuschauer. Später sah man ihn tanzen. Brigitta setzte sich hinter einem Tische auf ein Sofa und sah dem Treiben zu. Murai sprach mit verschiedenen Mädchen, tanzte und scherzte mit ihnen. Er war an diesem Abende beson-

ders lieb und verbindlich gewesen. Endlich war die Unterhaltung aus, man zerstreute sich nach allen Richtungen, um seine Behausung zu suchen. Als Brigitta in ihr Schlafgemach gekommen war, das sie mit vielen Bitten und Trotzen ihren Eltern abgerungen hatte, daß sie es allein bewohnen durfte, und als sie sich dort entkleidete, schoß sie im Vorbeistreifen einen Blick in den Spiegel, und sah die braune Stirne durch denselben gleiten, und die rabenschwarze Locke, die sich um die Stirne schlang. Dann ging sie, da sie weder beim Anziehen noch beim Ausziehen ein Dienstmädchen um sich litt, gegen ihr Bett, deckte es selber ab, schlug die schneeweißen Linnen von ihrem Lager, das sie sich immer sehr hart machen ließ, zurück, legte sich darauf, tat den schlanken Arm unter ihr Haupt, und schaute mit den schlaflosen Augen gegen die Decke des Zimmers.

Als nun in der Folge öfters Gesellschaften waren und Brigitta denselben beiwohnte, wurde sie wieder von Murai bemerkt, sie wurde von ihm sehr ehrfurchtsvoll gegrüßt, und wenn sie ging, brachte er ihr das Tuch, und wenn sie fort war, hörte man auch gleich darauf seinen Wagen unten rollen, der ihn nach Hause führte.

Dies dauerte längere Zeit.

Einmal war sie wieder bei dem Oheime, und da sie wegen der großen Hitze, die in dem Saale herrschte, auf den Balkon, dessen Türen immer offen standen, hinaus getreten war und dichte Nacht um sie lag: vernahm sie seinen Tritt zu ihr, und sah darin auch in der Dunkelheit, daß er sich neben sie stellte. Er sprach nichts als gewöhnliche Dinge, aber wenn man auf seine Stimme horchte, so war es, als sei etwas Furchtsames in derselben. Er lobte die Nacht, und sagte, daß man ihr unrecht tue, wenn man sie schelte, da sie doch so schön und milde sei; sie allein umhülle, sänftige und be-

ruhige das Herz. Dann schwieg er, und sie schwieg auch. Als sie wieder in das Zimmer getreten war, ging er auch hinein, und stand lange an einem Fenster.

Da Brigitta in dieser Nacht zu Hause angelangt war, da sie sich in ihr Zimmer begeben hatte und den Putzflitter Stück um Stück von dem Leibe nahm, trat sie im Nachtgewande vor den Spiegel und sah lange, lange hinein. Es kamen ihr Tränen in die Augen, die nicht versiegten, sondern mehreren Platz machten, die hervor drangen und herab rannen. Es waren die ersten Seelentränen in ihrem ganzen Leben gewesen. Sie weinte immer mehr und immer heftiger, es war, als müßte sie das ganze versäumte Leben nachholen, und als müßte ihr um vieles leichter werden, wenn sie das Herz heraus geweint hätte. Sie war in die Knie gesunken, wie sie es öfters zu tun gewohnt war, und saß auf ihren eigenen Füßen. Auf dem Boden neben ihr lag zufällig ein Bildchen, es war ein Kinderbildchen, auf dem dargestellt war, wie sich ein Bruder für den andern opfere. Dieses Bildchen drückte sie an ihre Lippen, daß es zerknittert und naß wurde.

Da endlich die Quellen nachgelassen hatten und die Kerzen herab gebrannt waren, saß sie noch auf der Erde vor dem Spiegeltische, gleichsam wie ein ausgeweintes Kind, und sann. Es lagen die Hände in dem Schoße, die Schleifen und Krausen des Nachtgewandes waren feucht und hingen ohne Schönheit um den keuschen Busen. Sie ward stiller und unbeweglicher. Endlich schöpfte sie ein paar Mal frischen Atem, fuhr mit der flachen Hand über die Augenwimpern und ging zu Bette. Als sie lag und die Nachtlampe, die sie nach ausgelöschten Kerzen hinter einen kleinen Schirm gestellt hatte, düster brannte, sagte sie noch die Worte: »Es ist ja nicht möglich, es ist ja nicht möglich!«

Dann entschlummerte sie.

Als sie in der Zukunft wieder mit Murai zusammen kam, war es wie früher: er zeichnete sie nur noch mehr aus, aber sonst war sein Benehmen scheu, fast zaghaft. Er redete beinahe nichts mit ihr. Sie selber tat ihm keinen einzigen, auch nicht den kleinsten Schritt entgegen.

Als sich nach einiger Zeit wieder einmal eine Gelegenheit ergab, mit ihr allein zu sprechen, deren manche früher schon ungenützt vorüber gegangen waren, nahm er sich den Mut, er redete sie an und sagte, daß ihm erscheine, daß sie ihm abgeneigt sei – und wenn dies so wäre, so habe er die einzige Bitte, sie möchte ihn doch kennen lernen, vielleicht sei er doch ihrer Aufmerksamkeit nicht ganz unwert, vielleicht habe er Eigenschaften, oder könne sich dieselben erwerben, die ihm ihre Hochachtung gewännen, wenn auch nichts, das er noch heiliger wünschte.

»Nicht abgeneigt, Murai,« antwortete sie, »o nein, nicht abgeneigt; aber ich habe auch eine Bitte an Sie: tun Sie es nicht, tun Sie es nicht, werben Sie nicht um mich, Sie würden es bereuen.«

»Warum denn, Brigitta, warum denn?«

»Weil ich,« antwortete sie leise, »keine andere Liebe fordern kann als die allerhöchste. Ich weiß, daß ich häßlich bin, darum würde ich eine höhere Liebe fordern als das schönste Mädchen dieser Erde. Ich weiß es nicht, wie hoch, aber mir ist, als sollte sie ohne Maß und Ende sein. Sehn Sie – da nun dies unmöglich ist, so werben Sie nicht um mich. Sie sind der einzige, der darnach fragte, ob ich auch ein Herz habe, gegen Sie kann ich nicht falsch sein.«

Sie hätte vielleicht noch mehr gesagt, wenn nicht Leute herzu gekommen wären; aber ihre Lippe bebte vor Schmerz.

Daß Murais Herz durch diese Worte nicht beschwichtigt, son-

dern nur noch mehr entflammt wurde, begreift sich. Wie einen Engel des Lichtes verehrte er sie, er blieb zurück gezogen, sein Auge ging an den größten Schönheiten, die ihn umringten, vorüber, das ihre mit sanfter Bitte zu suchen. So war es unabänderlich fort. Auch an ihr begann nun die dunkle Macht und die Größe des Gefühles in der verarmten Seele zu zittern. An beiden erschien es offen. Die Umgebungen begannen das Unglaubliche zu ahnen, und man erstaunte unverhohlen. Murai legte seine Seele entschieden vor dem Angesichte aller Welt dar. Eines Tages, in einem einsamen Zimmer, da die Musik, zu deren Anhörung man zusammen gekommen war, von ferne her erscholl, da er vor ihr stand und nichts redete, da er ihre Hand faßte, sie sanft gegen sich ziehend, widerstand sie nicht, und da er sein Angesicht immer mehr gegen sie neigte und sie seine Lippen plötzlich auf den ihrigen empfand, drückte sie süß entgegen. Sie hatte noch nie einen Kuß gefühlt, da sie selbst von ihrer Mutter und ihren Schwestern nie geküßt worden war – und Murai hat nach vielen Jahren einmal gesagt, daß er nie mehr eine solche reine Freude erlebt habe als damals, da er zum ersten Male diese vereinsamten, unberührten Lippen auf seinem Munde empfand.

Der Vorhang zwischen den beiden war nun zerrissen, und das Schicksal ging seine Wege. In wenigen Tagen war Brigitta die erklärte Braut des gefeierten Mannes, die Eltern beider Teile hatten eingewilligt. Es wurde nun ein freundlicher Umgang. Aus dem tiefen Herzen des bisher unbekannten Mädchens ging ein warmes Dasein hervor, anfangs unscheinbar und unbedeutend, dann in reicher, heiterer Entwickelung. Der Instinkt, der den Mann an dieses Weib gezogen, hatte ihn nicht getäuscht. Sie war stark und keusch, wie kein anderes Weib. Weil sie ihr Herz nicht durch Liebesgedan-

ken und Liebesbilder vor der Zeit entkräftet hatte, wehte der Odem eines ungeschwächten Lebens in seine Seele. Auch ihr Umgang war reizend. Weil sie stets allein gewesen war, hatte sie auch allein ihre Welt gebaut, und er wurde in ein neues, merkwürdiges, nur ihr angehörendes Reich eingeführt. Wie sich dann ihr Wesen vor ihm entfaltete, erkannte er zu allem dem noch ihr inniges und heißes Lieben, das wie ein goldner Strom in vollen Ufern quoll, in vollen, aber auch in einsamen; denn wie das Herz der andern Menschen zwischen eine halbe Welt geteilt ist, war das ihre beisammen geblieben, und da es nur ein einziger erkannt hat, war es nun auch Eigentum dieses einzigen. Er lebte so in Freude und Gehobenheit die Tage des Brautstandes durch.

Es ging die Zeit mit rosenfarbnen Flügeln, und in ihr das Geschick mit seinen dunkeln Schwingen.

Der Vermählungstag war endlich gekommen. Murai hatte seine schweigende Braut, da die heilige Handlung vorüber war, auf der Schwelle der Kirche in die Arme geschlossen, sie dann in seinen Wagen gehoben und in seine Wohnung geführt, die er, da die jungen Leute beschlossen hatten, in der Stadt zu bleiben, aus dem Reichtume seines Vaters, der ihm alles Erspartre zur Verfügung stellte, auf das schönste und glänzendste hatte einrichten lassen. Murais Vater war zur Vermählung von seinem Landsitze, den er zum bleibenden Aufenthaltsorte gewählt hatte, herein gekommen. Seine Mutter konnte leider die Freude nicht teilen; denn sie war schon längst gestorben. Von Seite der Braut waren Vater und Mutter, dann die Schwestern, der Oheim und mehrere nahe Verwandte zugegen. Murai, so wie Brigittas Vater, hatte gewollt, daß der Tag öffentlich und mit großem Glanze gefeiert werde, und so war er auch vorüber gegangen.

Als sich endlich die letzten Gäste entfernt hatten, führte Murai seine Gattin durch eine Reihe beleuchteter Zimmer, da sie sich bisher immer mit einem hatte begnügen müssen, bis in das Wohngemach zurück. Dort saßen sie noch, und er sagte die Worte: »Wie gut und herrlich ist alles abgegangen, und wie schön hat es sich erfüllt. Brigitta! Ich habe dich erkannt. Da ich dich das erste Mal sah, wußte ich schon, daß mir dieses Weib nicht gleichgültig bleiben werde; aber ich erkannte noch nicht, werde ich dich unendlich lieben oder unendlich hassen müssen. Wie glücklich ist es gekommen, daß es die Liebe ward!«

Brigitta sagte nichts, sie hielt ihn an der Hand und ließ die glänzenden Augen in sanfter Ruhe durch das Zimmer blicken.

Dann befahlen sie, daß die Reste des Festes weggeräumt würden, daß die Menge der überflüssigen Lichter ausgetan und die Festgemächer eine gewöhnliche Wohnung würden. Dies geschah; die Diener begaben sich in ihre Zimmer, und auf die neue Wohnung und auf die neue Familie, die aus zweien bestand und erst einige Stunden alt war, senkte sich die erste Nacht hernieder.

Von nun an lebten sie in ihrer Wohnung fort. So wie sie, da sie sich kennen gelernt hatten, nur in Gesellschaften zusammen getroffen waren, und so wie sie im Brautstande nur immer öffentlich erschienen waren, so blieben sie nun immer zu Hause. Sie dachten nicht, daß etwas Äußerliches zu ihrem Glücke erforderlich sei. Obgleich die Wohnung im allgemeinen mit allem versehen war, was ihr nur immer not tat, so blieb doch im einzelnen noch so vieles zu verbessern und zu verschönern übrig. Sie klügelten dieses heraus, sie überlegten, was man dort und da noch anbringen könnte, gingen einander mit Rat und Tat an die Hand, daß sich der Raum immer mehr und mehr und reiner ordnete und die Ein-

tretenden mit klarer Wohnlichkeit und einfacher Schönheit empfing.

Über Jahresfrist gebar sie ihm einen Sohn, und dieses neue Wunder hielt sie wieder und noch mehr zu Hause. Brigitta pflegte ihr Kind, Murai versah seine Geschäfte; denn der Vater hatte ihm einen Teil der Güter abgetreten, und diese verwaltete er von der Stadt aus. Dies machte manche Umwege nötig und häufte manche Dinge, die sonst zu entraten gewesen wären.

Als der Knabe so weit entwickelt war, daß unmittelbare Pflege nicht gar so sehr mehr not tat, als Murai seine Geschäfte schon geordnet und in einen gleichen Gang gebracht hatte, fing er an, seine Gattin häufiger auf öffentliche Plätze, in Gesellschaften, auf Spaziergänge, in das Schauspiel zu führen, als er es sonst zu tun gewohnt war. Hiebei bemerkte sie, daß er sie vor Leuten noch zarter und noch aufmerksamer behandle als selber zu Hause.

Sie dachte: »Jetzt weiß er, was mir fehlt«, und hielt das erstickende Herz an sich.

Im nächsten Frühlinge nahm er sie und sein Kind auf eine Reise mit, und da sie gegen den Herbst zurück kamen, schlug er vor, lieber für beständig auf dem Lande, auf einem seiner Güter zu wohnen; denn auf dem Lande sei es doch viel schöner und viel annehmlicher als in der Stadt.

Brigitta folgte ihm auf das Landgut.

Hier fing er an zu wirtschaften und umzuändern, und den Rest der Zeit, der ihm übrig war, zum Jagen zu verwenden. Und hier führte ihm das Schicksal ein ganz anderes Weib entgegen, als er es immer zu sehen gewohnt war. Auf einer der einsamen Jagden, die er jetzt häufig tat, wo er nämlich mit seiner Büchse allein durch die Gegend ging oder ritt, hatte er sie erblickt. Als er einmal sein Pferd

langsam durch einen Weidebruch ein wenig abwärts leitete, hatte er plötzlich durch das dichte Gebüsch her zwei Augen gegenüber, erschrocken und schön, wie die einer fremdländischen Gazelle, und neben den grünen Blättern hatte das süßeste Morgenrot der Wangen geglüht. Es war nur ein Augenblick; denn ehe er recht hin sehen konnte, hatte das Wesen, das ebenfalls zu Pferde war und in dem Gebüsche stand, das Pferd gewendet und flog über die Ebene zwischen den leichten Büschen davon.

Es war Gabriele gewesen, die Tochter eines greisen Grafen, der in der Nachbarschaft wohnte, ein wildes Geschöpf, das ihr Vater auf dem Lande erzog, wo er ihr alle und jede Freiheit ließ, weil er meinte, daß sie sich nur so am naturgemäßesten entfalte und nicht zu einer Puppe gerate, wie er sie nicht leiden konnte. Die Schönheit dieser Gabriele war schon weithin berühmt geworden, nur zu Murais Ohren war der Ruf noch nicht gedrungen, weil er bisher nie auf diesem seinem Landgute gewesen war und in letzter Zeit sich auf seiner großen Reise befunden hatte.

Nach mehreren Tagen trafen die beiden schier auf derselben Stelle wieder zusammen, und dann öfter und öfter. Sie fragten nicht, wer und woher sie seien, sondern das Mädchen, gleichsam ein Abgrund von Unbefangenheit, scherzte, lachte, neckte ihn, und trieb ihn meistens zu kühnen, übermütigen Wettreiten an, wo sie wie ein himmlisches, tolles, glühendes Rätsel neben ihm her flog. Er scherzte mit und ließ sie meistens siegen. Eines Tages aber, als sie, vor Erschöpfung atemlos, nur durch wiederholtes Haschen nach seinem Zügel andeuten konnte, daß sie wolle, daß er halten solle, und als sie beim Herabheben vom Pferde schmachtend geflüstert hatte, sie sei besiegt – damals, nachdem er ihren Steigbügelriemen, an dem etwas gebrochen war, wieder hergestellt hatte

und sie nun verglühend an einem Baumstamme stehen sah – riß er sie plötzlich an sich, preßte sie an sein Herz, und ehe er sehen konnte, ob sie zürne oder frohlocke, sprang er auf sein Pferd und jagte davon. – Es war Übermut gewesen, aber ein Taumel unbeschreiblichen Entzückens war in jenem Augenblicke in ihm, und vor seiner Seele, wie er heim ritt, hing das Bild der sanften Wange, des süßen Atems und der spiegelnden Augen.

Sie hatten sich von da an nicht mehr gesucht, aber da sie sich einmal zufällig auf einen Augenblick in dem Saale eines Nachbars sahen, wurden beider Wangen von einem tiefen Scharlache übergossen.

Murai ging dann auf eine seiner ferneren Besitzungen und änderte dort alle Verhältnisse um, die er vorfand.

Brigittas Herz aber war zu Ende. Es war ein Weltball von Scham in ihrem Busen empor gewachsen, wie sie so schwieg und wie eine schattende Wolke in den Räumen des Hauses herum ging. Aber endlich nahm sie das aufgequollne, schreiende Herz gleichsam in ihre Hand, und zerdrückte es.

Als er von seinen Umänderungen auf dem entfernten Landgute zurück kam, ging sie in sein Zimmer und trug ihm mit sanften Worten die Scheidung an. Da er heftig erschrak, da er sie bat, da er ihr Vorstellungen machte, sie aber immer dieselben Worte sagte: »Ich habe es dir gesagt, daß es dich reuen wird, ich habe es dir gesagt, daß es dich reuen wird«, – sprang er auf, nahm sie bei der Hand und sagte mit inniger Stimme: »Weib, ich hasse dich unaussprechlich, ich hasse dich unaussprechlich!«

Sie sagte kein Wort, sondern sah ihn bloß mit den trockenen, entzündeten Augen an – aber als er nach drei Tagen seine Reisekoffer gepackt und fortgeschickt hatte – als er nun selber in Reise-

kleidern gegen Abend fortgeritten war: so lag sie, wie einst, da sie die Dichtungen ihres Herzens den Büschen des Gartens zugerufen hatte, auch jetzt vor Schmerz auf dem Teppiche ihres Zimmerbodens, und so heiße Tropfen rannen aus ihren Augen, als müssen sie ihr Gewand, den Teppich und das Getäfel des Bodens durchbrennen – es waren die letzten, die sie dem noch immer Heißgeliebten nach sandte, dann keine mehr. Er ritt indessen auf der finstern Ebene, und hatte hundertmal im Sinne, sich mit der Sattelpistole das siedende Gehirn zu zerschmettern. Er war bei seinem Ritte, da es noch Tag war, an Gabrielen vorüber gekommen, sie stand auf dem Balkon ihres Schlosses, aber er hatte nicht hinauf gesehen und war weiter geritten.

Nach einem halben Jahre sandte er die Einwilligung zur Scheidung, und trat ihr auch den Knaben ab, war es nun, daß er ihn in ihren Händen besser aufgehoben meinte, war es noch die alte Liebe, die ihr nicht alles rauben wollte, ihr, die nun ganz allein sei, während ihm die weite Welt vor Augen lag. In Bezug auf das Vermögen hatte er für sie und den Knaben am günstigsten gesorgt, wie es nur immer möglich war. Er sandte die Papiere, die diese Sache enthielten, mit. Dies war das erste und letzte Zeichen, das Murai von seinem Dasein gegeben hatte, nachher kam keines mehr, und er erschien auch nicht wieder. Die Summen, die er brauchte, waren an ein Antwerpner Haus angewiesen. Dies sagte später sein Verwalter, mehr wußte der auch nicht.

Um diese Zeit waren kurz nacheinander Brigittas Vater, ihre Mutter und die beiden Schwestern gestorben. Murais Vater, der ohnedem schon sehr alt war, starb auch in kurzer Zeit darnach.

So war Brigitta im strengen Sinne des Wortes ganz allein mit ihrem Kinde.

Sie hatte sehr weit von der Hauptstadt ein Haus auf einer öden Halde, wo sie niemand kannte. Das Gut hieß Maroshely, woher auch der Name der Familie stammte. Nach der Scheidung nahm sie ihren ursprünglichen Namen Maroshely wieder an und begab sich in das Haidehaus, um sich dort zu verbergen.

So wie sie einstens, wenn man ihr wohl aus Mitleiden eine schöne Puppe gegeben hatte, dieselbe nach kurzer Freude wieder weg warf und schlechte Dinge in ihr Bettchen trug, als Steine, Hölzchen und dergleichen; so nahm sie jetzt auch ihr größtes Gut, das sie hatte, nach Maroshely mit, ihren Sohn, pflegte und hütete ihn, und ihr Auge hing einzig und allein über dem Bettchen desselben.

Wie er größer wurde und sein kleines Auge und sein Herz sich erweiterte, tat es auch das ihre mit; sie begann die Haide um sich zu sehen, und ihr Geist fing an, die Öde rings um sich zu bearbeiten. Sie nahm Männerkleider, stieg wieder, wie einst in ihrer Jugend, zu Pferde und erschien unter ihrem Gesinde. Wie der Knabe sich nur auf einem Pferde halten konnte, war er überall mit, und die tätige, schaffende, heischende Seele seiner Mutter floß allgemach in ihn. Diese Seele griff immer weiter um sich, der Himmel des Erschaffens senkte sich in sie; grüne Hügel schwellten sich, Quellen rannen, Reben flüsterten, und in das öde Steinfeld war ein kraftvoll weiterschreitend Heldenlied gedichtet. Und die Dichtung trug, wie sie tut, auch ihren Segen. Manche ahmten nach, es erhob sich der Verein, Entferntere wurden begeistert, und hie und da auf der öden, blinden Haide schlug sich ein menschlich freies Walten wie ein schönes Auge auf.

Nach fünfzehn Jahren, während welchen Brigitta auf Maroshely hauste, kam der Major, indem er seinen Landsitz Uwar, wo er sonst nie gewesen war, bezog. Von diesem Weibe lernte er, wie er mir sel-

ber sagte, Tätigkeit und Wirken – und zu diesem Weibe faßte er jene tiefe und verspätete Neigung, von der wir oben erzählt haben.

Nachdem nun, wie am Eingange des Abschnittes erwähnt wurde, dieser Teil aus Brigittas früherem Leben erzählt ist, gehen wir wieder in der Entwicklung der Zustände weiter, wo wir sie gelassen.

4.
Steppengegenwart

Wir ritten nach Maroshely. Brigitta ist wirklich jenes reitende Weib gewesen, das mir die Pferde mitgegeben hatte. Sie erinnerte sich mit freundlichem Lächeln an unsere alte Bekanntschaft. Meine Wangen wurden rot, weil ich auf das Trinkgeld dachte. Es war niemand anderer zum Besuche da als der Major und ich. Er stellte mich als einen Reisebekannten vor, mit dem er einmal viel zusammen gewesen sei, und von dem er sich schmeichle, daß er nun von einem Bekannten in einen Freund über zu gehen im Begriffe sei. Ich erlebte die Freude – und es war mir wirklich keine unbedeutende – daß sie fast alle Dinge wußte, die sich auf mein früheres Zusammensein mit ihm bezogen, daß er ihr also viel von mir erzählt haben mußte, daß er noch mit Vorliebe bei jenen Tagen verweile, und daß sie es der Mühe wert hielt, sich diese Sache zu merken.

Sie sagte, sie wolle mich nicht in ihrem Schlosse und in ihren Feldern herum führen, ich werde das gelegentlich sehen, wenn wir spazieren gehen, und wenn ich oft genug von Uwar werde herüber gekommen sein, wozu sie mich höflich einlade.

Dem Major machte sie einen Vorwurf, warum er denn so lange nicht herüber gekommen sei. Er entschuldigte sich mit den vielen Geschäften, und hauptsächlich damit, daß er ohne mich nicht herüber reiten wollte, und daß er doch vorher erst sehen wollte, wie sehr oder wie wenig ich zu seiner Freundin passe.

Wir gingen in einen großen Saal, in dem wir ein wenig ausruhten. Der Major zog eine Schreibtafel hervor und fragte sie um mehrere Dinge, die sie klar und einfach beantwortete, und von denen er sich manche aufzeichnete. Auch sie fragte dann um Verschiedenes, was sich auf manchen Nachbar, auf die Geschäfte des Augenblickes, oder auf den künftigen Landtag bezog. Ich sah bei dieser Gelegenheit, mit welch tiefem Ernste sie die Dinge behandelten, und welche Aufmerksamkeit der Major auf ihre Meinungen legte. Wo sie in etwas unsicher war, gestand sie ihre Unwissenheit und bat den Major um Berichtigung.

Als wir ausgeruht hatten und der Major die Schreibtafel einsteckte, standen wir auf, um in den Besitzungen einen Spaziergang zu machen. Hier redete man häufig von den Veränderungen, die erst jüngst in ihrem Hause entstanden waren. Wenn sie hiebei auf Dinge seines Hauses kam, war es mir, als läge eine Art Zärtlichkeit darinnen, wie sie sich um dieselben bekümmerte. Sie zeigte ihm den neuen hölzernen Säulengang am Gartengeschosse des Hauses und fragte, ob sie Reben hinan ziehen solle; an seinen Hoffenstern, meinte sie, ließe sich auch so ein Ding anbringen, wo es sich in der Spätherbstsonne recht angenehm sitze. Sie führte uns in den Park, der vor zehn Jahren ein wüster Eichenwald gewesen war; jetzt gingen Wege durch, flossen eingehegte Quellen und wandelten Rehe. Sie hatte durch unsägliche Ausdauer um den ungeheuren Umfang desselben eine hohe Mauer gegen die Wölfe aufführen lassen. Das

Geld hiezu zog sie langsam aus ihrem Viehstande und aus den Maisfeldern, deren Pflege sie sehr empor gebracht hatte. Als die Einhegung fertig war, ging man in einem geschlossenen Jagen Schritt für Schritt durch jede Stelle des Parkes, um zu sehen, ob man nicht etwa einen Wolf zu künftiger Brut mit eingemauert habe. Aber es war keiner zugegen. Dann erst wurden Rehe in die Einhegung gesetzt und für anderes Vorkehrungen gemacht. Die Rehe, schien es, wußten das alles und dankten ihr dafür; denn wenn wir manches bei unserem Gange sahen, war es nicht scheu und blickte mit den dunkeln, glänzenden Augen gegen uns herüber. Brigitta führte ihre Gäste und Freunde recht gerne durch den Park, weil sie ihn liebte. Wir kamen oben auch zur Anlage der Fasanen. Wie wir so durch die Wege gingen und weiße Wolken durch die Eichenwipfel herein schauten, gewann ich Gelegenheit, Brigitta zu betrachten. Ihre Augen, schien es mir, waren noch schwärzer und glänzender als die der Rehe, und mochten heute besonders hell strahlen, weil der Mann an ihrer Seite ging, der ihr Wirken und Schaffen zu würdigen verstand. Ihre Zähne waren schneeweiß, und der für ihre Jahre noch geschmeidige Wuchs zeugte von unverwüstlicher Kraft. Da sie den Major erwartet hatte, war sie in Frauenkleidern und hatte ihre Geschäfte bei Seite gesetzt, weil sie den Tag für uns widmete.

Unter Gesprächen der verschiedensten Art, von der Zukunft des Landes, von Hebung und Verbesserung des gemeinen Mannes, von Bearbeitung und Benützung des Bodens, von Ordnung und Einschränkung des Donaustromes, von ausgezeichneten Persönlichkeiten der Vaterlandsfreunde, kamen wir durch den größten Teil des Parkes, da sie uns, wie ich schon oben sagte, nicht durch ihre Besitzungen herum führen, sondern uns nur Gesellschaft lei-

sten wollte. Da wir zu dem Hause zurückkehrten, war es Essenszeit. Zum Mahle kam auch Gustav, der Sohn Brigittas, mit ziemlich verbrannten Wangen, ein lieblich schlanker Jüngling, eine Blume von Gesundheit. Er hatte heute an der Stelle der Mutter die Felder besucht und die Arbeiten eingeteilt, und berichtete ihr jetzt manches mit kurzen Worten. Bei Tische saß er horchend und bescheiden unten an; in seinen schönen Augen lag Begeisterung für die Zukunft und unendliche Güte für die Gegenwart. Da auch, wie bei dem Major, das Gesinde mit an dem Tische saß, so bemerkte ich meinen Freund Milosch, der mich zum Zeichen alter Bekanntschaft grüßte.

Der größte Teil des Nachmittages verging mit Besichtigung mehrerer Veränderungen, die dem Major neu waren, mit einer Runde im Garten und mit einem Gange durch den Weinberg.

Gegen Abend nahmen wir Abschied. Da wir unsere Kleider zusammen suchten, machte Brigitta dem Major einen Vorwurf, daß er neulich in der Nachtluft von Gömör weg in leichten Kleidern nach Hause geritten sei – ob er denn nicht wisse, wie tückisch die Tauluft dieser Ebene sei, daß er sich so aussetze?! Er verteidigte sich nicht, und sagte, er werde in Zukunft schon vorsichtiger sein. Ich aber wußte recht gut, daß er damals seine Bunda Gustav aufgenötigt hatte, der ohne eine gekommen war, und dem er vorgelogen hatte, daß er noch eine andere im Stalle liegen habe. Dieses Mal aber schieden wir mit allem hinlänglich versorgt und verwahrt. Brigitta selbst bekümmerte sich um jedes, und ging erst in das Haus zurück, als wir schon in unsern dichten Oberkleidern zu Pferde saßen und der Mond aufging. Sie hatte dem Major noch ein paar Aufträge gegeben, und beurlaubte sich dann mit einfacher, edler Freundlichkeit.

Die Gespräche der zwei Menschen waren den ganzen Tag über ruhig und heiter gewesen, aber mir schien es, als zitterte eine heimliche Innigkeit durch, der sich beide schämten Raum zu geben, wahrscheinlich, weil sie sich für zu alt hielten. Auf dem Rückwege aber sagte der Major zu mir, als ich mich einiger wahrhafter, aufrichtiger Lobesworte auf diese Frau nicht enthalten konnte: »Freund! ich bin oft in meinem Leben heiß begehrt worden, ob auch so geliebt, weiß ich nicht; aber die Gesellschaft und die Achtung dieser Frau ist mir ein größeres Glück auf dieser Welt geworden als jedes andere in meinem Leben, das ich für eines gehalten habe.«

Er hatte diese Worte ohne alle Leidenschaft gesagt, aber mit einer solchen Ruhe der Gewißheit, daß ich in meinem Herzen von der Wahrheit derselben vollständig überzeugt war. Mir geschah es in diesem Augenblicke beinahe, was sonst nicht meine Art ist, daß ich den Major um diese Freundschaft und um sein häusliches Wirken beneidete; denn ich hatte damals recht auf der ganzen Welt nichts Festes, um mich daran zu halten, als etwa meinen Wanderstab, den ich wohl in Bewegung setzte, dieses und jenes Land zu sehen, der aber doch nicht recht nachhalten wollte.

Als wir nach Hause kamen, trug mir der Major an, daß ich noch den Sommer und Winter bei ihm zubringen möchte. Er hatte begonnen, mich mit größerer Vertraulichkeit zu behandeln und mich tiefer in sein Leben und sein Herz blicken zu lassen, daß ich eine große Liebe und Neigung zu dem Manne faßte. Ich sagte also zu. Und da ich dieses nun einmal getan hätte, sagte er, so wolle er mir auch sogleich einen Geschäftszweig seines Hauses auftragen, den ich ständig besorgen sollte – es würde mich nicht reuen, sagte er, und würde mir gewiß in der Zukunft von Nutzen sein. Ich willigte

ebenfalls ein, und in der Tat, es war mir von Nutzen. Daß ich nun einen Hausstand habe, daß ich eine liebe Gattin habe, für die ich wirke, daß ich nun Gut um Gut, Tat um Tat in unsern Kreis herein ziehe, verdanke ich dem Major. Als ich einmal ein Teil jenes einträchtigen Wirkens war, das er entfaltete, wollte ich doch die Sache so gut machen, als ich konnte, und da ich mich übte, machte ich sie immer besser, ich war nütze und achtete mich – und da ich die Süßigkeit des Schaffens kennen lernte, erkannte ich auch, um wie viel mehr wert sei, was ein gegenwärtig Gutes setzt, als das bisherige Hinschlendern, das ich Erfahrungen sammeln nannte, und ich gewöhnte mich an Tätigkeit.

So ging die Zeit nach und nach hin, und ich war unendlich gerne in Uwar und seiner Umgebung.

Ich kam in diesen Verhältnissen öfter nach Maroshely. Man achtete mich, und ich war fast wie ein Glied der Familien und lernte die Sachlage immer besser kennen. Von einer unheimlichen Leidenschaft, von einem fieberhaften Begehren, oder gar von Magnetismus, wie ich gehört hatte, war keine Spur. Dagegen war das Verhältnis zwischen dem Major und Brigitta von ganz merkwürdiger Art, daß ich nie ein ähnliches erlebt habe. Es war ohne Widerrede das, was wir zwischen Personen verschiedenen Geschlechtes Liebe nennen würden, aber es erschien nicht als solches. Mit einer Zartheit, mit einer Verehrung, die wie an die Hinneigung zu einem höheren Wesen erinnerte, behandelte der Major das alternde Weib; sie war mit sichtlicher innerlicher Freude darüber erfüllt, und diese Freude, wie eine späte Blume, blühte auf ihrem Antlitze und legte einen Hauch von Schönheit darüber, wie man es kaum glauben sollte, aber auch die feste Rose der Heiterkeit und Gesundheit. Sie gab dem Freunde dieselbe Achtung und Verehrung zurück, nur

daß sich zuweilen ein Zug von Besorgnis um seine Gesundheit, um seine kleinen Lebensbedürfnisse und dergleichen einmischte, der doch wieder dem Weibe und der Liebe angehörte. Über dieses hinaus ging das Benehmen beider nicht um ein Haar – und so lebten sie neben einander fort.

Der Major sagte einmal zu mir, daß sie in einer Stunde, wo sie, wie es selten zwischen Menschen geschieht, mit einander inniger über sich selber sprachen, festgesetzt haben, daß Freundschaft der schönsten Art, daß Aufrichtigkeit, daß gleiches Streben und Mitteilung zwischen ihnen herrschen sollte, aber weiter nichts; an diesem sittlich festen Altare wollen sie stehen bleiben, vielleicht glücklich bis zum Lebensende – sie wollen keine Frage weiter an das Schicksal tun, daß es keinen Stachel habe und nicht wieder tückisch sein möge. Dies sei nun schon mehrere Jahre so, und werde so bleiben.

Das hatte der Major zu mir gesagt – allein in einiger Zeit darauf tat das ungefragte Schicksal von selber eine Antwort, die alles schnell und auf unerwartete Art lösete.

Es war schon sehr spät im Herbste, man könnte sagen, zu Anfang Winters, ein dichter Nebel lag eines Tages auf der bereits festgefrornen Haide, und ich ritt eben mit dem Major auf jenem neugebauten Wege mit der jungen Pappelallee, wir hatten vor, vielleicht ein wenig zu jagen, als wir plötzlich durch den Nebel herüber zwei dumpfe Schüsse fallen hörten.

»Das sind meine Pistolen, und keine andern«, rief der Major.

Ehe ich etwas begreifen und fragen konnte, sprengte er schon die Allee entlang, so furchtbar, wie ich nie ein Pferd habe laufen gesehen, ich folgte ihm nach, weil ich ein Unglück ahnte, und als ich wieder zu ihm kam, traf ich auf ein Schauspiel, so gräßlich und

so herrlich, daß noch jetzt meine Seele schaudert und jauchzt: an der Stelle, wo der Galgen steht und der Binsenbach schillert, hatte der Major den Knaben Gustav gefunden, der sich nur noch matt gegen ein Rudel Wölfe wehrte. Zwei hatte er erschossen, einen, der vorne an sein Pferd gesprungen war, wehrte er mit seinem Eisen, die andern bannte er für den Augenblick mit der Wut seiner vor Angst und Wildheit leuchtenden Augen, die er auf sie bohrte; aber harrend und lechzend umstanden sie ihn, daß eine Wendung, ein Augenzucken, ein Nichts Grund werden könne, mit eins auf ihn zu fallen – da, im Augenblicke der höchsten Not, erschien der Major. Als ich ankam, war er schon wie ein verderblich Wunder, wie ein Meteor, mitten unter ihnen – der Mann war fast entsetzlich anzuschauen, ohne Rücksicht auf sich, fast selber wie ein Raubtier warf er sich ihnen entgegen. Wie er von dem Pferde gekommen war, hatte ich nicht gesehen, da ich später ankam; den Knall seiner Doppelpistolen hatte ich gehört, und wie ich auf dem Schauplatze erschien, glänzte sein Hirschfänger gegen die Wölfe, und er war zu Fuß. Drei – vier Sekunden mochte es gedauert haben, ich hatte bloß Zeit, mein Jagdgewehr unter sie abzudrücken, und die unheimlichen Tiere waren in den Nebel zerstoben, als wären sie von ihm eingetrunken worden.

»Ladet,« schrie der Major, »sie werden gleich wieder hier sein.«

Er hatte die weggeschleuderten Pistolen aufgerafft und stieß die Patronen hinein. Wir luden auch, und in dem Augenblicke, da wir ein wenig still waren, vernahmen wir den unheimlichen Trab um die Galgeneiche herum. Es war klar, die hungrigen, geängsteten Tiere umkreisten uns, bis ihnen wieder etwa der Mut zum Angriffe gewachsen sein würde. Eigentlich sind diese Tiere, wenn sie nicht von dem Hunger gespornt werden, feig. Wir waren zu einer Wolfs-

jagd nicht gerüstet, der unselige Nebel lag dicht vor unsern Augen, daher schlugen wir den Weg zu dem Schlosse ein. Die Pferde schossen in Todesangst dahin, und da wir so ritten, sah ich es mehr als einmal wie einen jagenden Schatten neben mir, grau im grauen Nebel. In unsäglicher Geduld eilte die Herde neben uns. Wir mußten in steter Bereitschaft sein. Von dem Major fiel einmal links ein Schuß, aber wir erkannten nichts, zum Reden war keine Zeit, und so langten wir an dem Parkgitter an, und wie wir hinein drangen, brachen die edlen, schönen, dahinter harrenden Doggen neben uns heraus, und in demselben Augenblicke scholl auch schon aus dem Nebel ihr wütendes Heulen, hinter den Wölfen haidewärts schweifend.

»Sitzt alle auf,« rief der Major den entgegen eilenden Knechten zu, »laßt alle Wolfshunde los, daß meine armen Doggen nichts leiden. Bietet die Nachbarn auf und jagt, so viel Tage ihr wollt. Ich gebe für jeden toten Wolf das doppelte Schußgeld, die ausgenommen, die an der Galgeneiche liegen; denn die haben wir selbst getötet. An der Eiche liegt vielleicht auch eine der Pistolen, die ich voriges Jahr an Gustav geschenkt habe, denn ich sehe nur eine in seiner Hand, und das Sattelfach der andern ist leer; seht zu, ob es so ist.«

»Seit fünf Jahren,« sagte er zu mir gewendet, da wir im Parke weiter ritten, »hat sich kein Wolf so nahe zu uns gewagt, und es war sonst ganz sicher hier. Es muß einen harten Winter geben, und er muß in den nördlichen Ländern schon begonnen haben, daß sie sich bereits so weit herab drücken.«

Die Knechte hatten den Befehl des Herrn vernommen, und in weniger Zeit, als es mir glaublich schien, war ein Haufen Jäger ausgerüstet, und das Geschlecht jener schönen zottigen Hunde war

neben ihnen, das den ungarischen Haiden eigen und für sie so unentbehrlich ist. Man beredete sich, wie man die Nachbarn abholen wolle, und dann gingen sie fort, um eine Jagd einzuleiten, von der sie erst in acht, vierzehn oder noch mehreren Tagen zurückkehren würden.

Wir hatten alle drei, ohne von den Pferden zu steigen, dem größten Teil dieser Anstalten zugeschaut. Als wir uns aber von den Wirtschaftsgebäuden dem Schlosse zuwendeten, sahen wir, daß Gustav doch verwundet sei. Als wir nämlich unter dem Torbogen anlangten, von wo wir in unsere Zimmer wollten, wandelte ihn eine Übelkeit an, und er drohte von dem Pferde zu sinken. Einer von den Leuten fing ihn auf und hob ihn herunter, da sahen wir, daß die Lenden des Tieres von Blut gefärbt waren. Wir brachten ihn in eine Wohnung des Erdgeschosses, die gegen den Garten hinaus ging, der Major befahl sogleich, Feuer in den Kamin zu machen und das Bett zu bereiten. Als indessen die schmerzende Stelle entblößt worden war, untersuchte er selber die Wunde. Es war ein leichter Biß im Schenkel, ohne Gefahr, nur der Blutverlust und die vorhergegangene Aufregung ließ jetzt den Jüngling mit Ohnmachten kämpfen. Er ward in das Bett gebracht und sofort ein Bote an den Arzt und einer an Brigitta abgefertigt. Der Major blieb bei dem Bette und sorgte, daß keine der Ohnmachten überhand nehmen könne. Als der Arzt kam, gab er ein stärkendes Mittel, erklärte die Sache für durchaus ungefährlich, und sagte, daß der Blutverlust selber ein Heilmittel gewesen sei, da er die Heftigkeit der Entzündung mindere, die sonst solchen Bißwunden gerne folge. Das einzige Krankheitsübel sei die Gewalt der Gemütsbewegung, und ein paar Tage Ruhe werde das Fieber und die Abspannung gänzlich heben. Man war beruhigt und erfreut, und der Arzt

schied unter den Danksagungen aller; denn es war keiner, der den Knaben nicht liebte. Gegen Abend erschien Brigitta, und nach ihrer entschlossenen Art ruhte sie nicht eher, als bis sie den Körper ihres Sohnes Glied um Glied geprüft und sich überzeugt hatte, daß außer der Bißwunde nichts vorhanden sei, das ein Übel drohen könnte. Als die Untersuchung vorüber war, blieb sie doch noch an dem Bette sitzen und reichte nach der Vorschrift des Arztes die Arznei. Für die Nacht mußte ihr ein schnell zusammengerafftes Bette in dem Krankenzimmer gemacht werden. Am andern Morgen saß sie wieder neben dem Jünglinge und horchte auf seinen Atem, da er schlief und so süß und erquickend schlief, als wolle er nie mehr erwachen. – Da geschah ein herzerschütternder Auftritt. Ich sehe den Tag noch vor Augen. Ich war hinab gegangen, um mich nach dem Befinden Gustavs zu erkundigen, und trat in das Zimmer, das neben dem Krankengemache befindlich war, ein. Ich habe schon gesagt, daß die Fenster gegen den Garten hinaus gingen: die Nebel hatten sich gehoben, und eine rote Wintersonne schaute durch die entlaubten Zweige in das Zimmer herein. Der Major war schon zugegen, er stand an dem Fenster, das Angesicht gegen das Glas gekehrt, als sähe er hinaus. Im Krankengemache, durch dessen Tür ich hinein schaute, und dessen Fenster durch ganz leichte Vorhänge etwas verdunkelt war, saß Brigitta und sah auf ihren Sohn. Plötzlich entrang sich ihren Lippen ein freudiger Seufzer, ich blickte genauer hin und sah, daß ihr Auge mit Süßigkeit an dem Antlitze des Knaben hänge, der die seinigen offen hatte; denn er war nach langem Schlafe aufgewacht und schaute heiter um sich. Aber auch auf der Stelle, wo der Major gestanden war, hatte ich ein leichtes Geräusch vernommen, und wie ich hinblickte, sah ich, daß er sich halb umgewendet hatte, und daß an seinen

Wimpern zwei harte Tropfen hingen. Ich ging gegen ihn und fragte ihn, was ihm sei. Er antwortete leise: »Ich habe kein Kind.«

Brigitta mußte mit ihrem scharfen Gehöre die Worte vernommen haben; denn sie erschien in diesem Augenblicke unter der Tür des Zimmers, sah sehr scheu auf meinen Freund, und mit einem Blicke, den ich nicht beschreiben kann, und der sich gleichsam in der zaghaftesten Angst nicht getraute, eine Bitte auszusprechen, sagte sie nichts als das einzige Wort: »Stephan.«

Der Major wendete sich vollends herum – beide starrten sich eine Sekunde an – nur eine Sekunde – dann aber vorwärts tretend lag er eines Sturzes in ihren Armen, die sich mit maßloser Heftigkeit um ihn schlossen. Ich hörte nichts als das tiefe, leise Schluchzen des Mannes, wobei das Weib ihn immer fester umschlang und immer fester an sich drückte.

»Nun keine Trennung mehr, Brigitta, für hier und die Ewigkeit.«

»Keine, mein teurer Freund!«

Ich war in höchster Verlegenheit und wollte stille hinaus gehen; aber sie hob ihr Haupt und sagte: »Bleiben Sie, bleiben Sie.«

Das Weib, das ich immer ernst und strenge gesehen hatte, hatte an seinem Halse geweint. Nun hob sie, noch in Tränen schimmernd, die Augen – und so herrlich ist das Schönste, was der arme, fehlende Mensch hienieden vermag, das Verzeihen – daß mir ihre Züge wie in unnachahmlicher Schönheit strahlten und mein Gemüt in tiefer Rührung schwamm.

»Arme, arme Gattin,« sagte er beklommen, »fünfzehn Jahre mußte ich dich entbehren, und fünfzehn Jahre warst du geopfert.«

Sie aber faltete die Hände und sagte bittend in sein Antlitz blickend: »Ich habe gefehlt, verzeihe mir, Stephan, die Sünde des Stol-

zes – ich habe nicht geahnt, wie gut du seist – es war ja bloß natürlich, es ist ein sanftes Gesetz der Schönheit, das uns ziehet.« – –

Er hielt ihr den Mund zu und sagte: »Wie kannst du nur so reden, Brigitta – ja, es zieht uns das Gesetz der Schönheit, aber ich mußte die ganze Welt durchziehen, bis ich lernte, daß sie im Herzen liegt, und daß ich sie daheim gelassen in einem Herzen, das es einzig gut mit mir gemeint hat, das fest und treu ist, das ich verloren glaubte, und das doch durch alle Jahre und Länder mit mir gezogen. – O Brigitta, Mutter meines Kindes! du standest Tag und Nacht vor meinen Augen.«

»Ich war dir nicht verloren,« antwortete sie, »ich habe traurige, reuevolle Jahre verlebt! – Wie bist du gut geworden, jetzt kenne ich dich, wie bist du gut geworden, Stephan!«

Und wieder stürzten sie sich in die Arme, als könnten sie sich nicht ersättigen, als könnten sie an das gewonnene Glück nicht glauben. Sie waren wie zwei Menschen, von denen eine große Last genommen ist. Die Welt stand wieder offen. Eine Freude, wie man sie nur an Kindern findet, war an ihnen – in dem Augenblicke waren sie auch unschuldig wie die Kinder; denn die reinigendste, die allerschönste Blume der Liebe, aber nur der höchsten Liebe, ist das Verzeihen, darum wird es auch immer an Gott gefunden und an Müttern. Schöne Herzen tun es öfter – schlechte nie.

Die zwei Gatten hatten mich wieder vergessen und wandten sich in das Krankenzimmer, wo Gustav, der das Ganze dunkel ahnte, wie eine glühende, blühende Rose lag und ihnen atemlos entgegen harrte.

»Gustav, Gustav, er ist dein Vater, und du hast es nicht gewußt«, rief Brigitta, als sie über die Schwelle in das verdunkelte Zimmer traten.

Ich aber ging in den Garten hinaus und dachte: »O wie heilig, o wie heilig muß die Gattenliebe sein, und wie arm bist du, der du von ihr bisher nichts erkanntest und das Herz nur höchstens von der trüben Lohe der Leidenschaft ergreifen ließest.« – –

Erst spät ging ich in das Schloß zurück, und fand alles gelöset und gelüftet. Geschäftige Freude, wie heiterer Sonnenschein, wehte durch alle Zimmer. Man empfing mich mit offenen Armen als Zeugen des schönsten Auftrittes. Man hatte mich schon allenthalben suchen lassen, da ich ihnen, als sie zu sehr mit sich beschäftigt waren, aus den Augen gekommen war. Sie erzählten mir teils gleich in abgebrochenen Sätzen, teils die folgenden Tage im Zusammenhange alles, was sich zugetragen hatte, und was ich oben angemerkt habe.

Mein Reisefreund war also Stephan Murai gewesen. Er war unter dem Namen Bathori, der einem seiner weiblichen Vorfahren gehörte, gereiset. So hatte ich ihn auch gekannt, aber er ließ sich immer Major nennen, welchen Rang er in Spanien erworben hatte, und alle Welt nannte ihn auch den Major. Da er in der ganzen Welt gewesen war, ging er, von seinem Innern gezogen, unter demselben Namen nach dem wüsten Sitze Uwar, wo er nie gewesen war, wo ihn niemand kannte, und wo er, wie er recht gut wußte, der Nachbar seines getrennten Weibes werden würde. Gleichwohl kam er nicht zu ihr hinüber, die schon so schön auf Maroshely waltete, bis der Ruf die Kunde ihrer Todeskrankheit zu ihm trug. Da machte er sich auf, ritt hinüber, trat zu ihr, die ihn vor Fieber nicht kannte, blieb Tag und Nacht bei ihrem Bette, wachte über sie und pflegte sie, bis sie genas. Damals, durch den gegenseitigen Anblick gerührt und von leiser Liebe getrieben, aber dennoch ängstlich vor der Zukunft, weil sie sich nicht kannten, und weil sich wieder etwas

Fürchterliches zutragen könnte, schlossen sie jenen seltsamen Vertrag der bloßen Freundschaft, den sie Jahre lang hielten, und den bisher keines zuerst anzurühren wagte, bis ihn das Geschick durch einen scharfen Schnitt, den es in beider Herzen tat, trennte und zu dem schöneren, natürlicheren Bunde wieder zusammen fügte.

Alles war nun gut.

Nach vierzehn Tagen wurde es in der Gegend kund getan, und die lästigen Glückwünscher kamen von nahe und von ferne.

Ich aber blieb noch den ganzen Winter bei den Leuten, und zwar auf Maroshely, wo vorläufig alles wohnte, und von wo der Major im Sinne hatte, Brigitta nie fort zu ziehen, weil sie da in Mitte ihrer Schöpfung sei. Am freudigsten war schier Gustav, der immer so an dem Major gehangen war, der ihn immer leidenschaftlich und einseitig den herrlichsten Mann dieser Erde nannte, und der ihn nun als Vater verehren durfte, ihn, an dem sein Auge wie an einer Gottheit hing.

Ich habe jenes Winters zwei Herzen kennen gelernt, die sich nun erst recht zu einer vollen, wenn auch verspäteten Blume des Glückes aufschlossen.

Ich werde diese Herzen nie, nie vergessen! – –

Im Frühjahre nahm ich wieder mein deutsches Gewand, meinen deutschen Stab und wanderte dem deutschen Vaterlande zu. Ich sah auf dem Rückwege Gabrielens Grabmal, die schon vor zwölf Jahren im Gipfel ihrer jugendlichen Schönheit gestorben war. Auf dem Marmor standen zwei große weiße Lilien.

Mit trüben, sanften Gedanken zog ich weiter, bis die Leitha überschritten war und die lieblichen blauen Berge des Vaterlandes vor meinen Augen dämmerten.

Der sanftmütige Obrist

Ich saß nämlich vor drei Tagen bei einem Weibe, das noch jung und unvermählt ist, und redete viele Stunden zu ihrem Sinne, daß sie ihn ändere. Als ich sie nicht abzubringen vermochte, lief ich in den Wald, an welcher Stelle eine Birke steht, und wollte mich daran erhängen. Ich werde es später schreiben, wie ich so übermütig mein Heil an das Weib gebunden habe, daß ich meinte, ohne ihr nicht sein zu können, aber sie sollte es nur sehen, daß ich alles zerreiße, und daß ich sie strafe, das falsche, wankelmütige Herz: – vorher aber muß ich nur das von dem Obrist eintragen. Ich lief von ihr in mein Haus, riß ein buntes Tuch von dem Tische, lief durch den Garten, sprang über den Zaun und schnitt dann den Weg ab, indem ich über Allerbs Hofmark und durch die Wiesen der Beringer ging. Dann traf ich auf den Fußsteig, der an den Mitterwegfeldern geht – dort eilte ich eine Weile fort. Ich hatte aus dem Tuche eine Schlinge gemacht und trug es in dem Busen versteckt. Dann beugte ich wieder links von dem Wege ab, strebte unter den dünnen Stämmen des ausgebrannten Waldes der Dürrschnäbel hinauf, drang durch den Saum des Kirmwaldes, streifte an dem Stangenholze, an den Tannenbüschen, an den Felsblöcken vorbei und sprang auf den Platz hinaus, wo die vielen Birken stehen und der grüne Rasen dahingeht. – – Als ich nun da war, harrte ich gleichwohl noch ein wenig, und alle Bäume sahen mich fragend an. Es war auch ein breiter, grauer Fels da, der nicht weit davon viele Klafter hoch emporstand, und von dem die Sonnenstrahlen ohne Geräusch wegprallten, daß alle Steinchen funkelten und glänzten. Auch war eine wolkenleere, finsterblaue Luft bis in die

Baumzweige herunter. – Ich schaute nicht um, gleichsam als stünde einer hinter mir. – – Dann dachte ich: da hat vor wenig Augenblicken eine Feldgrille gezirpt, ich wolle noch so lange warten, bis ich sie wieder hörte.

Aber ich hörte sie nicht.

Das Himmelblau rückte immer tiefer in die Wipfel. Von dem Baume ging der starke Ast seitwärts, auf den ich gedacht hatte, und ließ dann das Moos wie einen grünen Bart hängen, derlei diese Bäume gerne haben, und weiter draußen gingen die dünnen Zweige nieder, die mit den vielen kleinen Blättern besetzt waren.

Die Grille zirpte nicht.

Aber der Obrist war mir nachgelaufen, als er mich hatte in den Wald herauf gehen gesehen, und griff mir jetzt, den ich gar nicht herzutreten gehört hatte, ganz leise an die Schulter. Ich erschrak sehr, sprang um den Baum herum und schaute zurück. Da sah ich den alten Mann stehen, mit den weißen Haaren auf seinem Kinne und Scheitel.

Er redete zuerst und sagte: »Warum erschreckt Ihr denn so sehr?«

Ich aber antwortete: »Ich erschrecke nicht, und was wollt Ihr denn von mir, Obrist?«

Er wußte anfangs nicht, was er sagen sollte – aber dann fing er langsam an und erwiderte: »Nun – – ich habe Euch heraufgehen gesehen, und da meinte ich, daß ich Euch auch nachgehen könnte, weil Ihr diese Stelle ganz besonders zu lieben scheint, – und daß wir da vielleicht mit einander redeten – – ich hätte Euch etwas zu sagen – – aber wenn Ihr wollt, so können wir es auf ein andermal lassen.«

»Nein, nein, redet gleich,« sagte ich, »redet, so lange Ihr wollt, ich will Euch geduldig anhören und nicht zornig werden. Aber

wenn Ihr geendet habt, dann müßt Ihr mich lassen, weil ich dahier noch ein Geschäft habe.«

»O nein, Doktor,« antwortete er, »ich will Euch nicht stören, wenn Ihr ein Geschäft habt – mein Ding kann warten – – ich habe nur gemeint, wenn es sich so zufällig ergäbe – – ich lasse Euch schon. – Es tut nichts; weil ich einmal da bin, so kann ich gleich in den Reutbühl hinübergehen; der Knecht sagt ohnedem, daß sie mir Holz stehlen. Wenn Ihr mich ein andermal anhören wollt, so werde ich schon fragen lassen, wann Ihr zu Hause seid, – wollet Ihr aber gar freundlich sein, so besuchet lieber Ihr mich einmal, weil ich in meiner Stube leichter reden würde als in einer fremden. Aber nicht, daß Ihr das für eine Unartigkeit aufnehmet, ich kann auch gerne zu Euch kommen, lasset es mir nur in diesen Tagen sagen, wie es Euch besser gefällt. Tut nun Euer Geschäft – tut es im Namen Gottes und denkt nur immer, daß ich Euer Freund gewesen bin, der Euch stets Gutes gewollt hat. – – Ich habe fast gemeint, daß Ihr hier oben an dieser Stelle wieder lesen werdet, wie Ihr sonst gerne tatet; aber ich sehe, daß es nicht so ist. – – Noch eins muß ich sagen: habt Ihr denn nicht auch im Heraufgehen gesehen, Doktor, wie heuer das liebe Korn gar so schön stehet; es legt sich auf diese Jahreszeit schon so hoch und dunkel, daß es ein Wunder ist. Ich will von dem Reutbühl durch die Mitterwegfelder gehen und dort den Neubruch betrachten, wo heuer zum ersten Male Weizen steht. Dann gehe ich wieder nach Hause. – Lebt jetzt wohl, und besuchet mich bald.«

Diese oder ähnliche Worte hat er gesagt; denn ich habe sie mir nicht genau merken können. – Dann zauderte er noch ein wenig – dann tat er aber höflich sein Barett ab, wie er es gewohnt ist, und ging davon. Er scheint auf keine Antwort gewartet zu haben, und

ich habe auch keine geben gewollt. Ich schaute ihm nach und sah, wie er immer weiter hinter die Baumstämme zurückkam, bis es wieder war, als wenn gar niemand da gewesen wäre.

Ich wartete noch ein wenig, dann nahm ich das Tuch aus meinem Busen und warf es mit Ingrimm weit von mir weg in die Büsche. – –

Dann aber blieb ich noch auf der Stelle stehen, und getraute mir nicht, aus dem Walde zu gehen. Ich schaute die Dinge an und bemerkte, daß es schon unterdessen sehr Nachmittag geworden war. Die Baumblätter regten sich schwach, die weißen Birkenstämme standen einer hinter dem andern, und zwischen ihnen kam die tiefe Sonne herein und umzirkelte sie, daß sie vergleichbar waren dem matten Scheine silberner Gefäße.

Ich blieb noch recht lange in dem Walde.

Es war endlich die Zeit des Abendgebetes gekommen, und manche Tannenäste wurden rot. – Siehe, da klang auf einmal hell und klar, wie ein Glöcklein, die Stimme der Grille und klopfte mit einem silbernen Stäblein an mein Herz – gleichsam mit einem feinen, silbernen Stäblein klopfte das mißachtete Tier an mein Herz, als sagte es mir deutliche menschliche Worte. Beinahe hätte ich mich gefürchtet.

Und wie ich dann von der Stätte fortging, klang auch das Abendlied der Ammer, es klang so dünne und dicht neben mir, als flöge das Vöglein heimlich mit und zöge ein zitternd Goldfädlein von Zweig zu Zweig. – Und wie ich weiter gegen die Felder hinauskam, lichtete und lohete der Wald immer mehr und mehr – die Augen des Himmels sahen herein, und die dünnen Stämme waren wie feurige Stäbe. Und wie ich nun gänzlich hinauskam, lag die ruhige Saat des Kornes da, welches der Obrist angeschaut hatte – weithin

lag sie dunkelgrün und kühl da, nur die Spitzen waren ganz ein wenig rot gestreift von dem Widerscheine des Himmels. Die Wiesen drüben waren schon dunkel und wie mit grauem Reife bedeckt, und hinter dem Walde draußen war die Sonne untergegangen.

Als ich zu Tal gekommen und an mein Haus getreten war, führte der Knecht meine zwei schwarzen Pferde aus der Schwemme heim, und grüßte mich; ich aber ging in die Stube, wo die Bücher sind, und aß des Abends keinen Bissen mehr.

Des andern Tages war ein Sonntag, es war der vorgestrige Tag, und ich fuhr um fünf Uhr früh zu dem Erlebauer hinaus, weil es sich am Tage zuvor mit ihm so verschlimmert hatte; aber er war besser, und ich ließ ihm wieder von dem Tranke zurück. Die Inwohnerin des alten Klum war besser, ebenso die junge Mechthild mit dem Gallenfieber. Um neun Uhr war ich schon bei allen gewesen, und ging dann in die Kirche zu dem sonntäglichen Gottesdienste. Nachmittag weinte ich sehr.

Da sendete ich noch in der Nacht zu dem Obrist und ließ ihm melden, daß ich morgen kommen würde, wenn es ihm genehm wäre. Ich wolle zuerst die Kranken versorgen, und dann würde ich hinauf gehen, wenn er zu Hause sei, das ist gegen zehn Uhr, oder um weniges später. Er solle mir zurücksagen lassen, wenn er da nicht könne und es anders wolle. Aber der Obrist vermeldete mir durch meinen Knecht, daß er mit vieler Freude auf mich warten werde, und daß ich keinen Kranken übereilen solle. Er werde den ganzen Tag in seinem Hause oder in seinem Garten herum sein, daß ich ihn leicht finde.

Dann legte ich mich nieder und gab vorher dem Knechte noch, in Anbetracht, daß heute Sonntag war und er den Gang getan hat-

te, ein Glas Wein. – Ach Gott – der Keller war schon fertig, und ich wollte ein großes Haus darauf bauen – und ich weiß nun nicht, für wen ich es baue. Ein recht großes, schönes Haus wollte ich bauen, weil mich Gott so gesegnet hat, und weil mein Vater doch nur ein Kleinhäusler gewesen ist, mit einer Hütte und Steinen darauf, wie sie noch überall auf den Waldhöhen herum stehen. Nur der Obrist ist gekommen und hat ein Haus mit steinernen Mauern gebaut, das nun als Vorbild weit hin gegen die Fichten leuchtet. Dann las ich noch bis Mitternacht in Hochheimbs Buche.

Am andern Morgen, da ich schon lange nicht mehr schlafen konnte, stand ich sehr früh auf, und fuhr, als noch der Tau lag, durch den Wald an dem Bache hinunter, daß ich meine Kranken besuche. Das Wasser rollte kühl über seine Steine und an den Gräsern dahin. Es ging bald die Sonne auf und brachte einen recht schönen, lieblichen Vormittag. Dieser trocknete die Nässe von den Nadeln und von allen den vielen Kräutern, die nichts anderes zu tun hatten, als recht eilends in dieser Frühlingswärme zu wachsen. Als ich wieder nach Hause gekommen und die Pferde in den Stall gebracht waren, legte ich einen besseren Rock an und begab mich auf den Weg zu dem Obrist. Da ich um die Ecke des Holzes bog und an den Gerstenfeldern des Maierbacher ging, die er heuer so schön hat, sah ich schon das Haus, wohin ich wollte, freundlich und weiß herabschimmern – es schimmerte so lange, als ich an dem Abhange dahin ging, und wie ich den weichen Grashügel emporstieg, wo die vielen Eschen stehen, kamen die zwei Wolfshunde herabgelaufen, tanzten um mich und heulten freudig, weil sie mich schon so lange nicht gesehen hatten. Der Obrist selber war in dem Garten, und ich sah ihn durch die Stäbe der Umzäunung. Er hatte den grünen, samtenen Rock an, den er so liebt, und die goldene Kette um, von der

glänzende Funken weggingen. Als wir die Barette abgetan hatten, ging er mir entgegen und verneigte sich. Ich verneigte mich auch. Dann geleitete er mich durch den Garten an den vielen grünen Büschen hin, die er zieht, und führte mich in das Haus hinein. Wir kamen im Gange an der Tür vorüber, die in Margaritas Zimmer führt. Die feine, gelbe Rohrmatte lag auf der Schwelle.

Als wir in seiner Stube angelangt waren, sah ich, daß er seine grünseidenen Vorhänge über die Fenster herabgelassen hatte, wodurch eine unliebe Totendämmerung um alle Dinge floß. Er schritt gegen die Fenster, zog die Vorhänge empor, ließ sie dann wieder nieder, und zog sie doch endlich empor. Sodann nahm er mir die Handschuhe und das Barett, legte beides auf sein Bette, und stand dann da, und hatte die weißen Haare so genau und reinlich zurückgekämmt wie immer. Er hatte noch nichts geredet, ich auch nicht.

Endlich nahm er das Wort und sagte: »Das ist ein schöner Tag, Herr Doktor.«

»Ja, ein sehr schöner«, antwortete ich.

»Ist die alte Sara schon besser, und was macht der Erlebauer?«

»Die Sara ist ja schon seit drei Wochen nicht mehr krank, und der Erlebauer wird auch schon besser.«

»Das ist gut; es wäre schade um den Mann gewesen, er ist sehr tätig und hat fünf lebende Kinder.«

»Gestern hat er die Krisis überstanden, und die nützliche Luft wird ihn bald heilen.«

»Habt Ihr noch viele Kranke?«

»Nicht sehr viele.«

»Der Meilhauer hat ja auch einen Fuß gebrochen.«

»Freilich, weil er sich nicht wahrt; eine Buche hat ihn gestreift.«

»Im Thaugrunde wars?«

»Im Thaugrunde.«

»Ihr kommt ja jetzt öfter in den Haslung hinunter, ist es wahr, daß sie das Gehäng reuten?«

»Lauter Felder, seit sie sich los gekauft haben.«

»Und in den drübigen Hofmarken mähen sie schon Heu?«

»Es ist kein Halm mehr auf den Wiesen.«

»Das ist ein gesegnetes, schönes Jahr. Wenn uns der Herr noch weiter hinaus behütet und das Verheißene gut einbringen läßt, dann kann sich mancher helfen. – Wollt Ihr Euch denn nicht ein wenig auf das Sitzbette niederlassen, Doktor?«

Nach diesen Worten nötigte er mich auf das Sitzbette, das er vor dem Tische hat, und setzte sich zu mir. Nachdem er die Falten an dem Teppiche gleich gestrichen und die Brosamen herabgestreift hatte, sagte er plötzlich: »Das ist recht schön, Doktor, daß Ihr gekommen seid, und wieder dahier sitzet, wie so oft; darum sagt mir auch geradeweg, ob Ihr denn auch auf mich zürnet?«

»Nein, Obrist,« antwortete ich; »nein, ich weiß es schon, daß Ihr mir nichts getan habt. Ihr seid ja ein freundlicher Mann gegen jedes Geschöpf. Ihr habt allen Leuten im Walde herum wohl getan, und wenn einer undankbar war, so seid Ihr hingegangen und habt ihm eine neue Güte erwiesen. Wie sollte ich Euch zürnen? nein, eher muß ich Euch jetzt sagen, was ich noch nie gesagt habe: Ihr seid der beste und sanfteste Mensch, den ich auf der Welt kennen gelernt habe.«

»Bin ich das,« erwiderte er, »so macht mir die Freude, Doktor, und tut Euch kein Leid an.«

Mir rollten die Tränen hervor, und ich sagte, daß ich es nun nicht mehr tun wolle.

»Ich bin vorgestern,« sagte er, »mit großer Angst durch den Reutbühl gegangen; denn der Mensch vermag hierin nichts zu ändern, und ich ließ Euch in Gottes Hand zurück. Als die Sonne untergegangen war, stand ich an dem Fenster und betete – und da sah ich Eure Gestalt am Saume des Kornes nach Hause gehen, wie manches Mal an andern Tagen, wenn Ihr mit einem Buche unter den Birken gewesen seid – und es kam eine recht ruhige, freundliche Nacht in mein Haus. – Seht, da ich damals von Euch fort gegangen war, bin ich im Reutbühl auch an unsere Föhrenpflanzung gekommen, die Ihr im vorigen Frühlinge mit mir angelegt habt, und habe gesehen, daß kaum ein einziges Pflänzchen ausgegangen ist; manche sind schon sehr hoch und ballen mit ihren Wurzeln das Steingerölle. – Am andern Tage bin ich von der Stube in den Stall gegangen, von dem Stalle in den Garten, und von da wieder herein – und habe über die kleinen Felderhügel geschaut, und über die Spitzen der Wälder, in denen Ihr vielleicht fahren werdet oder sonst etwas tun. Da kam in der Nacht Euer Knecht und brachte mir große Freude. – Ich hatte es ja nun in der Hand, ich kannte Euch, Ihr seid so oft zu mir gekommen, und ich wußte es ja, daß Ihr Euch herausreißen würdet.«

Ich konnte den Mann nicht anschauen, und sagte, weil ich schon so viel eingestanden hatte, daß ich so zerdrückt sei und die Tage her keinem Menschen, nicht dem Knechte, nicht der Magd und keinem Taglöhner in die Augen sehen könne.

»Das ist unrecht,« antwortete er, »und es wird sich ändern. Tut ihnen Gutes, seid ein rechter Arzt, und Ihr werdet wieder ihres Gleichen. Auch wissen sie ja nichts.«

»Aber ich weiß es.«

»Ihr werdet es vergessen.«

»Und mit einer solchen Schwermut fahre ich an den Fichten und Tannen vorüber, daß an meinen Augen stets das Weinen ist. Ich bin gleich recht gerne zu meinen Kranken gegangen, auch zu denen, die schon besser sind, – auch zu dem alten Keum bin ich gegangen, der sterben muß, weil er das Zehrfieber hat, und habe ihn ein wenig getröstet.«

»Das ist immer so,« antwortete der Obrist, »daß aus dem harten Steine Zorn der weiche Funken Wehmut kömmt. So fängt Gott die Heilung an.«

»Schont mich vor der Welt, Obrist.«

»Redet nicht so. Nur der Herr im Himmel und ich haben es gesehen, und beide schweigen. Lasset nun die Zeit fließen, und es werden Hüllen nach Hüllen darauf kommen. Die Seele hat einen Schreck erhalten, und wird sich ermannen. Es ist nun alles gut, lassen wir es gehen, und reden von andern Dingen. – Sagt mir, Doktor, habt Ihr denn den Thomas abgedankt, daß gestern ein anderer Knecht zu mir gekommen ist?«

»Nein, aber er ist jetzt bloß bei den Pferden. Den andern habe ich zu den Geschäften im Hause und zum Botengehen genommen. Er ist der Sohn des Inbuchsbauer.«

»Ich kenne ihn, er hat die Füllen des Gregordubs gehütet. Ihr müsset ja jetzt viele Leute in Eurem Hause haben?«

»Nur noch zwei Mägde.«

»So habt Ihr das Bauen einstweils eingestellt?«

»Nein, ich habe es für das heurige Frühjahr nur noch nicht begonnen. Wir waren erst ein wenig an dem großen Brunnen, aber seit der Bernsteiner im Steinbühel den Keller gräbt, habe ich ihm alle meine Leute hinüber gehen lassen. Er will bis zu dem Schützenfeste fertig sein.«

»Ich war schon lange nicht in Pirling, und wußte nicht, daß er graben läßt. Im Steinbühel muß er wohl stark in die Felsen sprengen.«

»Sie schießen ja schon drei Wochen, und alle Leute, die ich sonst hatte, sind dabei beschäftiget.«

»Ich möchte auch manches in meinem Hause ändern, und wenn der Grunner zu empfehlen ist, so müßt Ihr ihn mir einmal herauf schicken. Mit dem ganzen Hinterecke möchte ich gegen den Eichenhag hinaus fahren, auch möchte ich eine neue Stiege und einen neuen Kellereingang machen lassen.«

»Meinen Brunnen wenigstens hat der Grunner vortrefflich herausgebaut.«

»O Doktor, Ihr habt eine schöne Lage in der Biegung des Tales; Ihr seid noch jung, und wenn Ihr Euch bestrebet, so kann es ein schönes Besitztum werden, das seinen Herrn und seine Frau erfreut, wenn einmal eine einzieht. Meine Tage sind schon wenige, ich gehe dem Grabe entgegen, und wenn Margarita einmal fortzieht, wer weiß, in welche Hände dies Gebäude kommt, das ich so eifrig aufgeführt habe. – – Lieber Doktor, ich möchte noch recht gerne von etwas Längerem und Ausführlicherem mit Euch reden.«

»So redet.«

»Ihr werdet jetzt vielleicht seltener zu mir kommen, und da denke ich, ist es billig, daß Ihr auch meine Fehler wisset, denn Ihr habt mich bisher zu viel geachtet – auch könnte Euch die Sache vielleicht nützlich sein. Ich möchte Euch nämlich von meinem früheren Leben erzählen, und wenn ich geendet habe, möchte ich noch gerne eine Frage und eine Bitte an Euch tun – vorausgesetzt, wenn Ihr nämlich Zeit habt, mich anzuhören.«

»Ich muß nur abends noch zur Haidelis hinaus, und vor dem

Schlafengehen noch den Erlebauer sehen, sonst habe ich heute nichts mehr zu tun. Sprecht also nur, Obrist, wie Ihr es für gut haltet, und fragt dann und bittet, was Ihr wollt.«

»Wißt Ihr noch, ich habe vorgestern im Birkenstande zu Euch gesagt, daß ich etwas mit Euch zu reden hätte – das war aber damals unwahr; sondern da ich Euch von hier forteilen, nach Hause gehen und dann über den Zaun und die Wiesen gegen den Wald schreiten sah, ahnte mir Böses; ich lief Euch nach, um ein Unglück zu verhüten; aber da Ihr mich oben von dem Platze fortdrängtet, wußte ich mir nicht zu helfen und sagte nur die Worte – allein seitdem habe ich es mir so ausgebildet, daß ich mit Euch von meiner Vergangenheit reden möchte, die gewesen ist, ehe ich in dieses Tal gekommen bin. Nehmet es nur nicht übel, daß ich alt bin, und etwa weitschweifig in meinen Worten.«

»Nein, Obrist,« sagte ich; »sind wir nicht manchen Abend in dem Walde gegangen, und habe ich nicht gezeigt, daß mir Eure Worte lieb und angenehm waren?«

»Ja, das ist wahr, das habt Ihr getan; darum mag ich auch jetzt gerne zu Euch reden. Ihr habt mich vor einer Weile den sanftesten Menschen geheißen, den Ihr auf Erden gekannt habt – ich muß Euch bekennen, daß es mir wohl tat, daß Ihr das gesagt habt. Ihr seid der zweite Mensch auf dieser Erde, der es sagte; der erste hat vor vielen Jahren gelebt, und ich werde Euch später von ihm erzählen. Ihr werdet dann einsehen, daß mir diese gute Meinung von euch beiden lieber ist, als von allen andern Menschen auf der Welt. – Nun zur Sache. Habt Ihr nie von einem Grafen Uhldom gehört?«

»Meint Ihr den berüchtigten *Casimir* Uhldom?«

»Dieser berüchtigte Casimir Uhldom bin ich.«

»Ihr?«

»Ja, ich. Spieler, Raufer, Verschwender – und jetzt das, was Ihr seit einigen Jahren kennt.«

»Nein, das ist nicht möglich – als ich noch auf der Schule war, gingen zwar unbestimmte, aber unheimliche Gerüchte von dem Grafen.«

»Sie sind vielleicht wahr; ich bin nicht gut gewesen. Manches war ich im besseren Sinne, als es die Leute wußten, das Schlimme kannten sie zu genau, manch Gutes, wie ein Schlimmes, und das Beste gar nicht – – und das bin ich fast durch Kummer geworden. Höret mich ein wenig an: Als mein Vater starb, war ich sechzehn Jahre alt, mein Bruder zwanzig. Die ganze Zeit war er immer der bessere gewesen, ich der schlimmere. Als nun die Leute beisammen waren und das Testament geöffnet wurde, war er auch der Erbe, ich enterbt. Ich habe damals noch nicht gewußt, ob er gefehlt habe oder nicht; aber ich hieß ihn einen Schurken, und nahm mir vor, in die weite Welt zu gehen. Es erschien mir dazumal ein leichtes, Befehlshaber zu werden und ein großer Feldhauptmann, wie der Waldstein und die andern im dreißigjährigen Kriege. Ich ging mit dem wenigen Gelde, das von Rechts wegen mein gehörte, vom Hause fort und bot dem Brandenburger meine Dienste an, ich bot sie dem Churfürsten von Baiern an, und dem Pfalzgrafen, aber es war überall nichts; sie wollten mich entweder in das Volk stecken, oder in eine Soldatenschule tun, und beides litt ich nicht. Daher ging ich weiter – und eines Tages, als jede Welle des schönen Rheines im Sonnenscheine blitzte und glänzte, kam ich nach Frankreich hinüber. Ich gedachte, dem Könige Ludwig meinen hoffnungsreichen Degen zu Füßen zu legen. Viele Tage wanderte ich durch das fremde Land und durch die fremde Sprache, bis ich eines Abends, da eben ein stiller Regen von dem grauen Himmel fiel,

in die finstere Stadt Paris einzog. Ich glaubte damals noch gar nicht, daß es mir fehlschlagen könnte. Ich verstand die Sprache wenig, kannte keinen Menschen in der Stadt, aber dennoch drang ich vor und wurde zu dem Könige geführt. Er fragte mich, was ich zuerst lernen würde, und ich antwortete: die Sprache. Er lächelte und sagte, daß er meiner gedenken wolle. Ich fing nun an, die Sprache zu lernen und auf die Antwort des Königs zu warten. Als mir das Geld ausging und ich nur mehr ein einziges Goldstück hatte, dachte ich mir, daß ich nun in ein Spielhaus gehen müsse, um eines zu gewinnen. Ich wußte ein solches Haus; es stand in einer langen, des Abends immer sehr schön erleuchteten Gasse, und ich hatte es bisher nur von außen gekannt. Als es wieder Abend war, ging ich in die Gasse und schaute es wieder von außen an. Da fuhr ein Wagen quer an mir vorüber in das Haus hinein und bespritzte mich mit dem Kote der Straße. Unter dem Torwege hielt er an, der Schlag wurde aufgerissen, ein schön gekleideter Mann stieg aus, ging die Treppe hinauf, und ein Diener trug ihm ein Kästchen nach. Ich ging nun auch durch die Pforte des Hauses, ging über die Treppe hinauf, wo Bildsäulen standen, kam in den Saal, wo Menschen liefen, und schaute eine Weile zu. Dann ging ich hinzu, legte mein Goldstück auf eine Karte, wie ich die andern hatte tun gesehen, und nach einer Zeit schoben sie mir mehrere Goldmünzen hin. Ich war nicht stark überrascht und setzte wieder. Das Spiel kannte ich nicht; es wurden nur immer Karten herabgelegt, immer die nämlichen zwei ruhigen Worte gesagt, wie der Perpendikel einer Turmuhr, und die Leute schoben sich Goldstücke hin und her. Als endlich der Mann am obern Ende des Tisches sein Kästchen zuschloß, hatte ich mehrere Hände voll Goldstücke in der Tasche. Es war indessen nach Mitternacht geworden, ich ging nach Hause

und schüttete das Geld in mein Barett, das ich auf einen Stuhl geworfen hatte. Am andern Tage lechzte ich darnach, daß es Abend würde. Als man die Kerzen anzündete, ging ich schon in dem Saale auf und nieder, und es trat ein fremder Herr zu mir und sagte, daß er auf mich wetten werde. Ich verstand dies damals nicht und ließ alles geschehen. Wieder gewann ich an dem Tage, wie vorher, und am andern Tage wieder. Ich lernte bald das Spiel verstehen und versuchte nach und nach, es zu leiten und zu beherrschen. Mehrere Männer schlossen sich an mich an und suchten das Glück in ihren Kreis zu bannen. Ich gewann, verlor unbedeutend, und mein Wohlstand begann sich zu heben. Ich ging nun in schönen Kleidern und Federhut durch die Straßen, das schönste Pferd in Paris war mein, und drei fast gleich schöne standen noch in dem Stalle. Der Mantel war wie der eines Herzoges, und der kleine Degen hatte Diamanten im Knopfe. Damals hätte ich auch falsch gespielt, wenn ich verstanden hätte, es zu machen. Meine Freunde und Spielgesellen führten mich zu den Leuten, die in den großen Palästen wohnten, welche ich sonst nur von außen hatte ansehen dürfen, man sagte mir schöne Dinge; die Mädchen wollten mir wohl; ich liebte die Pracht und lernte die dortige Art und Sitte. Wenn Männer beisammen waren, suchte ich Händel zu erregen, und ermutete mich dann im Zweikampfe; denn außer bei den Karten brachte ich die meisten Stunden auf dem Fechtboden zu. – So war es mit meinem Spiele. – – Da sagte einmal ein langer, blasser Mann, den ich immer gescheut, und daß ich aufrichtig bekenne, den ich gefürchtet hatte, daß ich doch nur ein Lumpe sei, der vom Pariser Strolchengolde lebe. Er hatte die Worte zu mir selber gesagt; ich antwortete ihm nichts darauf, aber ging nach zwei Tagen zu dem Herrn Armand Pelton, dem derzeitigen Vorsteher des Ar-

menwesens, und übergab ihm an Gold und Schmuck und Kleidern, wie auch an Pferden und Reitgeräten alles, was ich hatte. Nur hundert Ludwigsstücke hielt ich zurück und einen grauen, schlechten Klepper, den ich mir am Tage vorher gekauft hatte. Seht, Doktor, ich habe noch die Scheine von jener Begebenheit, und werde Euch dieselben zeigen.«

Als der Obrist diese Worte gesagt hatte, stand er auf und suchte in den Laden seines Schreines. Er sammelte aus demselben mehrere Schriften, trat wieder zu mir und breitete sie auf dem Tische aus. Es waren richtig lauter Empfangsbriefe über verschiedene Summen und Stücke, welche der Graf Casimir Uhldom, Spieles wegen, der Armensache übergeben hatte, und welche durch die Namen der Väter bestätiget wurden, in deren Hände das Gut niedergelegt worden war. Als er mir mit dem Finger auf alles gewiesen hatte und der Punkt abgetan war, schob er die Papiere auf dem Tische zurück und sperrte sie nicht wieder ein.

Dann fuhr er fort: »Ich lud am Nachmittage den langen, blassen Mann zum Zweikampfe, und sagte ihm keine Ursache; aber da ich ihn durch die Schulter gestochen hatte, hielt ich ihm diese Schriften vor die brechenden Augen und schrie ihm zu, wer ich sei. Ich hielt ihn damals für sterbend und war damit zufrieden. Aber er starb nicht, ich lernte ihn viele Jahre darnach von neuem kennen, achtete ihn damals sehr hoch, und ich glaube, er mich auch. Als ich von dem Kampfplatze fort ging, spießte ich eine andere Schrift, die mir von dem Könige war zugeschickt worden und mir einen schlechten Platz in dem Heere anwies, auf meinen Degen und warf sie weg. Ich haßte nun den König, und begriff, daß ich unter die deutsche Reichsarmee gehöre. Als am andern Morgen die Sonne aufging, war ich schon weit von Paris; sie schien mir in das Ange-

sicht, und ich ritt auf dem grauen Klepper Deutschland zu. Ich hatte ein schlechtes Lederkoller an und die hundert Ludwigsstücke darin. Am siebenten Tage ging ich wieder über den Rhein. Damals sagten sie, daß ich ein arger Verschwender gewesen sein müsse, der vom Reichtume auf solch schlechtes Zeug gekommen; ich aber lachte, schaute in die dunkelgrünen Wogen des Rheins, und glaubte auch da noch nicht, daß es mir fehlschlagen könne. Ich erkannte, daß ich auf einem Irrwege gewesen sei, und daß ich nun einen andern betreten müsse. Daher beschloß ich, wie der Herzog von Friedland ein Kriegsheer aufzurufen und mit demselben die Länder wieder zu erobern, die uns der König früher entrissen hatte. Ich gedachte hiebei des Zufalls, daß, wenn ich als Feldherr in Paris einzöge, etwa bei demselben Fenster ein Mägdlein herab schaue, bei dem ich sonst mit ihr gestanden und so vergnügt gewesen war, wenn sie mich ihren lieben kleinen Grafen genannt hatte. Ich schämte mich recht jener kindischen Zeit und ihrer Bestrebungen. – Als aber nach zwei Jahren die neuen Entwürfe auch noch nicht in Erfüllung gegangen waren, fing ich an, in unserem Heere von unten auf zu dienen. Jetzt rückte die Zeit langsamer, und die Mühe belohnte sich nur um Haarbreite nach Haarbreite; aber aus Ehrsucht, weil mir schon nichts anders gelassen war, tat ich auch das Jetzige gut, daß ich den andern zuvor komme und die übermeistere, die neben mir waren. – So wurde ich nach und nach sechsundzwanzig Jahre alt und bekannter unter den Vorstehern des Heeres. Da geschah es, daß ein Oheim starb, der letzte unserer Verwandten, und mir ein beträchtliches Vermögen hinterließ. Zu gleicher Zeit verliebte ich mich auch. Ach Gott, lieber Doktor, es sind jetzt viele, viele Jahre vergangen – und verzeiht mir die Worte, die ich sagen werde – ich war gerade so schwärmend wie Ihr, ich

war ausschweifend in Haß und Freundesliebe, ich war eben so strebend und vom Grunde aus gutherzig wie Ihr. Seht nur, oft habe ich gemeint, ich müsse alle Sterne an mich herunter ziehen und alle Weltteile auf dem Finger tragen. Daher tat ich mein Herz weit auf, ließ das Gefühl eingehen, und hatte meine Ergötzung daran. Ehe ich aber zur Besinnung gelangte, war ich betrogen. Ein Freund und Vertrauter, den ich auf Freiwerbung sandte, führte sie selber zum Altare. Ich wollte ihm auf das Gut, wohin er sie geführt hatte, nachreisen, um ihn zu erstechen, aber ich tat es dann nicht, und nahm mir vor, mich selber zu töten. In unserem Hause war ein langer, schmaler Gang, wie sie in Soldatenhäusern gewöhnlich sind, und zwischen den Fenstern waren starke Pfeiler. Als es Nacht geworden war und die Kameraden schliefen, nahm ich eine Büchse, die ich abends geladen hatte, ging auf den Gang und stellte mich in den Pfeilerschatten, weil doch zuweilen Mannschaft vorbei ging, daß sie mich nicht sehen könnten. Als sich nach einer Weile nichts mehr rührte, stellte ich die Mündung nach meiner Kehle und griff mit der Zehe um das Zünglein. Aber ich mußte es übel gemacht haben, denn es knackte etwas, und das Eisen schürfte an meinem Hemdknopfe; da sprang plötzlich ein gemeiner Mann unserer Rotte, der mich ausgekundschaftet hatte und aus Furcht im Mauerschatten näher gekrochen war, empor, stieß mir das Rohr von der Kehle und flüsterte: ›Herr Graf, ich schweige, aber das müßt Ihr nicht mehr tun.‹ Ich wollte vor dem Manne auf die Knie niederfallen, so erschrocken war ich und so verworren. Ich sagte, daß ich ihn recht lieb habe, und daß ich ihm eine Menge Geld geben wolle. Er nahm am andern Tage das Geld, und hat niemals einem Menschen etwas gesagt. – Ich ließ nun diese Gedanken fahren und verschlug aufs Gegenteil, das heißt, ich fragte nach nichts mehr

und ließ kein Übel auf mich eine Wirkung tun. Auch setzte ich mir vor, die gemachte Erbschaft zu verschleudern. Wir saßen nun manche Nacht beisammen, viele Freunde und lustige Gesellen – es strahlten die Kerzen, es klangen die Gespräche, und es verrauschte das Gut. Nach sechs Jahren war ich wieder so arm wie vor dem Tode meines Oheims. – – Damals fing endlich der Krieg an, und was bisher in einem Hause, in einer Stadt beisammen gewesen war, kam auseinander und wurde oft länderweit getrennt. Ich war in den Jahren über dreißig, und die Sachen begannen eine Wendung zu nehmen. Das Feldleben war manchmal recht ernsthaft, und ich war manche Nacht, wenn die öde Luft durch den Himmel strich, traurig über die Welt und traurig über alle Dinge. Es sollte noch erst alles kommen, was mein Leben mir versprochen hatte, und es war doch schon der größte Teil desselben dahin. Zuweilen fiel mir meine Mutter ein, die längstens gestorben war, und ihre schönen blauen Augen – zuweilen der Bach auf unserer Wiese, an dem die schönen Weiden gestanden waren. – – So zog die Zeit dahin; wir machten keine großen Eroberungen, und der Feind, der jenseits stand, machte auch keine. – In Westphalen war es endlich, wo ich dazumal ein Mittel für mein Heil gebrauchen lernte, das ich zuerst aus Scherz angefangen, und dann aus Ernst bis auf den heutigen Tag nicht mehr aufgegeben habe. Ich würde Euch gerne raten, Doktor, daß Ihr es auch anwendetet; denn ich glaube, daß ich schier alles, was ich geworden, durch dieses Mittel geworden bin. Es besteht darin, daß einer sein gegenwärtiges Leben, das ist, alle Gedanken und Begebnisse, wie sie eben kommen, aufschreibt, dann aber einen Umschlag darum siegelt und das Gelöbnis macht, die Schrift erst in drei bis vier Jahren aufzubrechen und zu lesen. Ein alter Kriegsmann riet es in meiner Gegenwart lachend einer Jung-

frau an, die gerade in Liebeskummer befangen war, und sagte, daß es in diesen Fällen eine gute Wirkung tue. Ich lachte mit und dachte gleich in meinem Innern, daß ich das Ding auch versuchen würde – und wie oft habe ich seitdem den toten Mann gesegnet, daß er es sagte, und den Zufall, der es ihn im rechten Augenblicke sagen ließ. Ich ging sehr eifrig darüber und habe gleich alle freie Zeit, die uns gegeben war, verwendet, um aufzuschreiben, was ich mir nur immer dachte, und was ich für die Zukunft beschlossen hatte. Ich machte die Dinge sehr schön, faltete alle Papiere gleich groß und schrieb von außen den Tag ihrer Verfertigung darauf. In den Feldlagern, wo sie mir oft recht unbequem waren, schleppte ich die versiegelten Päcke mit mir herum. – Als ich den ersten öffnete – es geschah nicht nach drei, sondern erst nach fünf Jahren, weil ich eine Weile von meinen Sachen getrennt gewesen war – ich lag eben verwundet darnieder, von allem Nötigen entblößt, keinen Freund und Teilnehmer an der Seite – nach Mitternacht hatte ich mir den Pack hingeben lassen – – und als ich ihn nun öffnete und las, so lachte und weinte ich fast in einem Atem durcheinander; denn alles war anders geworden, als ich einst gedacht hatte; vieles besser, manches schlechter – aber jedes irdischer und wahrer, als es sich einmal vorgespiegelt hatte; meine Ansichten waren gewachsen und gereift, und ich hatte die heftigste Begierde, sie gleich wieder in einem neuen Packe nieder zu schreiben. Ich ließ mir Papier und Schwarzstift aus dem Ledersacke suchen, der unter dem Bette lag, und schrieb auf dem Kopfkissen neben meinem Angesichte die ganze Nacht. Ach, ich wußte damals noch nicht, weil es das erste Päckchen war, das ich geöffnet hatte, daß es mir bei jedem so ergehen würde, auch bei dem, das ich jetzt so eilig und inbrünstig niederschrieb. – – Es ist merkwürdig, Doktor, daß ich so alt gewor-

den bin, und daß ich mir erst durch diese angeratene Beschäftigung eine Denkweise, eine Rede- und Handelsweise zugebildet habe; denn aus Schriften und Büchern zu lernen, ist mir erst im späten Alter zu Teil geworden; damals hatte ich kaum Zeit, das Notdürftigste nieder zu schreiben – oft schrieb ich auf meinen Knieen, oft auf einer Trommel oder auf einem Baumstamme. Ich habe nachher schwere Schlachten gesehen, ich habe das menschliche Blut wie Wasser vergeuden gesehen, ich zeichnete mich aus, wie sie sagten, das heißt: ich half mit in diesen Dingen; aber ein Päckchen erzählte mir später meine damaligen Gefühle, die um viel besser waren als die Auszeichnung, und die ich hatte zurückdrängen müssen, um meine Pflicht zu tun. Ich lernte nach und nach das Gute von dem Gepriesenen unterscheiden, und das Heißerstrebte von dem Gewordenen. Manches Päckchen segnete, manches verurteilte mich, und so wurde ich widerstreitender Weise mitten im Kriege und Blutvergießen ein sanfterer Mensch. Ich weiß es nicht, wäre ich es auch ohnedem geworden, weil die Jahre wuchsen, oder ist es mir erst durch die Schriften eindringlicher ins Herz gekommen. Ich fing mit der Zeit auch an, im Leben auszuüben, was ich im Geiste denken gelernt hatte. Seht, Doktor, diese Kette, die ich heute umgetan habe, weil ich die Unterredung mit Euch für einen Festtag halte, ist selber ein Zeuge davon. Ich habe einmal mit Aussetzung meines Lebens dasjenige von tausend Feinden gerettet, die man im Begriffe war zusammen zu hauen. Ich habe die Rettung begonnen, weil ich nicht leiden konnte, daß so viele Menschen, die an nichts schuld sind, wie blöde Tiere getötet würden, die uns zwar auch nicht beleidigen, deren Leben wir aber zu unserer Nahrung bedürfen. Zwischen den Kugeln beider Teile habe ich die Unterwerfung verhandelt und den Ergebungsbrief, gegen die gezückten Säbel un-

serer Rotten reitend, zu unserm Führer gebracht. Sie wurden dann bloß gefangen, und ihr König wechselte sie später aus. Wenige Jahre vorher hätte ich noch selber den Befehl gegeben, lustig einzuhauen, und hätte es für eine Heldentat gehalten. Die tausend Männer sandten mir nach vielen Jahren den erlesenen Waffenschmuck, den Ihr oben in meinem Eichenschreine gesehen habt, ihr König tat selber den Degenknopf dazu, der so schön in Silber gefaßt ist, und der Kaiser, da ihm die Nachricht von der Begebenheit zu Ohren gebracht worden war, verlieh mir die Kette, die ich hier um habe.«

Nach diesen Worten hielt der Obrist eine Weile inne. Er stand auf und ging in den Raum des Zimmers vor. Die Schriften, die noch immer auf dem Tische gelegen waren, nahm er weg und sperrte sie wieder ein. Zuletzt ließ er noch die grünen Fenstervorhänge herab, die er früher aufgezogen hatte. Ich glaubte, daß er es darum tue, weil doch die Sonne zu uns herüber zu rücken schien. Dann setzte er sich wieder zu mir und sagte: »Ich will Euch nun auch das Ende von meinen Lebenslaufe erzählen. Die Jahre sind wieder vergangen, aber immer eines schneller als das andere, und ich bin nach und nach Obrist geworden. Da ich wieder verwundet wurde, erhielt ich einen Ruhegehalt und durfte hingehen, wo ich wollte. Ich habe einmal auf meinen Kriegszügen ein schönes Tal gesehen, das zwischen hohen Bergen lag; in dieses schaffte ich meinen Körper und meine Habe, um an dem Orte zu verbleiben. Ich fing dort an, die Bücher zu sammeln, die jetzt da sind, und die Gemälde, deren Art ich in den Niederlanden kennen und lieb gewinnen gelernt hatte. Manches ist teuer gekommen, Ihr würdet es kaum denken, und es reute mich schon oft, daß ich auf meine Freude so viel verwende, das nach meinem Tode andern zu Gute kommen sollte: –

aber sei es nun, wie es sei. – In dem Tale bekamen meine Päckchen immer mehr Gleichmäßigkeit, bis im Alter eines wie das andere wurde. Ich richtete mich häuslich ein, und legte rückwärts hinaus den Garten an, in welchem mir meine Pflanzen wuchsen, die ich liebe, weil sie unschuldig den Willen Gottes tun.«

Hier setzte der Obrist wieder aus, dann fuhr er fort: »Ich habe früher von einem Menschen geredet, der der erste war, der gesagt hat, daß ich ein gutes Herz habe, wie Ihr heute der zweite, und ich habe versprochen, daß ich Euch von ihm erzählen werde, damit Ihr seht, wie sehr es mich von beiden freute. Der Mensch hat mit mir in dem Tale gelebt, es war ein Weib – mein eignes Weib ist es gewesen – und von ihm möchte ich Euch noch etwas sagen, wenn Ihr nämlich nicht müde werdet, mich anzuhören. Ich weiß es nicht, war sie besser oder schlechter als tausend andere ihres Geschlechtes – ich habe die andern zu wenig gekannt – aber einen Vorzug hatte sie vor allen, die da leben, und dieser war, daß ich sie sehr geliebt habe. Oft war es mir, als sei ihr Leib meiner, als sei ihr Herz und ihr Blut das meinige und als sei sie mir statt aller Wesen in der Welt. Ich hatte sie am Rheine kennen gelernt, wo sie von Verwandten hart gehalten wurde. Da ich eingerichtet war, holte ich sie herüber. Sie hatte mich nicht geliebt, aber sie war mit gegangen. Da sie am Vermählungstage unter ihren Angehörigen als verzagende Braut stand, sah sie nach meinen Augen, als wenn sie darin Treuherzigkeit suchte. Ich habe sie in mein Haus geführt, und habe sie auf der Schwelle desselben geküßt, was sie nicht erwiderte. Da ich sie in der Stube auf meinem Stuhle sitzen sah, noch den Hut auf dem Haupte und die Oberkleider an: nahm ich mir vor, daß ich sie ehren und schonen werde, wie es mein Herz vermag. Ich rührte nun ihre Hand nicht an, ich ließ sie in dem Hause gehen, und lebte wie ein Bruder

neben ihr. Da sie allgemach sah, daß sie hier walten dürfe, daß sie stellen dürfe, wie sie wolle, und daß niemand etwas dagegen sage, da sie, wenn ich von der Jagd nach Hause kam – denn ich ging damals noch zuweilen – fragte, wie dieses und jenes stehe, und wie sie es machen solle: sah ich, daß die Pflanze des Vertrauens wuchs, – und daneben auch noch eine andere; – denn ihre Augen glänzten von Zufriedenheit – und so ging ihr die Seele verloren, bis sie sonst nirgends war als in mir. Es ist nur ein verachtet Weib gewesen, das die Worte gesagt hat: ›Wie dank ich Gott, daß du so gut, so gar so gut bist‹, – und kein Lob meiner Obern, keine Freude des Sieges ist früher so in mein Herz gegangen als die Worte des verachteten Weibes. Und als nach diesem schon viele Jahre vergangen waren, als ihr schon Mut und Vertrauen gewachsen war, als sie in meiner sichern Gattenliebe und Ehrbezeugung ruhen konnte: war sie noch demütig wie eine Braut und aufmerksam wie eine Magd – es war eben ihr Wesen so – und deshalb mußte geschehen, was geschah. –
– Es ragten in der Gegend viele Schneeberge und blaue Spitzen, hinter unserem Hause rauschten Bergeswässer und standen Wälder, in denen oft Monate lang niemand ging. Alles dieses zu durchforschen, lockte mich die Lust, und einmal tat ich die Bitte, sie möge mich doch zuweilen begleiten, wann ich etwa seltne Alpenblumen suchen ginge, oder einen Baum, ein Wasser, einen Felsen zeichnete, wie ich es damals zu lernen anfing und häufig ausübte. Nach ihrer Art sagte sie es bereitwillig zu – und nun ging sie oft zwischen turmhohen Tannen, an brausenden Bächen oder über harte Felsen mit mir, und sie war noch schöner und blühender neben den Bergen, als sie es zu Hause war. Wenn ich dann zeichnete, saß sie hinter mir, schlug Nüsse auf oder ordnete die gesammelten Waldblumen zu einem Strauße, oder plauderte mit ihrem Hünd-

chen, das ebenfalls unser steter Begleiter war und von ihr an schwierigen Stellen sogar getragen wurde, oder sie legte aus meinem Wandersacke unser Nachmittagbrod zurechte; – oft saß sie neben mir und fragte, wie dieser und jener Stein heiße und warum diese und jene Blume nur immer im Schatten wachse. So wurde in den Wochen, was anfangs nur Gefälligkeit gegen mich war, ihre Lust und ihre Freude – sie wurde sogar stärker; denn wie die Sonne des Waldes die Blumen, Beeren und die Früchte reift, tat sie es auch mit ihr, daß ihr die Lippen und Wangen glühten, wie an einem Kinde, und daß sie mir mit den schweren Alpenschuhen, die ich ihr hatte machen lassen, auf hohe Berge folgen konnte, bis an den Rand des Eises gelangte und mit Entzücken in die Länder hinaus sah, wo die Menschen ihre Werke treiben, davon kein Merkmal zu uns herauf kam. Ich hatte meine hohe Freude daran – und sie hatte ihre Freude daran. Es mußte wohl so sein, damit sich alles erfüllte. – – Kennt Ihr das, was man in hohen Bergen eine Holzriese nennt? – Ihr werdet es kaum kennen, da man sie hier nicht braucht, weil nur breite, sanfte Waldbiegungen sind. Es ist eine aus Bäumen gezimmerte Rinne, in der man das geschlagene Holz oft mit Wasser, oft trocken fort leitet. Zuweilen gehen sie an der Erde befestigt über die Berge ab, zuweilen sind sie wie Brücken über Täler und Spalten gespannt, und man kann sie nach Gefallen mit dem rieselnden Schneewasser anfüllen, daß die Blöcke weiter geschoben werden. – An einem sehr schönen Septembertage bat mich mein Weib, ich möchte sie doch auch wieder mit auf die Berge nehmen; denn sie hatte mir endlich ein Kind geboren, ein Töchterlein, und war drei Jahre bei demselben zu Hause geblieben. Ich gewährte ihr freudig den Wunsch, sie rüstete sich, und wir waren desselben Tages so hoch gewesen, daß sie mir einige Stämmchen

Edelweiß pflücken und auf den Hut stecken konnte. Im Nachhausegehen verirrten wir uns ein wenig; denn die Ähnlichkeit der Wände und Spalten hatte uns getäuscht. Wir stiegen in dem Gerölle eines ganz fremden Sandstromes nieder, ob er uns etwa in das Tal abführe, oder ob er jäh an einer Wand aufhöre und uns stehen lasse. Das letztere geschah auch; denn als wir um einen Felsen herum wendeten, sahen wir es plötzlich vor unsern Augen luftig blauen; der Weg riß ab, und gegenüber glänzte matt rötlich eine Kalkwand, auf welche die Strahlen der schon tief stehenden Sonne gerichtet waren: – aber auch eine solche Riese, wie ich früher sagte, ging von unserm Stande gegen die Wand hinüber. Ich erschrak ein wenig und sah nach meiner Begleiterin um: aber diese war sehr fröhlich über die gefundene Verbindung, und wir gingen daran, zu untersuchen, ob die Riese in einem guten Stande sei und zwei Menschen zu tragen vermöge. Daß sie erst kürzlich gebraucht wurde, zeigten da, wo sie an den Felsen angeschlachtet war, deutliche Spuren geschlagenen und abgeleiteten Holzes; denn ihre Höhlung war frisch wund gerieben, auch lagen noch die Blöcke und Stangen umher, womit man die Stämme zuzuwälzen gewohnt ist, und die Fußtritte, die uns eigentlich in dem Bette des Gerölles nieder gelockt hatten, schienen von derselben Handlung her zu rühren. In dem Augenblicke des Überlegens hörten wir es aus einem Seitengraben, dessen Dasein wir früher gar nicht bemerkt hatten, knistern und brechen, als ob es Tritte wären, – und wirklich kam nach einigen Sekunden ein Mann heraus, den der erste Anblick sogleich für einen Holzarbeiter erkennen ließ, wie sie im Gebirge ihr mühsames Werk treiben. Er trug einen ledernen Sack und eine eiserne Kochschüssel; in der Hand hatte er die abgetanen Steigeisen und den Gebirgsstock, der langschaftig ist und vorne eine eiserne Spit-

ze und einen Widerhaken hat. Er erschrak, da er uns sah; weil er hier keine Menschen zu finden gehofft hatte. Ich aber sagte ihm, daß wir uns verirrt hätten, und daß wir sehr gerne wissen möchten, ob die Riese gangbar wäre und zweien Menschen als Steg dienen könnte. ›Freilich kann sie dienen,‹ antwortete er, ›vor einem Augenblicke sind alle meine Kameraden hinüber gegangen, fünf an der Zahl; ich mußte nur umkehren, weil ich die Schüssel am Feuerplatze vergessen hatte. Sie warten an der Wand auf mich. Ihr werdet es gleich hören.‹ – Nach diesen Worten tat er einen Ruf mit der hohen Stimme des Gebirgjauchzens, daß es in allen Spalten klang: von drüben antworteten sie, daß es ebenfalls klang. Es war fast schön, da auch der Abend rings um uns herum war. Ich schlug nun vor, daß wir jetzt alle drei mit einander über die Riese gehen könnten. Er willigte ein und sagte, daß wir die Frau in die Mitte nehmen sollten. Er richtete den Alpenstock so, daß ich ihn vorne und er hinten nahm, damit sich die Frau daran wie an einem Geländer halte. Das Hündchen hatte sie sich nicht nehmen lassen selber zu tragen. So gingen wir auf die Brücke, die in der Abenddämmerung wie eine gezogene Linie war. Ich hörte, da wir auf dem Holze gingen, nur seine Tritte mit den schwerbeschlagenen Schuhen, die ihrigen aber nicht. Als wir noch ein kleines von dem Ende der Riese waren, sagte der Holzknecht leise: ›Sitzt nieder‹, – auch empfand ich, daß der Stock in meiner Hand leichter werde, – ich schaute plötzlich um – und denkt Euch: ich sah nur ihn allein. Es kam mir ein schrecklicher Gedanke, aber ich wußte nichts weiter, meine Füße hörten in dem Augenblicke auf, den Boden zu empfinden, die Tannen wogten wie Kerzen an einem Hängeleuchter auf und nieder – dann wußte ich nichts mehr.«

Hier hörte der Obrist zu reden auf, und schwieg eine Weile. Ich

dachte anfangs, daß er sich nur sammeln wolle, aber als ich genauer hin schaute, sah ich in der Dämmerung, daß ihm schnelle Tränen, eine nach der andern, über den weißen Bart herab träufelten, und daß er sich sehr stille hielt, damit ich es nicht bemerke. Ich konnte vor gebrochenem Herzen auch nichts reden, und begriff nun, warum er die Fenstervorhänge herab gelassen hatte. Ich wollte die Schamhaftigkeit des alten Mannes nicht stören und sah nicht hin. Nach einer Zeit wischte er mit seinem Ärmel über Bart und Antlitz, und setzte dann gefaßt seine Rede fort: »Sie lag unten zerschmettert. Still sich opfernd, wie es ihre Gewohnheit war, ohne einen Laut, um mich nicht in Gefahr zu bringen, war sie hinab gestürzt. Nicht einmal der Holzknecht hatte ihren Zustand erraten, bis sie das Geländer ausließ, das wir ihr gemacht hatten, und mit der Hand in der Luft zu greifen anfing. Da rief er ihr zu, sie solle sich setzen – aber es war zu spät. Wie ein weißes Tuch, sagte er, war es an seinen Augen vorüber gegangen, und dann habe er nur mich allein gesehen. Ich wankte auch vor seinen Blicken, und wäre gleicherweise hinab gefallen, wenn er mir nicht einen Stoß gegeben hätte, durch den ich die noch wenigen Schritte vorwärts taumelte, die von der Riese übrig waren, und an ihrem Ende unter dem vielen Holze nieder stürzte, das dort lag, und das man an dem Tage herüber geleitet hatte. – Als ich aus meiner Ohnmacht wieder erwachte, verlangte ich heftig, in den Abgrund nieder zu steigen; denn ich konnte sie mir nicht tot denken, und dachte: wer weiß – etwa ist ihr das Bewußtsein wieder gekommen, sie liegt unten und beginnt jetzt erst zu sterben. Allein es war indessen schon ganz Nacht geworden, ich fand mich an einem großen Feuer liegen, und einige Holzknechte standen und saßen umher. Andere waren auch fort gegangen. Durch mein Flehen und meine Versprechungen,

noch mehr aber, weil ich allein in der Finsternis hinab zu klettern anhob, ließen sie sich bewegen, einen Versuch zu machen, ob man über die Wand hinab gelangen könne. Es waren auch von andern Orten Holzarbeiter herbei gekommen, weil die Stelle ein Zusammenkunftsplatz war, und sie saßen an dem Feuer, wärmten sich, und hörten an, was geschehen war. Der eine erinnerte sich dieses, der andere eines andern Weges, auf dem es möglich sein müsse – aber es war immer umsonst, und die ganze Nacht verging unter fruchtlosen Bemühungen. Endlich, da ich tausend Mal zu dem Himmel geschaut hatte, erblaßten die fürchterlichen Sterne, und das schwache Grau des Morgens war in der Luft. Nun, da wir besser sahen, gelang es wirklich mit Hilfe von Stricken und Stangen bis auf den Grund hinab zu kommen. Allein wir fanden die Gegend nicht, und erst, als die Sonne schon fast hoch in das Tal herein schien, entdeckten wir sie. Es lag ein Häufchen weißer Kleider neben einem Wachholderstrauche, und darunter die zerschmetterten Glieder. – Es war nicht möglich: von dieser Höhe kann kein Mensch herunter fallen und nur einen Hauch des Lebens behalten. Kaum so dünne wie ein Strohhalm anzusehen, schwebte die Riese weit ober uns. – Wir gingen näher, und denkt Euch – auf den Kleidern saß das Hündlein, und war lebend und fast unversehrt. Das Weib hatte es vielleicht während des Falles empor gehalten und so gerettet. Aber es mußte über die Nacht wahnsinnig geworden sein; denn es schaute mit angstvollen Augen umher und biß gegen mich, da ich zu den Kleidern wollte. Weil ich schnell mein Weib haben mußte, gab ich zu, obwohl ich mir das Tierchen hatte aufsparen wollen, daß es einer der Knechte mit der Büchse, die sie zuweilen tragen, erschieße. Er hielt schräge hin, damit er die Leiche nicht treffe – und das Hündchen fiel herab, kaum daß es ein Füßlein

rührte. – Ich beugte mich nun nieder und riß das weiße Mieder auf, das sie an hatte: aber die Schulter war schon kalt, und die Brust war so kalt wie Eis. – – O Herr! das könnt Ihr nicht ermessen – nein, Ihr wisset es jetzt noch nicht, wie es ist, wenn der Leib, der so lange das Eigentum Eures guten Herzens gewesen ist, noch die Kleider an hat, die Ihr am Morgen selber darreichen halfet, und jetzt tot ist, und nichts mehr kann, als in Unschuld bitten, daß Ihr ihn begrabet.«

Hier hielt der Obrist wieder inne; dann aber fuhr er fort: »So ist es auch geschehen. Wo der Bach seinen schmalen Ausgang hat, ließ ich sie aus dem Tale bringen, und kam gegen Mittag in mein Haus. Der Ruf hatte das Unglück schon ausgebreitet. Mehrere Menschen standen auf meiner Gasse, und gute Freunde wollten mich in einen Wagen tun und fort führen, bis alles vorüber wäre. Ich aber meinte, daß dieses gegen die eheliche Treue sei, und blieb bei ihr. Bloß da die Frauen kamen, sie zu waschen und umzukleiden, ging ich an der Gesindestube vorbei zurück in das Stüblein gegen den Garten, wo mein Kind war. Ich nahm das Mädchen bei der Hand, führte es durch den hintern Gang auf die Gasse, tat es in den Wagen, den die Freunde herbei geschafft hatten, und ließ es zu einer entfernten Bekannten führen, damit das Kind nicht sähe, was hier geschieht, und sich einmal daran erinnere. Als sie mich riefen, ging ich wieder hinvor in das Zimmer, wo die Menschen waren, und setzte mich nieder. Sie lag in dem weißen Gewande, das sie sonst hatte, auf ihrem Bette, und der Schreiner legte seinen schwarzen Zollstab zusammen, und ging hinaus. Gegen Abend kam der Sarg, der sonderbarer Weise in dem rechten Maße schon fertig gewesen war, und man legte sie hinein, wo sie lang und schmal ruhen blieb. Als nach und nach die Neugierigen und die andern fort gegangen waren und

ich fast allein blieb, ging ich hin, faltete ihr die Hände anders, als es die Frauen getan hatten, und gab ihr ein Kreuz. Ich legte auch noch von ihren Blumen, die noch da standen, etwas um das reine, unbewegliche Haupt. Dann setzte ich mich nieder und blieb sitzen, wie Stund an Stund verging. Damals dachte ich oft an das alte Volk der Egypter, daß sie ihre Toten einbalsamierten, und warum sie es getan. Ich habe in ihrem Zimmer keine Wachslichter anzünden und keine schwarzen Tücher spannen lassen, sondern ich hatte die Fenster geöffnet, daß die freie Luft herein sah. An dem ersten Abende waren an dem Himmel draußen viele rote Lämmerwolken gewesen, daß im Zimmer lauter rote, sanfte Rosen schienen; und nachts, wenn die Lampe brannte, waren weiße auf ihren Geräten, und auf ihren Kleidern – – und wenn sie in dem Nebenzimmer draußen stille waren und beteten, weil sie sie Leiche fürchteten, rückte ich ihr das Hauptkissen, weil das Angesicht schief zu sinken begann. – Am zweiten Morgen wurde sie begraben. Es kamen die Träger, und ich ging mit ihnen. Auf dem Kirchhofe standen viele Leute, und der Pfarrer hielt eine Rede. Dann taten sie sie in die Erde, und warfen die Schollen auf sie. Als alles vorüber war, und drüben jenseits der Häuser die alten Wälder standen und eine fremde, leere Luft über sie floß, versuchte ich nach Hause zu gehen. Auf den Feldern gegen die Haselbestände hinauf ackerten sie und säeten das Wintergetreide in die Erde. Ich ging durch den Garten, wo die Herbstblätter abfielen, in das sehr stille Haus. In der Stube standen noch die Sessel in derselben Ordnung, wie sie den Sarg getragen hatten, aber sie war nicht darauf. Ich setzte mich in einer Ecke nieder und blieb sitzen. An dem Fenster stand noch ihr Arbeitstischchen, und die Laden unserer Kästen machte ich nicht auf. Wie viele Afterdinge, dachte ich, wird die Welt nun noch auf meine

Augen laden, nur sie allein, sie allein nicht mehr. – Und wie es lange, lange so stille war, und die Dienstboten aus Ehrfurcht draußen nur flüsterten, tat sich ungeschickt die Tür auf, und mein Töchterlein ging herein, das schon vor einer Stunde zurück gekommen war und sich nicht aus ihrem Stüblein getraut hatte. Auf ihrem Munde war die Knospe der Rose, die sie eben begraben hatten, und in dem Haupte trug sie die Augen der Mutter. Und wie sie schüchtern vorwärts ging und mich so sitzen sah, fragte sie: ›Wo ist Mutter?‹ Ich sagte, die Mutter sei heute früh zu ihrem Vater gegangen, und werde recht lange, lange nicht zurück kommen. Da sie sich auf das Wort beherrschen wollte, wie sie gewöhnt worden war, und sich aber doch auf dem Gesichtchen die schwachen Linien des Weinens zusammen zogen, da riß ich sie an mich und weinte mich selber recht zu Tode. – Dann schien die Sonne, wie alle Tage, es wuchs das Getreide, das sie im Herbste angebaut hatten, die Bäche rannen durch die Täler hinaus – – nur daß sie allein dahin war, wie der Verlust einer goldenen Mücke. – Und wie ich in jener Zeit mit Gott haderte, hatte ich gar nichts, als daß ich mir fest dachte, ich wolle so gut werden wie sie und wolle tun, wie sie täte, wenn sie noch lebte. Seht, Doktor, ich habe mir damals eingebildet, Gott brauche einen Engel im Himmel und einen guten Menschen auf Erden: deshalb mußte sie sterben. – Ich ließ einen weißen Marmorstein auf ihr Grab setzen, auf dem ihr Name, der Tag ihrer Geburt und ihr Alter stand. Dann blieb ich noch eine lange Zeit in der Gegend: aber als die Berge nicht zu mir reden wollten und die Pfade um die Wiesenanhöhen so leer waren, so nahm ich mein Kind und ging mit ihm fort in die Welt. Ich ging an verschiedene Orte, und suchte an jedem, daß mein Töchterlein nach und nach lerne, was ihm gut tun möchte. – Ich habe vergessen, Euch zu sagen, daß

mir mein Bruder schon früher geschrieben hatte, daß ich zu ihm kommen möchte, weil er so krank sei, daß er die Reise zu mir nicht machen könne, und er habe dennoch sehr Notwendiges und Wichtiges mit mir zu reden. Ich ging, da ich mein Haus hinter dem Rücken ließ, zu ihm – und zum ersten Male seit dem Tode unsers Vaters sah ich wieder die Anhöhen um das Schloß und die Weiden an dem Bache. Er gestand mir, daß er damals einen Betrug gestiftet habe, und daß er jetzt recht gerne mit dem vergelten und gut machen werde, was noch da sei. Ich rächte mich nicht – er stand in dem Saale vor mir, ein dem Tode verfallener Mann, ich machte ihm gar keine Vorwürfe, sondern nahm von den Trümmern des Vermögens, dessen Bücher er mir aufschlug, das wenigste, was meine Pflicht gegen mein Töchterlein noch zuließ, damit ich es nicht seinem armen Sohne entzöge, den ihm sein Weib geboren hatte, das noch bei ihm auf dem Schlosse war – und dann fuhr ich in einem Bauerfuhrwerke mit meiner Tochter wieder über die Brücke des Schloßgrabens hinaus, und hörte zum letzten Male die Uhr auf dem Turme, die die vierte Nachmittagsstunde schlug. – Es ist weiter in meinem Leben nichts mehr geschehen. – Ich bin endlich nach einer Zeit in dieses Tal gekommen, das mir sehr gefallen hat, und ich blieb hier, weil so schöner ursprünglicher Wald da ist, in dem man viel schaffen und richten kann, und weil eine Natur, die man zu Freundlicherem zügeln und zähmen kann, das Schönste ist, das es auf Erden gibt.«

Der Obrist hörte mit diesen Worten zu reden auf, und blieb eine bedeutend lange Zeit neben mir sitzen und schwieg. Ich schwieg auch.

Endlich nahm er wieder das Wort und sagte: »Ich habe nichts als Margarita, sie gleicht ihrer verstorbenen Mutter im Angesichte

und in der ganzen Art so sehr, wie man es kaum glauben sollte, – – Doktor, tut mir nicht weh in meinem Kinde.«

»Nein, Obrist, das tue ich nicht – – ich reiche Euch die Hand, daß ich es nicht tue.«

Bei diesen Worten reichte ich ihm meine Hand, er gab mir die seine auch, und wir schüttelten sie uns gegenseitig zum Zeichen des Bundes.

Dann blieben wir noch eine Weile sitzen, ohne zu sprechen. Endlich stand er auf, ging ein wenig in dem Zimmer herum, und trat sodann an das Fenster, dessen grünseidenen Vorhang er aufzog. Es war keine Sonne mehr an den Gläsern, aber eine ganze Flut von Frühlingshelle schlug durch sie in das Zimmer herein.

»Seht, wir werden heute ein Gewitter bekommen,« sagte der Obrist, der an dem Fenster stehen geblieben war und hinaus schaute, »es geht ein dichter, dunstiger Himmel über den Kirmwald herüber, und am Rande des Reutbühls ziehn sich diese milchigen Streifen, was alle Mal ein Anzeichen von einem Gewitter ist.«

Ich stand auch auf und trat zu ihm. Die friedliche, schöne, in sanfte Gewitterschwüle gehüllte Gegend schaute zu uns herein und grüßte huldvoll an das Herz.

Wir standen und genossen der freien Luft, die bei dem Fenster herein strömte, das er nun auch geöffnet hatte.

Über eine Weile sagte er wieder: »Ich möchte Euch gerne zu Margarita führen – Ihr müsset mit einander reden – redet gut mit einander, daß sich alles einfach löse. Ich habe gewußt, daß es so sein wird, wie es jetzt ist. Ihr habt beide gefehlt. Margarita tat auch nicht recht, aber sie konnte nach ihrer Art nicht anders, so wie Ihr nicht anders konntet. Geht hinüber zu ihr, sucht sie nicht zu bewe-

gen, tröstet sie eher – aber sprecht nur mit einander, ich meine, daß es gut ist. Nicht wahr, Doktor, Ihr tut das?«

Wir blieben nach dieser Rede beide noch eine Zeit lang stehen, ich hatte keine rechte Antwort und schwieg daher verlegen, er drang auch nicht in mich.

»Nun? soll ich Euch zu ihr führen?« fragte er endlich recht sanft.

»Ja«, sagte ich.

Und nach diesen Worten nahm er mich unter den Arm und führte mich hinaus. Wir gingen über den Gang, und dann über die feine, gelbe Rohrmatte ihrer Schwelle hinein. Sie war in dem ersten Zimmer nicht.

»Wartet hier ein wenig,« sagte er, »ich werde hinein gehen und sie Euch senden. Vielleicht könnte sie nicht in der Lage sein, Euch zu empfangen. Wenn sie aber erscheint, werde ich selber nicht wieder heraus kommen, sondern mit dem Schlüssel das Bücherzimmer öffnen und durch dasselbe in meine Wohnung zurückkehren.«

Er ging durch die halbgeöffnete Tür in das anstoßende Zimmer, und wahrscheinlich auch in das fernere.

Ich blieb heraußen stehen, und es war sehr stille. Endlich, da ich eine Weile gewartet hatte, bewegte sich schwach der halbe, etwas offen stehende Türflügel – und sie trat heraus.

Ihre Augen waren auf mich gewendet – –

– Morgen Margarita. –

Das sanfte Gesetz

Es ist einmal gegen mich bemerkt worden, daß ich nur das Kleine bilde, und daß meine Menschen stets gewöhnliche Menschen seien. Wenn das wahr ist, bin ich heute in der Lage, den Lesern ein noch Kleineres und Unbedeutenderes anzubieten, nämlich allerlei Spielereien für junge Herzen. Es soll sogar in denselben nicht einmal Tugend und Sitte geprediget werden, wie es gebräuchlich ist, sondern sie sollen nur durch das wirken, was sie sind. Wenn etwas Edles und Gutes in mir ist, so wird es von selber in meinen Schriften liegen; wenn aber dasselbe nicht in meinem Gemüte ist, so werde ich mich vergeblich bemühen, Hohes und Schönes darzustellen, es wird doch immer das Niedrige und Unedle durchscheinen. Großes oder Kleines zu bilden, hatte ich bei meinen Schriften überhaupt nie im Sinne, ich wurde von ganz anderen Gesetzen geleitet. Die Kunst ist mir ein so Hohes und Erhabenes, sie ist mir, wie ich schon einmal an einem anderen Orte gesagt habe, nach der Religion das Höchste auf Erden, so daß ich meine Schriften nie für Dichtungen gehalten habe, noch mich je vermessen werde, sie für Dichtungen zu halten. Dichter gibt es sehr wenige auf der Welt, sie sind die hohen Priester, sie sind die Wohltäter des menschlichen Geschlechtes; falsche Propheten aber gibt es sehr viele. Allein wenn auch nicht jede gesprochenen Worte Dichtung sein können, so können sie doch etwas anderes sein, dem nicht alle Berechtigung des Daseins abgeht. Gleichgestimmten Freunden eine vergnügte Stunde zu machen, ihnen allen, bekannten wie unbekannten, einen Gruß zu schicken, und ein Körnlein Gutes zu dem Baue des Ewigen beizutragen, das war die Absicht bei meinen Schriften, und

wird auch die Absicht bleiben. Ich wäre sehr glücklich, wenn ich mit Gewißheit wüßte, daß ich nur diese Absicht erreicht hätte. Weil wir aber schon einmal von dem Großen und Kleinen reden, so will ich meine Ansichten darlegen, die wahrscheinlich von denen vieler anderer Menschen abweichen. Das Wehen der Luft, das Rieseln des Wassers, das Wachsen der Getreide, das Wogen des Meeres, das Grünen der Erde, das Glänzen des Himmels, das Schimmern der Gestirne halte ich für groß: das prächtig einherziehende Gewitter, den Blitz, welcher Häuser spaltet, den Sturm, der die Brandung treibt, den feuerspeienden Berg, das Erdbeben, welches Länder verschüttet, halte ich nicht für größer als obige Erscheinungen, ja ich halte sie für kleiner, weil sie nur Wirkungen viel höherer Gesetze sind. Sie kommen auf einzelnen Stellen vor, und sind die Ergebnisse einseitiger Ursachen. Die Kraft, welche die Milch im Töpfchen der armen Frau empor schwellen und übergehen macht, ist es auch, die die Lava in dem feuerspeienden Berge empor treibt und auf den Flächen der Berge hinab gleiten läßt. Nur augenfälliger sind diese Erscheinungen und reißen den Blick des Unkundigen und Unaufmerksamen mehr an sich, während der Geisteszug des Forschers vorzüglich auf das Ganze und Allgemeine geht und nur in ihm allein Großartigkeit zu erkennen vermag, weil es allein das Welterhaltende ist. Die Einzelheiten gehen vorüber, und ihre Wirkungen sind nach kurzem kaum noch erkennbar. Wir wollen das Gesagte durch ein Beispiel erläutern. Wenn ein Mann durch Jahre hindurch die Magnetnadel, deren eine Spitze immer nach Norden weist, tagtäglich zu festgesetzten Stunden beobachtete und sich die Veränderungen, wie die Nadel bald mehr bald weniger klar nach Norden zeigt, in einem Buche aufschriebe, so würde gewiß ein Unkundiger dieses Beginnen für ein kleines

und für Spielerei ansehen: aber wie ehrfurchterregend wird dieses Kleine und wie begeisterungerweckend diese Spielerei, wenn wir nun erfahren, daß diese Beobachtungen wirklich auf dem ganzen Erdboden angestellt werden, und daß aus den daraus zusammengestellten Tafeln ersichtlich wird, daß manche kleine Veränderungen an der Magnetnadel oft auf allen Punkten der Erde gleichzeitig und in gleichem Maße vor sich gehen, daß also ein magnetisches Gewitter über die ganze Erde geht, daß die ganze Erdoberfläche gleichzeitig gleichsam ein magnetisches Schauern empfindet. Wenn wir, so wie wir für das Licht die Augen haben, auch für die Elektrizität und den aus ihr kommenden Magnetismus ein Sinneswerkzeug hätten, welche große Welt, welche Fülle von unermeßlichen Erscheinungen würde uns da aufgetan sein. Wenn wir aber auch dieses leibliche Auge nicht haben, so haben wir dafür das geistige der Wissenschaft, und diese lehrt uns, daß die elektrische und magnetische Kraft auf einem ungeheuren Schauplatze wirke, daß sie auf der ganzen Erde und durch den ganzen Himmel verbreitet sei, daß sie alles umfließe und sanft und unablässig verändernd, bildend und lebenerzeugend sich darstelle. Der Blitz ist nur ein ganz kleines Merkmal dieser Kraft, sie selber aber ist ein Großes in der Natur. Weil aber die Wissenschaft nur Körnchen nach Körnchen erringt, nur Beobachtung nach Beobachtung macht, nur aus Einzelnem das Allgemeine zusammen trägt, und weil endlich die Menge der Erscheinungen und das Feld des Gegebenen unendlich groß ist, Gott also die Freude und die Glückseligkeit des Forschens unversieglich gemacht hat, wir auch in unseren Werkstätten immer nur das Einzelne darstellen können, nie das Allgemeine, denn dies wäre die Schöpfung: so ist auch die Geschichte des in der Natur Großen in einer immerwährenden Umwandlung der Ansichten

über dieses Große bestanden. Da die Menschen in der Kindheit waren, ihr geistiges Auge von der Wissenschaft noch nicht berührt war, wurden sie von dem Nahestehenden und Auffälligen ergriffen und zu Furcht und Bewunderung hingerissen: aber als ihr Sinn geöffnet wurde, da der Blick sich auf den Zusammenhang zu richten begann, so sanken die einzelnen Erscheinungen immer tiefer, und es erhob sich das Gesetz immer höher, die Wunderbarkeiten hörten auf, das Wunder nahm zu.

So wie es in der äußeren Natur ist, so ist es auch in der inneren, in der des menschlichen Geschlechtes. Ein ganzes Leben voll Gerechtigkeit, Einfachheit, Bezwingung seiner selbst, Verstandesgemäßheit, Wirksamkeit in seinem Kreise, Bewunderung des Schönen, verbunden mit einem heiteren, gelassenen Sterben, halte ich für groß: mächtige Bewegungen des Gemütes, furchtbar einherrollenden Zorn, die Begier nach Rache, den entzündeten Geist, der nach Tätigkeit strebt, umreißt, ändert, zerstört, und in der Erregung oft das eigene Leben hinwirft, halte ich nicht für größer, sondern für kleiner, da diese Dinge so gut nur Hervorbringungen einzelner und einseitiger Kräfte sind, wie Stürme, feuerspeiende Berge, Erdbeben. Wir wollen das sanfte Gesetz zu erblicken suchen, wodurch das menschliche Geschlecht geleitet wird. Es gibt Kräfte, die nach dem Bestehen des Einzelnen zielen. Sie nehmen alles und verwenden es, was zum Bestehen und zum Entwickeln desselben notwendig ist. Sie sichern den Bestand des Einen und dadurch den aller. Wenn aber jemand jedes Ding unbedingt an sich reißt, was sein Wesen braucht, wenn er die Bedingungen des Daseins eines anderen zerstört, so ergrimmt etwas Höheres in uns, wir helfen dem Schwachen und Unterdrückten, wir stellen den Stand wieder her, daß er ein Mensch neben dem andern bestehe und seine menschli-

che Bahn gehen könne, und wenn wir das getan haben, so fühlen wir uns befriedigt, wir fühlen uns noch viel höher und inniger, als wir uns als Einzelne fühlen, wir fühlen uns als ganze Menschheit. Es gibt daher Kräfte, die nach dem Bestehen der gesamten Menschheit hinwirken, die durch die Einzelkräfte nicht beschränkt werden dürfen, ja im Gegenteile beschränkend auf sie selber einwirken. Es ist das Gesetz dieser Kräfte, das Gesetz der Gerechtigkeit, das Gesetz der Sitte, das Gesetz, das will, daß jeder geachtet, geehrt, ungefährdet neben dem anderen bestehe, daß er seine höhere menschliche Laufbahn gehen könne, sich Liebe und Bewunderung seiner Mitmenschen erwerbe, daß er als Kleinod gehütet werde, wie jeder Mensch ein Kleinod für alle andern Menschen ist. Dieses Gesetz liegt überall, wo Menschen neben Menschen wohnen, und es zeigt sich, wenn Menschen gegen Menschen wirken. Es liegt in der Liebe der Ehegatten zu einander, in der Liebe der Eltern zu den Kindern, der Kinder zu den Eltern, in der Liebe der Geschwister, der Freunde zu einander, in der süßen Neigung beider Geschlechter, in der Arbeitsamkeit, wodurch wir erhalten werden, in der Tätigkeit, wodurch man für seinen Kreis, für die Ferne, für die Menschheit wirkt, und endlich in der Ordnung und Gestalt, womit ganze Gesellschaften und Staaten ihr Dasein umgeben und zum Abschlusse bringen. Darum haben alte und neue Dichter vielfach diese Gegenstände benützt, um ihre Dichtungen dem Mitgefühle naher und ferner Geschlechter anheim zu geben. Darum sieht der Menschenforscher, wohin er seinen Fuß setzt, überall nur dieses Gesetz allein, weil es das einzige Allgemeine, das einzige Erhaltende und nie Endende ist. Er sieht es eben so gut in der niedersten Hütte wie in dem höchsten Palaste, er sieht es in der Hingabe eines armen Weibes und in der ruhigen Todesverachtung des Hel-

den für das Vaterland und die Menschheit. Es hat Bewegungen in dem menschlichen Geschlechte gegeben, wodurch den Gemütern eine Richtung nach einem Ziele hin eingeprägt worden ist, wodurch ganze Zeiträume auf die Dauer eine andere Gestalt gewonnen haben. Wenn in diesen Bewegungen das Gesetz der Gerechtigkeit und Sitte erkennbar ist, wenn sie von demselben eingeleitet und fortgeführt worden sind, so fühlen wir uns in der ganzen Menschheit erhoben, wir fühlen uns menschlich verallgemeinert, wir empfinden das Erhabene, wie es sich überall in die Seele senkt, wo durch unmeßbar große Kräfte in der Zeit oder im Raume auf ein gestaltvolles, vernunftgemäßes Ganzes zusammen gewirkt wird. Wenn aber in diesen Bewegungen das Gesetz des Rechtes und der Sitte nicht ersichtlich ist, wenn sie nach einseitigen und selbstsüchtigen Zwekken ringen, dann wendet sich der Menschenforscher, wie gewaltig und furchtbar sie auch sein mögen, mit Ekel von ihnen ab, und betrachtet sie als ein Kleines, als ein des Menschen Unwürdiges. So groß ist die Gewalt dieses Rechts- und Sittengesetzes, daß es überall, wo es immer bekämpft worden ist, doch endlich allezeit siegreich und herrlich aus dem Kampfe hervorgegangen ist. Ja wenn sogar der einzelne oder ganze Geschlechter für Recht und Sitte untergegangen sind, so fühlen wir sie nicht als besiegt, wir fühlen sie als triumphierend, in unser Mitleid mischt sich ein Jauchzen und Entzücken, weil das Ganze höher steht als der Teil, weil das Gute größer ist als der Tod, wir sagen da, wir empfinden das Tragische, und werden mit Schauern in den reineren Äther des Sittengesetzes emporgehoben. Wenn wir die Menschheit in der Geschichte wie einen ruhigen Silberstrom einem großen, ewigen Ziele entgegen gehen sehen, so empfinden wir das Erhabene, das vorzugsweise Epische. Aber wie gewaltig und in großen Zügen auch das Tragi-

sche und Epische wirken, wie ausgezeichnete Hebel sie auch in der Kunst sind, so sind es hauptsächlich doch immer die gewöhnlichen, alltäglichen, in Unzahl wiederkehrenden Handlungen der Menschen, in denen dieses Gesetz am sichersten als Schwerpunkt liegt, weil diese Handlungen die dauernden, die gründenden sind, gleichsam die Millionen Wurzelfasern des Baumes des Lebens. So wie in der Natur die allgemeinen Gesetze still und unaufhörlich wirken, und das Auffällige nur eine einzelne Äußerung dieser Gesetze ist, so wirkt das Sittengesetz still und seelenbelebend durch den unendlichen Verkehr der Menschen mit Menschen, und die Wunder des Augenblickes bei vorgefallenen Taten sind nur kleine Merkmale dieser allgemeinen Kraft. So ist dieses Gesetz, so wie das der Natur das welterhaltende ist, das menschenerhaltende.

Wie in der Geschichte der Natur die Ansichten über das Große sich stets geändert haben, so ist es auch in der sittlichen Geschichte der Menschen gewesen. Anfangs wurden sie von dem Nächstliegenden berührt, körperliche Stärke und ihre Siege im Ringkampfe wurden gepriesen, dann kamen Tapferkeit und Kriegsmut, dahin zielend, heftige Empfindungen und Leidenschaften gegen feindselige Haufen und Verbindungen auszudrücken und auszuführen, dann wurde Stammeshoheit und Familienherrschaft besungen, inzwischen auch Schönheit und Liebe sowie Freundschaft und Aufopferung gefeiert, dann aber erschien ein Überblick über ein Größeres: ganze menschliche Abteilungen und Verhältnisse wurden geordnet, das Recht des Ganzen vereint mit dem des Teiles, und Großmut gegen den Feind und Unterdrückung seiner Empfindungen und Leidenschaften zum Besten der Gerechtigkeit hoch und herrlich gehalten, wie ja Mäßigung schon den Alten als die erste männliche Tugend galt, und endlich wurde ein völkerumschlingen-

des Band als ein Wünschenswertes gedacht, ein Band, das alle Gaben des einen Volkes mit denen des andern vertauscht, die Wissenschaft fördert, ihre Schätze für alle Menschen darlegt, und in der Kunst und Religion zu dem einfach Hohen und Himmlischen leitet.

Wie es mit dem Aufwärtssteigen des menschlichen Geschlechtes ist, so ist es auch mit seinem Abwärtssteigen. Untergehenden Völkern verschwindet zuerst das Maß. Sie gehen nach Einzelnem aus, sie werfen sich mit kurzem Blicke auf das Beschränkte und Unbedeutende, sie setzen das Bedingte über das Allgemeine; dann suchen sie den Genuß und das Sinnliche, sie suchen Befriedigung ihres Hasses und Neides gegen den Nachbar, in ihrer Kunst wird das Einseitige geschildert, das nur von einem Standpunkte Gültige, dann das Zerfahrene, Unstimmende, Abenteuerliche, endlich das Sinnenreizende, Aufregende und zuletzt die Unsitte und das Laster, in der Religion sinkt das Innere zur bloßen Gestalt oder zur üppigen Schwärmerei herab, der Unterschied zwischen Gut und Böse verliert sich, der einzelne verachtet das Ganze und geht seiner Lust und seinem Verderben nach, und so wird das Volk eine Beute seiner inneren Zerwirrung oder die eines äußeren, wilderen, aber kräftigeren Feindes. – –

Da ich in dieser Vorrede in meinen Ansichten über Großes und Kleines so weit gegangen bin, so sei es mir auch erlaubt zu sagen, daß ich in der Geschichte des menschlichen Geschlechtes manche Erfahrungen zu sammeln bemüht gewesen bin, und daß ich einzelnes aus diesen Erfahrungen zu dichtenden Versuchen zusammengestellt habe; aber meine eben entwickelten Ansichten und die Erlebnisse der letztvergangenen Jahre lehrten mich, meiner Kraft zu mißtrauen, daher jene Versuche liegen bleiben mögen, bis sie besser ausgearbeitet oder als unerheblich vernichtet werden.

Diejenigen aber, die mir durch diese keineswegs für junge Zuhörer passende Vorrede gefolgt sind, mögen es auch nicht verschmähen, die Hervorbringungen bescheidenerer Kräfte zu genießen, und mit mir zu den harmlosen folgenden Dingen übergehen.

Im Herbste 1852

Adalbert Stifter

Kalkstein

Ich erzähle hier eine Geschichte, die uns einmal ein Freund erzählt hat, in der nichts Ungewöhnliches vorkömmt, und die ich doch nicht habe vergessen können. Unter zehn Zuhörern werden neun den Mann, der in der Geschichte vorkömmt, tadeln, der zehnte wird oft an ihn denken. Die Gelegenheit zu der Geschichte kam von einem Streite, der sich in der Gesellschaft von uns Freunden darüber entspann, wie die Geistesgaben an einem Menschen verteilt sein können. Einige behaupteten, es könne ein Mensch mit einer gewissen Gabe außerordentlich bedacht sein, und die andern doch nur in einem geringen Maße besitzen. Man wies dabei auf die sogenannten Virtuosen hin. Andere sagten, die Gaben der Seele seien immer im gleichen Maße vorhanden, entweder alle gleich groß oder gleich mittelmäßig oder gleich klein, nur hänge es von dem Geschicke ab, welche Gabe vorzüglich ausgebildet wurde, und dies rufe den Anschein einer Ungleichheit hervor. Raphael hätte unter andern Jugendeindrücken und Zeitverhältnissen statt eines großen Malers ein großer Feldherr werden können. Wieder andere meinten, wo die Vernunft als das übersinnliche Vermögen und als das höchste Vermögen des Menschen überhaupt in großer Fülle vorhanden sei, da seien es auch die übrigen, untergeordneten Fähigkeiten. Das Umgekehrte gelte jedoch nicht; es könne eine niedere Fähigkeit besonders hervorragen, die höhern aber nicht. Wohl aber, wenn was immer für eine Begabung, sie sei selber hoch oder niedrig, bedeutend ist, müssen es auch die ihr untergeordneten sein. Als Grund gaben sie an, daß die niedere Fähigkeit immer die Dienerin der höhern sei, und daß es ein Widersinn wäre, die

höhere, gebietende Gabe zu besitzen und die niedere, dienende nicht. Endlich waren noch einige, die sagten, Gott habe die Menschen erschaffen, wie er sie erschaffen habe, man könne nicht wissen, wie er die Gaben verteilt habe, und könne darüber nicht hadern, weil es ungewiß sei, was in der Zukunft in dieser Beziehung noch zum Vorschein kommen könne. Da erzählte mein Freund seine Geschichte.

Ihr wißt alle, sagte er, daß ich mich schon seit vielen Jahren mit der Meßkunst beschäftige, daß ich in Staatsdiensten bin, und daß ich mit Aufträgen dieser Art von der Regierung bald hierhin, bald dorthin gesendet wurde. Da habe ich verschiedene Landesteile und verschiedene Menschen kennen gelernt. Einmal war ich in der kleinen Stadt Wengen, und hatte die Aussicht, noch recht lange dort bleiben zu müssen, weil sich die Geschäfte in die Länge zogen, und noch dazu mehrten. Da kam ich öfter in das nahe gelegene Dorf Schauendorf, und lernte dessen Pfarrer kennen, einen vortrefflichen Mann, der die Obstbaumzucht eingeführt, und gemacht hatte, daß das Dorf, das früher mit Hecken, Dickicht und Geniste umgeben war, jetzt einem Garten glich, und in einer Fülle freundlicher Obstbäume da lag. Einmal war ich von ihm zu einer Kirchenfeierlichkeit geladen, und ich sagte, daß ich später kommen würde, da ich einige notwendige Arbeiten abzutun hätte. Als ich mit meinen Arbeiten fertig war, begab ich mich auf den Weg nach Schauendorf. Ich ging über die Feldhöhen hin, ich ging durch die Obstbäume, und da ich mich dem Pfarrhofe näherte, sah ich, daß das Mittagsmahl bereits begonnen haben müsse. In dem Garten, der wie bei vielen katholischen Pfarrhöfen vor dem Hause lag, war kein Mensch, die gegen den Garten gehenden Fenster waren offen, in der Küche, in die mir ein Einblick gegönnt war, waren die Mägde

um das Feuer vollauf beschäftigt, und aus der Stube drang einzelnes Klappern der Teller und Klirren der Eßgeräte. Da ich eintrat, sah ich die Gäste um den Tisch sitzen, und ein unberührtes Gedecke für mich aufbewahrt. Der Pfarrer führte mich zu demselben hin, und nötigte mich zum Sitzen. Er sagte, er wolle mir die anwesenden Mitglieder nicht vorstellen und ihren Namen nicht nennen, einige seien mir ohnehin bekannt, andere würde ich im Verlaufe des Essens schon kennen lernen, und die übrigen würde er mir, wenn wir aufgestanden wären, nennen. Ich setzte mich also nieder, und was der Pfarrer vorausgesagt hatte, geschah. Ich wurde mit manchem Anwesenden bekannt, von manchem erfuhr ich Namen und Verhältnisse, und da die Gerichte sich ablöseten, und der Wein die Zungen öffnete, war manche junge Bekanntschaft schon wie eine alte. Nur ein einziger Gast war nicht zu erkennen. Lächelnd und freundlich saß er da, er hörte aufmerksam alles an, er wandte immer das Angesicht der Gegend, wo eifrig gesprochen wurde, zu, als ob ihn eine Pflicht dazu antriebe, seine Mienen gaben allen Redenden recht, und wenn an einem andern Orte das Gespräch wieder lebhafter wurde, wandte er sich dorthin, und hörte zu. Selber aber sprach er kein Wort. Er saß ziemlich weit unten, und seine schwarze Gestalt ragte über das weiße Linnengedecke der Tafel empor, und obwohl er nicht groß war, so richtete er sich nie vollends auf, als hielte er das für unschicklich. Er hatte den Anzug eines armen Landgeistlichen. Sein Rock war sehr abgetragen, die Fäden waren daran sichtbar, er glänzte an manchen Stellen, und an andern hatte er die schwarze Farbe verloren und war rötlich oder fahl. Die Knöpfe daran waren von starkem Bein. Die schwarze Weste war sehr lang, und hatte ebenfalls beinerne Knöpfe. Die zwei winzig kleinen Läppchen von weißer Farbe – das einzige

Weiße, das er an sich hatte –, die über sein schwarzes Halstuch herabgingen, bezeugten seine Würde. Bei den Ärmeln gingen, wie er so saß, manchmal ein ganz klein wenig eine Art Handkrausen hervor, die er immer bemüht war wieder heimlich zurück zu schieben. Vielleicht waren sie in einem Zustande, daß er sich ihrer ein wenig hätte schämen müssen. Ich sah, daß er von keiner Speise viel nahm und dem Aufwärter, der sie darreichte, immer höflich dankte. Als der Nachtisch kam, nippte er kaum von dem besseren Weine, nahm von dem Zuckerwerke nur kleine Stückchen, und legte nichts auf seinen Teller heraus, wie doch die andern taten, um nach der Sitte ihren Angehörigen eine kleine Erinnerung zu bringen.

Dieser Eigenheiten willen fiel mir der Mann auf.

Als das Mahl vorüber war, und die Gäste sich erhoben hatten, konnte ich auch den übrigen Teil seines Körpers betrachten. Die Beinkleider waren von demselben Stoffe und in demselben Zustande wie der Rock, sie reichten bis unter die Knie, und waren dort durch Schnallen zusammen gehalten. Dann folgten schwarze Strümpfe, die aber fast grau waren. Die Füße standen in weiten Schuhen, die große Schnallen hatten. Sie waren von starkem Leder, und hatten dicke Sohlen. So angezogen stand der Mann, als sich Gruppen zu Gesprächen gebildet hatten, fast allein da, und sein Rücken berührte beinahe den Fensterpfeiler. Sein körperliches Aussehen stimmte zu seinem Anzuge. Er hatte ein längliches, sanftes, fast eingeschüchtertes Angesicht mit sehr schönen, klaren blauen Augen. Die braunen Haare gingen schlicht gegen hinten zusammen, es zogen sich schon weiße Fäden durch sie, die anzeigten, daß er sich bereits den fünfzig Jahren nähere, oder daß er Sorge und Kummer gehabt haben müsse.

Nach kurzer Zeit suchte er aus einem Winkel ein spanisches

Rohr hervor, das einen schwarzen Beinknopf hatte, wie die an seinen Kleidern waren, näherte sich dem Hausherrn, und begann Abschied zu nehmen. Der Hausherr fragte ihn, ob er denn schon gehen wolle, worauf er antwortete, es sei für ihn schon Zeit, er habe vier Stunden nach seinem Pfarrhofe zu gehen, und seine Füße seien nicht mehr so gut wie in jüngeren Jahren. Der Pfarrer hielt ihn nicht auf. Er empfahl sich allseitig, ging zur Tür hinaus, und gleich darauf sahen wir ihn durch die Kornfelder dahin wandeln, den Hügel, der das Dorf gegen Sonnenuntergang begrenzte, hinan steigen, und dort gleichsam in die glänzende Nachmittagsluft verschwinden.

Ich fragte, wer der Mann wäre, und erfuhr, daß er in einer armen Gegend Pfarrer sei, daß er schon sehr lange dort sei, daß er nicht weg verlange, und daß er selten das Haus verlasse, außer bei einer sehr dringenden Veranlassung. –

Es waren seit jenem Gastmahle viele Jahre vergangen, und ich hatte den Mann vollständig vergessen, als mich mein Beruf einmal in eine fürchterliche Gegend rief. Nicht daß Wildnisse, Schlünde, Abgründe, Felsen und stürzende Wässer dort gewesen wären – das alles zieht mich eigentlich an –, sondern es waren nur sehr viele kleine Hügel da, jeder Hügel bestand aus nacktem grauem Kalksteine, der aber nicht, wie es oft bei diesem Gesteine der Fall ist, zerissen war oder steil abfiel, sondern in rundlichen, breiten Gestalten auseinander ging, und an seinem Fuß eine lange gestreckte Sandbank um sich herum hatte. Durch diese Hügel ging in großen Windungen ein kleiner Fluß namens Zirder. Das Wasser des Flusses, das in der grauen und gelben Farbe des Steines und Sandes durch den Widerschein des Himmels oft dunkelblau erschien, dann die schmalen grünen Streifen, die oft am Saume des Wassers hingingen, und die andern einzelnen Rasenflecke, die in dem Gesteine

hie und da lagen, bildeten die ganze Abwechslung und Erquickung in dieser Gegend.

Ich wohnte in einem Gasthofe, der in einem etwas besseren und darum sehr entfernten Teile der Gegend lag. Es ging dort eine Straße über eine Anhöhe, und führte, wie das in manchen Gegenden der Fall ist, den Namen Hochstraße, welchen Namen auch der Gasthof hatte. Um nicht durch Hin- und Hergehen zu viele Zeit zu verlieren, nahm ich mir immer kalte Speisen und Wein auf meinen Arbeitsplatz mit, und aß erst am Abende mein Mittagsmahl. Einige meiner Leute wohnten auch in dem Gasthofe, die andern richteten sich ein, wie es ging, und bauten sich kleine hölzerne Hüttchen in dem Steinlande.

Die Gegend namens Steinkar, obwohl sie im Grunde nicht außerordentlich abgelegen ist, wird doch wenigen Menschen bekannt sein, weil keine Veranlassung ist, dorthin zu reisen.

Eines Abends, als ich von meinen Arbeiten allein nach Hause ging, weil ich meine Leute vorausgeschickt hatte, sah ich meinen armen Pfarrer auf einem Sandhaufen sitzen. Er hatte seine großen Schuhe fast in den Sand vergraben, und auf den Schößen seines Rockes lag Sand. Ich erkannte ihn in dem Augenblicke. Er war ungefähr so gekleidet wie damals, als ich ihn zum ersten Male gesehen hatte. Seine Haare waren jetzt viel grauer, als hätten sie sich beeilt, diese Farbe anzunehmen, sein längliches Angesicht hatte deutliche Falten bekommen, und nur die Augen waren blau und klar wie früher. An seiner Seite lehnte das Rohr mit dem schwarzen Beinknopfe.

Ich hielt in meinem Gange inne, trat näher zu ihm, und grüßte ihn.

Er hatte keinen Gruß erwartet, daher stand er eilfertig auf und

bedankte sich. In seinen Mienen war keine Spur vorhanden, daß er mich erkenne; es konnte auch nicht sein; denn bei jenem Gastmahle hat er mich gewiß viel weniger betrachtet als ich ihn. Er blieb nur so vor mir stehen, und sah mich an. Ich sagte daher, um ein Gespräch einzuleiten: »Euer Ehrwürden werden mich nicht mehr kennen.«

»Ich bin nicht der Ehre teilhaftig«, antwortete er.

»Aber ich habe die Ehre gehabt,« sagte ich, auf den Ton seiner Höflichkeit eingehend, »mit Euer Ehrwürden an ein und derselben Tafel zu speisen.«

»Ich kann mich nicht mehr erinnern«, erwiderte er.

»Euer Ehrwürden sind doch derselbe Mann,« sagte ich, »der einmal vor mehreren Jahren auf einem Kirchenfeste bei dem Pfarrer zu Schauendorf war, und nach dem Speisen der erste fort ging, weil er, wie er sagte, vier Stunden bis zu seinem Pfarrhofe zu gehen hätte?«

»Ja, ich bin derselbe Mann,« antwortete er, »ich bin vor acht Jahren zu der hundertjährigen Jubelfeier der Kircheneinweihung nach Schauendorf gegangen, weil es sich gebührt hat, ich bin bei dem Mittagsessen geblieben, weil mich der Pfarrer eingeladen hat, und bin der erste nach dem Essen fortgegangen, weil ich vier Stunden nach Hause zurück zu legen hatte. Ich bin seither nicht mehr nach Schauendorf gekommen.«

»Nun, an jener Tafel bin ich auch gesessen,« sagte ich, »und habe Euer Ehrwürden heute sogleich erkannt.«

»Das ist zu verwundern – nach so vielen Jahren«, sagte er.

»Mein Beruf bringt es mit sich,« erwiderte ich, »daß ich mit vielen Menschen verkehre, und sie mir merke, und da habe ich denn im Merken eine solche Fertigkeit erlangt, daß ich auch Menschen

wieder erkenne, die ich vor Jahren und auch nur ein einziges Mal gesehen habe. Und in dieser abscheulichen Gegend haben wir uns wieder gefunden.«

»Sie ist, wie sie Gott erschaffen hat,« antwortete er, »es wachsen hier nicht so viele Bäume wie in Schauendorf, aber manches Mal ist sie auch schön, und zuweilen ist sie schöner als alle andern in der Welt.«

Ich fragte ihn, ob er in der Gegend ansässig sei, und er antwortete, daß er siebenundzwanzig Jahre Pfarrer in dem Kar sei. Ich erzählte ihm, daß ich hieher gesendet worden sei, um die Gegend zu vermessen, daß ich die Hügel und Täler aufnehme, um sie auf dem Papiere verkleinert darzustellen, und daß ich in der Hochstraße draußen wohne. Als ich ihn fragte, ob er oft hieher komme, erwiderte er: »Ich gehe gerne heraus, um meine Füße zu üben, und sitze dann auf einem Steine, um die Dinge zu betrachten.«

Wir waren während dieses Gespräches ins Gehen gekommen, er ging an meiner Seite, und wir redeten noch von manchen gleichgültigen Dingen, vom Wetter, von der Jahreszeit, wie diese Steine besonders geeignet seien, die Sonnenstrahlen einzusaugen, und von anderem.

Waren seine Kleider schon bei jenem Gastmahle schlecht gewesen, so waren sie jetzt wo möglich noch schlechter. Ich konnte mich nicht erinnern, seinen Hut damals gesehen zu haben, jetzt aber mußte ich wiederholt auf ihn hin blicken; denn es war nicht ein einziges Härchen auf ihm.

Als wir an die Stelle gelangt waren, wo sein Weg sich von dem meinigen trennte und zu seinem Pfarrhofe in das Kar hinab führte, nahmen wir Abschied, und sprachen die Hoffnung aus, daß wir uns nun öfter treffen würden.

Ich ging auf meinem Wege nach der Hochstraße dahin, und dachte immer an den Pfarrer. Die ungemeine Armut, wie ich sie noch niemals bei einem Menschen oberhalb des Bettlerstandes angetroffen habe, namentlich nicht bei solchen, die andern als Muster der Reinlichkeit und Ordnung vorzuleuchten haben, schwebte mir beständig vor. Zwar war der Pfarrer beinahe ängstlich reinlich, aber gerade diese Reinlichkeit hob die Armut noch peinlicher hervor, und zeigte die Lockerheit der Fäden, das Unhaltbare und Wesenlose dieser Kleidung. Ich sah noch auf die Hügel, welche nur mit Stein bedeckt waren, ich sah noch auf die Täler, in welchen sich nur die langen Sandbänke dahin zogen, und ging dann in meinen Gasthof, um den Ziegenbraten zu verzehren, den sie mir dort öfter vorsetzten.

Ich fragte nicht um den Pfarrer, um keine rohe Antwort zu bekommen.

Von nun an kam ich öfter mit dem Pfarrer zusammen. Da ich den ganzen Tag in dem Steinkar war, und abends noch öfter in demselben herum schlenderte, um verschiedene Richtungen und Abteilungen kennen zu lernen, da er auch zuweilen herauskam, so konnte es nicht fehlen, daß wir uns trafen. Wir kamen auch einige Male zu Gesprächen. Er schien nicht ungerne mit mir zusammen zu treffen, und ich sah es auch gerne, wenn ich mit ihm zusammen kam. Wir gingen später öfter mit einander in den Steinen herum, oder saßen auf einem und betrachteten die andern. Er zeigte mir manches Tierchen, manche Pflanze, die der Gegend eigentümlich waren, er zeigte mir die Besonderheiten der Gegend, und machte mich auf die Verschiedenheiten mancher Steinhügel aufmerksam, die der sorgfältigste Beobachter für ganz gleich gebildet angesehen haben würde. Ich erzählte ihm von meinen Reisen, zeigte ihm un-

sere Werkzeuge, und erklärte ihm bei Gelegenheit unserer Arbeiten manchmal deren Gebrauch.

Ich kam nach der Zeit auch einige Male mit ihm in seinen Pfarrhof hinunter. Wo das stärkste Gestein sich ein wenig auflöset, gingen wir über eine sanftere Abdachung gegen das Kar hinab. An dem Rande der Gesteine lag eine Wiese, es standen mehrere Bäume darauf, unter ihnen eine schöne große Linde, und hinter der Linde stand der Pfarrhof. Er war damals ein weißes Gebäude mit einem Stockwerke, das sich von dem freundlicheren Grün der Wiese, von den Bäumen und von dem Grau der Steine schön abhob. Das Dach war mit Schindeln gedeckt. Die Dachfenster waren mit Türchen versehen, und die Fenster des Hauses waren mit grünen Flügelbalken zu schließen. Weiter zurück, wo die Landschaft einen Winkel macht, stand gleichsam in die Felsen versteckt die Kirche mit dem rot angestrichenen Kirchturmdache. In einem anderen Teile des Kar stand in einem dürftigen Garten die Schule. Diese drei einzigen Gebäude waren das ganze Kar. Die übrigen Behausungen waren in der Gegend zerstreut. An manchem Stein gleichsam angeklebt lag eine Hütte mit einem Gärtchen mit Kartoffeln oder Ziegenfutter. Weit draußen gegen das Land hin lag auch ein fruchtbarerer Teil, der zu der Gemeinde gehörte, und der auch Acker-, Wiesen- und Kleegrund hatte.

Im Angesichte der Fenster des Pfarrhofes ging am Rande der Wiese die Zirder vorüber, und über den Fluß führte ein hoher Steg, der sich gegen die Wiese herab senkte. Die Wiesenfläche war nicht viel höher als das Flußbett. Dieses Bild des hohen Steges über den einsamen Fluß war nebst der Steingegend das einzige, das man von dem Pfarrhofe sehen konnte.

Wenn ich mit dem Pfarrer in sein Haus ging, führte er mich nie

in das obere Stockwerk, sondern er geleitete mich stets durch ein geräumiges Vorhaus in ein kleines Stüblein. Das Vorhaus war ganz leer, nur in einer Mauervertiefung, die sehr breit, aber seicht war, stand eine lange hölzerne Bank. Auf der Bank lag immer, so oft ich den Pfarrhof besuchte, eine Bibel, ein großes, in starkes Leder gebundenes Buch. In dem Stüblein war nur ein weicher, unangestrichener Tisch, um ihn einige Sesseln derselben Art, dann an der Wand eine hölzerne Bank und zwei gelbangestrichene Schreine. Sonst war nichts vorhanden, man müßte nur ein kleines, sehr schön aus Birnholz geschnitztes mittelalterliches Kruzifix hieher rechnen, das über dem ebenfalls kleinen Weihbrunnenkessel an dem Türpfosten hing.

Bei diesen Besuchen machte ich eine seltsame Entdeckung. Ich hatte schon in Schauendorf bemerkt, daß der arme Pfarrer immer heimlich die Handkrausen seines Hemdes in die Rockärmel zurück schiebe, als hätte er sich ihrer zu schämen. Dasselbe tat er auch jetzt immer. Ich machte daher genauere Beobachtungen, und kam darauf, daß er sich seiner Handkrausen keineswegs zu schämen habe, sondern daß er, wie mich auch andere Einblicke in seine Kleidung belehrten, die feinste und schönste Wäsche trug, welche ich jemals auf Erden gesehen hatte. Diese Wäsche war auch immer in der untadelhaftesten Weiße und Reinheit, wie man es nach dem Zustande seiner Kleider nie vermutet hätte. Er mußte also auf die Besorgung dieses Teiles die größte Sorgfalt verwenden. Da er nie davon sprach, schwieg ich auch darüber, wie sich wohl von selber versteht.

Unter diesem Verkehre ging ein Teil des Sommers dahin.

Eines Tages war in den Steinen eine besondere Hitze. Die Sonne hatte zwar den ganzen Tag nicht ausgeschienen, aber dennoch hat-

te sie den matten Schleier, der den ganzen Himmel bedeckte, so weit durchdrungen, daß man ihr blasses Bild immer sehen konnte, daß um alle Gegenstände des Steinlandes ein wesenloses Licht lag, dem kein Schatten beigegeben war, und daß die Blätter der wenigen Gewächse, die zu sehen waren, herab hingen, denn obgleich kaum ein halbes Sonnenlicht durch die Nebelschichte der Kuppel drang, war doch eine Hitze, als wären drei Tropensonnen an heiterem Himmel, und brennten alle drei nieder. Wir hatten sehr viel gelitten, so daß ich meine Leute kurz nach zwei Uhr entließ. Ich setzte mich unter einen Steinüberhang, der eine Art Höhle bildete, in welcher es bedeutend kühler war als draußen in der freien Luft. Ich verzehrte dort mein Mittagmahl, trank meinen eingekühlten Wein, und las dann. Gegen Abend wurde die Wolkenschichte nicht zerrissen, wie es doch an solchen Tagen sehr häufig geschieht, sie wurde auch nicht dichter, sondern lag in derselben gleichmäßigen Art wie den ganzen Tag über den Himmel. Ich ging daher sehr spät aus der Höhle; denn so wie die Schleierdecke am Himmel sich nicht geändert hatte, so war die Hitze auch kaum minder geworden, und man hatte in der Nacht keinen Tau zu erwarten. Ich wandelte sehr langsam durch die Hügel dahin, da sah ich den Pfarrer in den Sandlehnen daher kommen und den Himmel betrachten. Wir näherten uns, und grüßten uns. Er fragte mich, wo wir heute gearbeitet hätten, und ich sagte es ihm. Ich erzählte ihm auch, daß ich in der Höhle gelesen habe, und zeigte ihm das Buch. Hierauf gingen wir mit einander in dem Sande weiter.

Nach einer Weile sagte er: »Es wird nicht mehr möglich sein, daß Sie die Hochstraße erreichen.«

»Wie so?« fragte ich.

»Weil das Gewitter ausbrechen wird«, antwortete er.

Ich sah nach dem Himmel. Die Wolkendecke war eher dichter geworden, und auf allen kahlen Steinflächen, die wir sehen konnten, lag ein sehr sonderbares bleifarbenes Licht.

»Daß ein Gewitter kommen wird,« sagte ich, »war wohl den ganzen Tag zu erwarten, allein wie bald die Dunstschichte sich verdichten, erkühlen, den Wind und die Elektrizität erzeugen und sich herabschütten wird, kann man, glaube ich, nicht ermessen.«

»Man kann es wohl nicht genau sagen,« antwortete er, »allein ich habe siebenundzwanzig Jahre in der Gegend gelebt, habe Erfahrungen gesammelt, und nach ihnen wird das Gewitter eher ausbrechen, als man denkt, und wird sehr stark sein. Ich glaube daher, daß es das Beste wäre, wenn Sie mit mir in meinen Pfarrhof gingen und die Nacht heute dort zubrächten. Der Pfarrhof ist so nahe, daß wir ihn noch leicht erreichen, wenn wir auch das Gewitter schon deutlich an dem Himmel sehen, dort sind Sie sicher, und können morgen an Ihre Geschäfte gehen, sobald es Ihnen beliebt.«

Ich erwiderte, daß es deßohngeachtet nicht unmöglich sei, daß aus der Dunstschichte sich auch nur ein Landregen entwickle. In diesem Falle sei ich geborgen; ich habe ein Mäntelchen aus Wachstaffet bei mir, das dürfe ich nur aus der Tasche ziehen und umhängen, und der Regen könne mir nichts anhaben. Ja, wenn ich auch ohne diesen Schutz wäre, so sei ich in meinem Amte schon so oft vom Regen durchnäßt worden, daß ich, um ein derartiges Ereignis zu vermeiden, nicht jemanden zur Last sein und Unordnung in sein Hauswesen bringen möchte. Sollte aber wirklich ein Gewitter bevorstehen, das Platzregen oder Hagel oder gar einen Wolkenbruch bringen könnte, dann nähme ich sein Anerbieten dankbar an, und bitte um einen Unterstand für die Nacht, aber ich mache die Bedingung, daß es wirklich nichts weiter sei als ein Unterstand,

daß er sich in seinem Hause nicht beirren lasse, und sich weiter keine Last auferlege, als daß er mir ein Plätzchen unter Dach und Fach gäbe; denn ich bedürfe nichts als ein solches Plätzchen. Übrigens führe unser Weg noch ein gutes Stück auf demselben gemeinschaftlichen Pfade fort, da könnten wir die Frage verschieben, indessen den Himmel betrachten, und zuletzt nach der Gestalt der Sache entscheiden.

Er willigte ein, und sagte, daß, wenn ich bei ihm bliebe, ich nicht zu fürchten hätte, daß er sich eine Last auflege, ich wisse, daß es bei ihm einfach sei, und es werde keine andere Anstalt gemacht werden, als die notwendig sei, daß ich die Nacht bei ihm zubringen könnte.

Nachdem wir diesen Vertrag geschlossen hatten, gingen wir auf unserem Wege weiter. Wir gingen sehr langsam, teils der Hitze wegen, teils weil es von jeher schon so unsere Gewohnheit war.

Plötzlich flog ein schwacher Schein um uns, unter dem die Felsen erröteten.

Es war der erste Blitz gewesen, der aber stumm war, und dem kein Donner folgte.

Wir gingen weiter. Nach einer Weile folgten mehrere Blitze, und da der Abend bereits ziemlich dunkel geworden war, und da die Wolkenschichte auch einen dämmernden Einfluß ausübte, stand unter jedem Blitze der Kalkstein in rosenroter Farbe vor uns.

Als wir zu der Stelle gelangt waren, an welcher unsere Wege sich teilten, blieb der Pfarrer stehen, und sah mich an. Ich gab zu, daß ein Gewitter komme, und sagte, daß ich mit ihm in seinen Pfarrhof gehen wolle.

Wir schlugen also den Weg in das Kar ein, und gingen über den sanften Steinabhang in die Wiese hinunter.

Als wir bei dem Pfarrhofe angelangt waren, setzten wir uns noch

ein wenig auf das hölzerne Bänklein, das vor dem Hause stand. Das Gewitter hatte sich nun vollständig entwickelt, und stand als dunkle Mauer an dem Himmel. Nach einer Weile entstanden auf der gleichmäßigen dunkelfarbigen Gewitterwand weiße, laufende Nebel, die in langen, wulstigen Streifen die untern Teile der Wolkenwand säumten. Dort war also vielleicht schon Sturm, während bei uns sich noch kein Gräschen und kein Laub rührte. Solche laufende, gedunsene Nebel sind bei Gewittern oft schlimme Anzeichen, sie verkünden immer Windausbrüche, oft Hagel und Wasserstürze. Den Blitzen folgten nun auch schon deutliche Donner.

Endlich gingen wir in das Haus.

Der Pfarrer sagte, daß es seine Gewohnheit sei, bei nächtlichen Gewittern ein Kerzenlicht auf den Tisch zu stellen, und bei dem Lichte ruhig sitzen zu bleiben, so lange das Gewitter dauere. Bei Tage sitze er ohne Licht bei dem Tische. Er fragte mich, ob er auch heute seiner Sitte treu bleiben dürfe. Ich erinnerte ihn an sein Versprechen, sich meinetwegen nicht die geringste Last aufzulegen. Er führte mich also durch das Vorhaus in das bekannte Stüblein, und sagte, daß ich meine Sachen ablegen möchte.

Ich trug gewöhnlich an einem ledernen Riemen ein Fach über die Schulter, in welchem Werkzeuge zum Zeichnen, Zeichnungen und zum Teil auch Meßwerkzeuge waren. Neben dem Fache war eine Tasche befestigt, in der sich meine kalten Speisen, mein Wein, mein Trinkglas und meine Vorrichtung zum Einkühlen des Weines befanden. Diese Dinge legte ich ab, und hing sie über die Lehne eines in einer Ecke stehenden Stuhles. Meinen langen Meßstab lehnte ich an einen der gelben Schreine.

Der Pfarrer war indessen hinaus gegangen, und kam nun mit einem Lichte in der Hand herein. Es war ein Talglicht, welches in

einem messingenen Leuchter stak. Er stellte den Leuchter auf den Tisch und legte eine messingene Lichtschere dazu. Dann setzten wir uns beide an den Tisch, blieben sitzen, und erwarteten das Gewitter.

Dasselbe schien nicht mehr lange ausbleiben zu wollen. Als der Pfarrer das Licht gebracht hatte, war die wenige Helle, die von draußen noch durch die Fenster herein gekommen war, verschwunden, die Fenster standen wie schwarze Tafeln da, und die völlige Nacht war hereingebrochen. Die Blitze waren schärfer, und erleuchteten trotz des Kerzenlichtes bei jedem Aufflammen die Winkel des Stübleins. Die Donner wurden ernster und dringender. So blieb es eine lange Weile. Endlich kam der erste Stoß des Gewitterwindes. Der Baum, welcher vor dem Hause stand, schauerte einen Augenblick leise, wie von einem kurz abgebrochenen Lüftchen getroffen, dann war es wieder stille. Über ein kleines kam das Schauern abermals, jedoch länger und tiefer. Nach einem kurzen Zeitraume geschah ein starker Stoß, alle Blätter rauschten, die Äste mochten zittern, nach der Art zu urteilen, wie wir den Schall herein vernahmen, und nun hörte das Tönen gar nicht mehr auf. Der Baum des Hauses, die Hecken um dasselbe und alle Gebüsche und Bäume der Nachbarschaft waren in einem einzigen Brausen befangen, das nur abwechselnd abnahm und schwoll. Dazwischen schallten die Donner. Sie schallten immer schneller und immer heller. Doch war das Gewitter noch nicht da. Zwischen Blitz und Donner war noch eine Zeit, und die Blitze, so hell sie waren, waren doch keine Schlangen, sondern nur ein ausgebreitetes allgemeines Aufleuchten.

Endlich schlugen die ersten Tropfen an die Fenster. Sie schlugen stark und einzeln gegen das Glas, aber bald kamen Genossen, und in kurzem strömte der Regen in Fülle herunter. Er wuchs schnell,

gleichsam rauschend und jagend, und wurde endlich dergestalt, daß man meinte, ganze zusammenhängende Wassermengen fielen auf das Haus hernieder, das Haus dröhne unter dem Gewichte, und man empfinde das Dröhnen und Ächzen herein. Kaum das Rollen des Donners konnte man vor dem Strömen des Wassers hören, das Strömen des Wassers wurde ein zweites Donnern. Das Gewitter war endlich über unserem Haupte. Die Blitze fuhren wie feurige Schnüre hernieder, und den Blitzen folgten schnell und heiser die Donner, die jetzt alles andere Brüllen besiegten, und in ihren tieferen Enden und Ausläufen das Fensterglas erzittern und klirren machten.

Ich war nun froh, daß ich dem Rate des Pfarrers gefolgt hatte. Ich hatte selten ein solches Gewitter erlebt. Der Pfarrer saß ruhig und einfach an dem Tische des Stübleins, und das Licht der Talgkerze beleuchtete seine Gestalt.

Zuletzt geschah ein Schlag, als ob er das ganze Haus aus seinen Fugen heben und niederstürzen wollte, und gleich darauf wieder einer. Dann war ein Weilchen Anhalten, wie es oft bei solchen Erscheinungen der Fall ist, der Regen zuckte einen Augenblick ab, als ob er erschrocken wäre, selbst der Wind hielt inne. Aber es wurde bald wieder wie früher; allein die Hauptmacht war doch gebrochen, und alles ging gleichmäßiger fort. Nach und nach milderte sich das Gewitter, der Sturm war nur mehr ein gleichartiger Wind, der Regen war schwächer, die Blitze leuchteten blässer, und der Donner rollte matter, gleichsam landauswärts gehend.

Als endlich das Regnen nur ein einfaches Niederrinnen war, und das Blitzen ein Nachleuchten, stand der Pfarrer auf und sagte: »Es ist vorüber.«

Er zündete sich ein Stümpfchen Licht an, und ging hinaus.

Nach einer Weile kam er wieder herein, und trug auf einem Eßbrette mehrere Dinge, die zu dem Abendmahle bestimmt waren. Er setzte von dem Eßbrette ein Krüglein mit Milch auf den Tisch, und goß aus demselben zwei Gläser voll. Dann setzte er auf einem grünglasierten Schüsselchen Erdbeeren auf und auf einem Teller mehrere Stücke schwarzen Brotes. Als Bestecke legte er auf jeden Platz ein Messer und ein kleines Löffelchen, dann trug er das Eßbrett wieder hinaus.

Als er hereingekommen war, sagte er: »Das ist unser Abendmahl, lassen Sie es sich genügen.«

Er trat zu dem Tisch, faltete die Hände und sprach bei sich einen Segen, ich tat desgleichen, und nun setzten wir uns zu unserem Abendessen nieder. Die Milch tranken wir aus den Gläsern, von dem schwarzen Brote schnitten wir uns Stückchen mit dem Messer, und aßen die Erdbeeren mit dem Löffelchen. Da wir fertig waren, sprach er wieder mit gefalteten Händen ein Dankgebet, holte das Eßbrett, und trug die Reste wieder fort.

Ich hatte in meiner Tasche noch Teile von meinem Mittagsmahle und in meiner Flasche noch Wein. Ich sagte daher: »Wenn Euer Ehrwürden erlauben, so nehme ich die Überbleibsel meines heutigen Mittagessens aus meinem Ränzchen heraus, weil sie sonst verderben würden.«

»Tun Sie nur nach Ihrem Gefallen«, antwortete er.

Ich nahm daher meine Tasche und sagte: »Da sehen Euer Ehrwürden auch zugleich, wie ich bei meinem Wanderleben Tafel halte, und wie mein Trink- und Eßgeschirr beschaffen ist.«

»Sie müssen wissen,« fuhr ich fort, »daß, so sehr man das Wasser und insbesonders das Gebirgswasser lobt, und so nützlich und herrlich dieser Stoff auch in dem großen Haushalte der Natur ist,

dennoch, wenn man tagelang auf offenem Felde im Sonnenscheine arbeitet, oder in heißen Steinen und heißem Sande herum geht, oder in Klippen klettert, ein Trunk Wein mit Wasser ungleich mehr labt und Kraft gibt als das lautere, auserlesenste Wasser der Welt. Das lernte ich bei meinem Amte bald kennen, und versah mich daher stets bei allen meinen Reisen mit Wein. Aber nur guter Wein ist es, der gute Dienste leistet. Ich hatte mir daher auch auf die Hochstraße einen reinen, guten Wein kommen lassen, und nehme täglich einen Teil mit in meine Steinhügel.«

Der arme Pfarrer sah mir zu, wie ich meine Vorrichtungen auseinander packte. Er betrachtete die kleinen blechernen Tellerchen, deren mehrere in eine unbedeutende flache Scheibe zusammen zu packen waren. Ich stellte die Tellerchen auf den Tisch. Dazu tat ich von meinem Fache Messer und Gabeln. Dann schnitt ich Scheibchen von feinem weißen Weizenbrote, das ich wöchentlich zwei Mal kommen ließ, dann Scheibchen von Schinken, von kaltem Braten und Käse. Das breitete ich auf den Tellern aus. Hierauf bat ich ihn um eine Flasche Wassers; denn das allein, sagte ich, führe ich nicht mit mir, da ich es in der Natur überall finden müsse. Als er in einem Kruge Wasser gebracht hatte, legte ich meine Trinkvorrichtungen auseinander. Ich tat die Flasche, die noch halb voll Wein war, heraus, ich stellte die zwei Gläser – eines habe ich immer zum Vorrate – auf den Tisch, und dann zeigte ich ihm, wie ich den Wein kühle. Das Glas wird in ein Fach von sehr lockerem Stoffe gestellt, der Stoff mit einer sehr dünnen Flüssigkeit, die Äther heißt, und die ich in einem Fläschchen immer mit führe, befeuchtet, welche Flüssigkeit sehr schnell und heftig verdünstet, und dabei eine Kälte erzeugt, daß der Wein frischer wird, als wenn er eben von dem Keller käme, ja als ob er sogar in Eis stünde. Da

ich auf diese Weise zwei Gläser Wein aufgefrischt, mit Wasser vermischt, und eins auf seinen Platz gestellt hatte, lud ich ihn ein, mit mir zu speisen.

Er nahm, gleichsam um meiner Einladung die Ehre anzutun, ein winziges Bischen von den Dingen, nippte an dem Glase, und war nicht mehr zu bewegen, etwas Weiteres zu nehmen.

Ich aß von den aufgestellten Speisen nun auch nur sehr weniges, und packte dann alles wieder zusammen, indem ich mich der Unhöflichkeit, die ich eigentlich in der Übereilung begangen hatte, schämte.

Ich tat schnell einen Blick in das Angesicht des Pfarrers; aber es sprach sich nicht der kleinste Zug von Unfreundlichkeit aus.

Da der Tisch leer war, saßen wir noch eine Zeit bei der Talgkerze und sprachen. Dann schritt der Pfarrer daran, mein Bett zu bereiten. Er trug eine große wollene Decke herein, legte sie vierfach zusammen, und tat sie auf die Bank, die an der Mauer stand. Aus einer ähnlichen Decke machte er ein Kissen. Dann öffnete er einen der gelben Schreine, nahm ein Leintuch von außerordentlicher Schönheit, Feinheit und Weiße heraus, tat es auseinander, und breitete es über mein Lager. Als ich bei dem schwachen Scheine der Kerze die ungemeine Trefflichkeit des Linnenstückes gesehen, und dann unwillkürlich meine Augen auf ihn gewendet hatte, errötete er in seinem Angesichte.

Als Hülle für meinen Körper legte er eine dritte Wolldecke auf das Lager.

»Das ist Ihr Bett, so gut ich es machen kann,« sagte er, »Sie dürfen nur sagen, wann Sie bereitet sind, die Ruhe zu suchen.«

»Das lasse ich Euer Ehrwürden über,« antwortete ich, »wann Sie zum Schlafen Ihre Zeit haben, richten Sie sich nach derselben.

Ich bin an keine Stunde gebunden, meine Lebensweise bringt es mit sich, daß ich bald kurz, bald lang schlafe, bald früher, bald später mein Lager suche.«

»Auch ich bin keiner Zeit untertan,« erwiderte er, »und kann den Schlummer nach meinen Pflichten einrichten; aber da es wegen des Gewitters heute später geworden ist als sonst, da Sie morgen gewiß sehr bald aufstehen und wahrscheinlich in die Hochstraße gehen werden, um manches zu holen, so dächte ich, wäre Ruhe das Beste, und wir sollten sie suchen.«

»Ich stimme Ihnen vollständig bei, Herr Pfarrer«, sagte ich.

Nach diesem Gespräche verließ er das Stüblein, und ich dachte, er habe sich nach seiner Schlafkammer begeben. Ich entkleidete mich daher, so weit ich es immer gewohnt bin, und legte mich auf mein Bett. Eben wollte ich das Licht, das ich auf einen Stuhl neben meinem Bette gestellt hatte, auslöschen, als der Pfarrer wieder herein trat. Er hatte sich umgekleidet, und trug jetzt grauwollene Strümpfe, grauwollene Beinkleider und eine grauwollene Jacke. Schuhe hatte er nicht, sondern er ging auf den Strümpfen. So trat er in das Stüblein.

»Sie haben sich schon zur Ruhe gelegt,« sagte er, »ich bin gekommen, ihnen eine gute Nacht zu sagen, und dann auch den Schlaf zu suchen. Also schlummern Sie wohl, wie es auf dem Bette möglich ist.«

»Ich werde gut schlafen,« erwiderte ich, »und wünsche Ihnen ein gleiches.«

Nach diesen Worten ging er zu dem Weihbrunnenkessel, der unter dem kleinen, schön geschnitzten Kruzifixe hing, besprengte sich mit Tropfen des Wassers, und verließ das Stüblein.

Ich sah bei dem Lichte meiner Kerze, wie er in dem geräumigen

Vorhause sich auf die hölzerne Bank, die in der flachen Nische stand, legte, und die Bibel sich als Kissen unter das Haupt tat.

Als ich dieses gesehen hatte, sprang ich von meinem Lager auf, ging in den Nachtkleidern in das Vorhaus hinaus, und sagte: »Mit nichten, Euer Ehrwürden, so ist es nicht gemeint, Sie dürfen nicht auf dieser nackten Bank schlafen, während Sie mir das bessere Bett einräumen. Ich bin gewohnt, auf allen Lagern zu schlafen, selbst im Freien unter einem Baume, lassen Sie mich diese Bank benützen, und begeben Sie sich in das Bett, das Sie mir abtreten wollten.«

»Nein, lieber Herr,« antwortete er, »ich habe Ihnen kein Bett abgetreten, wo das Ihrige ist, wird sonst nie eines gemacht, und wo ich jetzt liege, schlafe ich alle Nächte.«

»Auf dieser harten Bank und mit diesem Buche als Kissen schlafen Sie alle Nächte?« fragte ich.

»Wie Sie durch Ihren Stand an alle Lager gewohnt sind, selbst an eines im Freien,« erwiderte er, »so bin ich auch durch meinen Stand gewohnt, auf dieser Bank zu schlafen, und dieses Buch als Kissen zu haben.«

»Ist das wirklich möglich?« fragte ich.

»Ja, es ist so,« antwortete er, »ich sage keine Lüge. Ich hätte mir ja auch auf dieser Bank ein Bett machen können, wie ich Ihnen eines auf der Ihrigen gemacht habe; allein ich habe schon seit sehr langer Zeit her angefangen, in diesen Kleidern und auf dieser Bank hier, wie Sie mich sehen, zu schlafen, und tue es auch heute.« Da ich noch immer mißtrauisch zögerte, sagte er: »Sie können in Ihrem Herzen ganz beruhigt sein, ganz beruhigt.«

Ich wendete gegen dieses nichts mehr ein, namentlich war der Grund, daß er sich ja auch ein Bett hätte machen können, überzeugend.

Nach einer Weile, während welcher ich noch immer dagestanden war, sagte ich: »Wenn es eine alte Gewohnheit ist, hochwürdiger Herr, so habe ich freilich nichts mehr einzuwenden; aber Sie werden es auch begreifen, daß ich anfänglich dagegen sprach, weil man gewöhnlich überall ein gebettetes Lager hat.«

»Ja, man hat es,« sagte er, »und gewöhnt sich daran, und meint, es müsse so sein. Aber es kann auch anders sein. An alles gewöhnt sich der Mensch, und die Gewohnheit wird dann sehr leicht, sehr leicht.«

Nach diesen Worten ging ich wieder, nachdem ich ihm zum zweiten Male eine gute Nacht gewünscht hatte, in mein Stüblein, und legte mich wieder in mein Bett. Ich erinnerte mich nun auch, daß ich wirklich nie ein Bett gesehen habe, so oft ich früher in der Behausung des Pfarrers gewesen war. Ich dachte noch eine Zeit lang an die Sache, und konnte nicht umhin, die äußerste Feinheit des Linnens des Pfarrers sehr wohltätig an meinem Körper zu empfinden. Nach einer kurzen Zeit lieferte der Pfarrer den tatsächlichen Beweis, daß er an sein Lager gewohnt sei; denn ich hörte aus dem sanften, regelmäßigen Atmen, daß er bereits in tiefen Schlummer gesunken sei.

Da ich nun auch ruhig war, da alles in dem Pfarrhause totenstille war, da der Wind aufgehört hatte, der Regen kaum nur leise zu vernehmen war, und die Blitze wie verloren nur mehr selten mit mattem Scheine das Fenster berührten, senkte sich auch auf meine Augen der Schlummer, und nachdem ich die Kerze ausgelöscht hatte, vernahm ich noch einige Male das Fallen eines Tropfens an das Fenster, dann war mirs, als ob daran der schwache Aufblick eines Leuchtens geschähe, und dann war nichts mehr. –

Ich schlief sehr gut, erwachte spät, und es war schon völliger

Tag, als ich die Augen öffnete. Es war, als ob es ein zartes Geräusch gewesen wäre, das mein völliges Aufwachen veranlaßt hatte. Als ich die Augen vollkommen öffnete und herum sah, erblickte ich in dem Vorhause den Pfarrer in seinen grauen Nachtkleidern, wie er eben beschäftigt war, meine Kleider mit einer Bürste vom Staube zu reinigen. Ich erhob mich schnell von meinem Lager, ging hinaus, und störte ihn in seinem Beginnen, indem ich sagte, das dürfe nicht sein, so etwas könne ich von ihm nicht annehmen, es liege nicht in seinem Stande, es mache der Staub nichts, und wenn ich ihn fort wollte, so könnte ich ihn ja selber mit einer Bürste schnell abstreifen.

»Es liegt nicht in meinem Stande als Priester, aber es liegt in meinem Stande als Gastfreund,« sagte er, »ich habe nur eine einzige alte Dienerin, die nicht in dem Hause wohnt, sie kömmt zu gewissen Stunden, um meine kleinen Dienste zu verrichten, und ist heute noch nicht da.«

»Nein, nein, das tut nichts,« antwortete ich, »ich erinnere Sie an Ihr Versprechen, sich keine Last aufzulegen.«

»Ich lege mir keine Last auf,« erwiderte er, »und es ist schon bald gut.«

Mit diesen Worten tat er noch ein paar Striche mit der Bürste auf dem Rocke, und ließ sich dann beides, Bürste und Kleider, nehmen. Er ging aus dem Vorhause in ein anderes, mir bis dahin unbekanntes Gemach. Ich kleidete mich indessen an. Nach einer Zeit kam auch er vollständig angekleidet herein. Er hatte die alten schwarzen Kleider an, die er am Tage und alle vorhergehenden Tage angehabt hatte. Wir traten an das Fenster. Der Schauplatz hatte sich vollkommen geändert. Es war ein durchaus schöner Tag, und die Sonne erhob sich strahlend in einem unermeßlichen Blau.

Was doch so ein Gewitter ist! Das Zarteste, das Weichste der Natur ist es, wodurch ein solcher Aufruhr veranlaßt wird. Die feinen, unsichtbaren Dünste des Himmels, die in der Hitze des Tages oder in der Hitze mehrerer Tage unschädlich in dem unermeßlichen Raume aufgehängt sind, mehren sich immer, bis die Luft an der Erde so erhitzt und verdünnt ist, daß die oberen Lasten derselben niedersinken, daß die tieferen Dünste durch sie erkühlt werden, oder daß sie auch von einem andern kalten Hauche angewehet werden, wodurch sie sich sogleich zu Nebelballen bilden, das elektrische Feuer erzeugen und den Sturm wachrufen, neue Kälte bewirken, neue Nebel erregen, sodann mit dem Sturme daher fahren, und ihre Mengen, die zusammen schießen, sei es in Eis, sei es in geschlossenen Tropfen, auf die Erde niederschütten. Und haben sie sie nieder geschüttet, und hat die Luft sich gemischt, so steht sie bald wieder in ihrer Reinheit und Klarheit oft schon am andern Tage da, um wieder die Dünste aufzunehmen, die in der Hitze erzeugt werden, wieder allmählich dasselbe Spiel zu beginnen, und so die Abwechslung von Regen und Sonnenschein zu bewirken, welche die Freude und das Gedeihen von Menschen, Tieren und Gewächsen ist.

Der unermeßliche Regen der Nacht hatte die Kalksteinhügel glatt gewaschen, und sie standen weiß und glänzend unter dem Blau des Himmels und unter den Strahlen der Sonne da. Wie sie hinter einander zurück wichen, wiesen sie in zarten Abstufungen ihre gebrochenen Glanzfarben in Grau, Gelblich, Rötlich, Rosenfarbig, und dazwischen lagen die länglichen, nach rückwärts immer schöneren luftblauen Schatten. Die Wiese vor dem Pfarrhofe war frisch und grün, die Linde, die ihre älteren und schwächeren Blätter durch den Sturm verloren hatte, stand neugeboren da, und

die andern Bäume und die Büsche um den Pfarrhof hoben ihre nassen, glänzenden Äste und Zweige gegen die Sonne. Nur in der Nähe des Steges war auch ein anderes, minder angenehmes Schauspiel des Gewitters. Die Zirder war ausgetreten, und setzte einen Teil der Wiese, von der ich gesagt habe, daß sie um wenig höher liegt als das Flußbett, unter Wasser. Der hohe Steg senkte sich mit seinem abwärts gehenden Teile unmittelbar in dieses Wasser. Allein, wenn man von dem Schaden absieht, den die Überschwemmung durch Anführung von Sand auf der Wiese verursacht haben mochte, so war auch diese Erscheinung schön. Die große Wasserfläche glänzte unter den Strahlen der Sonne, sie machte zu dem Grün der Wiese und dem Grau der Steine den dritten, stimmenden und schimmernden Klang, und der Steg stand abenteuerlich wie eine dunkle Linie über dem silbernen Spiegel.

Der Pfarrer zeigte mir mehrere Stellen sehr entfernter Gegenden, die man sonst nicht sehen konnte, die aber heute deutlich in der gereinigten Luft wie klare Bilder zu erblicken waren.

Nachdem wir eine kleine Zeit das Morgenschauspiel, das die Augen unwillkürlich auf sich gezogen hatte, betrachtet hatten, brachte der Pfarrer kalte Milch und schwarzes Brot zum Frühmahle. Wir verzehrten beides, und ich schickte mich dann zum Fortgehen an. Ich nahm mein Fach und meine Tasche mit dem Lederriemen über die Schulter, nahm meinen Stab von der Ecke neben dem gelben Schreine, nahm meinen weißen Wanderhut, und sagte dem Pfarrer herzlichen Dank für meine Beherbergung während des starken Gewitters.

»Wenn es nur nicht zu schlecht gewesen ist«, sagte er.

»Nein, nein, Euer Ehrwürden,« erwiderte ich, »es war alles lieb und gut von Ihnen, ich bedaure nur, daß ich Ihnen Störung und

Unruhe verursacht habe, ich werde künftig genau auf das Wetter und den Himmel sehen, daß meine Unvorsichtigkeit nicht wieder ein anderer büßen muß.«

»Ich habe gegeben, was ich gehabt habe«, sagte er.

»Und ich wünsche sehr, einen Gegendienst leisten zu können«, erwiderte ich.

»Menschen leben neben einander, und können sich manchen Gefallen tun«, sagte er.

Mit diesen Worten waren wir in das Vorhaus hinaus gelangt.

»Ich muß Ihnen noch meine dritte Stube zeigen,« sagte er, »hier habe ich ein Gemach, in welchem ich mich auskleide und ankleide, daß mich niemand sieht, und in welchem ich noch mancherlei Sachen aufbewahrt habe.«

Mit diesen Worten führte er mich aus dem Vorhause in ein Seitenzimmer oder eigentlich in ein Gewölbe, dessen Tür ich früher nicht beachtet hatte. In dem Gewölbe waren wieder sehr schlechte Geräte. Ein großer weicher, stehender Schrein, in dem Kleider und andere solche Dinge, wahrscheinlich auch die Wolldecken meines Lagers, aufbewahrt wurden, ein paar Stühle, und ein Brett, auf dem schwarze Brote lagen und ein Topf mit Milch stand: das war die ganze Gerätschaft. Als wir wieder aus dem Zimmer heraus getreten waren, schloß er es zu, wir nahmen Abschied, und versprachen, uns bald wieder zu sehen.

Ich trat in die kühle, reine Luft und auf die nasse Wiese hinaus. Ich hatte wohl noch den Gedanken, wie es sonderbar sei, daß wir immer nur in dem Erdgeschosse gewesen seien, und daß ich doch in der Nacht und am Morgen deutlich Tritte oberhalb unser in dem Pfarrhofe vernommen hatte; allein ich ließ mich den Gedanken nicht weiter anfechten, und schritt vorwärts.

Ich ging nicht auf meinem eigentlichen Wege, sondern ich schlug die Richtung gegen die Zirder ein. Wenn man ein Land vermißt, wenn man viele Jahre lang Länder und ihre Gestalten auf Papier zeichnet, so nimmt man auch Anteil an der Beschaffenheit der Länder, und gewinnt sie lieb. Ich ging gegen die Zirder, weil ich sehen wollte, welche Wirkungen ihr Austritt hervorgebracht hatte, und welche Veränderungen er in der unmittelbaren Nähe eingeleitet haben möge. Als ich eine Weile vor dem Wasser stand und sein Walten betrachtete, ohne daß ich eben andere Wirkungen als den bloßen Austritt wahrnehmen konnte, so erlebte ich plötzlich ein Schauspiel, welches ich bisher nicht gehabt hatte, und bekam eine Gesellschaft, die mir bisher in dem Steinlande nicht zu Teil geworden war. Außer meinen Arbeitern, mit denen ich so bekannt war, und die mit mir so bekannt waren, daß wir uns wechselweise wie Werkzeuge vorkommen mußten, hatte ich nur einige Menschen in meinem Gasthause, manchen Wanderer auf dem Wege und den armen Pfarrer in den Gesteinen gesehen. Jetzt sollte es anders werden. Als ich hinblickte, sah ich von dem jenseitigen Ufer, welches höher und nicht überschwemmt war, einen lustigen, fröhlichen Knaben über den Steg daher laufen. Als er gegen das Ende des Steges kam, welches sich in das Überschwemmungswasser der Zirder hinab senkte, kauerte er sich nieder, und so viel ich durch mein Handfernrohr wahrnehmen konnte, nestelte er sich die Schuhriemen auf, und zog Schuhe und Strümpfe aus. Allein nachdem er beides ausgezogen hatte, ging er nicht in das Wasser herab, wie ich vermutet hatte, sondern blieb an der Stelle. Gleich darauf kam ein zweiter Knabe, und tat dasselbe. Dann kam ein barfüßiger, der auch stehen blieb, dann mehrere andere. Endlich kam ein ganzer Schwarm Kinder über den Steg gelaufen, und als sie gegen das

Ende desselben gekommen waren, duckten sie sich nieder, gleichsam wie ein Schwarm Vögel, der durch die Luft geflogen kömmt und an einer kleinen Stelle einfällt, und ich konnte unschwer wahrnehmen, daß sie sämtlich damit beschäftigt waren, Schuhe und Strümpfe auszuziehen.

Als sie damit fertig waren, ging ein Knabe über den Steg herab, und behutsam in das Wasser. Ihm folgten die andern. Sie nahmen auf ihre Höschen keine Rücksicht, sondern gingen damit tief in das Wasser, und die Röckchen der Mädchen schwammen um ihre Füße in dem Wasser herum. Zu meinem Erstaunen erblickte ich jetzt auch mitten im Wasser eine größere schwarze Gestalt, die niemand anderer als der arme Pfarrer im Kar war. Er stand bis auf die Hüften im Wasser. Ich hatte ihn früher nicht gesehen, und auch nicht wahrgenommen, wie er hinein gekommen war, weil ich mit meinen Augen immer weiterhin gegen den Steg geblickt hatte, und sie erst jetzt mehr nach vorn richtete, wie die Kinder gegen meinen Standpunkt heran schritten. Alle Kinder gingen gegen den Pfarrer zu, und nachdem sie eine Weile bei ihm verweilt und mit ihm gesprochen hatten, traten sie den Weg gegen das Ufer an, an dem ich stand. Da sie ungleich vorsichtig auftraten, so zerstreuten sie sich im Hergehen durch das Wasser, erschienen wie schwarze Punkte auf der glänzenden Fläche, und kamen einzeln bei mir an. Da ich sah, daß keine Gefahr in dem überall seichten Überschwemmungswasser vorhanden sei, blieb ich auf meiner Stelle stehen, und ließ sie ankommen. Die Kinder kamen heran, und blieben bei mir stehen. Sie sahen mich anfangs mit trotzigen und scheuen Angesichtern an; aber da ich von Jugend auf ein Kinderfreund gewesen bin, da ich stets die Kinder als Knospen der Menschheit außerordentlich geliebt habe, und seit meiner Verehlichung selbst mit einer

Anzahl davon gesegnet worden bin, da zuletzt auch keine Art von Geschöpfen so schnell erkennt, wer ihnen gut ist, und auf diesem Boden eben so schnell Vertrauen gewinnt, als Kinder: so war ich bald von einem Kreise plaudernder und rühriger Kinder umringt, die sich bemühten, Fragen zu geben und Fragen zu beantworten. Es war leicht zu erraten, auf welchem Wege sie sich befanden, da sie sämtlich an ledernen oder leinenen Bändern ihre Schultaschen um die Schultern gehängt hatten. Weil aber auch ich meine Tasche und mein Fach an einem ledernen Riemen um meine Schultern trug, so mochte es ein lächerlicher Anblick gewesen sein, mich gleichsam wie ein großes Schulkind unter den kleinen stehen zu sehen. Einige bückten sich und waren bemüht, ihre Schuhe und Strümpfe wieder anzuziehen, andere hielten sie noch in den Händen, sahen zu mir auf, und redeten mit mir.

Ich fragte sie, woher sie kämen, und erhielt zur Antwort, daß sie aus den Karhäusern und Steinhäusern seien, und daß sie in die Schule in das Kar gehen.

Als ich sie fragte, warum sie auf dem Stege zusammen gewartet hätten, und nicht einzeln, wie sie gekommen wären, in das Wasser gestiegen seien, sagten sie, weil die Eltern befohlen hätten, sie sollten sehr vorsichtig sein, und nicht allein, sondern alle zusammen in das Wasser gehen, wenn ein solches jenseits des Steges auf der Zirderwiese sei.

»Wenn aber das Wasser auf der Wiese so tief wäre, daß es über das Haupt eines großen Menschen hinaus ginge?« fragte ich.

»So kehren wir wieder um«, antworteten sie.

»Wenn aber erst das Wasser mit Gewalt daher käme, wenn ihr bereits über den Steg gegangen wäret und euch auf der Wiese befändet, was tätet ihr dann?«

»Das wissen wir nicht.«

Ich fragte sie, wie lange sie von den Steinhäusern und Karhäusern hieher brauchten, und erhielt die Antwort: eine Stunde. So weit mochten auch die genannten Häuser wirklich entfernt sein. Sie liegen jenseits der Zirder in einem eben so unfruchtbaren Boden wie das Kar, aber ihre Bewohner treiben viele Geschäfte, namentlich brennen sie Kalk aus ihren Steinen, und verführen ihn weit.

Ich fragte sie, ob ihnen die Eltern auch aufgetragen hätten, die Schuhe und Strümpfe zu schonen, erhielt die Antwort ja, und bewunderte die Unfolgerichtigkeit, indem sie die trockenen Schuhe und Strümpfe in den Händen hielten und mit bitterlich nassen Höschen und Röckchen vor mir standen.

Ich fragte, was sie in dem Winter täten.

»Da gehen wir auch herüber«, sagten sie.

»Wenn aber Schneewasser auf der Wiese ist?«

»Da ziehen wir die Schuhe nicht aus, sondern gehen mit ihnen durch.«

»Und wenn der Steg eisig ist?«

»Da müssen wir acht geben.«

»Und wenn außerordentliches Schneegestöber ist?«

»Das macht nichts.«

»Und wenn ungeheuer viel Schnee liegt, und kein Weg ist?«

»Dann bleiben wir zu Hause.«

In diesem Augenblicke kam der Pfarrer mit den letzten Kindern gegen mich heran. Es war auch Zeit; denn die Kinder waren bereits so zutraulich geworden, daß mir ein winzig kleiner Knabe, der den Grund und Anfang aller Wissenschaften auf einem kleinen Papptäfelchen trug, seine Buchstaben aufsagen wollte.

Da mich der Pfarrer in der Mitte der Kinder ansichtig wurde,

grüßte er sehr freundlich, und sagte, das sei schön von mir, daß ich auch zur Hilfe herbei geeilt wäre.

Ich erschrak über diese Zumutung, sagte aber gleich, ich sei eben nicht zur Hilfe herbei geeilt, da ich nicht gewußt hätte, daß Kinder über den Steg kommen würden, aber wenn Hilfe nötig geworden wäre, so würde ich sie gewiß auch geleistet haben.

Bei dieser Gelegenheit, als ich ihn so unter den Kindern stehen sah, bemerkte ich, daß er bei weitem tiefer im Wasser gewesen sein müsse als die Kinder; denn er war bis über die Hüften naß, und dies hätte bei manchem Kinde beinahe an den Hals gereicht. Ich begriff den Widerspruch nicht, und fragte ihn deshalb. Er sagte, das sei leicht zu erklären. Der Wennerbauer, dem das überschwemmte Stück Wiese gehöre, auf dem er eben im Wasser gestanden sei, habe vorgestern Steine aus der Wiese graben und wegführen lassen. Die Grube sei geblieben. Da er nun heute die Wiese gegen die Zirder mit Wasser überdeckt gesehen hätte, habe er geglaubt, daß der Weg der Kinder etwa nahe an dieser Grube vorbeigehen, und daß eines in derselben verunglücken könnte. Deshalb habe er sich zu der Grube stellen wollen, um alle Gefahr zu verhindern. Da sie aber abschüssig war, sei er selber in die Grube geglitten, und einmal darin stehend, sei er auch darin stehen geblieben. Eines der kleineren Kinder hätte in der Grube sogar ertrinken können, so tief sei sie gegraben worden. Man müsse Sorge tragen, daß die Wiese wieder abgeebnet werde; denn das Wasser bei Überschwemmungen sei trüb, und lasse die Tiefe und Ungleichheit des Bodens unter sich nicht bemerken.

Die nassen Kinder drängten sich um den nassen Pfarrer, sie küßten ihm die Hand, sie redeten mit ihm, er redete mit ihnen, oder sie standen da, und sahen zutraulich zu ihm hinauf.

Er aber sagte endlich, sie sollten jetzt die nassen Röckchen auswinden, das Wasser aus allen Kleidern drücken oder abstreifen, und wer Schuhe und Strümpfe habe, solle sie anziehen, dann sollen sie gehen, daß sie sich nicht erkühlen, sie sollen sich in die Sonne stellen, daß sie eher trocken würden, und sollen dann in die Schule gehen und dort sehr sittsam sein.

»Ja, das werden wir tun«, sagten sie.

Sie folgten der Weisung auch sogleich, sie duckten oder kauerten sich nieder, sie wanden die Röckchen aus, sie drückten das Wasser aus den Füßen der Höschen, oder sie drängten und streiften es aus Falten und Läppchen, und ich sah, daß sie darin eine große Geschicklichkeit hatten. Auch war die Sache nicht so bedeutend; denn sie hatten alle entweder ungebleichte oder rot- oder blaugestreifte leinene Kleidchen an, die bald trocken werden würden, und denen man dann kaum ansehen würde, daß sie naß gewesen seien; und in Hinsicht der Gesundheit, dachte ich, würde der jugendliche Körper leicht die Feuchtigkeit überwinden. Da sie mit dem Auspressen des Wassers fertig waren, gingen sie an das Anziehen der Schuhe und Strümpfe. Als sie auch dieses Geschäft beendigt hatten, nahm der Pfarrer wieder von mir Abschied, dankte mir noch einmal, daß ich hieher gekommen sei, und begab sich mit den Kindern auf den Weg in das Kar.

Ich rief den Kindern zu, sie sollten recht fleißig sein, sie riefen zurück: »ja, ja«, und gingen mit dem Pfarrer davon.

Ich sah die Gestalt des Pfarrers unter dem Kinderhaufen über die nasse Wiese der Karschule zugehen, wendete mich dann auch, und schlug den Weg in meine Steine ein. Ich wollte nicht mehr in die Hochstraße gehen, sondern gleich meine Leute und meinen Arbeitsplatz aufsuchen, teils weil ich keine Zeit zu verlieren hatte,

teils weil ich ohnedem noch mit den Resten von Lebensmitteln versehen war, die der Pfarrer gestern abends verschmäht hatte. Auch wollte ich meine Leute beruhigen, die gewiß erfahren haben würden, daß ich in der Nacht nicht in der Hochstraße gewesen sei, und deshalb meinetwillen besorgt sein könnten.

Als ich in die Höhe der Kalksteinhügel hinauf stieg, dachte ich an die Kinder. Wie groß doch die Unerfahrenheit und Unschuld ist. Sie gehen auf das Ansehn der Eltern dahin, wo sie den Tod haben können; denn die Gefahr ist bei den Überschwemmungen der Zirder sehr groß, und kann bei der Unwissenheit der Kinder unberechenbar groß werden. Aber sie kennen den Tod nicht. Wenn sie auch seinen Namen auf den Lippen führen, so kennen sie seine Wesenheit nicht, und ihr emporstrebendes Leben hat keine Empfindung von Vernichtung. Wenn sie selbst in den Tod gerieten, würden sie es nicht wissen, und sie würden eher sterben, ehe sie es erführen.

Als ich so dachte, hörte ich das Glöcklein von dem Turme der Karkirche in meine Steine herein klingen, das eben zu der Morgenmesse rief, die der Pfarrer abhalten, und der die Kinder beiwohnen würden.

Ich ging tiefer in die Steine hinein, und fand meine Leute, die sich freuten, mich zu sehen, und die mir Lebensmittel gebracht hatten. –

Da ich lange in der Gegend verweilte, konnte ich es nicht vermeiden, auch aus dem Munde der Menschen manches über den Pfarrer zu hören. Da erfuhr ich, daß es wirklich wahr sei, woran ich vermöge seiner Aussage ohnehin nicht mehr gezweifelt hatte, daß er schon seit vielen Jahren in seinem Vorhause auf der hölzernen Bank schlafe und die Bibel unter dem Kopfe habe; daß er hiebei im Sommer nur die grauen Wollkleider anhabe, und im Winter

sich auch einer Decke bediene. Seine Kleider trage er so lange und erhalte sie so beisammen, daß sich niemand erinnern könne, wann er sich einmal neue angeschafft hätte. Das obere Stockwerk seines Pfarrhofes habe er vermietet. Es sei ein Mann gekommen, der in einem Amte gestanden, dann in den Ruhestand versetzt worden war, und der seinen Gehalt nun in der Gegend verzehre, in welcher er geboren worden sei. Er habe den Umstand, daß der Pfarrer seine Zimmer vermiete, benützt, um sich mit seiner Tochter da einzumieten, daß er immer den Schauplatz vor Augen habe, in dem er seine Kindheit zugebracht hatte. Es war mir diese Tatsache wieder ein Beweis, wie süß uns nach den Worten des Dichters der Geburtsboden zieht, und seiner nicht vergessen läßt, daß hier ein Mann eine Gegend als ein Labsal und als eine Erheiterung seines Alters aufsucht, aus der jeder andere fortzukommen trachten würde. Der Pfarrer, sagte man, esse zum Frühmahle und am Abende nur ein Stück schwarzen Brotes, und sein Mittagessen bereite ihm seine Dienerin Sabine, welche es in ihrer Wohnung koche und es ihm in den Pfarrhof bringe. Es bestehe häufig aus warmer Milch oder einer Suppe oder im Sommer selbst aus kalten Dingen. Wenn er krank sei, lasse er keinen Arzt und keine Arznei kommen, sondern liege und enthalte sich der Speisen, bis er gesund werde. Von den Einkünften seiner Miete und seines Amtes tue er Gutes, und zwar an Leute, die er sorgsam aussuche. Er habe keine Verwandten und Bekannten. Seit den Jahren, seit denen er da sei, sei niemand bei ihm auf Besuch gewesen. Alle seine Vorgänger seien nur kurze Zeit Pfarrer in dem Kar gewesen, und seien dann fortgekommen; er aber sei schon sehr lange da, und es habe den Anschein, daß er bis zu seinem Lebensende da bleiben werde. Er gehe auch nicht auf Besuche in die Nachbarschaft, ja er gehe nicht viel mit Menschen

um, und wenn er nicht in seinen Amtsgeschäften oder in der Schule sei, so lese er in seinem Stüblein, oder er gehe über die Wiese in das Steinkar, gehe dort im Sande herum, oder sitze dort einsam mit seinen Gedanken.

Es hatte sich in der Gegend der Ruf verbreitet, daß er wegen seiner Lebensweise Geld habe, und er ist deshalb schon dreimal beraubt worden.

Ich konnte von diesen Dingen weder wissen, was wahr sei, noch was nicht wahr sei. So oft ich zu ihm kam, sah ich die ruhigen, klaren blauen Augen, das einfache Wesen, und die bittere, ungeheuchelte Armut. Was seine Vergangenheit gewesen sei, in das drang ich nicht ein, und mochte nicht eindringen.

Ich hatte auch mehrere Predigten von ihm gehört. Sie waren einfach christlich, und wenn auch von Seite der Beredsamkeit manches einzuwenden gewesen wäre, so waren sie doch klar und ruhig, und es war eine solche Güte in ihnen, daß sie in das Herz gingen.

Die Zeit meiner Arbeiten in jener Gegend zog sich in die Länge. Die Steinnester jener unwirtlichen Landschaften setzten uns solche Hindernisse entgegen, daß wir Aussicht hatten, doppelt so viele Zeit zu brauchen, als auf einem gleichen Flächenraume einer gezähmten und fruchtbaren Gegend. Dazu kam noch, daß uns von den Behörden gleichsam eine Frist gesetzt wurde, in der wir fertig sein sollten, indem wir die Bestimmung bekamen, zu einer gewissen Zeit in einem anderen Teile des Reiches beschäftigt zu werden. Ich wollte mir die Schande nicht antun, mich saumselig finden zu lassen. Ich bot daher alles auf, das Geschäft in einen lebhaften Gang zu bringen. Ich verließ die Hochstraße, ich ließ mir in dem Teile des Steinkars, in dem wir arbeiteten, eine Bretterhütte als Wohnung aufschlagen, ich wohnte dort, und ließ mir mit meinen

Leuten gemeinschaftlich an einem Feuer kochen. Ich zog auch alle Leute zu mir, daß sie auf dem Arbeitsschauplatze oder in der Nähe in errichteten Hüttchen wohnten, und ich nahm noch mehrere fremde Menschen als Handlanger auf, um nun alles recht tüchtig und lebendig zu fördern.

Da ging es nun an ein Hämmern, Messen, Pflöckeschlagen, Kettenziehen, an ein Aufstellen der Meßtische, an ein Absehen durch die Gläser, an ein Bestimmen der Linien, Winkelmessen, Rechnen und dergleichen. Wir rückten durch die Steinhügel vor, und unsere Zeichen verbreiteten sich auf dem Kalkgebiete. Da es eine Auszeichnung war, diesen schwierigen Erdwinkel aufzunehmen, so war ich stolz darauf, es recht schön und ansehnlich zu tun, und arbeitete oft noch bis tief in die Nacht hinein in meiner Hütte. Ich zeichnete manche Blätter doppelt, und verwarf die minder gelungenen. Der Stoff wurde sachgemäß eingereiht.

Daß mir bei diesen Arbeiten der Pfarrer in den Hintergrund trat, ist begreiflich. Allein da ich ihn einmal schon längere Zeit nicht im Steinkar sah, wurde ich unruhig. Ich war gewöhnt, seine schwarze Gestalt in den Steinen zu sehen, von weitem sichtbar, weil er der einzige dunkle Punkt in der graulich dämmernden oder unter dem Strahle der hinabsinkenden Sonne rötlich beleuchteten Kalkflur war. Ich fragte deshalb nach ihm, und erfuhr, daß er krank sei. Sogleich beschloß ich, ihn zu besuchen. Ich benutzte die erste freie Zeit dazu, oder vielmehr, ich machte mir den ersten Abend frei, und ging zu ihm.

Ich fand ihn nicht auf seinem gewöhnlichen Lager in dem Vorhause, sondern in dem Stüblein auf der hölzernen Bank, auf welcher er mir in der Gewitternacht ein Bett gemacht hatte. Man hatte ihm die Wolldecken unter den Leib gegeben, die ich damals gehabt

hatte, und er hatte es zugelassen, weil er krank war. Man hatte ihm auch eine Hülle gegeben, um seinen Körper zudecken zu können, und man hatte den fichtenen Tisch an sein Bett gerückt, daß er Bücher darauf legen und andere Dinge darauf stellen konnte.

So fand ich ihn.

Er lag ruhig dahin, und war auch jetzt nicht zu bewegen gewesen, einen Arzt oder eine Arznei anzunehmen, selbst nicht die einfachsten Mittel zuzulassen, die man ihm in sein Zimmer brachte. Er hatte den seltsamen Grund, daß es eher eine Versuchung Gottes sei, eingreifen zu wollen, da Gott die Krankheit sende, da Gott sie entferne, oder den beschlossenen Tod folgen lasse. Endlich glaubte er auch nicht so sehr an die gute Wirkung der Arzneien und an das Geschick der Ärzte.

Da er mich sah, zeigte er eine sehr heitere Miene, es war offenbar, daß er darüber erfreut war, daß ich gekommen sei. Ich sagte ihm, daß er verzeihen möge, daß ich erst jetzt komme, ich hätte es nicht gewußt, daß er krank sei, ich wäre wegen der vielen Arbeiten nicht von meiner Hütte in dem Steinkar heraus gekommen, ich hätte ihn aber vermißt, hätte ihm nachgefragt, und sei nun gekommen.

»Das ist schön, das ist recht schön«, sagte er.

Ich versprach, daß ich nun schon öfter kommen werde.

Ich erkannte bei näheren Fragen über seinen Zustand, daß seine Krankheit weniger eine bedenkliche, als vielmehr eine längere sein dürfte, und ging daher mit Beruhigung weg. Deßohngeachtet fuhr ich eines Tages mit herein bestellten Postpferden in die Stadt hinaus, und beriet mich mit einem mir bekannten Arzte daselbst, indem ich ihm alle Zustände, die ich dem Pfarrer in mehreren Besuchen abgefragt hatte, darlegte. Er gab mir die Versicherung, daß ich

recht gesehen hätte, daß das Übel kein gefährliches sei, daß die Natur da mehr tun könne als der Mensch, und daß der Pfarrer in etwas längerer Zeit schon genesen werde.

Da ich nun öfter zu dem Pfarrer kam, so wurde ich es so gewöhnt, abends ein wenig auf dem Stuhle neben seinem Bette zu sitzen und mit ihm zu plaudern, daß ich es nach und nach alle Tage tat. Ich ging nach meiner Tagesarbeit aus dem Steinkar über die Wiese in den Pfarrhof, und verrichtete meine Hausarbeit später bei Licht in meiner Hütte. Ich konnte es um so leichter tun, da ich jetzt ziemlich nahe an dem Pfarrhofe wohnte, was in der Hochstraße bei weitem nicht der Fall gewesen war. Ich war aber nicht der einzige, der sich des Pfarrers annahm. Die alte Sabine, seine Aushelferin, kam nicht nur öfter in die Wohnung des Pfarrers herüber, als es eigentlich ihre Schuldigkeit gewesen wäre, sondern sie brachte die meiste Zeit, die sie von ihrem eigenen Hauswesen, das nur ihre einzige Person betraf, absparen konnte, in dem Pfarrhofe zu, und verrichtete die kleinen Dienste, die bei einem Kranken notwendig waren. Außer dieser alten Frau kam auch noch ein junges Mädchen, die Tochter des Mannes, welcher in dem ersten Stockwerke des Pfarrhofes zur Miete war. Das Mädchen war bedeutend schön, es brachte dem Pfarrer entweder eine Suppe oder irgend etwas anderes, oder es erkundigte sich um sein Befinden, oder es hinterbrachte die Frage des Vaters, ob er dem Pfarrer in irgend einem Stücke beistehen könne. Der Pfarrer hielt sich immer sehr stille, wenn das Mädchen in das Zimmer trat, er regte sich unter seiner Hülle nicht, und zog die Decke bis an sein Kinn empor.

Auch der Schullehrer kam oft herüber, und auch ein paar Amtsbrüder aus der Nachbarschaft waren eingetroffen, um sich nach dem Befinden des Pfarrers zu erkundigen.

War es nun die Krankheit, welche den Mann weicher stimmte, oder war es der tägliche Umgang, der uns näher brachte, wir wurden seit der Krankheit des Pfarrers viel besser mit einander bekannt. Er sprach mehr, und teilte sich mehr mit. Ich saß an dem fichtenen Tisch, der an seinem Bette stand, und kam pünktlich alle Tage an die Stelle. Da er nicht ausgehen konnte und nicht in das Steinkar kam, so mußte ich die Veränderungen, die dort vorkamen, berichten. Er fragte mich, ob die Brombeeren an dem Kulterloche schon zu reifen begännen, ob der Rasen gegen die Zirderhöhe, welchen der Frühling immer sehr schön grün färbe, schon im Vergelben und Ausdorren begriffen sei, ob die Hagebutten schon reiften, ob das Verwittern des Kalksteins vorwärts gehe, ob die in die Zirder gefallenen Stücke sich vermehrten, und der Sand sich vervielfältigte, und dergleichen mehr. Ich sagte es ihm, ich erzählte ihm auch andere Dinge, ich sagte ihm, wo wir gearbeitet hätten, wie weit wir vorgerückt wären, und wo wir morgen beginnen würden. Ich erklärte ihm hiebei manches, was ihm in unsern Arbeiten dunkel war. Auch las ich ihm zuweilen etwas vor, namentlich aus den Zeitungen, die ich mir wöchentlich zweimal durch einen Boten in das Steinkar herein bringen ließ.

Eines Tages, da die Krankheit sich schon bedeutend zum Besseren wendete, sagte er, er hätte eine Bitte an mich.

Als ich ihm erwiderte, daß ich ihm sehr gerne jeden Dienst erweise, der nur immer in meiner Macht stehe, daß er nur sagen solle, was er wolle, ich würde es gewiß tun, antwortete er: »Ich muß Ihnen, ehe ich meine Bitte ausspreche, erst etwas erzählen. Bemerken Sie wohl, ich erzähle es nicht, weil es wichtig ist, sondern damit Sie sehen, wie alles so gekommen ist, was jetzt ist, und damit Sie vielleicht geneigter werden, meine Bitte zu erfüllen. Sie sind

immer sehr gut gegen mich gewesen, und Sie sind sogar neulich, wie ich erfahren habe, in die Stadt hinaus gefahren, um einen Arzt über meine Zustände zu befragen. Dies gibt mir nun den Mut, mich an Sie zu wenden.

Ich bin der Sohn eines wohlhabenden Gerbers in unserer Hauptstadt. Mein Urgroßvater war ein Findling aus Schwaben, und wanderte mit dem Stabe in der Hand in unsere Stadt ein. Er lernte das Gerbergewerbe aus Güte mildtätiger Menschen, er besuchte dann mehrere Werkstätten, um in ihnen zu arbeiten, er ging in verschiedene Länder, um sich mit seinen Händen sein Brod zu verdienen, und dann die Art kennen zu lernen, wie überall das Geschäft betrieben wird. Unterrichtet kehrte er wieder in unsere Stadt zurück, und arbeitete in einer ansehnlichen Lederei. Dort zeichnete er sich durch seine Kenntnisse aus, er ward endlich Werkführer, und der Herr des Gewerbes vertraute ihm mehrere Geschäfte an, und übertrug ihm die Ausführung mancher Versuche zu neuen Bereitungen. Dabei versuchte sich der Urgroßvater in kleinen Handelsgeschäften, er kaufte mit geringen Mitteln Rohstoffe, und verkaufte sie wieder. So erwarb er sich ein kleines Vermögen. Da er schon an Jahren zunahm, kaufte er sich in der entfernten Vorstadt einen großen Garten, an den noch unbenützte Gründe stießen. Er baute auf diesem Grunde eine Werkstätte und ein Häuschen, heiratete ein armes Mädchen, und trieb nun als eigener Herr sein Gewerbe und seine Handelschaft. Er brachte es vorwärts, und starb als ein geachteter, bei den Geschäftsleuten angesehener Mann. Er hatte einen einzigen Sohn, meinen Großvater.

Der Großvater trieb das Geschäft seines Vaters fort. Er dehnte es noch weiter aus. Er baute ein großes Haus am Rande des Gartens, daß die Fenster dahin gingen, wo in Zukunft eine Straße mit

Häusern sein würde. Rückwärts des Hauses baute er die Werkstätten und Aufbewahrungsplätze. Der Großvater war überhaupt ein Freund des Bauens. Er baute außer dem Hause noch einen großen Hof, der zu weiteren Werkstätten und zu verschiedenen Teilen unseres Geschäftes benützt wurde. Die öden Gründe neben unserem Garten verkaufte er, und weil die Stadt einen großen Aufschwung nahm, so waren diese Gründe sehr teuer. Den Garten umgab er mit einer Mauer, die wieder regelmäßige Unterbrechungen mit Eisengittern hatte. Er brachte das Geschäft sehr empor, und legte die großen Kaufgewölbe an, in welchen die Waren, die wir selbst erzeugten, und die, mit welchen wir Handelschaft trieben, niedergelegt wurden. Der Großvater hatte wieder nur einen Sohn, der das Gewerbe weiter führte, meinen und meines Bruders Vater.

Der Vater baute nur noch die Trockenböden auf das Stockwerk der Werkstätte, er baute an das Haus einen kleinen Flügel gegen den Garten, und baute ein Gewächshaus. Zu seiner Zeit war schon vor den Fenstern des Hauptgebäudes eine Straße entstanden, welche mit Häusern gesäumt, mit Steinen gepflastert und von Gehenden und Fahrenden besetzt war. Ich erinnere mich noch aus meiner Kindheit, daß unser Haus sehr groß und geräumig war, daß es viele Höfe und Fächer hatte, die zur Betreibung des Gewerbes dienten. Am liebsten erinnere ich mich noch des schönen Gartens, in dem Bäume und Blumen, Kräuter und Gemüse standen. In den Räumen der Gebäude und der Höfe gingen die von ihrer Arbeit in ihren Leinenkleidern fast gelbbraun gefärbten Gesellen herum, in dem großen Gewölbe zu ebener Erde und in den zwei kleinen daran stoßenden lagen Lederballen aufgetürmt, auf den Stangen des Trockenbodens hingen Häute, und in den großen Austeilzimmern wurden sie gesondert und geordnet. In dem Verkaufgewölbe lagen

sie zierlich in den Fächern. Im Rinderstalle standen Kühe, im Pferdestall waren sechs Pferde und in dem Wagenbehältnis Kutschen und Wägen, ich erinnere mich sogar noch auf den großen schwarzen Hund Hassan, der im großen Hofe war und bei dem Tore desselben jedermann hinein ließ, aber niemand hinaus.

Unser Vater war ein großer, starker Mann, der in den weitläufigen Räumen des Hauses herum ging, alles besah und alles anordnete. Er ging fast nie aus dem Hause, außer wenn er Geschäfte hatte, oder in die Kirche ging; und wenn er zu Hause war, und nicht eben bei der Arbeit nachsah, so saß er an dem Schreibtische, und schrieb. Öfter wurde er auch in dem Garten gesehen, wie er mit den Händen auf dem Rücken dahin ging, oder wie er so da stand und auf einen Baum hinauf sah, oder wie er die Wolken betrachtete. Er hatte eine Freude an der Obstzucht, hatte einen eigenen Gärtner hiefür genommen, und hatte Pfropfreiser aus allen Gegenden Europas verschrieben. Er war gegen seine Leute sehr gut, er hielt sie ausreichend, sah, daß einem jeden sein Teil werde, daß er aber auch tue, was ihm obliege. Wenn einer krank war, ging er selber zu seinem Bette, fragte ihn, wie er sich befinde, und reichte ihm oft selber die Arznei. Er hatte im Hause nur den allgemeinen Namen Vater. Dem Prunke war er abgeneigt, daß er eher zu schlicht und unscheinbar daher ging als zu ansehnlich, seine Wohnung war einfach, und wenn er in einem Wagen ausfuhr, so mußte es ein sehr bürgerlich aussehender sein.

Wir waren zwei Brüder, Zwillinge, und die Mutter hatte bei unserer Geburt ihr Leben verloren. Der Vater hatte sie sehr hoch geehrt und daher keine Frau mehr genommen; denn er hat sie nie vergessen können. Weil auf der Gasse zu viel Lärm war, wurden wir in den hintern Flügel gegen den Garten getan, den der Vater an

das Haus angebaut hatte. Es war eine große Stube, in der wir waren, die Fenster gingen gegen den Garten hinaus, die Stube war durch einen langen Gang von der übrigen Wohnung getrennt, und damit wir nicht bei jedem Ausgange durch den vordern Teil des Hauses gehen mußten, ließ der Vater in dem Gartenflügel eine Treppe bauen, auf welcher man unmittelbar in den Garten und von ihm ins Freie gelangen konnte.

Nach dem Tode der Mutter hatte der Vater die Leitung des Hauswesens einer Dienerin anvertraut, welche schon bei der Mutter, ehe sie Braut wurde, in Diensten gestanden und gleichsam ihre Erzieherin gewesen war. Die Mutter hatte sie auf ihrem Todbette dem Vater empfohlen. Sie hieß Luise. Sie führte über alles die Leitung und Aufsicht, was die Speise und den Trank betraf, was sich auf die Wäsche, auf die Geschirre, auf die Geräte des Hauses, auf Reinigung der Treppen und Stuben, auf Beheizung und Lüftung bezog, kurz, über alles, was das innere Hauswesen anbelangt. Sie stand an der Spitze der Mägde. Sie besorgte auch die Bedürfnisse von uns beiden Knaben.

Da wir größer geworden waren, bekamen wir einen Lehrer, der bei uns in dem Hause wohnte. Es wurden ihm zwei schöne Zimmer hergerichtet, die sich neben unserer Stube befanden, und mit dieser Stube den ganzen hintern Teil des Flügels ausmachten, der den Namen Gartenflügel führte. Wir lernten von ihm, was alle Kinder zu Anfange ihres Lernens vornehmen müssen: Buchstaben kennen, Lesen, Rechnen, Schreiben. Der Bruder war viel geschickter als ich, er konnte sich die Buchstaben merken, er konnte sie zu Silben verbinden, er konnte deutlich und in Absätzen lesen, ihm kam in der Rechnung immer die rechte Zahl, und seine Buchstaben standen in der Schrift gleich und auf der nämlichen Linie. Bei

mir war das anders. Die Buchstabennamen wollten mir nicht einfallen, dann konnte ich die Silbe nicht sagen, die sie mir vorstellten, und beim Lesen waren die großen Wörter sehr schwer, und es war eine Pein, wenn sehr lange kein Beistrich erschien. In der Rechnung befolgte ich die Regeln, aber es standen am Ende meistens ganz andere Zahlen da, als uns heraus kommen mußten. Bei dem Schreiben hielt ich die Feder sehr genau, sah fest auf die Linie, fuhr gleichmäßig auf und nieder, und doch standen die Buchstaben nicht gleich, sie senkten sich unter die Linie, sie sahen nach verschiedenen Richtungen, und die Feder konnte keinen Haarstrich machen. Der Lehrer war sehr eifrig, der Bruder zeigte mir auch vieles, bis ich die Sachen machen konnte. Wir hatten in der Stube einen großen eichenen Tisch, auf welchem wir lernten. An jeder der zwei Langseiten des Tisches waren mehrere Fächer angebracht, die heraus zu ziehen waren, wovon die eine Reihe dem Bruder diente, seine Schulsachen hinein zu legen, die andere mir. In jeder der hintern Ecken der Stube stand ein Bett, und neben dem Bette ein Nachttischchen. Die Tür unsers Zimmers stand nachts in das Schlafzimmer des Lehrers offen.

Wir gingen sehr häufig in den Garten und beschäftigten uns dort. Wir fuhren oft mit unsern Schimmeln durch die Stadt, wir fuhren auch auf das Land, oder sonst irgend wo herum, und der Lehrer saß immer bei uns in dem Wagen. Wir gingen mit ihm auch aus, wir gingen entweder auf einer Bastei der Stadtmauer oder in einer Allee spazieren, und wenn etwas Besonderes in der Stadt ankam, das sehenswürdig war, und es der Vater erlaubte, so gingen wir mit ihm hin, es zu sehen.

Als wir in den Gegenständen der unteren Schulen gut unterrichtet waren, kamen die Gegenstände der lateinischen Schule an

die Reihe, und der Lehrer sagte uns, daß wir aus ihnen vor dem Direktor und vor den Professoren werden Prüfungen ablegen müssen. Wir lernten die lateinische und griechische Sprache, wir lernten die Naturgeschichte und Erdbeschreibung, das Rechnen, die schriftlichen Aufsätze und andere Dinge. In der Religion wurden wir von dem würdigen Kaplane unserer Pfarrkirche in unserem Hause unterrichtet, und der Vater ging uns in religiösen und sittlichen Dingen mit einem guten Beispiele voran. Aber wie es in dem früheren Unterrichte gewesen war, so war es hier auch wieder. Der Bruder lernte alles recht gut, er machte seine Aufgaben gut, er konnte das Lateinische und Griechische deutsch sagen, er konnte die Buchstabenrechnungen machen, und seine Briefe und Aufsätze waren, als hätte sie ein erwachsener Mensch geschrieben. Ich konnte das nicht. Ich war zwar auch recht fleißig, und im Anfange eines jeden Dinges ging es nicht übel, ich verstand es, und konnte es sagen und machen; aber wenn wir weiter vorrückten, entstand eine Verwirrung, die Sachen kreuzten sich, ich konnte mich nicht zurecht finden, und hatte keine Einsicht. In den Übertragungen aus der deutschen Sprache befolgte ich alle Regeln sehr genau, aber da waren immer bei einem Worte mehrere Regeln, die sich widersprachen, und wenn die Arbeit fertig war, so war sie voll Fehler. Eben so ging es bei den Übertragungen in das Deutsche. Es standen in dem lateinischen oder griechischen Buche immer so fremde Worte, die sich nicht fügen wollten, und wenn ich sie in dem Wörterbuche aufschlug, waren sie nicht darin, und die Regeln, die wir in unserer Sprachlehre lernten, waren in den griechischen und lateinischen Büchern nicht befolgt. Am besten ging es noch in zwei Nebengegenständen, die der Vater zu lernen befohlen hatte, weil wir sie in unserer Zukunft brauchen könnten, in der französischen

und italienischen Sprache, für welche in jeder Woche zweimal ein Lehrer in das Haus kam. Der Bruder und unser Lehrer nahmen sich meiner sehr an, und suchten mir beizustehen. Aber da die Prüfungen kamen, genügte ich nicht, und meine Zeugnisse waren nicht gut.

So vergingen mehrere Jahre. Da die Zeit vorüber war, welche der Vater zur Erlernung dieser Dinge bestimmt hatte, sagte er, daß wir jetzt unser Gewerbe lernen müßten, das er uns nach seinem Tode übergeben würde, und das wir gemeinsam so ehrenwert und ansehnlich fortzuführen hätten, wie es unsere und seine Vorfahren getan hätten. Er sagte, wir müßten auf die nämliche Weise unterrichtet werden wie unsere Voreltern, damit wir auf die nämliche Weise zu handeln verstünden wie sie. Wir müßten alle Handgriffe und Kenntnisse unseres Geschäftes von unten hinauf lernen, wir müßten zuerst arbeiten können, wie jeder gute und der beste Arbeiter in unserem Handwerke, damit wir den Arbeiter und die Arbeit beurteilen könnten, damit wir wüßten, wie die Arbeiter behandelt werden sollen, und damit wir von den Arbeitern geachtet würden. Dann erst sollten wir zur Erlernung der weiteren in der Handelschaft nötigen Dinge übergehen.

Der Vater wollte, daß wir auch so leben sollten, wie unsere Arbeiter lebten, daß wir ihre Lage verstünden und ihnen nicht fremd wären. Er wollte daher, daß wir mit ihnen essen, wohnen und schlafen sollten. Unser bisheriger Lehrer verließ uns, indem er jedem von uns ein Buch zum Andenken hinterließ, wir zogen aus der Studierstube fort, und gingen in die Arbeiterwohnung hinüber.

Der Vater hatte den besten Gesellen unseres Geschäftes, der zugleich Werkführer war, zu unserem Lehrmeister bestimmt, und uns überhaupt seiner Aufsicht übergeben. Wir bekamen jeder un-

sern Platz in seiner Werkstätte, waren mit dem Handwerkzeuge versehen, und mußten beginnen, wie jeder Lehrling. Zum Speisen kamen wir an den nämlichen Tisch, an dem alle unsere Arbeiter saßen, aber wir kamen an die untersten Plätze, wo sich die Lehrlinge befanden. Als Schlafgemach hatten wir auch das der Lehrlinge, an welches das Schlafzimmer des Werkführers stieß, der der einzige war, welcher ein eigenes Zimmer zum Schlafen hatte. Deshalb mußte er immer nicht nur ein sehr geschickter Arbeiter sein, sondern auch durch Rechtlichkeit, Sitte und Lebenswandel sich auszeichnen. Ein anderer wurde in unserem Hause zu dieser Stelle gar nicht genommen. Er hatte die besondere Aufsicht über die Lehrlinge, weil diese noch einer Erziehung bedurften. Zum Lager erhielten wir ein Bett wie die Lehrlinge, und zur Bekleidung hatten wir das Kleid aller unserer Arbeiter.

So begann die Sache. Aber auch hier war es genau wieder so, wie es in allen vorhergegangenen Dingen gewesen war. Der Bruder arbeitete schnell, und seine Arbeitsstücke waren schön. Ich machte es genau so, wie der Lehrmeister es angab, aber meine Stücke wurden nicht so, wie sie sein mußten, und wurden nicht so schön wie die meines Bruders. Ich war aber außerordentlich fleißig. Des Abends saßen wir oft in der großen Gesprächstube der Arbeiter, und hörten ihren Reden zu. Es kamen auch böse Beispiele von Arbeitern vor, aber sie sollten uns nicht verlocken, sondern sie sollten uns befestigen und einen Abscheu einflößen. Der Vater sagte, wer leben soll, muß das Leben kennen, das Gute und das Böse davon, muß aber von dem Letzteren nicht angegriffen, sondern gestärkt werden. An solchen Abenden holte ich den Arbeitern gerne Dinge, um welche sie mich schickten, Wein, Käse und andere Gegenstände. Sie hatten mich deshalb auch sehr lieb.

Wenn wir in einer Werkstätte unterrichtet waren und die Sachen machen konnten, kamen wir in eine andere, bis wir endlich freigesprochen wurden und als Lehrlinge in die Handelschaft traten. Als wir auch da fertig waren, kamen wir in die Schreibstube zu den Schreibereien unseres Geschäftes.

Da endlich nach geraumer Zeit unsere Lehrjahre vorüber waren, kamen wir in das Zimmer der Söhne vom Hause, und erhielten die einfachen Kleider, wie sie unser Vater zu tragen pflegte.

Nicht lange nach der Zeit der Vollendung der Lehre, und da der Bruder schon überall zu den Geschäften beigezogen wurde, erkrankte der Vater. Er erkrankte nicht so ernstlich, daß eine Gefahr zu befürchten gewesen wäre, so wie er auch nicht in dem Bette liegen mußte, aber seine starke Gestalt nahm ab, sie wurde leichter, er ging viel in dem Hause und in dem Garten herum, und nahm sich nicht mehr so um die Geschäfte an, wie es früher seine Gewohnheit und seine Freude gewesen war.

Der Bruder nahm sich um die Führung des Gewerbes an, ich brauchte mich nicht einzumischen, und der Vater blieb endlich den größten Teil des Tages, wenn er nicht eben in dem Garten war, in seinem Wohnzimmer.

Um jene Zeit tat ich die Bitte, daß man erlauben möge, daß ich wieder unsere alte Studierstube beziehen und dort wohnen dürfe. Man gewährte die Bitte, und ich schaffte meine Habseligkeiten durch den langen Gang in die Stube. Weil der Vater in dem Geschäfte keine Anordnungen und keine Befehle erteilte, und weil mir der Bruder keine Arbeit auftrug, hatte ich Muße, zu tun, was ich wollte. Da man mir damals, als ich in unseren Lehrgegenständen keine genügenden Zeugnisse erhalten hatte, keinen Vorwurf gemacht hatte, so beschloß ich, jetzt alles nachzuholen und alles so zu ler-

nen, wie es sich gebührte. Ich nahm ein Buch aus der Lade, setzte mich dazu, und las den Anfang. Ich verstand alles, und lernte es, und merkte es mir. Am andern Tage wiederholte ich das, was ich an dem vorigen Tage gelernt hatte, versuchte, ob ich es noch wisse, und lernte ein neues Stück dazu. Ich gab mir nur Weniges zur Aufgabe, aber ich suchte, es zu verstehen und es gründlich in meinem Gedächtnisse aufzubewahren. Ich gab mir auch Aufgaben zur Ausarbeitung, und sie gelangen. Ich suchte die Aufgaben hervor, welche uns damals von unserem Lehrer gegeben worden waren, machte sie noch einmal, und machte jetzt keinen Fehler. Wie ich es mit dem einen Buche gemacht hatte, machte ich es auch mit den andern. Ich lernte sehr fleißig, und nach und nach war ich schier den ganzen Tag in der Stube beschäftigt. Wenn ich eine freie Zeit hatte, so saß ich gerne nieder, nahm das Buch in die Hand, welches mir mein Lehrer zum Angedenken gegeben hatte, und dachte an den Mann, der damals bei uns gewesen war.

In der Stube war alles geblieben, wie es einst gewesen war. Der große eichene Tisch stand noch in der Mitte, er hatte noch die Male, die wir entweder absichtlich mit dem Messer oder zufällig mit andern Werkzeugen in sein Holz gebracht hatten, er zeigte noch die vertrockneten Tintenbäche, welche entstanden waren, wenn mit dem Tintengefäße ein Unglück geschehen war, und wenn mit allem Waschen und Reiben keine Abhilfe mehr gebracht werden konnte. Ich zog die Fächer heraus. Da lagen noch in den meinigen meine Lehrbücher mit dem Rötel- oder Bleifederzeichen in ihrem Innern, wie weit wir zu lernen hätten; es lagen noch die Papierhefte darinnen, in welchen die Ausarbeitungen unserer Aufgaben geschrieben waren, und es leuchteten die mit roter Tinte gemachten Striche des Lehrers hervor, die unsere Fehler bedeuteten; es lagen

noch die veralteten, bestaubten Federn und Bleistiften darinnen. Eben so war es in den Fächern des Bruders. Auch in ihnen lagen seine alten Lerngeräte in bester Ordnung beisammen. Ich lernte jetzt an demselben Tische meine Aufgaben, an welchem ich sie vor ziemlich vielen Jahren gelernt hatte. Ich schlief in dem nämlichen Bette, und hatte das Nachttischchen mit dem Lichte daneben. Das Bett des Bruders aber blieb leer, und war immer zugedeckt. In den zwei Zimmern, in welchen damals der Lehrer gewohnt hatte, hatte ich einige Kästen mit Kleidern und andern Sachen, sonst waren sie auch unbewohnt, und hatten nur noch die alten Geräte. So war ich der einzige Bewohner des hintern Gartenflügels, und dieser Zustand dauerte mehrere Jahre.

Plötzlich starb unser Vater. Mein Schreck war fürchterlich. Kein Mensch hatte geglaubt, daß es so nahe sei, und daß es überhaupt eine Gefahr geben könnte. Er hatte sich zwar in der letzten Zeit immer mehr zurückgezogen, seine Gestalt war etwas verfallen, auch brachte er oft mehrere Tage in dem Bette zu; allein wir hatten uns an diesen Zustand so gewöhnt, daß er uns zuletzt auch als ein regelmäßiger erschien, jeder Hausbewohner sah ihn als den Vater an, der Vater gehörte so notwendig zu dem Hause, daß man sich seinen Abgang nicht denken konnte, und ich habe mir wirklich nie gedacht, daß er sterben könnte, und daß er so krank sei. In dem ersten Augenblicke war alles in Verwirrung, dann aber wurden die Leichenvorbereitungen gemacht. Mit seinem Leichenzuge gingen alle Armen des Stadtbezirkes, es gingen die Männer seines Geschäftes mit, seine Freunde, viele Fremde, die Arbeiter seines Hauses und seine zwei Söhne. Es wurden sehr viele Tränen geweint, wie man um wenige Menschen des Landes weint, und die Leute sagten, daß ein vortrefflicher Mann, ein auserlesener Bürger und

ein ehrenvoller Geschäftsmann begraben worden sei. Nach einigen Tagen wurde das Testament eröffnet, und in demselben stand, daß wir beiden Brüder als Erben eingesetzt seien, und uns das Geschäft gemeinschaftlich zugefallen sei.

Der Bruder sagte mir nach einiger Zeit, daß die ganze Last des Geschäftes nun auf unsern Schultern liege, und ich eröffnete ihm hiebei, daß ich das Lateinische, Griechische, die Naturgeschichte, die Erdbeschreibung und die Rechenkunst, worin ich damals, als wir unterrichtet wurden, geringe Fortschritte gemacht hatte, nachgelernt hätte, und daß ich jetzt beinahe vollkommen in diesen Dingen bewandert wäre. Er aber antwortete mir, daß Lateinisch, Griechisch und die übrigen Fächer zu unserem Berufe nicht geradehin notwendig seien, und daß ich zu spät diese Mühe verwendet hätte. Ich erwiderte ihm, daß, so wie ich diese Lernfächer nachgelernt hätte, ich auch alle die Arbeiten und Kenntnisse, die zu unserem Geschäfte unmittelbar notwendig wären, allmählich nachlernen würde. Hierauf sagte er wieder, daß, wenn das Geschäft auf mich warten müßte, ich zu einer Zeit fertig werden würde, wenn es bereits zu Grunde gegangen wäre. Er versprach aber, daß er sich so annehmen werde, wie es in seinen Kräften möglich sei, und daß er mir überlasse zu tun, wie es mir gefalle, daß ich Einsicht nehmen könne, daß ich mithelfen könne, daß ich noch lernen könne, und daß mein Teil mir aber in jedem Falle unverkümmert bewahrt werden solle.

Ich ging wieder in die Studierstube zurück, mischte mich in die Geschäfte nicht, weil ich sie wohl nicht verstand, und er ließ mich dort. Ja er schickte mir sogar bessere Geräte, und versah mich mit mehreren Bequemlichkeiten, daß der Aufenthalt in der Stube mir nicht unangenehm würde. Nach einiger Zeit erschien er mit dem Rechtsanwalte unseres Hauses, mit Personen des Gerichtes und mit

Zeugen, welche Freunde unsers Vaters gewesen waren, und gab mir ein gerichtliches Papier, auf welchem verzeichnet war, was ich für Ansprüche an die Erbschaft habe, welcher mein Teil sei, und was mir in der Zukunft gebühre. Der Bruder, die Zeugen und ich unterschrieben die Schrift.

Ich fuhr nun mit dem Lernen fort, der Bruder leitete den ganzen Umfang des Geschäftes. Nach einem Vierteljahre brachte er mir eine Summe Geldes, und sagte, das seien die Zinsen, welche mir von meinem Anteile an der Erbschaft, der in dem Gewerbe tätig sei, gebühren. Er sagte, daß er mir alle Vierteljahre diese Summe einhändigen werde. Er fragte mich, ob ich zufrieden sei, und ich antwortete, daß ich sehr zufrieden sei.

Nachdem so wieder eine Zeit vergangen war, stellte er mir einmal vor, daß mein Lernen doch zu etwas führen müsse, und er fragte mich, ob ich nicht geneigt wäre, zu einem der gelehrten Stände hinzuarbeiten, zu denen die Dinge, mit welchen ich mich jetzt beschäftige, die Vorarbeit seien. Als ich ihm antwortete, daß ich nie darüber nachgedacht habe, und daß ich nicht wisse, welcher Stand sich für mich ziemen könnte, sagte er, das sei jetzt auch nicht notwendig, ich möchte nur aus den Kenntnissen, die ich mir jetzt erworben hätte, nach und nach die Prüfungen ablegen, damit ich beglaubigte Schriften über meine Anwartschaft in den Händen hätte, ich möchte mir die fehlenden Wissenschaften noch zu erwerben trachten und mich über sie gleichfalls Prüfungen unterziehen, und wenn dann der Zeitpunkt gekommen wäre, mich für einen besondern Stand zu entscheiden, hätte ich wieder mehr Erfahrungen gesammelt, und sei dann leichter in der Lage, mich zu bestimmen, wohin ich mich zu wenden hätte.

Mir gefiel der Vorschlag recht gut, und ich sagte zu. Nach eini-

ger Zeit machte ich die ersten Prüfungen aus den unteren Fächern, und sie fielen außerordentlich gut aus. Dies machte mir Mut, und ich ging mit Eifer an die Erlernung der weiteren Kenntnisse. Mir zitterte innerlich das Herz vor Freude, daß ich einmal einem jener Stände, die ich immer mit so vieler Ehrfurcht betrachtet hatte, die der Welt mit ihren Wissenschaften und mit ihrer Geschicklichkeit dienen, angehören sollte. Ich arbeitete sehr fleißig, ich kargte mir die Zeit ab, ich kam wenig in die andern Räume des Hauses hinüber, und nachdem wieder eine Zeit vergangen war, konnte ich abermals eine Prüfung mit gutem Erfolge ablegen.

So war ich vollständig ein Bewohner des hintern Gartenflügels geworden, durfte es bleiben, und konnte mich mit gutem Gewissen meinen Bestrebungen hingeben.

An unsern hintern Gartenteil stieß ein zweiter Garten, der aber eigentlich kein Garten war, sondern mehr ein Anger, auf dem hie und da ein Baum stand, den niemand pflegte. Hart an einem Eisengitter unseres Gartens ging der Weg vorüber, der in dem fremden Garten war. Ich sah in jenem Garten immer sehr schöne weiße Tücher und andere Wäsche auf langen Schnüren aufgehängt. Ich blickte oft teils aus meinen Fenstern, teils durch das Eisengitter, wenn ich eben in dem Garten war, darauf hin. Wenn sie trocken waren, wurden sie in einen Korb gesammelt, während eine Frau dabei stand und es anordnete. Dann wurden wieder nasse aufgehängt, nachdem die Frau die zwischen Pflöcken gespannten Schnüre mit einem Tuche abgewischt hatte. Diese Frau war eine Witwe. Ihr Gatte hatte ein Amt gehabt, das ihn gut nährte. Kurz nach seinem Tode war auch sein alter gütiger Herr gestorben, und der Sohn desselben hatte ein so hartes Herz, daß er der Witwe nur so viel gab, daß sie nicht gerade verhungerte. Sie mietete daher das Gärtchen, das an

unsern Garten stieß, sie mietete auch das kleine Häuschen, welches in dem Garten stand. Mit dem Gelde, das ihr ihr Gatte hinterlassen hatte, richtete sie nun das Häuschen und den Garten dazu ein, daß sie für die Leute, welche ihr das Vertrauen schenken würden, Wäsche besorgte, feine und jede andere. Sie ließ in dem Häuschen Kessel einmauern und andere Vorrichtungen machen, um die Wäsche zu sieden und die Laugen zu bereiten. Sie ließ Waschstuben herrichten, sie bereitete Orte, wo geglättet und gefaltet wurde, und für Zeiten des schlechten Wetters und des Winters ließ sie einen Trockenboden aufführen. In dem Garten ließ sie Pflöcke in gleichen Entfernungen von einander einschlagen, an den Pflöcken Ringe befestigen, und durch die Ringe Schnüre ziehen, welche oft gewechselt wurden. Hinter dem Häuschen ging ein Bach vorüber, welcher die Witwe verleitet hatte, hier ihre Waschanstalt zu errichten. Von dem Bache führten Pumprinnen in die Kessel, und über dem Wasser des Baches war eine Waschhütte erbaut. Die Frau hatte viele Mägde genommen, welche arbeiten und die Sache gehörig bereiten mußten, sie stand dabei, ordnete an, zeigte, wie alles richtig zu tun sei, und da sie die Wäsche nicht mit Bürsten und groben Dingen behandeln ließ, und darauf sah, daß sie sehr weiß sei, und daß das Schlechte ausgebessert wurde, so bekam sie sehr viele Kundschaften, sie mußte ihre Anstalt erweitern und mehr Arbeiterinnen nehmen, und nicht selten kam manche vornehme Frau und saß mit ihr unter dem großen Birnbaume des Gartens.

Diese Frau hatte auch ein Töchterlein, ein Kind, nein, es war doch kein Kind mehr – ich wußte eigentlich damals nicht, ob es noch ein Kind sei oder nicht. Das Töchterlein hatte sehr feine rote Wangen, es hatte feine rote Lippen, unschuldige Augen, die braun waren und freundlich um sich schauten. Über die Augen hatte es

Lider, die groß und sanft waren, und von denen lange Wimpern nieder gingen, die zart und sittsam aussahen. Die dunkeln Haare waren von der Mutter glatt und rein gescheitelt, und lagen schön an dem Haupte. Das Mädchen trug manchmal ein längliches Körbchen von feinem Rohre; über dem Körbchen war ein weißes, sehr feines Tuch gespannt, und in dem Körbchen mochte ganz auserlesene Wäsche liegen, welche das Kind zu einer oder der andern Frau zu tragen hatte.

Ich sah es gar so gerne an. Manchmal stand ich an dem Fenster und sah auf den Garten hinüber, in welchem immer ohne Unterbrechung, außer wenn es Nacht wurde oder schlechtes Wetter kam, Wäsche an den Schnüren hing, und ich hatte die weißen Dinge sehr lieb. Da kam zuweilen das Mädchen heraus, ging auf dem Anger hin und wieder, und hatte mancherlei zu tun, oder ich sah es, obwohl das Häuschen sehr unter Zweigen versteckt war, an dem Fenster stehen und lernen. Ich wußte bald auch die Zeit, an welcher es die Wäsche fort trug, und da ging ich manchmal in den Garten hinunter, und stand an dem eisernen Gitter. Da der Weg an dem Gitter vorüber ging, mußte das Mädchen an mir vorbei kommen. Es wußte recht wohl, daß ich da stehe; denn es schämte sich immer, und nahm sich im Gange zusammen.

Eines Tages, da ich die Wäscheträgerin von ferne kommen sah, legte ich schnell einen sehr schönen Pfirsich, den ich zu diesem Zwecke schon vorher gepflückt hatte, durch die Öffnung der Gitterstäbe hinaus auf ihren Weg, und ging in das Gebüsche. Ich ging so tief hinein, daß ich sie nicht sehen konnte. Als schon so viele Zeit vergangen war, daß sie lange vorüber gekommen sein mußte, ging ich wieder hervor; allein der Pfirsich lag noch auf dem Wege. Ich wartete nun die Zeit ab, wann sie wieder zurück kommen wür-

de. Aber da sie schon zurück gekommen war, und ich nachsah, lag der Pfirsich noch auf dem Wege. Ich nahm ihn wieder herein. Das nämliche geschah nach einer Zeit noch einmal. Beim dritten Male blieb ich stehen, als der Pfirsich mit seiner sanften roten Wange auf dem Sande lag, und sagte, da sie in die Nähe kam: ›Nimm ihn.‹ Sie blickte mich an, zögerte ein Weilchen, bückte sich dann, und nahm die Frucht. Ich weiß nicht mehr, wo sie dieselbe hingesteckt hatte, aber das weiß ich gewiß, daß sie sie genommen hatte. Nach Verlauf von einiger Zeit tat ich dasselbe wieder, und sie nahm wieder die Frucht. So geschah es mehrere Male, und endlich reichte ich ihr den Pfirsich mit der Hand durch das Gitter.

Zuletzt kamen wir auch zum Sprechen. Was wir gesprochen haben, weiß ich nicht mehr. Es muß gewöhnliches Ding gewesen sein, wir nahmen uns auch bei den Händen.

Mit der Zeit konnte ich nicht mehr erwarten, wenn sie mit dem Körbchen kam. Ich stand alle Mal an dem Gitter. Sie blieb stehen, wenn sie zu mir gekommen war, und wir redeten mit einander. Einmal bat ich sie, mir die Dinge in dem Körbchen zu zeigen. Sie zog den linnenen Deckel mit kleinen Schnürchen auseinander und zeigte mir die Sachen. Da lagen Krausen, feine Ärmel und andere geglättete Dinge. Sie nannte mir die Namen, und als ich sagte, wie schön das sei, erwiderte sie: ›Die Wäsche gehört einer alten Gräfin, einer vornehmen Frau, ich muß sie ihr immer selber hin tragen, daß ihr nichts geschieht, weil sie so schön ist.‹ Da ich wieder sagte: ›Ja, das ist schön, das ist außerordentlich schön,‹ antwortete sie: ›Freilich ist es schön, meine Mutter sagt: die Wäsche ist nach dem Silber das erste Gut in einem Hause, sie ist auch feines weißes Silber, und kann, wenn sie unrein ist, immer wieder zu feinem weißen Silber gereinigt werden. Sie gibt unser vornehmstes und nächstes

Kleid. Darum hat die Mutter auch so viele Wäsche gesammelt, daß wir nach dem Tode des Vaters genug hatten, und darum hat sie auch die Reinigung der Wäsche für andere Leute übernommen, und läßt nicht zu, daß sie mit rauhen und unrechten Dingen angefaßt werde. Das Gold ist zwar auch kostbar, aber es ist kein Hausgeräte mehr, sondern nur ein Schmuck.‹ Ich erinnerte mich bei diesen Worten wirklich, daß ich an dem Körper der Sprechenden immer am Rande des Halses oder an den Ärmeln die feinste weiße Wäsche gesehen hatte, und daß ihre Mutter immer eine schneeweiße Haube mit feiner Krause um das Angesicht trug.

Von diesem Augenblicke an begann ich von dem Gelde, welches mir der Bruder alle Vierteljahre zustellte, sehr schöne Wäsche, wie die der vornehmen Gräfin war, anzuschaffen, und mir alle Arten silberne Hausgeräte zu kaufen.

Einmal, da wir so bei einander standen, kam die Mutter in der Nähe vorüber und rief: ›Johanna, schäme dich.‹ Wir schämten uns wirklich, und liefen auseinander. Mir brannten die Wangen vor Scham, und ich wäre erschrocken, wenn mir jemand im Garten begegnet wäre.

Von der Zeit an sahen wir uns nicht mehr an dem Gitter. Ich ging jedes Mal in den Garten, wenn sie vorüber kam, aber ich blieb in dem Gebüsche, daß sie mich nicht sehen konnte. Sie ging mit geröteten Wangen und mit niedergeschlagenen Augen vorüber.

Ich ließ nun in die zwei Zimmer, die an meine Wohnstube stießen, Kästen stellen, von denen ich die oberen Fächer hatte schmal machen lassen, in welche ich das Silber hineinlegte, die unteren aber breit, in welche ich die Wäsche tat. Ich legte das Zusammengehörige zusammen, und umwand es mit rotseidenen Bändern.

Nach geraumer Zeit sah ich das Mädchen lange nicht an dem

eisernen Gitter vorüber gehen, ich getraute mir nicht zu fragen, und als ich endlich doch fragte, erfuhr ich, daß es in eine andere Stadt gegeben worden sei, und daß es die Braut eines fernen Anverwandten werden würde.

Ich meinte damals, daß ich mir die Seele aus dem Körper weinen müsse.

Aber nach einer Zeit ereignete sich etwas Furchtbares. Mein Bruder hatte einen großen Wechsler, der ihm stets auf Treu und Glauben das Geld für laufende Ausgaben bis zu einer festgesetzten Summe lieferte, um sich nach Umständen immer wieder auszugleichen. Ich weiß es nicht, haben andere Leute meinem Bruder den Glauben untergraben, oder hat der Wechsler selber, weil zwei Handelschaften, die uns bedeutend schuldeten, gefallen waren und uns um unsern Reichtum brachten, Mißtrauen geschöpft: er weigerte sich fortan, die Wechsel unseres Hauses zu zahlen. Der Bruder sollte mehrere mit Summen decken, und es fehlte hinlängliches bares Geld dazu. Die Freunde, an welche er sich wendete, schöpften selber Mißtrauen, und so kam es, daß die Wechselgläubiger die Klage anstellten, daß unser Haus, unsere andern Besitzungen und unsere Waren abgeschätzt wurden, ob sie hinreichen, ohne daß man an unsere ausstehenden Foderungen zu greifen hätte. Da nun dies bekannt wurde, kamen alle, welche eine Foderung hatten, und wollten sie erfüllt haben; aber die, welche uns schuldeten, kamen nicht. Der Bruder wollte mir nichts entdecken, damit ich mich nicht kränkte, er gedachte es noch vorüber zu führen. Allein da der Verkauf unseres Hauses zu sofortiger Deckung der Wechselschulden angeordnet wurde, konnte er es mir nicht mehr verbergen. Er kam auf meine Stube, und sagte mir alles. Ich gab ihm das Geld, das ich hatte; denn meine Bedürfnisse waren sehr gering gewesen, und ich hatte einen

großen Teil meiner Einkünfte ersparen können. Ich öffnete die schmalen oberen Fächer meiner Kästen, und legte alles mein Silber auf unsern eichenen Lerntisch heraus, und bot es ihm an. Er sagte, daß das nicht reiche, um das Haus und das Geschäft zu retten, und er weigerte sich, es anzunehmen. Auch das Gericht machte keine Foderung an mich, aber ich konnte es nicht leiden, daß mein Bruder etwas unerfüllt ließe und sein Gewissen belastete, ich tat daher alles zu den andern Werten. Es reichte zusammen hin, daß allen Gläubigern ihre Foderungen ausgezahlt und sie bis auf das Genaueste befriediget werden konnten. Allein unser schönes Haus mit seinem hinteren Flügel und unser schöner Garten war verloren.

Ich weiß nicht, welche andere Schläge noch kamen; aber auch die Aussicht, mit dem ausstehenden Gelde noch ein kleines Geschäft einzuleiten, und uns nach und nach wieder empor zu schwingen, war in kurzer Zeit vereitelt.

Mein Bruder, welcher unverheiratet war, grämte sich so, daß er in ein Fieber verfiel und starb. Ich allein und mehrere Menschen, denen er Gutes getan hatte, gingen mit der Leiche. Da vom Urgroßvater her immer nur ein Sohn als einziges Kind und Nachfolger bis auf uns beide Brüder gewesen war, da auch die Haushälterin Luise schon länger vorher mit Tod abgegangen war, so hatte ich keinen Verwandten und keinen Bekannten mehr.

Ich hatte den Gedanken gefaßt, ein Verkünder des Wortes des Herrn, ein Priester, zu werden. Wenn ich auch unwürdig wäre, dachte ich, so könnte mir doch Gott seine Gnade verleihen, zu erringen, daß ich nicht ein ganz verwerflicher Diener und Vertreter seines Wortes und seiner Werke sein könnte.

Ich nahm meine Zeugnisse und Schriften zusammen, ging in die Priesterbildungsanstalt und bat beklemmt um Aufnahme. Sie wur-

de mir gewährt. Ich zog zur festgesetzten Zeit in die Räume ein, und begann meine Lernzeit. Sie ging gut vorüber, und als ich fertig war, wurde ich zum Diener Gottes geweiht. Ich tat meine ersten Dienste bei älteren Pfarrern als Mitarbeiter in der Seelsorge, die ihnen anvertraut war. Da kam ich in verschiedene Lagen, und lernte Menschen kennen. Von den Pfarrern lernte ich in geistlichen und weltlichen Eigenschaften. Als eine solche Reihe von Jahren vergangen war, daß man es mir nicht mehr zu arg deuten konnte, wenn ich um eine Pfarre einkäme, bat ich um die jetzige, und erhielt sie. Ich bin nun über siebenundzwanzig Jahre hier, und werde auch nicht mehr weg gehen. Die Leute sagen, die Pfarre sei schlecht, aber sie trägt schon, wovon ein Verkünder des Evangeliums leben kann. Sie sagen, die Gegend sei häßlich, aber auch das ist nicht wahr, man muß sie nur gehörig anschauen. Meine Vorgänger sind von hier auf andere Pfarrhöfe versetzt worden. Da aber meine jetzt lebenden Mitbrüder, die in meinen Jahren und etwas jünger sind, sich während ihrer Vorbereitungszeit sehr auszeichneten und mir in allen Eigenschaften überlegen sind, so werde ich nie bitten, von hier auf einen anderen Platz befördert zu werden. Meine Pfarrkinder sind gut, sie haben sich manchem meiner lehrenden Worte nicht verschlossen, und werden sich auch ferner nicht verschließen.

Dann habe ich noch einen anderen, weltlicheren und einzelneren Grund, weshalb ich an dieser Stelle bleibe. Sie werden denselben schon einmal später erfahren, wenn Sie nämlich die Bitte, die ich an Sie stellen will, erhören. Ich komme nun zu dieser Bitte, aber ich muß noch etwas sagen, ehe ich sie ausspreche. Ich habe zu einem Zwecke in diesem Pfarrhofe zu sparen angefangen, der Zweck ist kein schlechter, er betrifft nicht bloß ein zeitliches Wohl, sondern auch ein anderes. Ich sage ihn jetzt nicht, er wird schon

einmal kund werden; aber ich habe um seinetwillen zu sparen begonnen. Von dem Vaterhause habe ich kein Vermögen mitgebracht; was noch an Gelde eingegangen ist, wurde zu verschiedenen Dingen verwendet, und seit Jahren ist nichts mehr eingegangen. Ich habe von dem väterlichen Erbe nur das einzige Kruzifix, welches an meiner Tür dort über dem Weihbrunngefäße hängt. Der Großvater hat es einmal in Nürnberg gekauft, und der Vater hat es mir, weil es mir stets gefiel, geschenkt. So fing ich also an, von den Mitteln meines Pfarrhofes zu sparen. Ich legte einfache Kleider an, und suche sie lange zu erhalten, ich verabschiedete das Bett, und legte mich auf die Bank in dem Vorhause, und tat die Bibel zum Zeugen und zur Hilfe unter mein Haupt. Ich hielt keine Bedienung mehr, und mietete mir die Dienste der alten Sabine, die für mich hinreichen. Ich esse, was für den menschlichen Körper gut und zuträglich ist. Den oberen Teil des Pfarrhofes habe ich vermietet. Ich habe schon zweimal darüber einen Verweis von dem hochwürdigen bischöflichen Konsistorium erhalten, aber jetzt lassen sie es geschehen. Weil die Leute bei mir bares Geld vermuteten, was auch wahr gewesen ist, so bin ich dreimal desselben beraubt worden, aber ich habe wieder von vorne angefangen. Da die Diebe nur das Geld genommen hatten, so suchte ich es ihnen zu entrükken. Ich habe es gegen Waisensicherheit angelegt, und wenn kleine Zinsen anwachsen, so tue ich sie stets zu dem Kapitale. So bin ich nun seit vielen Jahren nicht behelligt worden. In der langen Zeit ist mir mein Zustand zur Gewohnheit geworden, und ich liebe ihn. Nur habe ich eine Sünde gegen dieses Sparen auf dem Gewissen: ich habe nämlich noch immer das schöne Linnen, das ich mir in der Stube in unserem Gartenflügel angeschafft hatte. Es ist ein sehr großer Fehler, aber ich habe versucht, ihn durch noch größeres

Sparen an meinem Körper und an anderen Dingen gut zu machen. Ich bin so schwach, ihn mir nicht abgewöhnen zu können. Es wäre gar zu traurig, wenn ich die Wäsche weggeben müßte. Nach meinem Tode wird sie ja auch etwas eintragen, und den ansehnlicheren Teil gebrauche ich ja gar nicht.«

Ich wußte nun, weshalb er sich seiner herrlichen Wäsche schämte.

»Es ist mir nicht lieb,« fuhr er fort, »daß ich hier den Menschen nicht so helfen kann, wie ich möchte; aber ich kann es dem Zwecke nicht entziehen, und es können ja nicht alle Menschen im ganzen Umfange wohltun, wie sie wünschten, dazu wäre der größte Reichtum nicht groß genug.

Sehen Sie, nun habe ich Ihnen alles gesagt, wie es mit mir gewesen ist, und wie es noch mit mir ist. Jetzt kömmt meine Bitte, Sie werden sie mir vielleicht, wenn Sie an alles denken, was ich Ihnen erzählt habe, gewähren. Sie ist aber beschwerlich zu erfüllen, und nur Ihre Freundlichkeit und Güte erlaubt mir sie vorzubringen. Ich habe mein Testament bei dem Gerichte zu Karsberg in dem Schlosse nieder gelegt. Ich vermute, daß es dort sicher ist, und ich habe den Empfangschein hier in meinem Hause. Aber alle menschlichen Dinge sind wandelbar, es kann Feuer, Verwüstung, Feindeseinbruch oder sonst ein Unglück kommen und das Testament gefährden. Ich habe daher noch zwei gleichlautende Abschriften verfaßt, um sie so sicher als möglich nieder zu legen, daß sie nach meinem Tode zum Vorscheine kommen mögen und ihr Zweck erfüllt werde. Da wäre nun meine Bitte, daß Sie eine Abschrift in Ihre Hände nähmen und aufbewahrten. Die andere behalte ich entweder hier, oder ich gebe sie auch jemanden, daß er sie ebenfalls zu ihrem Zwecke aufbewahre. Freilich müßten Sie da erlauben,

daß ich Ihnen, wenn Sie von dieser Gegend scheiden, von Zeit zu Zeit einen kleinen Brief schreibe, worin ich Ihnen sage, daß ich noch lebe. Wenn die Briefe ausbleiben, so wissen Sie, daß ich gestorben bin. Dann müßten Sie das Testament durch ganz sichere Hände und gegen Bescheinigung nach Karsberg gelangen lassen, oder überhaupt dorthin, wo die Ämter sind, die es in Erfüllung bringen können. Es ist das alles nur zur Vorsicht, wenn das gerichtlich niedergelegte verloren gehen sollte. Das Testament ist zugesiegelt, und den Inhalt werden Sie nach meinem Tode erfahren, wenn Sie nämlich nicht abgeneigt sind, meine Bitte zu erfüllen.«

Ich sagte dem Pfarrer, daß ich mit Freuden in seinen Wunsch eingehe, daß ich das Papier so sorgfältig bewahren wolle, wie meine eigenen besten Sachen, deren Vernichtung mir unersetzlich wäre, und daß ich allen seinen Weisungen gerne nachkommen wolle. Übrigens hoffe ich, daß der Zeitpunkt noch sehr ferne sei, wo das Testament und seine zwei andern Genossen entsiegelt werden würden.

»Wir stehen alle in Gottes Hand,« sagte er, »es kann heute sein, es kann morgen sein, es kann noch viele Jahre dauern. Zum Zwekke, den ich neben meinen Seelsorgerpflichten verfolge, wünsche ich, daß es nicht so bald sei; aber Gott weiß, wie es gut ist, und er bedarf zuletzt auch zur Krönung dieses Werkes meiner nicht.«

»Da aber auch ich vor Ihnen sterben könnte,« erwiderte ich, »so werde ich zur Sicherheit eine geschriebene Verfügung zu dem Testamente legen, wodurch meine Verpflichtung in andere Hände übergehen soll.«

»Sie sind sehr gut,« antwortete er, »ich habe gewußt, daß Sie so freundschaftlich sein werden, ich habe es gewiß gewußt. Hier wäre das Papier.«

Mit diesen Worten zog er unter seinem Hauptkissen ein Papier hervor. Dasselbe war gefaltet und mit drei Siegeln gesiegelt. Er reichte es in meine Hand. Ich betrachtete die Siegel, sie waren rein und unverletzt und trugen ein einfaches Kreuz. Auf der obern Seite des Papiers standen die Worte: ›Letzter Wille des Pfarrers im Kar‹. Ich ging an den Tisch, nahm ein Blatt aus meiner Brieftasche, schrieb darauf, daß ich von dem Pfarrer im Kar an dem bezeichneten Tage ein mit drei Siegeln, die ein Kreuz enthalten, versiegeltes Papier empfangen habe, das die Aufschrift ›Letzter Wille des Pfarrers im Kar‹ trage. Diese Bescheinigung reichte ich ihm dar, und er schob sie ebenfalls unter das Kissen seines Hauptes. Das Testament tat ich einstweilen in die Tasche, in welcher ich meine Zeichnungen und Arbeiten hatte.

Nach dieser Unterredung blieb ich noch eine geraume Zeit bei dem Pfarrer, und das Gespräch wendete sich auf andere, gleichgültigere Gegenstände. Es kam Sabine herein, um ihm Speise zu bringen, es kam das Mädchen aus dem ersten Stockwerke herunter, um sich nach seinem Befinden zu erkundigen. Da die Sterne an dem hohen Himmel standen, ging ich durch das bleiche Gestein und den weichen Sand in meine Hütte, und dachte an den Pfarrer. Ich tat das Testament vorerst in meinen Koffer, wo ich meine besten Sachen hatte, um es später in meinem Hause gut zu verwahren.

Die Zeit nach der Erzählung des Pfarrers ging mir in meinem Steingewirre dahin, wie sie mir vorher dahingegangen war. Wir maßen, und arbeiteten, und zeichneten; ich sammelte mir unter Tags Stoff, besuchte gegen Abend den Pfarrer, saß ein paar Stunden an seinem Bette, und arbeitete dann in der Nacht in meiner Hütte, während mir einer meiner Leute auf einem Notherde derselben einen schmalen Braten briet.

Nach und nach wurde der Pfarrer besser, endlich stand er auf, wie es der Arzt in der Stadt voraus gesagt hatte, dann ging er vor sein Haus, er ging wieder in die Kirche, und zuletzt kam er auch wieder in das Steinkar, wandelte in den Hügeln herum, oder stand bei uns und schaute unsern Arbeiten zu.

Wie aber endlich alles ein Ende nimmt, so war es auch mit unserem langen Aufenthalte im Steinkar. Wir waren immer weiter vorgerückt, wir näherten uns der Grenzlinie unseres angewiesenen Bezirks immer mehr und mehr, endlich waren die Pflöcke auf ihr aufgestellt, es war bis dahin gemessen, und nach geringen schriftlichen Arbeiten war das Steinkar in seinem ganzen Abbilde in vielen Blättern in unserer Mappe. Die Stangen, die Pflöcke, die Werke wurden sofort weggeschafft, die Hütten abgebrochen, meine Leute gingen nach ihren Bestimmungen auseinander, und das Steinkar war wieder von diesen Bewohnern frei und leer.

Ich packte meinen Koffer, nahm von dem Pfarrer, von dem Schullehrer, von Sabine, von dem Mietsmann und seiner Tochter und von andern Leuten Abschied, ließ den Koffer in die Hochstraße bringen, ging zu Fuße dahin, bestellte mir Postpferde, und da diese angelangt waren, fuhr ich von dem Schauplatze meiner bisherigen Tätigkeit fort.

Eines sehr seltsamen Gefühles muß ich Erwähnung tun, das ich damals hatte. Es ergriff mich nämlich beinahe eine tiefe Wehmut, als ich von der Gegend schied, welche mir, da ich sie zum ersten Male betreten hatte, abscheulich erschienen war. Wie ich immer mehr und mehr in die bewohnteren Teile hinauskam, mußte ich mich in meinem Wagen umkehren und nach den Steinen zurückschauen, deren Lichter so sanft und matt schimmerten, und in deren Vertiefungen die schönen blauen Schatten waren, wo ich so

lange verweilt hatte, während ich jetzt zu grünenden Wiesen, zu geteilten Feldern und unter hohe, strebende Bäume hinaus fuhr.

Nach fünf Jahren ergriff ich eine Gelegenheit, die mich in die Nähe brachte, das Steinkar wieder zu besuchen. Ich fand den Pfarrer in demselben zuweilen herum gehen, wie früher, oder gelegentlich auf einem der Steine sitzen und herum schauen. Seine klaren blauen Augen waren die nämlichen geblieben.

Ich zeigte ihm die Briefe, die ich von ihm empfangen, und die ich aufbewahrt hatte. Er bedankte sich sehr schön, daß ich auf jeden der Briefe ihm eine Antwort gesendet hätte, er freue sich der Briefe und lese oft in denselben. Er zeigte sie mir, da wir in seinem Stübchen wieder an dem fichtenen Tische beisammen saßen.

Die Zirder floß mit ihrem himmelblauen Bande durch die Steine, diese hatten die graue Farbe, und der Sand lagerte zu ihren Füßen. Die grünen Streifen und die wenigen Gesträuche waren wie immer. In der Hochstraße war der Wirt, die Wirtin und fast auch ihre Kinder wie früher, ja die alten Gäste schienen an den Tischen zu sitzen, so sehr blieben die Menschen die nämlichen, die in jenen Gegenden den Verkehr über die Anhöhe treiben.

Nach diesem Besuche in jener Gegend führte mich weder ein Geschäft mehr dahin, noch fand ich Zeit, aus freiem Antriebe wieder einmal das Kar zu besuchen. Viele Jahre gingen vorüber, und der Wunsch des Pfarrers, daß ihn Gott seines Zweckes willen lange leben lassen möchte, schien in Erfüllung gehen zu wollen. Alle Jahre bekam ich mehrere Briefe von ihm, die ich regelmäßig beantwortete, und die regelmäßig im nächsten Jahre wieder anlangten. Nur eins glaubte ich zu bemerken, daß die Buchstaben nämlich etwas zeigten, als zittere die Hand.

Nach langen Jahren kam einmal ein Brief von dem Schullehrer.

In demselben schrieb er, daß der Pfarrer erkrankt sei, daß er von mir rede, und daß er gesagt habe: »Wenn er es wüßte, daß ich krank bin.« Er nehme sich daher die Erlaubnis, mir dieses zu melden, weil er doch nicht erkennen könne, ob es nicht zu etwas gut sei, und er bitte mich deshalb um Verzeihung, daß er so zudringlich gewesen.

Ich antwortete ihm, daß ich seinen Brief als keine Zudringlichkeit ansehen könne, sondern daß er mir einen Dienst damit erwiesen habe, indem ich an dem Pfarrer im Kar großen Anteil nähme. Ich bitte ihn, er möge mir öfter über das Befinden des Pfarrers schreiben, und wenn es schlechter würde, mir dieses sogleich anzeigen. Und sollte Gott wider Vermuten schnell etwas Menschliches über ihn verhängen, so solle er mir auch dieses ohne geringstes Versäumen melden.

An den Pfarrer schrieb ich auch zu seiner Beruhigung, daß ich von seiner Erkrankung gehört habe, daß ich den Schullehrer gebeten habe, er möge mir über sein Befinden öfter schreiben; ich ersuchte ihn, daß er sich nicht selber anstrengen möchte, an mich zu schreiben, daß er sich ein Bett in das Stübchen machen lassen solle, und daß sich, wie es ja auch in früheren Jahren geschehen sei, sein Unwohlsein in kurzer Zeit wieder heben könnte. Mein Beruf gestatte für den Augenblick keinen Besuch.

Er antwortete mir deßohngeachtet in einigen Zeilen, daß er sehr, sehr alt sei, daß er geduldig harre, und sich nicht fürchte.

Da der Schullehrer zwei Briefe geschrieben hatte, in denen er sagte, daß mit dem Pfarrer keine Veränderung vorgegangen sei, kam ein dritter, der meldete, daß derselbe nach Empfang der heiligen Sterbsakramente verschieden sei.

Ich machte mir Vorwürfe, setzte jetzt alles beiseite, und machte mich reisefertig. Ich zog das versiegelte Papier aus meinem Schrei-

ne hervor, ich nahm auch die Briefe des Pfarrers mit, die zur Erweisung der Handschrift dienen könnten, und begab mich auf den Weg nach Karsberg.

Als ich daselbst angekommen war, erhielt ich die Auskunft, daß ein Testament des Pfarrers in dem Schlosse gerichtlich niedergelegt worden sei, daß man ein zweites in seiner Verlassenschaft gefunden habe, und daß ich mich in zwei Tagen in dem Schlosse einfinden solle, um mein Testament vorzuzeigen, worauf die Öffnung und Prüfung der Testamente statt haben würde.

Ich begab mich während dieser zwei Tage in das Kar. Der Schullehrer erzählte mir über die letzten Tage des Pfarrers. Er sei ruhig in seiner Krankheit gelegen, wie in jener, da ich ihn so oft besucht habe. Er habe wieder keine Arznei genommen, bis der Pfarrer aus der Wenn, ein Nachbar des Pfarrers im Kar, welcher ihm die Sterbsakramente gereicht hatte, ihm dargetan hätte, daß er auch irdische Mittel gebrauchen, und es Gott überlassen müsse, ob sie wirkten oder nicht. Von dem Augenblicke an nahm er alles, was man ihm gab, und ließ alles mit sich tun, was man tun wollte. Er lag wieder in seinem Stübchen, wo man ihm wieder aus den Wolldecken ein Bett gemacht hatte. Sabine war immer bei ihm. Als es zum Sterben kam, machte er keine besondere Vorbereitung, sondern er lag wie alle Tage. Man konnte nicht abnehmen, ob er es wisse, daß er jetzt sterbe, oder nicht. Er war wie gewöhnlich, und redete gewöhnliche Worte. Endlich schlief er sanft ein, und es war vorüber.

Man entkleidete ihn, um ihn für die Bahre anzuziehen. Man legte ihm das Schönste seiner Wäsche an. Dann zog man ihm sein fadenscheiniges Kleid an, und über das Kleid den Priesterchorrock. So wurde er auf der Bahre ausgestellt. Die Leute kamen sehr zahlreich, um ihn anzuschauen; denn sie hatten so etwas nie gesehen;

er war der erste Pfarrer gewesen, der in dem Kar gestorben war. Er lag mit seinen weißen Haaren da, sein Angesicht war mild, nur viel blasser als sonst, und die blauen Augen waren von den Lidern gedeckt. Mehrere seiner Amtsbrüder kamen, ihn zur Erde zu bestatten. Bei der Einsenkung haben viele der herbeigekommenen Menschen geweint.

Ich erkundigte mich nun auch um den Mietmann im ersten Stockwerke. Er kam selbst in das Vorhaus des Pfarrhofes herunter, in dem ich mich befand, und sprach mit mir. Er hatte fast keine Haare mehr, und trug daher ein schwarzes Käppchen auf seinem Haupte. Ich fragte nach seiner schönen Tochter, die damals, als sie in meiner Gegenwart öfter in das Krankenzimmer des Pfarrers gekommen war, ein junges, rasches Mädchen gewesen war. Sie war in der Hauptstadt verheiratet, und war Mutter von beinahe erwachsenen Kindern. Auch diese war in den letzten Tagen des Pfarrers nicht um ihn gewesen. Der Mietmann sagte mir, daß er jetzt wohl zu seiner Tochter werde ziehen müssen, da er bei der Wiederbesetzung der Pfarre gewiß seine Wohnung verlieren und im Kar keine andere finden werde.

Die alte Sabine war die einzige, die sich nicht geändert hatte, sie sah gerade so aus wie damals, als sie bei meiner ersten Anwesenheit den Pfarrer in seiner Krankheit gepflegt hatte. Niemand wußte, wie alt sie sei, und sie wußte es selbst nicht.

Ich mußte deshalb in dem Vorhause des Pfarrhofes stehen bleiben, weil das Stüblein und das neben dem Vorhause befindliche Gewölbe versiegelt waren. Die einzige hölzerne Bank, die Schlafstätte des Pfarrers, stand an ihrer Stelle, und niemand hatte an sie gedacht. Die Bibel aber lag nicht mehr auf der Bank, man sagte, sie sei in das Stüblein gebracht worden.

Als die zwei Tage vorüber waren, die man als Frist zur Eröffnung des Testamentes anberaumt hatte, begab ich mich nach Karsberg, und verfügte mich zur festgesetzten Stunde in den Gerichtssaal. Es waren mehrere Menschen zusammen gekommen, und es waren die Vorstände der Pfarrgemeinde und die Zeugen geladen worden. Die zwei Testamente und das Verzeichnis der Verlassenschaft des Pfarrers lagen auf dem Tische. Man wies mir meine Bescheinigung über den Empfang des Testamentes des Pfarrers vor, die in der Verlassenschaft des Pfarrers gefunden worden war, und foderte mich zur Vorzeigung des Testamentes auf. Ich überreichte es. Man untersuchte Schrift und Siegel und erkannte die Richtigkeit des Testamentes an.

Nach herkömmlicher Art wurde nun das gerichtlich niedergelegte Testament zuerst eröffnet und gelesen. Dann folgte das von mir übergebene. Es lautete Wort für Wort wie das erste. Endlich wurde das in der Wohnung des Pfarrers vorgefundene eröffnet, und es lautete ebenfalls Wort für Wort wie die beiden ersten. Die Zeitangabe und die Unterschrift war in allen drei Urkunden dieselbe. Sofort wurden alle drei Testamente als ein einziges, in drei Abschriften vorhandenes Testament erklärt.

Der Inhalt des Testamentes aber überraschte alle.

Die Worte des Pfarrers, wenn man den Eingang hinweg läßt, in dem er die Hilfe Gottes anruft, die Verfügung unter seinen Schutz stellt, und erklärt, daß er bei vollkommnem Gebrauche seines Verstandes und Willens sei, lauten so: »Wie ein jeder Mensch außer seinem Amte und Berufe noch etwas findet oder suchen soll, das er zu verrichten hat, damit er alles tue, was er in seinem Leben zu tun hat, so habe auch ich etwas gefunden, was ich neben meiner Seelsorge verrichten muß: ich muß die Gefahr der Kinder der Stein-

häuser und Karhäuser aufheben. Die Zirder schwillt oft an, und kann dann ein reißendes Wasser sein, das in Schnelle daher kömmt, wie es ja in den ersten Jahren meiner Pfarre zweimal durch Wolkenbrüche alle Stege und Brücken weggenommen hat. Die Ufer sind niedrig, und das am Kar ist noch niedriger als das Steinhäuser Ufer. Da sind drei Fälle möglich: entweder ist das Karufer überschwemmt, oder es ist auch das Steinhäuser Ufer überschwemmt, oder es wird sogar der Steg hinweggetragen. Die Kinder aus den Steinhäusern und Karhäusern müssen aber über den Steg ins Kar in die Schule gehen. Wenn nun das Karufer überschwemmt ist, und sie von dem Stege in das Wasser gehen, so können manche in eine Grube oder in eine Vertiefung geraten und dort verunglücken; denn das kotige Wasser der Überschwemmung läßt den Boden nicht sehen: oder es kann das Wasser, während die Kinder in ihm waten, so schnell steigen, daß sie das Trockene nicht mehr erreichen können und alle verloren sind: oder sie können noch von dem Steinhäuser Ufer auf den Steg kommen, können das Wasser auf dem Karufer zu tief finden, können sich durch Beratschlagen oder Zaudern so lange aufhalten, daß indessen auch das Steinhäuser Ufer mit zu tiefem Wasser bedeckt wird; dann ist der Steg eine Insel, die Kinder stehen auf ihm, und können mit ihm fortgeschwemmt werden. Und wenn auch dieses alles nicht geschieht, so gehen sie mit ihren Füßlein im Winter in das Schneewasser, das auch Eisschollen hat, und fügen ihrer Gesundheit großen Schaden zu.

Damit diese Gefahr in der Zukunft aufhöre, habe ich zu sparen begonnen, und verordne, wie folgt: von der Geldsumme, welche nach meinem Tode als mein Eigentum gefunden wird, vermehrt um die Geldsumme, welche aus dem Verkaufe meiner hinterlassenen Habe entsteht, soll in der Mitte der Schulkinder der Steinhäu-

ser und Karhäuser ein Schulhaus gebaut werden, dann soll ein solcher Teil der Geldsumme auf Zinsen angelegt werden, daß durch das Erträgnis die Lehrer der Schule erhalten werden können, ferner soll noch ein Teil nutzbringend gemacht werden, daß aus den Zinsen die jährliche Vergütung des Schadens entrichtet werden könne, welchen der Schullehrer im Kar durch den Abgang der Kinder erleidet, und endlich, wenn noch etwas übrig bleibet, so soll es meiner Dienerin Sabine gehören.

Ich habe drei gleiche Testamente geschrieben, daß sie sicherer seien, und wenn noch was immer für eine Verfügung oder Meinung in meinem Nachlasse sollte gefunden werden, welche nicht den Inhalt und Jahres- und Monatstag dieser Testamente trägt, so soll sie ungültig sein.

Damit aber in der Zeit schon die Gefahr vermindert werde, gehe ich alle Tage auf die Wiese am Karufer und sehe, ob keine Gräben, Gruben und Vertiefungen sind, und stecke eine Stange dazu. Den Eigentümer der Wiese bitte ich, daß er entstandene Gruben und Vertiefungen so bald ausebnen lasse, als es angeht, und er hat meine Bitten immer erfüllt. Ich gehe hinaus, wenn die Wiese überschwemmt ist, und suche den Kindern zu helfen. Ich lerne das Wetter kennen, um eine Überschwemmung voraussehen zu können und die Kinder zu warnen. Ich entferne mich nicht weit von dem Kar, um keine Versäumnis zu begehen. Und so werde ich es auch in der Zukunft immer tun.«

Diesen Testamenten war die Geldrechnung bis zu dem Zeitpunkte ihrer Abfassung beigelegt. Die Rechnung, die von dieser Zeit an bis gegen die Sterbetage des Pfarrers lief, fand man in seinen Schriften. Die Rechnungen waren mit großer Genauigkeit gemacht. Man ersah auch aus ihnen, wie sorgsam der Pfarrer im Spa-

ren war. Die kleinsten Beträge, selbst Pfennige, wurden zugelegt, und neue Quellen, die unscheinbarsten, eröffnet, daraus ein kleines Fädlein floß.

Zur Versteigerung des Nachlasses des Pfarrers wurde der fünfte Tag nach Eröffnung des Testamentes bestimmt.

Da wir von dem Gerichtshause fort gingen, sagte der Mietmann des Pfarrers unter Tränen zu mir: »O wie habe ich den Mann verkannt, ich hielt ihn beinahe für geizig: da hat ihn meine Tochter viel besser gekannt, sie hat den Pfarrer immer sehr lieb gehabt. Ich muß ihr die Begebenheit sogleich schreiben.«

Der Schullehrer im Kar segnete den Pfarrer, der immer so gut gegen ihn gewesen sei, und der sich so gerne in der Schule aufgehalten habe.

Auch die andern Leute erfuhren den Inhalt des Testamentes.

Nur die einzigen, die er am nächsten anging, die Kinder in den Steinhäusern und Karhäusern, wußten nichts davon, oder wenn sie es auch erfuhren, so verstanden sie es nicht, und wußten nicht, was ihnen zugedacht worden sei.

Weil ich auch bei der Versteigerung gegenwärtig sein wollte, so ging ich wieder in das Kar zurück, und beschloß, die vier Tage dazu anzuwenden, um manche Plätze im Steinkar und andern Gegenden zu besuchen, wo ich einstens gearbeitet hatte. Es war alles unverändert, als ob diese Gegend zu ihrem Merkmale der Einfachheit auch das der Unveränderlichkeit erhalten hätte.

Da der fünfte Tag herangekommen war, wurden die Siegel von den Türen der Pfarrerswohnung abgenommen, und die hinterlassenen Stücke des Pfarrers versteigert. Es hatten sich viele Menschen eingefunden, und die Versteigerung war in Hinsicht des Testamentes eine merkwürdige geworden. Es trugen sich auffallende

Begebenheiten bei derselben zu. Ein Pfarrer kaufte einen unter den Kleidern des Verstorbenen gefundenen Rock, der das Schlechteste war, was man unter nicht zerrissenen Kleidern finden kann, um einen ansehnlichen Kaufschilling. Die Gemeinde des Kar erstand die Bibel, um sie in ihre Kirche zu stiften. Selbst die hölzerne Bank, die man nicht einmal eingesperrt hatte, fand einen Käufer.

Auch ich erwarb etwas in der Versteigerung, nämlich das kleine, aus Holz geschnitzte Kruzifix von Nürnberg und sämtliche noch übrigen so schönen und feinen Leintücher und Tischtücher. Ich und meine Gattin besitzen die Sachen noch bis auf den heutigen Tag, und haben die Wäsche sehr selten gebraucht. Wir bewahren sie als ein Denkmal auf, daß der arme Pfarrer diese Dinge aus einem tiefen dauernden und zarten Gefühle behalten und nie benutzt hat. Zuweilen läßt meine Gattin die Linnen durchwaschen und glätten, dann ergötzt sie sich an der unbeschreiblichen Schönheit und Reinheit, und dann werden die zusammengelegten Stücke mit den alten, ausgebleichten rotseidenen Bändchen, die noch vorhanden sind, umbunden und wieder in den Schrein gelegt. –

Nun stellt sich die Frage, was die Wirkung von all diesen Dingen gewesen sei.

Die Summe, welche der Pfarrer erspart hatte, und die, welche aus der Versteigerung seines Nachlasses gelöst worden war, waren zusammen genommen viel zu klein, als daß eine Schule daraus hätte gegründet werden können. Sie waren zu klein, um nur ein mittleres Haus, wie sie in jener Gegend gebräuchlich sind, zu bauen, geschweige denn ein Schulhaus mit den Lehrzimmern und den Lehrerswohnungen, ferner den Gehalt der Lehrer festzustellen und den früheren Lehrer zu entschädigen.

Es lag das in der Natur des Pfarrers, der die Weltdinge nicht

verstand, und dreimal beraubt werden mußte, bis er das ersparte Geld auf Zinsen anlegte.

Aber wie das Böse stets in sich selber zwecklos ist und im Weltplane keine Wirkung hat, das Gute aber Früchte trägt, wenn es auch mit mangelhaften Mitteln begonnen wird, so war es auch hier: »Gott bedurfte zur Krönung dieses Werkes des Pfarrers nicht.« Als die Sache mit dem Testamente und dessen Unzulänglichkeit bekannt wurde, traten gleich die Wohlhabenden und Reichen in dem Umkreise zusammen, und unterschrieben in kurzem eine Summe, die hinlänglich schien, alle Absichten des Pfarrers vollziehen zu können. Und sollte noch etwas nötig sein, so erklärte jeder, daß er eine Nachzahlung leisten würde. Ich habe auch mein Scherflein dazu beigetragen.

War ich das erste Mal mit Wehmut von der Gegend geschieden, so flossen jetzt Tränen aus meinen Augen, als ich die einsamen Steine verließ. –

Jetzt, da ich rede, steht die Schule längst in den Steinhäusern und Karhäusern, sie steht in der Mitte der Schulkinder auf einem gesunden und luftigen Platze. Der Lehrer wohnt mit seiner Familie und dem Gehilfen in dem Gebäude, der Lehrer im Kar erhält seine jährliche Entschädigung, und selbst Sabine ist noch mit einem Teile bedacht worden. Sie wollte ihn aber nicht, und bestimmte ihn im vorhinein für die Tochter des Schullehrers, die sie immer lieb hatte.

Das einzige Kreuz, das für einen Pfarrer in dem Kirchhofe des Kar steht, steht auf dem Hügel des Gründers dieser Dinge. Es mag manchmal ein Gebet dabei verrichtet werden, und mancher wird mit einem Gefühle davor stehen, das dem Pfarrer nicht gewidmet worden ist, da er noch lebte.

Bergkristall

Unsere Kirche feiert verschiedene Feste, welche zum Herzen dringen. Man kann sich kaum etwas Lieblicheres denken als Pfingsten und kaum etwas Ernsteres und Heiligeres als Ostern. Das Traurige und Schwermütige der Charwoche und darauf das Feierliche des Sonntags begleiten uns durch das Leben. Eines der schönsten Feste feiert die Kirche fast mitten im Winter, wo beinahe die längsten Nächte und kürzesten Tage sind, wo die Sonne am schiefsten gegen unsere Gefilde steht, und Schnee alle Fluren deckt, das Fest der Weihnacht. Wie in vielen Ländern der Tag vor dem Geburtsfeste des Herrn der Christabend heißt, so heißt er bei uns der heilige Abend, der darauf folgende Tag der heilige Tag und die dazwischen liegende Nacht die Weihnacht. Die katholische Kirche begeht den Christtag als den Tag der Geburt des Heilandes mit ihrer allergrößten kirchlichen Feier, in den meisten Gegenden wird schon die Mitternachtsstunde als die Geburtsstunde des Herrn mit prangender Nachtfeier geheiligt, zu der die Glocken durch die stille, finstere winterliche Mitternachtluft laden, zu der die Bewohner mit Lichtern oder auf dunkeln, wohlbekannten Pfaden aus schneeigen Bergen an bereiften Wäldern vorbei und durch knarrende Obstgärten zu der Kirche eilen, aus der die feierlichen Töne kommen, und die aus der Mitte des in beeiste Bäume gehüllten Dorfes mit den langen beleuchteten Fenstern empor ragt.

Mit dem Kirchenfeste ist auch ein häusliches verbunden. Es hat sich fast in allen christlichen Ländern verbreitet, daß man den Kindern die Ankunft des Christkindleins – auch eines Kindes, des wunderbarsten, das je auf der Welt war – als ein heiteres, glänzen-

des, feierliches Ding zeigt, das durch das ganze Leben fortwirkt, und manchmal noch spät im Alter bei trüben, schwermütigen oder rührenden Erinnerungen gleichsam als Rückblick in die einstige Zeit mit den bunten, schimmernden Fittigen durch den öden, traurigen und ausgeleerten Nachthimmel fliegt. Man pflegt den Kindern die Geschenke zu geben, die das heilige Christkindlein gebracht hat, um ihnen Freude zu machen. Das tut man gewöhnlich am heiligen Abende, wenn die tiefe Dämmerung eingetreten ist. Man zündet Lichter, und meistens sehr viele, an, die oft mit den kleinen Kerzlein auf den schönen grünen Ästen eines Tannen- oder Fichtenbäumchens schweben, das mitten in der Stube steht. Die Kinder dürfen nicht eher kommen, als bis das Zeichen gegeben wird, daß der heilige Christ zugegen gewesen ist, und die Geschenke, die er mitgebracht, hinterlassen hat. Dann geht die Tür auf, die Kleinen dürfen hinein, und bei dem herrlichen, schimmernden Lichterglanze sehen sie Dinge auf dem Baume hängen oder auf dem Tische herum gebreitet, die alle Vorstellungen ihrer Einbildungskraft weit übertreffen, die sie sich nicht anzurühren getrauen, und die sie endlich, wenn sie sie bekommen haben, den ganzen Abend in ihren Ärmchen herum tragen und mit sich in das Bett nehmen. Wenn sie dann zuweilen in ihre Träume hinein die Glockentöne der Mitternacht hören, durch welche die Großen in die Kirche zur Andacht gerufen werden, dann mag es ihnen sein, als zögen jetzt die Englein durch den Himmel, oder als kehre der heilige Christ nach Hause, welcher nunmehr bei allen Kindern gewesen ist und jedem von ihnen ein herrliches Geschenk hinterbracht hat.

Wenn dann der folgende Tag, der Christtag, kömmt, so ist er ihnen so feierlich, wenn sie früh morgens mit ihren schönsten Klei-

dern angetan in der warmen Stube stehen, wenn der Vater und die Mutter sich zum Kirchgange schmücken, wenn zu Mittage ein feierliches Mahl ist, ein besseres als in jedem Tage des ganzen Jahres, und wenn nachmittags oder gegen den Abend hin Freunde und Bekannte kommen, auf den Stühlen und Bänken herum sitzen, mit einander reden, und behaglich durch die Fenster in die Wintergegend hinaus schauen können, wo entweder die langsamen Flocken niederfallen, oder ein trübender Nebel um die Berge steht, oder die blutrote, kalte Sonne hinab sinkt. An verschiedenen Stellen der Stube, entweder auf einem Stühlchen oder auf der Bank oder auf dem Fensterbrettchen, liegen die zaubrischen, nun aber schon bekannteren und vertrauteren Geschenke von gestern abend herum.

Hierauf vergeht der lange Winter, es kömmt der Frühling und der unendlich dauernde Sommer – und wenn die Mutter wieder vom heiligen Christe erzählt, daß nun bald sein Festtag sein wird, und daß er auch diesmal herab kommen werde, ist es den Kindern, als sei seit seinem letzten Erscheinen eine ewige Zeit vergangen, und als liege die damalige Freude in einer weiten nebelgrauen Ferne.

Weil dieses Fest so lange nachhält, weil sein Abglanz so hoch in das Alter hinauf reicht, so stehen wir so gerne dabei, wenn die Kinder dasselbe begehen und sich darüber freuen. – –

In den hohen Gebirgen unsers Vaterlandes steht ein Dörfchen mit einem kleinen, aber sehr spitzigen Kirchturme, der mit seiner roten Farbe, mit welcher die Schindeln bemalt sind, aus dem Grün vieler Obstbäume hervor ragt, und wegen derselben roten Farbe in dem duftigen und blauen Dämmern der Berge weithin ersichtlich ist. Das Dörfchen liegt gerade mitten in einem ziemlich weiten Tale, das fast wie ein länglicher Kreis gestaltet ist. Es enthält außer

der Kirche eine Schule, ein Gemeindehaus und noch mehrere stattliche Häuser, die einen Platz gestalten, auf welchem vier Linden stehen, die ein steinernes Kreuz in ihrer Mitte haben. Diese Häuser sind nicht bloße Landwirtschaftshäuser, sondern sie bergen auch noch diejenigen Handwerke in ihrem Schoße, die dem menschlichen Geschlechte unentbehrlich sind, und die bestimmt sind, den Gebirgsbewohnern ihren einzigen Bedarf an Kunsterzeugnissen zu decken. Im Tale und an den Bergen herum sind noch sehr viele zerstreute Hütten, wie das in Gebirgsgegenden sehr oft der Fall ist, welche alle nicht nur zur Kirche und Schule gehören, sondern auch jenen Handwerken, von denen gesprochen wurde, durch Abnahme der Erzeugnisse ihren Zoll entrichten. Es gehören sogar noch weitere Hütten zu dem Dörfchen, die man von dem Tale aus gar nicht sehen kann, die noch tiefer in den Gebirgen stecken, deren Bewohner selten zu ihren Gemeindemitbrüdern herauskommen, und die im Winter oft ihre Toten aufbewahren müssen, um sie nach dem Wegschmelzen des Schnees zum Begräbnisse bringen zu können. Der größte Herr, den die Dörfler im Laufe des Jahres zu sehen bekommen, ist der Pfarrer. Sie verehren ihn sehr, und es geschieht gewöhnlich, daß derselbe durch längeren Aufenthalt im Dörfchen ein der Einsamkeit gewöhnter Mann wird, daß er nicht ungerne bleibt, und einfach fortlebt. Wenigstens hat man seit Menschengedenken nicht erlebt, daß der Pfarrer des Dörfchens ein auswärtssüchtiger oder seines Standes unwürdiger Mann gewesen wäre.

Es gehen keine Straßen durch das Tal, sie haben ihre zweigleisigen Wege, auf denen sie ihre Felderzeugnisse mit einspännigen Wäglein nach Hause bringen, es kommen daher wenig Menschen in das Tal, unter diesen manchmal ein einsamer Fußreisender, der ein Liebhaber der Natur ist, eine Weile in der bemalten Oberstube

des Wirtes wohnt und die Berge betrachtet, oder gar ein Maler, der den kleinen spitzen Kirchturm und die schönen Gipfel der Felsen in seine Mappe zeichnet. Daher bilden die Bewohner eine eigene Welt, sie kennen einander alle mit Namen und mit den einzelnen Geschichten von Großvater und Urgroßvater her, trauern alle, wenn einer stirbt, wissen, wie er heißt, wenn einer geboren wird, haben eine Sprache, die von der der Ebene draußen abweicht, haben ihre Streitigkeiten, die sie schlichten, stehen einander bei, und laufen zusammen, wenn sich etwas Außerordentliches begibt.

Sie sind sehr stettig, und es bleibt immer beim Alten. Wenn ein Stein aus einer Mauer fällt, wird derselbe wieder hineingesetzt, die neuen Häuser werden wie die alten gebaut, die schadhaften Dächer werden mit gleichen Schindeln ausgebessert, und wenn in einem Hause scheckige Kühe sind, so werden immer solche Kälber aufgezogen, und die Farbe bleibt bei dem Hause.

Gegen Mittag sieht man von dem Dorfe einen Schneeberg, der mit seinen glänzenden Hörnern fast oberhalb der Hausdächer zu sein scheint, aber in der Tat doch nicht so nahe ist. Er sieht das ganze Jahr, Sommer und Winter, mit seinen vorstehenden Felsen und mit seinen weißen Flächen in das Tal herab. Als das Auffallendste, was sie in ihrer Umgebung haben, ist der Berg der Gegenstand der Betrachtung der Bewohner, und er ist der Mittelpunkt vieler Geschichten geworden. Es lebt kein Mann und Greis in dem Dorfe, der nicht von den Zacken und Spitzen des Berges, von seinen Eisspalten und Höhlen, von seinen Wässern und Geröllströmen etwas zu erzählen wüßte, was er entweder selbst erfahren oder von andern erzählen gehört hat. Dieser Berg ist auch der Stolz des Dorfes, als hätten sie ihn selber gemacht, und es ist nicht so ganz entschieden, wenn man auch die Biederkeit und Wahr-

heitsliebe der Talbewohner hoch anschlägt, ob sie nicht zuweilen zur Ehre und zum Ruhme des Berges lügen. Der Berg gibt den Bewohnern außerdem, daß er ihre Merkwürdigkeit ist, auch wirklichen Nutzen; denn wenn eine Gesellschaft von Gebirgsreisenden herein kömmt, um von dem Tale aus den Berg zu besteigen, so dienen die Bewohner des Dorfes als Führer, und einmal Führer gewesen zu sein, dieses und jenes erlebt zu haben, diese und jene Stelle zu kennen, ist eine Auszeichnung, die jeder gerne von sich darlegt. Sie reden oft davon, wenn sie in der Wirtsstube bei einander sitzen, und erzählen ihre Wagnisse und ihre wunderbaren Erfahrungen, und versäumen aber auch nie zu sagen, was dieser oder jener Reisende gesprochen habe, und was sie von ihm als Lohn für ihre Bemühungen empfangen hätten. Dann sendet der Berg von seinen Schneeflächen die Wasser ab, welche einen See in seinen Hochwäldern speisen, und den Bach erzeugen, der lustig durch das Tal strömt, die Brettersäge, die Mahlmühle und andere kleine Werke treibt, das Dorf reinigt und das Vieh tränkt. Von den Wäldern des Berges kömmt das Holz, und sie halten die Lawinen auf. Durch die innern Gänge und Lockerheiten der Höhen sinken die Wasser durch, die dann in Adern durch das Tal gehen, und in Brünnlein und Quellen hervorkommen, daraus die Menschen trinken und ihr herrliches, oft belobtes Wasser dem Fremden reichen. Allein an letzteren Nutzen denken sie nicht, und meinen, das sei immer so gewesen.

Wenn man auf die Jahresgeschichte des Berges sieht, so sind im Winter die zwei Zacken seines Gipfels, die sie Hörner heißen, schneeweiß, und stehen, wenn sie an hellen Tagen sichtbar sind, blendend in der finstern Bläue der Luft; alle Bergfelder, die um diese Gipfel herum lagern, sind dann weiß; alle Abhänge sind so;

selbst die steilrechten Wände, die die Bewohner Mauern heißen, sind mit einem angeflogenen weißen Reife bedeckt und mit zartem Eise wie mit einem Firnisse belegt, so daß die ganze Masse wie ein Zauberpalast aus dem bereiften Grau der Wälderlast emporragt, welche schwer um ihre Füße herum ausgebreitet ist. Im Sommer, wo Sonne und warmer Wind den Schnee von den Steilseiten wegnimmt, ragen die Hörner nach dem Ausdrucke der Bewohner schwarz in den Himmel, und haben nur schöne weiße Äderchen und Sprenkeln auf ihrem Rücken, in der Tat aber sind sie zart fernblau, und was sie Äderchen und Sprenkeln heißen, das ist nicht weiß, sondern hat das schöne Milchblau des fernen Schnees gegen das dunklere der Felsen. Die Bergfelder um die Hörner aber verlieren, wenn es recht heiß ist, an ihren höheren Teilen wohl den Firn nicht, der gerade dann recht weiß auf das Grün der Talbäume herab sieht, aber es weicht von ihren unteren Teilen der Winterschnee, der nur einen Flaum machte, und es wird das unbestimmte Schillern von Bläulich und Grünlich sichtbar, das das Geschiebe von Eis ist, das dann bloß liegt und auf die Bewohner unten hinab grüßt. Am Rande dieses Schillerns, wo es von ferne wie ein Saum von Edelsteinsplittern aussieht, ist es in der Nähe ein Gemenge wilder, riesenhafter Blöcke, Platten und Trümmer, die sich drängen und verwirrt in einander geschoben sind. Wenn ein Sommer gar heiß und lang ist, werden die Eisfelder weit hinauf entblößt, und dann schaut eine viel größere Fläche von Grün und Blau in das Tal, manche Kuppen und Räume werden entkleidet, die man sonst nur weiß erblickt hatte, der schmutzige Saum des Eises wird sichtbar, wo es Felsen, Erde und Schlamm schiebt, und viel reichlichere Wasser als sonst fließen in das Tal. Dies geht fort, bis es nach und nach wieder Herbst wird, das Wasser sich verringert, zu einer Zeit

einmal ein grauer Landregen die ganze Ebene des Tales bedeckt, worauf, wenn sich die Nebel von den Höhen wieder lösen, der Berg seine weiche Hülle abermals umgetan hat, und alle Felsen, Kegel und Zacken in weißem Kleide da stehen. So spinnt es sich ein Jahr um das andere mit geringen Abwechslungen ab, und wird sich fort spinnen, so lange die Natur so bleibt, und auf den Bergen Schnee und in den Tälern Menschen sind. Die Bewohner des Tales heißen die geringen Veränderungen große, bemerken sie wohl, und berechnen an ihnen den Fortschritt des Jahres. Sie bezeichnen an den Entblößungen die Hitze und die Ausnahmen der Sommer.

Was nun noch die Besteigung des Berges betrifft, so geschieht dieselbe von dem Tale aus. Man geht nach der Mittagsrichtung zu auf einem guten, schönen Wege, der über einen sogenannten Hals in ein anderes Tal führt. Hals heißen sie einen mäßig hohen Bergrücken, der zwei größere und bedeutendere Gebirge mit einander verbindet, und über den man zwischen den Gebirgen von einem Tale in ein anderes gelangen kann. Auf dem Halse, der den Schneeberg mit einem gegenüberliegenden großen Gebirgszuge verbindet, ist lauter Tannenwald. Etwa auf der größten Erhöhung desselben, wo nach und nach sich der Weg in das jenseitige Tal hinab zu senken beginnt, steht eine sogenannte Unglücksäule. Es ist einmal ein Bäcker, welcher Brod in seinem Korbe über den Hals trug, an jener Stelle tot gefunden worden. Man hat den toten Bäcker mit dem Korbe und mit den umringenden Tannenbäumen auf ein Bild gemalt, darunter eine Erklärung und eine Bitte um ein Gebet geschrieben, das Bild auf eine rot angestrichene hölzerne Säule getan, und die Säule an der Stelle des Unglückes aufgerichtet. Bei dieser Säule biegt man von dem Wege ab, und geht auf der Länge des Halses fort, statt über seine Breite in das jenseitige Tal hinüber zu

wandern. Die Tannen bilden dort einen Durchlaß, als ob eine Straße zwischen ihnen hin ginge. Es führt auch manchmal ein Weg in dieser Richtung hin, der dazu dient, das Holz von den höheren Gegenden zu der Unglücksäule herab zu bringen, der aber dann wieder mit Gras verwächst. Wenn man auf diesem Wege fortgeht, der sachte bergan führt, so gelangt man endlich auf eine freie, von Bäumen entblößte Stelle. Dieselbe ist dürrer Haideboden, hat nicht einmal einen Strauch, sondern ist mit schwachem Haidekraute, mit trockenen Moosen und mit Dürrbodenpflanzen bewachsen. Die Stelle wird immer steiler, und man geht lange hinan; man geht aber immer in einer Rinne, gleichsam wie in einem ausgerundeten Graben, hinan, was den Nutzen hat, daß man auf der großen, baumlosen und überall gleichen Stelle nicht leicht irren kann. Nach einer Zeit erscheinen Felsen, die wie Kirchen gerade aus dem Grasboden aufsteigen, und zwischen deren Mauern man längere Zeit hinan gehen kann. Dann erscheinen wieder kahle, fast pflanzenlose Rücken, die bereits in die Lufträume der höhern Gegenden ragen und gerade zu dem Eise führen. Zu beiden Seiten dieses Weges sind steile Wände, und durch diesen Damm hängt der Schneeberg mit dem Halse zusammen. Um das Eis zu überwinden, geht man eine geraume Zeit an der Grenze desselben, wo es von den Felsen umstanden ist, dahin, bis man zu dem ältern Firn gelangt, der die Eisspalten überbaut und in den meisten Zeiten des Jahres den Wanderer trägt. An der höchsten Stelle des Firns erheben sich die zwei Hörner aus dem Schnee, wovon eines das höhere, mithin die Spitze des Berges ist. Diese Kuppen sind sehr schwer zu erklimmen; da sie mit einem oft breiteren, oft engeren Schneegraben – dem Firnschrunde – umgeben sind, der übersprungen werden muß, und da ihre steilrechten Wände nur kleine

Absätze haben, in welche der Fuß eingesetzt werden muß, so begnügen sich die meisten Besteiger des Berges damit, bis zu dem Firnschrunde gelangt zu sein, und dort die Rundsicht, so weit sie nicht durch das Horn verdeckt ist, zu genießen. Die den Gipfel besteigen wollen, müssen dies mit Hilfe von Steigeisen, Stricken und Klammern tun.

Außer diesem Berge stehen an derselben Mittagseite noch andere, aber keiner ist so hoch, wenn sie sich auch früh im Herbste mit Schnee bedecken und ihn bis tief in den Frühling hinein behalten. Der Sommer aber nimmt denselben immer weg, und die Felsen glänzen freundlich im Sonnenscheine, und die tiefer gelegenen Wälder zeigen ihr sanftes Grün von breiten blauen Schatten durchschnitten, die so schön sind, daß man sich in seinem Leben nicht satt daran sehen kann.

An den andern Seiten des Tales, nämlich von Mitternacht, Morgen und Abend her, sind die Berge langgestreckt und niederer, manche Felder und Wiesen steigen ziemlich hoch hinauf, und oberhalb ihrer sieht man verschiedene Waldblößen, Alpenhütten und dergleichen, bis sie an ihrem Rande mit feingezacktem Walde am Himmel hingehen, welche Auszackung eben ihre geringe Höhe anzeigt, während die mittäglichen Berge, obwohl sie noch großartigere Wälder hegen, doch mit einem ganz glatten Rande an dem glänzenden Himmel hinstreichen.

Wenn man so ziemlich mitten in dem Tale steht, so hat man die Empfindung, als ginge nirgends ein Weg in dieses Becken herein und keiner daraus hinaus; allein diejenigen, welche öfter im Gebirge gewesen sind, kennen diese Täuschung gar wohl: in der Tat führen nicht nur verschiedene Wege, und darunter sogar manche durch die Verschiebungen der Berge fast auf ebenem Boden, in die

nördlichen Flächen hinaus, sondern gegen Mittag, wo das Tal durch steilrechte Mauern fast geschlossen scheint, geht sogar ein Weg über den obbenannten Hals.

Das Dörflein heißt Gschaid, und der Schneeberg, der auf seine Häuser herab schaut, heißt Gars.

Jenseits des Halses liegt ein viel schöneres und blühenderes Tal, als das von Gschaid ist, und es führt von der Unglücksäule der gebahnte Weg hinab. Es hat an seinem Eingange einen stattlichen Marktflecken, Millsdorf, der sehr groß ist, verschiedene Werke hat, und in manchen Häusern städtische Gewerbe und Nahrung treibt. Die Bewohner sind viel wohlhabender als die in Gschaid, und obwohl nur drei Wegstunden zwischen den beiden Tälern liegen, was für die an große Entfernungen gewöhnten und Mühseligkeiten liebenden Gebirgsbewohner eine unbedeutende Kleinigkeit ist, so sind doch Sitten und Gewohnheiten in den beiden Tälern so verschieden, selbst der äußere Anblick derselben ist so ungleich, als ob eine große Anzahl Meilen zwischen ihnen läge. Das ist in Gebirgen sehr oft der Fall, und hängt nicht nur von der verschiedenen Lage der Täler gegen die Sonne ab, die sie oft mehr oder weniger begünstigt, sondern auch von dem Geiste der Bewohner, der durch gewisse Beschäftigungen nach dieser oder jener Richtung gezogen wird. Darin stimmen aber alle überein, daß sie an Herkömmlichkeiten und Väterweise hängen, großen Verkehr leicht entbehren, ihr Tal außerordentlich lieben, und ohne demselben kaum leben können.

Es vergehen oft Monate, oft fast ein Jahr, ehe ein Bewohner von Gschaid in das jenseitige Tal hinüber kömmt, und den großen Marktflecken Millsdorf besucht. Die Millsdorfer halten es eben so, obwohl sie ihrerseits doch Verkehr mit dem Lande draußen pfle-

gen, und daher nicht so abgeschieden sind wie die Gschaider. Es geht sogar ein Weg, der eine Straße heißen könnte, längs ihres Tales, und mancher Reisende und mancher Wanderer geht hindurch, ohne nur im geringsten zu ahnen, daß mitternachtwärts seines Weges jenseits des hohen herabblickenden Schneebergs noch ein Tal sei, in dem viele Häuser zerstreut sind, und in dem das Dörflein mit dem spitzigen Kirchturme steht.

Unter den Gewerben des Dorfes, welche bestimmt sind, den Bedarf des Tales zu decken, ist auch das eines Schusters, das nirgends entbehrt werden kann, wo die Menschen nicht in ihrem Urzustande sind. Die Gschaider aber sind so weit über diesem Stande, daß sie recht gute und tüchtige Gebirgsfußbekleidung brauchen. Der Schuster ist mit einer kleinen Ausnahme der einzige im Tale. Sein Haus steht auf dem Platze in Gschaid, wo überhaupt die besseren stehen, und schaut mit seinen grauen Mauern, weißen Fenstersimsen und grün angestrichenen Fensterläden auf die vier Linden hinaus. Es hat im Erdgeschosse die Arbeitsstube, die Gesellenstube, eine größere und kleinere Wohnstube, ein Verkaufstübchen, nebst Küche und Speisekammer und allen zugehörigen Gelassen; im ersten Stockwerke, oder eigentlich im Raume des Giebels, hat es die Oberstube oder eigentliche Prunkstube. Zwei Prachtbetten, schöne, geglättete Kästen mit Kleidern stehen da, dann ein Gläserkästchen mit Geschirren, ein Tisch mit eingelegter Arbeit, gepolsterte Sessel, ein Mauerkästchen mit den Ersparnissen, dann hängen an den Wänden Heiligenbilder, zwei schöne Sackuhren, gewonnene Preise im Schießen, und endlich sind auch Scheibengewehre und Jagdbüchsen nebst ihrem Zugehöre in einem eigenen, mit Glastafeln versehenen Kasten aufgehängt. An das Schusterhaus ist ein kleineres Häuschen, nur durch den Einfahrtsschwibbogen getrennt,

angebaut, welches genau dieselbe Bauart hat und zum Schusterhause wie ein Teil zum Ganzen gehört. Es hat nur eine Stube mit den dazu gehörigen Wohnteilen. Es hat die Bestimmung, dem Hausbesitzer, sobald er das Anwesen seinem Sohne oder Nachfolger übergeben hat, als sogenanntes Ausnahmstübchen zu dienen, in welchem er mit seinem Weibe so lange haust, bis beide gestorben sind, die Stube wieder leer steht und auf einen neuen Bewohner wartet. Das Schusterhaus hat nach rückwärts Stall und Scheune; denn jeder Talbewohner ist, selbst wenn er ein Gewerbe treibt, auch Landbebauer, und zieht hieraus seine gute und nachhaltige Nahrung. Hinter diesen Gebäuden ist endlich der Garten, der fast bei keinem besseren Hause in Gschaid fehlt, und von dem sie ihre Gemüse, ihr Obst und für festliche Gelegenheiten ihre Blumen ziehen. Wie oft im Gebirge, so ist auch in Gschaid die Bienenzucht in diesen Gärten sehr verbreitet.

Die kleine Ausnahme, deren oben Erwähnung geschah, und die Nebenbuhlerschaft der Alleinherrlichkeit des Schusters ist ein anderer Schuster, der alte Tobias, der aber eigentlich kein Nebenbuhler ist, weil er nur mehr flickt, hierin viel zu tun hat, und es sich nicht im entferntesten beikommen läßt, mit dem vornehmen Platzschuster in einen Wettstreit einzugehen, insbesondere, da der Platzschuster ihn häufig mit Lederflecken, Sohlenabschnitten und dergleichen Dingen unentgeltlich versieht. Der alte Tobias sitzt im Sommer am Ende des Dörfchens unter Holunderbüschen und arbeitet. Er ist umringt von Schuhen und Bundschuhen, die aber sämtlich alt, grau, kotig und zerrissen sind. Stiefel mit langen Röhren sind nicht da, weil sie im Dorfe und in der Gegend nicht getragen werden; nur zwei Personen haben solche, der Pfarrer und der Schullehrer, welche aber beides, flicken und neue Ware machen,

nur bei dem Platzschuster lassen. Im Winter sitzt der alte Tobias in seinem Stübchen hinter den Holunderstauden, und hat warm geheizt, weil das Holz in Gschaid nicht teuer ist.

Der Platzschuster ist, ehe er das Haus angetreten hat, ein Gemsewildschütze gewesen, und hat überhaupt in seiner Jugend, wie die Gschaider sagen, nicht gut getan. Er war in der Schule immer einer der besten Schüler gewesen, hatte dann von seinem Vater das Handwerk gelernt, ist auf Wanderung gegangen, und ist endlich wieder zurück gekehrt. Statt, wie es sich für einen Gewerbsmann ziemt, und wie sein Vater es Zeit Lebens getan, einen schwarzen Hut zu tragen, tat er einen grünen auf, steckte noch alle bestehenden Federn darauf, und stolzierte mit ihm und mit dem kürzesten Lodenrocke, den es im Tale gab, herum, während sein Vater immer einen Rock von dunkler, wo möglich schwarzer Farbe hatte, der auch, weil er einem Gewerbsmanne angehörte, immer sehr weit herab geschnitten sein mußte. Der junge Schuster war auf allen Tanzplätzen und Kegelbahnen zu sehen. Wenn ihm jemand eine gute Lehre gab, so pfiff er ein Liedlein. Er ging mit seinem Scheibengewehre zu allen Schießen der Nachbarschaft, und brachte manchmal einen Preis nach Hause, was er für einen großen Sieg hielt. Der Preis bestand meistens aus Münzen, die künstlich gefaßt waren, und zu deren Gewinnung der Schuster mehr gleiche Münzen ausgeben mußte, als der Preis enthielt, besonders, da er wenig haushälterisch mit dem Gelde war. Er ging auf alle Jagden, die in der Gegend abgehalten wurden, und hatte sich den Namen eines guten Schützen erworben. Er ging aber auch manchmal allein mit seiner Doppelbüchse und mit Steigeisen fort, und einmal sagte man, daß er eine schwere Wunde im Kopfe erhalten habe.

In Millsdorf war ein Färber, welcher gleich am Anfange des

Marktfleckens, wenn man auf dem Wege von Gschaid hinüber kam, ein sehr ansehnliches Gewerbe hatte, mit vielen Leuten und sogar, was im Tale etwas Unerhörtes war, mit Maschinen arbeitete. Außerdem besaß er noch eine ausgebreitete Feldwirtschaft. Zu der Tochter dieses reichen Färbers ging der Schuster über das Gebirge, um sie zu gewinnen. Sie war wegen ihrer Schönheit weit und breit berühmt, aber auch wegen ihrer Eingezogenheit, Sittsamkeit und Häuslichkeit belobt. Dennoch, hieß es, soll der Schuster ihre Aufmerksamkeit erregt haben. Der Färber ließ ihn nicht in sein Haus kommen; und hatte die schöne Tochter schon früher keine öffentlichen Plätze und Lustbarkeiten besucht und war selten außer dem Hause ihrer Eltern zu sehen gewesen: so ging sie jetzt schon gar nirgends mehr hin als in die Kirche oder in ihrem Garten oder in den Räumen des Hauses herum.

Einige Zeit nach dem Tode seiner Eltern, durch welchen ihm das Haus derselben zugefallen war, das er nun allein bewohnte, änderte sich der Schuster gänzlich. So wie er früher getollt hatte, so saß er jetzt in seiner Stube und hämmerte Tag und Nacht an seinen Sohlen. Er setzte prahlend einen Preis darauf, wenn es jemand gäbe, der bessere Schuhe und Fußbekleidungen machen könne. Er nahm keine andern Arbeiter als die besten, und trillte sie noch sehr herum, wenn sie in seiner Werkstätte arbeiteten, daß sie ihm folgten und die Sache so einrichteten, wie er befahl. Wirklich brachte er es jetzt auch dahin, daß nicht nur das ganze Dorf Gschaid, das zum größten Teile die Schusterarbeit aus benachbarten Tälern bezogen hatte, bei ihm arbeiten ließ, daß das ganze Tal bei ihm arbeiten ließ, und daß endlich sogar einzelne von Millsdorf und andern Tälern herein kamen und sich ihre Fußbekleidungen von dem Schuster in Gschaid machen ließen. Sogar in die Ebene hinaus ver-

breitete sich sein Ruhm, daß manche, die in die Gebirge gehen wollten, sich die Schuhe dazu von ihm machen ließen.

Er richtete das Haus sehr schön zusammen, und in dem Warengewölbe glänzten auf den Brettern die Schuhe, Bundstiefel und Stiefel; und wenn am Sonntage die ganze Bevölkerung des Tales herein kam, und man bei den vier Linden des Platzes stand, ging man gerne zu dem Schusterhause hin und sah durch die Gläser in die Warenstube, wo die Käufer und Besteller waren.

Nach seiner Vorliebe zu den Bergen machte er auch jetzt die Gebirgsbundschuhe am besten. Er pflegte in der Wirtsstube zu sagen: es gäbe keinen, der ihm einen fremden Gebirgsbundschuh zeigen könne, der sich mit einem seinigen vergleichen lasse. »Sie wissen es nicht,« pflegte er beizufügen, »sie haben es in ihrem Leben nicht erfahren, wie ein solcher Schuh sein muß, daß der gestirnte Himmel der Nägel recht auf der Sohle sitze und das gebührende Eisen enthalte, daß der Schuh außen hart sei, damit kein Geröllstein, wie scharf er auch sei, empfunden werde, und daß er sich von innen doch weich und zärtlich wie ein Handschuh an die Füße lege.«

Der Schuster hatte sich ein sehr großes Buch machen lassen, in welches er alle verfertigte Ware eintrug, die Namen derer beifügte, die den Stoff geliefert und die Ware gekauft hatten, und eine kurze Bemerkung über die Güte des Erzeugnisses beischrieb. Die gleichartigen Fußbekleidungen hatten ihre fortlaufenden Zahlen, und das Buch lag in der großen Lade seines Gewölbes.

Wenn die schöne Färberstochter von Millsdorf auch nicht aus der Eltern Hause kam, wenn sie auch weder Freunde noch Verwandte besuchte, so konnte es der Schuster von Gschaid doch so machen, daß sie ihn von ferne sah, wenn sie in die Kirche ging, wenn sie in dem Garten war, und wenn sie aus den Fenstern ihres

Zimmers auf die Matten blickte. Wegen dieses unausgesetzten Sehens hatte es die Färberin durch langes, inständiges und ausdauerndes Flehen für ihre Tochter dahin gebracht, daß der halsstarrige Färber nachgab, und daß der Schuster, weil er denn nun doch besser geworden, die schöne, reiche Millsdorferin als Eheweib nach Gschaid führte. Aber der Färber war deßungeachtet auch ein Mann, der seinen Kopf hatte. Ein rechter Mensch, sagte er, müsse sein Gewerbe treiben, daß es blühe und vorwärts komme, er müsse daher sein Weib, seine Kinder, sich und sein Gesinde ernähren, Hof und Haus im Stande des Glanzes halten, und sich noch ein Erkleckliches erübrigen, welches letztere doch allein im Stande sei, ihm Ansehen und Ehre in der Welt zu geben; darum erhalte seine Tochter nichts als eine vortreffliche Ausstattung, das andere ist Sache des Ehemanns, daß er es mache und für alle Zukunft es besorge. Die Färberei in Millsdorf und die Landwirtschaft auf dem Färberhause sei für sich ein ansehnliches und ehrenwertes Gewerbe, das seiner Ehre willen bestehen, und wozu alles, was da sei, als Grundstock dienen müsse, daher er nichts weggebe. Wenn einmal er und sein Eheweib, die Färberin, tot seien, dann gehöre Färberei und Landwirtschaft in Millsdorf ihrer einzigen Tochter, nämlich der Schusterin in Gschaid, und Schuster und Schusterin könnten damit tun, was sie wollten: aber alles dieses nur, wenn die Erben es wert wären, das Erbe zu empfangen; wären sie es nicht wert, so ging das Erbe auf die Kinder derselben, und wenn keine vorhanden wären, mit der Ausnahme des lediglichen Pflichtteiles auf andere Verwandte über. Der Schuster verlangte auch nichts, er zeigte im Stolze, daß es ihm nur um die schöne Färberstochter in Millsdorf zu tun gewesen, und daß er sie schon ernähren und erhalten könne, wie sie zu Hause ernährt und erhalten worden ist. Er kleidete sie als sein Eheweib

nicht nur schöner als alle Gschaiderinnen und alle Bewohnerinnen des Tales, sondern auch schöner, als sie sich je zu Hause getragen hatte, und Speise, Trank und übrige Behandlung mußte besser und rücksichtsvoller sein, als sie das gleiche im väterlichen Hause genossen hatte. Und um dem Schwiegervater zu trotzen, kaufte er mit erübrigten Summen nach und nach immer mehr Grundstücke so ein, daß er einen tüchtigen Besitz beisammen hatte.

Weil die Bewohner von Gschaid so selten aus ihrem Tale kommen, und nicht einmal oft nach Millsdorf hinüber gehen, von dem sie durch Bergrücken und durch Sitten geschieden sind, weil ferner ihnen gar kein Fall vorkömmt, daß ein Mann sein Tal verläßt und sich in dem benachbarten ansiedelt (Ansiedlungen in großen Entfernungen kommen öfter vor), weil endlich auch kein Weib oder Mädchen gerne von einem Tale in ein anderes auswandert, außer in dem ziemlich seltenen Falle, wenn sie der Liebe folgt und als Eheweib und zu dem Ehemann in ein anderes Tal kömmt: so geschah es, daß die schöne Färberstochter von Millsdorf, da sie Schusterin in Gschaid geworden war, doch immer von allen Gschaidern als Fremde angesehen wurde, und wenn man ihr auch nichts Übels antat, ja wenn man sie ihres schönen Wesens und ihrer Sitten wegen sogar liebte, doch immer etwas vorhanden war, das wie Scheu oder, wenn man will, wie Rücksicht aussah, und nicht zu dem Innigen und Gleichartigen kommen ließ, wie Gschaiderinnen gegen Gschaiderinnen, Gschaider gegen Gschaider hatten. Es war so, ließ sich nicht abstellen, und wurde durch die bessere Tracht und durch das erleichtertere häusliche Leben der Schusterin noch vermehrt.

Sie hatte ihrem Manne nach dem ersten Jahre einen Sohn und in einigen Jahren darauf ein Töchterlein geboren. Sie glaubte aber,

daß er die Kinder nicht so liebe, wie sie sich vorstellte, daß es sein solle, und wie sie sich bewußt war, daß sie dieselben liebe; denn sein Angesicht war meistens ernsthaft und mit seinen Arbeiten beschäftigt. Er spielte und tändelte selten mit den Kindern, und sprach stets ruhig mit ihnen, gleichsam so, wie man mit Erwachsenen spricht. Was Nahrung und Kleidung und andere äußere Dinge anbelangte, hielt er die Kinder untadelig.

In der ersten Zeit der Ehe kam die Färberin öfter nach Gschaid, und die jungen Eheleute besuchten auch Millsdorf zuweilen bei Kirchweihen oder anderen festlichen Gelegenheiten. Als aber die Kinder auf der Welt waren, war die Sache anders geworden. Wenn schon Mütter ihre Kinder lieben und sich nach ihnen sehnen, so ist dieses von Großmüttern öfter in noch höherem Grade der Fall: sie verlangen zuweilen mit wahrlich krankhafter Sehnsucht nach ihren Enkeln. Die Färberin kam sehr oft nach Gschaid herüber, um die Kinder zu sehen, ihnen Geschenke zu bringen, eine Weile da zu bleiben, und dann mit guten Ermahnungen zu scheiden. Da aber das Alter und die Gesundheitsumstände der Färberin die öfteren Fahrten nicht mehr so möglich machten, und der Färber aus dieser Ursache Einsprache tat, wurde auf etwas anderes gesonnen, die Sache wurde umgekehrt, und die Kinder kamen jetzt zur Großmutter. Die Mutter brachte sie selber öfter in einem Wagen, öfter aber wurden sie, da sie noch im zarten Alter waren, eingemummt einer Magd mitgegeben, die sie in einem Fuhrwerke über den Hals brachte. Als sie aber größer waren, gingen sie zu Fuße entweder mit der Mutter oder mit einer Magd nach Millsdorf, ja da der Knabe geschickt, stark und klug geworden war, ließ man ihn allein den bekannten Weg über den Hals gehen, und wenn es sehr schön war, und er bat, erlaubte man auch, daß ihn die kleine Schwester beglei-

te. Dies ist bei den Gschaidern gebräuchlich, weil sie an starkes Fußgehen gewöhnt sind, und die Eltern überhaupt, namentlich aber ein Mann wie der Schuster, es gerne sehen und eine Freude daran haben, wenn ihre Kinder tüchtig werden.

So geschah es, daß die zwei Kinder den Weg über den Hals öfter zurücklegten als die übrigen Dörfler zusammen genommen, und da schon ihre Mutter in Gschaid immer gewissermaßen wie eine Fremde behandelt wurde, so wurden durch diesen Umstand auch die Kinder fremd, sie waren kaum Gschaider, und gehörten halb nach Millsdorf hinüber.

Der Knabe Konrad hatte schon das ernste Wesen seines Vaters, und das Mädchen Susanna, nach ihrer Mutter so genannt, oder, wie man es zur Abkürzung nannte, Sanna, hatte viel Glauben zu seinen Kenntnissen, seiner Einsicht und seiner Macht, und gab sich unbedingt unter seine Leitung, gerade so wie die Mutter sich unbedingt unter die Leitung des Vaters gab, dem sie alle Einsicht und Geschicklichkeit zutraute.

An schönen Tagen konnte man morgens die Kinder durch das Tal gegen Mittag wandern sehen, über die Wiese gehen und dort anlangen, wo der Wald des Halses gegen sie her schaut. Sie näherten sich dem Walde, gingen auf seinem Wege allgemach über die Erhöhung hinan, und kamen, ehe der Mittag eingetreten war, auf den offenen Wiesen auf der anderen Seite gegen Millsdorf hinunter. Konrad zeigte Sanna die Wiesen, die dem Großvater gehörten, dann gingen sie durch seine Felder, auf denen er ihr die Getreidearten erklärte, dann sahen sie auf Stangen unter dem Vorsprunge des Daches die langen Tücher zum Trocknen herab hängen, die sich im Winde schlängelten oder närrische Gesichter machten, dann hörten sie seine Walkmühle und seinen Lohstampf, die er an seinem

Bache für Tuchmacher und Gerber angelegt hatte, dann bogen sie noch um eine Ecke der Felder, und gingen im kurzen durch die Hintertür in den Garten der Färberei, wo sie von der Großmutter empfangen wurden. Diese ahnte immer, wenn die Kinder kamen, sah zu den Fenstern aus, und erkannte sie von weitem, wenn Sannas rotes Tuch recht in der Sonne leuchtete.

Sie führte die Kinder dann durch die Waschstube und Presse in das Zimmer, ließ sie niedersetzen, ließ nicht zu, daß sie Halstücher oder Jäckchen lüfteten, damit sie sich nicht verkühlten, und behielt sie beim Essen da. Nach dem Essen durften sie sich lüften, spielen, durften in den Räumen des großväterlichen Hauses herum gehen, oder sonst tun, was sie wollten, wenn es nur nicht unschicklich oder verboten war. Der Färber, welcher immer bei dem Essen war, fragte sie um ihre Schulgegenstände aus, und schärfte ihnen besonders ein, was sie lernen sollten. Nachmittags wurden sie von der Großmutter schon, ehe die Zeit kam, zum Aufbruche getrieben, daß sie ja nicht zu spät kämen. Obgleich der Färber keine Mitgift gegeben hatte, und vor seinem Tode von seinem Vermögen nichts wegzugeben gelobt hatte, glaubte sich die Färberin an diese Dinge doch nicht so strenge gebunden, und sie gab den Kindern nicht allein während ihrer Anwesenheit allerlei, worunter nicht selten ein Münzstück und zuweilen gar von ansehnlichem Werte war, sondern sie band ihnen auch immer zwei Bündelchen zusammen, in denen sich Dinge befanden, von denen sie glaubte, daß sie notwendig wären, oder daß sie den Kindern Freude machen könnten. Und wenn oft die nämlichen Dinge im Schusterhause in Gschaid ohnedem in aller Trefflichkeit vorhanden waren, so gab sie die Großmutter in der Freude des Gebens doch, und die Kinder trugen sie als etwas Besonderes nach Hause. So geschah es nun, daß

die Kinder am heiligen Abende schon unwissend die Geschenke in Schachteln gut versiegelt und verwahrt nach Hause trugen, die ihnen in der Nacht einbeschert werden sollten.

Weil die Großmutter die Kinder immer schon vor der Zeit zum Fortgehen drängte, damit sie nicht zu spät nach Hause kämen, so erzielte sie hiedurch, daß die Kinder gerade auf dem Wege bald an dieser, bald an jener Stelle sich aufhielten. Sie saßen gerne an dem Haselnußgehege, das auf dem Halse ist, und schlugen mit Steinen Nüsse auf, oder spielten, wenn keine Nüsse waren, mit Blättern oder mit Hölzlein oder mit den weichen braunen Zäpfchen, die im ersten Frühjahre von den Zweigen der Nadelbäume herab fielen. Manchmal erzählte Konrad dem Schwesterchen Geschichten, oder wenn sie zu der roten Unglücksäule kamen, führte er sie ein Stück auf dem Seitenwege links gegen die Höhen hinan, und sagte ihr, daß man da auf den Schneeberg gelange, daß dort Felsen und Steine seien, daß die Gemsen herum springen und große Vögel fliegen. Er führte sie oft über den Wald hinaus, sie betrachteten dann den dürren Rasen und die kleinen Sträucher der Haidekräuter; aber er führte sie wieder zurück, und brachte sie immer vor der Abenddämmerung nach Hause, was ihm stets Lob eintrug.

Einmal war am heiligen Abende, da die erste Morgendämmerung in dem Tale von Gschaid in Helle übergegangen war, ein dünner, trockener Schleier über den ganzen Himmel gebreitet, so daß man die ohnedem schiefe und ferne Sonne im Südosten nur als einen undeutlichen roten Fleck sah, überdies war an diesem Tage eine milde, beinahe laulichte Luft unbeweglich im ganzen Tale und auch an dem Himmel, wie die unveränderte und ruhige Gestalt der Wolken zeigte. Da sagte die Schustersfrau zu ihren Kindern: »Weil ein so angenehmer Tag ist, weil es so lange nicht geregnet hat und die

Wege fest sind, und weil es auch der Vater gestern unter der Bedingung erlaubt hat, wenn der heutige Tag dazu geeignet ist, so dürft ihr zur Großmutter nach Millsdorf gehen; aber ihr müßt den Vater noch vorher fragen.«

Die Kinder, welche noch in ihren Nachtkleidchen da standen, liefen in die Nebenstube, in welcher der Vater mit einem Kunden sprach, und baten um die Wiederholung der gestrigen Erlaubnis, weil ein so schöner Tag sei. Sie wurde ihnen erteilt, und sie liefen wieder zur Mutter zurück.

Die Schustersfrau zog nun ihre Kinder vorsorglich an, oder eigentlich, sie zog das Mädchen mit dichten, gut verwahrenden Kleidern an; denn der Knabe begann sich selber anzukleiden, und stand viel früher fertig da, als die Mutter mit dem Mädchen hatte ins Reine kommen können. Als sie dieses Geschäft vollendet hatte, sagte sie: »Konrad, gib wohl acht: weil ich dir das Mädchen mit gehen lasse, so müsset ihr bei Zeiten fort gehen, ihr müsset an keinem Platze stehen bleiben, und wenn ihr bei der Großmutter gegessen habt, so müsset ihr gleich wieder umkehren und nach Hause trachten; denn die Tage sind jetzt sehr kurz, und die Sonne geht gar bald unter.«

»Ich weiß es schon, Mutter«, sagte Konrad.

»Und siehe gut auf Sanna, daß sie nicht fällt oder sich erhitzt.«

»Ja, Mutter.«

»So, Gott behüte euch, und geht noch zum Vater, und sagt, daß ihr jetzt fortgehet.«

Der Knabe nahm eine von seinem Vater kunstvoll aus Kalbfellen genähte Tasche an einem Riemen um die Schulter, und die Kinder gingen in die Nebenstube, um dem Vater Lebewohl zu sagen. Aus dieser kamen sie bald heraus, und hüpften, von der Mutter mit einem Kreuze besegnet, fröhlich auf die Gasse.

Sie gingen schleunig längs des Dorfplatzes hinab, und dann durch die Häusergasse und endlich zwischen den Planken der Obstgärten in das Freie hinaus. Die Sonne stand schon über dem mit milchigen Wolkenstreifen durchwobenen Wald der morgendlichen Anhöhen, und ihr trübes rötliches Bild schritt durch die laublosen Zweige der Holzäpfelbäume mit den Kindern fort.

In dem ganzen Tale war kein Schnee, die größeren Berge, von denen er schon viele Wochen herab geglänzt hatte, waren damit bedeckt, die kleineren standen in dem Mantel ihrer Tannenwälder und im Fahlrot ihrer entblößten Zweige unbeschneit und ruhig da. Der Boden war noch nicht gefroren, und er wäre vermöge der vorhergegangenen langen regenlosen Zeit ganz trocken gewesen, wenn ihn nicht die Jahreszeit mit einer zarten Feuchtigkeit überzogen hätte, die ihn aber nicht schlüpfrig, sondern eher fest und widerprallend machte, daß sie leicht und gering darauf fortgingen. Das wenige Gras, welches noch auf den Wiesen und vorzüglich an den Wassergräben derselben war, stand in herbstlichem Ansehen. Es lag kein Reif und bei näherem Anblicke nicht einmal ein Tau, was nach der Meinung der Landleute baldigen Regen bedeutet.

Gegen die Grenzen der Wiesen zu war ein Gebirgsbach, über welchen ein hoher Steg führte. Die Kinder gingen auf den Steg und schauten hinab. Im Bache war schier kein Wasser, ein dünner Faden von sehr stark blauer Farbe ging durch die trockenen Kiesel des Gerölles, die wegen Regenlosigkeit ganz weiß geworden waren, und sowohl die Wenigkeit als auch die Farbe des Wassers zeigten an, daß in den größeren Höhen schon Kälte herrschen müsse, die den Boden verschließe, daß er mit seiner Erde das Wasser nicht trübe, und die das Eis erhärte, daß es in seinem Innern nur wenige klare Tropfen abgeben könne.

Von dem Stege liefen die Kinder durch die Gründe fort, und näherten sich immer mehr den Waldungen.

Sie trafen endlich die Grenze des Holzes, und gingen in demselben weiter.

Als sie in die höheren Wälder des Halses hinauf gekommen waren, zeigten sich die langen Furchen des Fahrweges nicht mehr weich, wie es unten im Tale der Fall gewesen war, sondern sie waren fest, und zwar nicht aus Trockenheit, sondern, wie die Kinder sich bald überzeugten, weil sie gefroren waren. An manchen Stellen waren sie so überfroren, daß sie die Körper der Kinder trugen. Nach der Natur der Kinder gingen sie nun nicht mehr auf dem glatten Pfade neben dem Fahrwege, sondern in den Gleisen, und versuchten, ob dieser oder jener Furchenaufwurf sie schon trage. Als sie nach Verlauf einer Stunde auf der Höhe des Halses angekommen waren, war der Boden bereits so hart, daß er klang und Schollen wie Steine hatte.

An der roten Unglückssäule des Bäckers bemerkte Sanna zuerst, daß sie heute gar nicht da stehe. Sie gingen zu dem Platze hinzu, und sahen, daß der runde, rot angestrichene Balken, der das Bild trug, in dem dürren Grase liege, das wie dünnes Stroh an der Stelle stand und den Anblick der liegenden Säule verdeckte. Sie sahen zwar nicht ein, warum die Säule liege, ob sie umgeworfen worden, oder ob sie von selber umgefallen sei, das sahen sie, daß sie an der Stelle, wo sie in die Erde ragte, sehr morsch war, und daß sie daher sehr leicht habe umfallen können; aber da sie einmal lag, so machte es ihnen Freude, daß sie das Bild und die Schrift so nahe betrachten konnten, wie es sonst nie der Fall gewesen war. Als sie alles – den Korb mit den Semmeln, die bleichen Hände des Bäckers, seine geschlossenen Augen, seinen grauen Rock und die umstehenden Tan-

nen – betrachtet hatten, als sie die Schrift gelesen und laut gesagt hatten, gingen sie wieder weiter.

Abermal nach einer Stunde wichen die dunkeln Wälder zu beiden Seiten zurück, dünnstehende Bäume, teils einzelne Eichen, teils Birken und Gebüschgruppen empfingen sie, geleiteten sie weiter, und nach kurzem liefen sie auf den Wiesen in das Millsdorfer Tal hinab.

Obwohl dieses Tal bedeutend tiefer liegt als das von Gschaid, und auch um so viel wärmer war, daß man die Ernte immer um vierzehn Tage früher beginnen konnte als in Gschaid, so war doch auch hier der Boden gefroren, und als die Kinder bis zu den Loh- und Walkwerken des Großvaters gekommen waren, lagen auf dem Wege, auf den die Räder oft Tropfen heraus spritzten, schöne Eistäfelchen. Den Kindern ist das gewöhnlich ein sehr großes Vergnügen.

Die Großmutter hatte sie kommen gesehen, war ihnen entgegen gegangen, nahm Sanna bei den erfrornen Händchen, und führte sie in die Stube.

Sie nahm ihnen die wärmeren Kleider ab, sie ließ in dem Ofen nachlegen, und fragte sie, wie es ihnen im Herübergehen gegangen sei.

Als sie hierauf die Antwort erhalten hatte, sagte sie: »Das ist schon recht, das ist gut, es freut mich gar sehr, daß ihr wieder gekommen seid; aber heute müßt ihr bald fort, der Tag ist kurz, und es wird auch kälter, am Morgen war es in Millsdorf nicht gefroren.«

»In Gschaid auch nicht«, sagte der Knabe.

»Siehst du, darum müßt ihr euch sputen, daß euch gegen Abend nicht zu kalt wird«, antwortete die Großmutter.

Hierauf fragte sie, was die Mutter mache, was der Vater mache, und ob nichts Besonderes in Gschaid geschehen sei.

Nach diesen Fragen bekümmerte sie sich um das Essen, sorgte, daß es früher bereitet wurde als gewöhnlich, und richtete selber den Kindern kleine Leckerbissen zusammen, von denen sie wußte, daß sie eine Freude damit erregen würde. Dann wurde der Färber gerufen, die Kinder bekamen an dem Tische aufgedeckt wie große Personen, und aßen nun mit Großvater und Großmutter, und die letzte legte ihnen hiebei besonders Gutes vor. Nach dem Essen streichelte sie Sannas unterdessen sehr rot gewordene Wangen.

Hierauf ging sie geschäftig hin und her, und steckte das Kalbfellränzchen des Knaben voll, und steckte ihm noch allerlei in die Taschen. Auch in die Täschchen von Sanna tat sie allerlei Dinge. Sie gab jedem ein Stück Brot, es auf dem Wege zu verzehren, und in dem Ränzchen, sagte sie, seien noch zwei Weißbrote, wenn etwa der Hunger zu groß würde.

»Für die Mutter habe ich einen guten gebrannten Kaffee mitgegeben,« sagte sie, »und in dem Fläschchen, das zugestopft und gut verbunden ist, befindet sich auch ein schwarzer Kaffeeaufguß, ein besserer, als die Mutter bei euch gewöhnlich macht, sie soll ihn nur kosten, wie er ist, er ist eine wahre Arznei, so kräftig, daß nur ein Schlückchen den Magen so wärmt, daß es den Körper in den kältesten Wintertagen nicht frieren kann. Die anderen Sachen, die in der Schachtel und in den Papieren im Ränzchen sind, bringt unversehrt nach Hause.«

Da sie noch ein Weilchen mit den Kindern geredet hatte, sagte sie, daß sie gehen sollten.

»Habe acht, Sanna,« sagte sie, »daß du nicht frierst, erhitze dich nicht; und daß ihr nicht über die Wiesen hinauf und unter den

Bäumen lauft. Etwa kömmt gegen Abend ein Wind, da müßt ihr langsamer gehen. Grüßet Vater und Mutter, und sagt, sie sollen recht glückliche Feiertage haben.«

Die Großmutter küßte beide Kinder auf die Wangen, und schob sie durch die Tür hinaus. Nichts desto weniger ging sie aber auch selber mit, geleitete sie durch den Garten, ließ sie durch das Hinterpförtchen hinaus, schloß wieder, und ging in das Haus zurück.

Die Kinder gingen an den Eistäfelchen neben den Werken des Großvaters vorbei, sie gingen durch die Millsdorfer Felder, und wendeten sich gegen die Wiesen hinan.

Als sie auf den Anhöhen gingen, wo, wie gesagt wurde, zerstreute Bäume und Gebüschgruppen standen, fielen äußerst langsam einzelne Schneeflocken.

»Siehst du, Sanna,« sagte der Knabe, »ich habe es gleich gedacht, daß wir Schnee bekommen; weißt du, da wir von Hause weg gingen, sahen wir noch die Sonne, die so blutrot war wie eine Lampe bei dem heiligen Grabe, und jetzt ist nichts mehr von ihr zu erblikken, und nur der graue Nebel ist über den Baumwipfeln oben. Das bedeutet allemal Schnee.«

Die Kinder gingen freudiger fort, und Sanna war recht froh, wenn sie mit dem dunkeln Ärmel ihres Röckchens eine der fallenden Flocken auffangen konnte, und wenn dieselbe recht lange nicht auf dem Ärmel zerfloß. Als sie endlich an dem äußersten Rand der Millsdorfer Höhen angekommen waren, wo es gegen die dunkeln Tannen des Halses hinein geht, war die dichte Waldwand schon recht lieblich gesprenkelt von den immer reichlicher herab fallenden Flocken. Sie gingen nunmehr in den dicken Wald hinein, der den größten Teil ihrer noch bevorstehenden Wanderung einnahm.

Es geht von dem Waldrande noch immer aufwärts, und zwar bis

man zur roten Unglücksäule kömmt, von wo sich, wie schon oben angedeutet wurde, der Weg gegen das Tal von Gschaid hinab wendet. Die Erhebung des Waldes von der Millsdorfer Seite aus ist sogar so steil, daß der Weg nicht gerade hinan geht, sondern daß er in sehr langen Abweichungen von Abend nach Morgen und von Morgen nach Abend hinan klimmt. An der ganzen Länge des Weges hinauf zur Säule und hinab bis zu den Wiesen von Gschaid sind hohe, dichte, ungelichtete Waldbestände, und sie werden erst ein wenig dünner, wenn man in die Ebene gelangt ist und gegen die Wiesen des Tales von Gschaid hinaus kömmt. Der Hals ist auch, wenn er gleich nur eine kleine Verbindung zwischen zwei großen Gebirgshäuptern abgibt, doch selbst so groß, daß er, in die Ebene gelegt, einen bedeutenden Gebirgsrücken abgeben würde.

Das erste, was die Kinder sahen, als sie den Waldweg betraten, war, daß der gefrorne Boden sich grau zeigte, als ob er mit Mehl besät wäre, daß die Fahne manches dünnen Halmes des am Wege hin und zwischen den Bäumen stehenden dürren Grases mit Flokken beschwert war, und daß auf den verschiedenen grünen Zweigen der Tannen und Fichten, die sich wie Hände öffneten, schon weiße Fläumchen saßen.

»Schneit es denn jetzt bei dem Vater zu Hause auch?« fragte Sanna.

»Freilich,« antwortete der Knabe, »es wird auch kälter, und du wirst sehen, daß morgen der ganze Teich gefroren ist.«

»Ja, Konrad«, sagte das Mädchen.

Es verdoppelte beinahe seine kleinen Schritte, um mit denen des dahinschreitenden Knaben gleich bleiben zu können.

Sie gingen nun rüstig in den Windungen fort, jetzt von Abend nach Morgen, jetzt von Morgen nach Abend. Der von der Groß-

mutter vorausgesagte Wind stellte sich nicht ein, im Gegenteile war es so stille, daß sich nicht ein Ästchen oder Zweig rührte, ja sogar es schien im Walde wärmer, wie es in lockeren Körpern, dergleichen ein Wald auch ist, immer im Winter zu sein pflegt, und die Schneeflocken fielen stets reichlicher, so daß der ganze Boden schon weiß war, daß der Wald sich grau zu bestäuben anfing, und daß auf dem Hute und den Kleidern des Knaben so wie auf denen des Mädchens der Schnee lag.

Die Freude der Kinder war sehr groß. Sie traten auf den weichen Flaum, suchten mit dem Fuße absichtlich solche Stellen, wo er dichter zu liegen schien, um dorthin zu treten und sich den Anschein zu geben, als wateten sie bereits. Sie schüttelten den Schnee nicht von den Kleidern ab.

Es war große Ruhe eingetreten. Von den Vögeln, deren doch manche auch zuweilen im Winter in dem Walde hin und her fliegen, und von denen die Kinder im Herübergehen sogar mehrere zwitschern gehört hatten, war nichts zu vernehmen, sie sahen auch keine auf irgend einem Zweige sitzen oder fliegen, und der ganze Wald war gleichsam ausgestorben.

Weil nur die bloßen Fußstapfen der Kinder hinter ihnen blieben, und weil vor ihnen der Schnee rein und unverletzt war, so war daraus zu erkennen, daß sie die einzigen waren, die heute über den Hals gingen.

Sie gingen in ihrer Richtung fort, sie näherten sich öfter den Bäumen, öfter entfernten sie sich, und wo dichtes Unterholz war, konnten sie den Schnee auf den Zweigen liegen sehen.

Ihre Freude wuchs noch immer; denn die Flocken fielen stets dichter, und nach kurzer Zeit brauchten sie nicht mehr den Schnee aufzusuchen, um in ihm zu waten; denn er lag schon so dicht, daß

sie ihn überall weich unter den Sohlen empfanden, und daß er sich bereits um ihre Schuhe zu legen begann; und wenn es so ruhig und heimlich war, so war es, als ob sie das Knistern des in die Nadeln herab fallenden Schnees vernehmen könnten.

»Werden wir heute auch die Unglücksäule sehen?« fragte das Mädchen, »sie ist ja umgefallen, und da wird es darauf schneien, und da wird die rote Farbe weiß sein.«

»Darum können wir sie doch sehen,« antwortete der Knabe, »wenn auch der Schnee auf sie fällt, und wenn sie auch weiß ist, so müssen wir sie liegen sehen, weil sie eine dicke Säule ist, und weil sie das schwarze eiserne Kreuz auf der Spitze hat, das doch immer heraus ragen wird.«

»Ja, Konrad.«

Indessen, da sie noch weiter gegangen waren, war der Schneefall so dicht geworden, daß sie nur mehr die allernächsten Bäume sehen konnten.

Von der Härte des Weges oder gar von Furchenaufwerfungen war nichts zu empfinden, der Weg war vom Schnee überall gleich weich, und war überhaupt nur daran zu erkennen, daß er als ein gleichmäßiger weißer Streifen in dem Walde fort lief. Auf allen Zweigen lag schon die schöne weiße Hülle.

Die Kinder gingen jetzt mitten auf dem Wege, sie furchten den Schnee mit ihren Füßlein, und gingen langsamer, weil das Gehen beschwerlicher ward. Der Knabe zog seine Jacke empor an dem Halse zusammen, damit ihm nicht der Schnee in den Nacken falle, und er setzte den Hut tiefer in das Haupt, daß er geschützter sei. Er zog auch seinem Schwesterlein das Tuch, das ihm die Mutter um die Schulter gegeben hatte, besser zusammen, und zog es ihm mehr vorwärts in die Stirne, daß es ein Dach bilde.

Der von der Großmutter vorausgesagte Wind war noch immer nicht gekommen; aber dafür wurde der Schneefall nach und nach so dicht, daß auch nicht mehr die nächsten Bäume zu erkennen waren, sondern daß sie wie neblige Säcke in der Luft standen.

Die Kinder gingen fort. Sie duckten die Köpfe dichter in ihre Kleider, und gingen fort.

Sanna nahm den Riemen, an welchem Konrad die Kalbfelltasche um die Schulter hängen hatte, mit den Händchen, hielt sich daran, und so gingen sie ihres Weges.

Die Unglücksäule hatten sie noch immer nicht erreicht. Der Knabe konnte die Zeit nicht ermessen, weil keine Sonne am Himmel stand, und weil es immer gleichmäßig grau war.

»Werden wir bald zu der Unglücksäule kommen?« fragte Sanna.

»Ich weiß es nicht,« antwortete der Knabe, »ich kann heute die Bäume nicht sehen und den Weg nicht erkennen, weil er so weiß ist. Die Unglücksäule werden wir wohl gar nicht sehen, weil so viel Schnee liegen wird, daß sie verhüllt sein wird, und daß kaum ein Gräschen oder ein Arm des schwarzen Kreuzes hervor ragen wird. Aber es macht nichts. Wir gehen immer auf dem Wege fort, der Weg geht zwischen den Bäumen, und wenn er zu dem Platze der Unglücksäule kömmt, dann wird er abwärts gehen, wir gehen auf ihm fort, und wenn er aus den Bäumen hinaus geht, dann sind wir schon auf den Wiesen von Gschaid, dann kömmt der Steg, und dann haben wir nicht mehr weit nach Hause.«

»Ja, Konrad«, sagte das Mädchen.

Sie gingen auf ihrem aufwärtsführenden Wege fort. Die hinter ihnen liegenden Fußstapfen waren jetzt nicht mehr lange sichtbar; denn die ungemeine Fülle des herabfallenden Schnees deckte sie bald zu, daß sie verschwanden. Der Schnee knisterte in seinem

Falle nun auch nicht mehr in den Nadeln, sondern legte sich eilig und heimlich auf die weiße, schon daliegende Decke nieder. Die Kinder nahmen die Kleider noch fester, um das immerwährende allseitige Hineinrieseln abzuhalten.

Sie gingen sehr schleunig, und der Weg führte noch stets aufwärts.

Nach langer Zeit war noch immer die Höhe nicht erreicht, auf welcher die Unglücksäule stehen sollte, und von wo der Weg gegen die Gschaider Seite sich hinunter wenden mußte.

Endlich kamen die Kinder in eine Gegend, in welcher keine Bäume standen.

»Ich sehe keine Bäume mehr«, sagte Sanna.

»Vielleicht ist nur der Weg so breit, daß wir sie wegen des Schneiens nicht sehen können«, antwortete der Knabe.

»Ja, Konrad«, sagte das Mädchen.

Nach einer Weile blieb der Knabe stehen und sagte: »Ich sehe selber keine Bäume mehr, wir müssen aus dem Walde gekommen sein, auch geht der Weg immer bergan. Wir wollen ein wenig stehen bleiben und herum sehen, vielleicht erblicken wir etwas.«

Aber sie erblickten nichts. Sie sahen durch einen trüben Raum in den Himmel. Wie bei dem Hagel über die weißen oder grünlich gedunsenen Wolken die finstern fransenartigen Streifen herabstarren, so war es hier, und das stumme Schütten dauerte fort. Auf der Erde sahen sie nur einen runden Fleck Weiß und dann nichts mehr.

»Weißt du, Sanna,« sagte der Knabe, »wir sind auf dem dürren Grase, auf welches ich dich oft im Sommer herauf geführt habe, wo wir saßen, und wo wir den Rasen betrachteten, der nach einander hinauf geht, und wo die schönen Kräuterbüschel wachsen. Wir werden da jetzt gleich rechts hinab gehen!«

»Ja, Konrad.«

»Der Tag ist kurz, wie die Großmutter gesagt hat, und wie du auch wissen wirst, wir müssen uns daher sputen.«

»Ja, Konrad«, sagte das Mädchen.

»Warte ein wenig, ich will dich besser einrichten«, erwiderte der Knabe.

Er nahm seinen Hut ab, setzte ihn Sanna auf das Haupt, und befestigte ihn mit den beiden Bändchen unter ihrem Kinne. Das Tüchlein, welches sie um hatte, schützte sie zu wenig, während auf seinem Haupte eine solche Menge dichter Locken war, daß noch lange Schnee darauf fallen konnte, ehe Nässe und Kälte durchzudringen vermochten. Dann zog er sein Pelzjäckchen aus, und zog dasselbe über die Ärmelein der Schwester. Um seine eigenen Schultern und Arme, die jetzt das bloße Hemd zeigten, band er das kleinere Tüchlein, das Sanna über die Brust, und das größere, das sie über die Schultern gehabt hatte. Das sei für ihn genug, dachte er, wenn er nur stark auftrete, werde ihn nicht frieren.

Er nahm das Mädchen bei der Hand, und so gingen sie jetzt fort.

Das Mädchen schaute mit den willigen Äuglein in das ringsum herrschende Grau, und folgte ihm gerne, nur daß es mit den kleinen eilenden Füßlein nicht so nachkommen konnte, wie er vorwärts strebte gleich einem, der es zur Entscheidung bringen wollte.

Sie gingen nun mit der Unablässigkeit und Kraft, die Kinder und Tiere haben, weil sie nicht wissen, wie viel ihnen beschieden ist, und wann ihr Vorrat erschöpft ist.

Aber wie sie gingen, so konnten sie nicht merken, ob sie über den Berg hinabkämen oder nicht. Sie hatten gleich rechts nach abwärts gebogen, allein sie kamen wieder in Richtungen, die bergan

führten, bergab und wieder bergan. Oft begegneten ihnen Steilheften, denen sie ausweichen mußten, und ein Graben, in dem sie fortgingen, führte sie in einer Krümmung herum. Sie erklommen Höhen, die sich unter ihren Füßen steiler gestalteten, als sie dachten, und was sie für abwärts hielten, war wieder eben, oder es war eine Höhlung, oder es ging immer gedehnt fort.

»Wo sind wir denn, Konrad?« fragte das Mädchen.

»Ich weiß es nicht«, antwortete er.

»Wenn ich nur mit diesen meinen Augen etwas zu erblicken im Stande wäre,« fuhr er fort, »daß ich mich darnach richten könnte.«

Aber es war rings um sie nichts als das blendende Weiß, überall das Weiß, das aber selber nur einen immer kleineren Kreis um sie zog, und dann in einen lichten, streifenweise niederfallenden Nebel überging, der jedes Weitere verzehrte und verhüllte, und zuletzt nichts anderes war als der unersättlich niederfallende Schnee.

»Warte, Sanna,« sagte der Knabe, »wir wollen ein wenig stehen bleiben und horchen, ob wir nicht etwas hören können, was sich im Tale meldet, sei es nun ein Hund oder eine Glocke oder die Mühle, oder sei es ein Ruf, der sich hören läßt, hören müssen wir etwas, und dann werden wir wissen, wohin wir zu gehen haben.«

Sie blieben nun stehen, aber sie hörten nichts. Sie blieben noch ein wenig länger stehen, aber es meldete sich nichts, es war nicht ein einziger Laut, auch nicht der leiseste, außer ihrem Atem zu vernehmen, ja in der Stille, die herrschte, war es, als sollten sie den Schnee hören, der auf ihre Wimpern fiel. Die Voraussage der Großmutter hatte sich noch immer nicht erfüllt, der Wind war nicht gekommen, ja, was in diesen Gegenden selten ist, nicht das leiseste Lüftchen rührte sich an dem ganzen Himmel.

Nachdem sie lange gewartet hatten, gingen sie wieder fort.

»Es tut auch nichts, Sanna,« sagte der Knabe, »sei nur nicht verzagt, folge mir, ich werde dich doch noch hinüber führen. – Wenn nur das Schneien aufhörte!«

Sie war nicht verzagt, sondern hob die Füßchen, so gut es gehen wollte, und folgte ihm. Er führte sie in dem weißen, lichten, regsamen, undurchsichtigen Raume fort.

Nach einer Weile sahen sie Felsen. Sie hoben sich dunkel und undeutlich aus dem weißen und undurchsichtigen Lichte empor. Da die Kinder sich näherten, stießen sie fast daran. Sie stiegen wie eine Mauer hinauf, und waren ganz gerade, so daß kaum ein Schnee an ihrer Seite haften konnte.

»Sanna, Sanna,« sagte er, »da sind die Felsen, gehen wir nur weiter, gehen wir weiter.«

Sie gingen weiter, sie mußten zwischen die Felsen hinein, und unter ihnen fort. Die Felsen ließen sie nicht rechts und nicht links ausweichen und führten sie in einem engen Wege dahin. Nach einer Zeit verloren sie dieselben wieder und konnten sie nicht mehr erblicken. So wie sie unversehens unter sie gekommen waren, kamen sie wieder unversehens von ihnen. Es war wieder nichts um sie als das Weiß, und ringsum war kein unterbrechendes Dunkel zu schauen. Es schien eine große Lichtfülle zu sein, und doch konnte man nicht drei Schritte vor sich sehen; alles war, wenn man so sagen darf, in eine einzige weiße Finsternis gehüllt, und weil kein Schatten war, so war kein Urteil über die Größe der Dinge, und die Kinder konnten nicht wissen, ob sie aufwärts oder abwärts gehen würden, bis eine Steilheit ihren Fuß faßte und ihn aufwärts zu gehen zwang.

»Mir tun die Augen weh«, sagte Sanna.

»Schaue nicht auf den Schnee,« antwortete der Knabe, »sondern in die Wolken. Mir tun sie schon lange weh; aber es tut nichts, ich

muß doch auf den Schnee schauen, weil ich auf den Weg zu achten habe. Fürchte dich nur nicht, ich führe dich doch hinunter ins Gschaid.«

»Ja, Konrad.«

Sie gingen wieder fort; aber wie sie auch gehen mochten, wie sie sich auch wenden mochten, es wollte kein Anfang zum Hinabwärtsgehen kommen. An beiden Seiten waren steile Dachlehnen nach aufwärts, mitten gingen sie fort, aber auch immer aufwärts. Wenn sie den Dachlehnen entrannen, und sie nach abwärts beugten, wurde es gleich so steil, daß sie wieder umkehren mußten, die Füßlein stießen oft auf Unebenheiten, und sie mußten häufig Büheln ausweichen.

Sie merkten auch, daß ihr Fuß, wo er tiefer durch den jungen Schnee einsank, nicht erdigen Boden unter sich empfand, sondern etwas anderes, das wie älterer, gefrorner Schnee war; aber sie gingen immer fort, und sie liefen mit Hast und Ausdauer. Wenn sie stehen blieben, war alles still, unermeßlich still; wenn sie gingen, hörten sie das Rascheln ihrer Füße, sonst nichts; denn die Hüllen des Himmels sanken ohne Laut hernieder, und so reich, daß man den Schnee hätte wachsen sehen können. Sie selber waren so bedeckt, daß sie sich von dem allgemeinen Weiß nicht hervor hoben und sich, wenn sie um ein paar Schritte getrennt worden wären, nicht mehr gesehen hätten.

Eine Wohltat war es, daß der Schnee so trocken war wie Sand, so daß er von ihren Füßen und den Bundschühlein und Strümpfen daran leicht abglitt und abrieselte, ohne Ballen und Nässe zu machen.

Endlich gelangten sie wieder zu Gegenständen.

Es waren riesenhaft große, sehr durch einander liegende Trüm-

mer, die mit Schnee bedeckt waren, der überall in die Klüfte hinein rieselte, und an die sie sich ebenfalls fast anstießen, ehe sie sie sahen. Sie gingen ganz hinzu, die Dinge anzublicken.

Es war Eis – lauter Eis.

Es lagen Platten da, die mit Schnee bedeckt waren, an deren Seitenwänden aber das glatte grünliche Eis sichtbar war, es lagen Hügel da, die wie zusammengeschobener Schaum aussahen, an deren Seiten es aber matt nach einwärts flimmerte und glänzte, als wären Balken und Stangen von Edelsteinen durch einander geworfen worden, es lagen ferner gerundete Kugeln da, die ganz mit Schnee umhüllt waren, es standen Platten und andere Körper auch schief oder gerade aufwärts, so hoch wie der Kirchturm in Gschaid oder wie Häuser. In einigen waren Höhlen eingefressen, durch die man mit einem Arme durchfahren konnte, mit einem Kopfe, mit einem Körper, mit einem ganzen großen Wagen voll Heu. Alle diese Stükke waren zusammen oder empor gedrängt, und starrten, so daß sie oft Dächer bildeten, oder Überhänge, über deren Ränder sich der Schnee herüber legte und herab griff wie lange weiße Tatzen. Selbst ein großer, schreckhaft schwarzer Stein, wie ein Haus, lag unter dem Eise, und war empor gestellt, daß er auf der Spitze stand, daß kein Schnee an seinen Seiten liegen bleiben konnte. Und nicht dieser Stein allein – noch mehrere und größere staken in dem Eise, die man erst später sah, und die wie eine Trümmermauer an ihm hingingen.

»Da muß recht viel Wasser gewesen sein, weil so viel Eis ist«, sagte Sanna.

»Nein, das ist von keinem Wasser,« antwortete der Bruder, »das ist das Eis des Berges, das immer oben ist, weil es so eingerichtet ist.«

»Ja, Konrad«, sagte Sanna.

»Wir sind jetzt bis zu dem Eise gekommen,« sagte der Knabe,

»wir sind auf dem Berge, Sanna, weißt du, den man von unserm Garten aus im Sonnenscheine so weiß sieht. Merke gut auf, was ich dir sagen werde. Erinnerst du dich noch, wie wir oft nachmittags in dem Garten saßen, wie es recht schön war, wie die Bienen um uns summten, die Linden dufteten, und die Sonne von dem Himmel schien?«

»Ja, Konrad, ich erinnere mich.«

»Da sahen wir auch den Berg. Wir sahen, wie er so blau war, so blau wie das sanfte Firmament, wir sahen den Schnee, der oben ist, wenn auch bei uns Sommer war, eine Hitze herrschte, und die Getreide reif wurden.«

»Ja, Konrad.«

»Und unten, wo der Schnee aufhört, da sieht man allerlei Farben, wenn man genau schaut, grün, blau, weißlich – das ist das Eis, das unten nur so klein ausschaut, weil man sehr weit entfernt ist, und das, wie der Vater sagte, nicht weggeht bis an das Ende der Welt. Und da habe ich oft gesehen, daß unterhalb des Eises die blaue Farbe noch fort geht, das werden Steine sein, dachte ich, oder es wird Erde und Weidegrund sein, und dann fangen die Wälder an, die gehen herab und immer weiter herab, man sieht auch allerlei Felsen in ihnen, dann folgen die Wiesen, die schon grün sind, und dann die grünen Laubwälder, und dann kommen unsere Wiesen und Felder, die in dem Tale von Gschaid sind. Siehst du nun, Sanna, weil wir jetzt bei dem Eise sind, so werden wir über die blaue Farbe hinab gehen, dann durch die Wälder, in denen die Felsen sind, dann über die Wiesen, und dann durch die grünen Laubwälder, und dann werden wir in dem Tale von Gschaid sein und recht leicht unser Dorf finden.«

»Ja, Konrad«, sagte das Mädchen.

Die Kinder gingen nun in das Eis hinein, wo es zugänglich war.

Sie waren winzigkleine wandelnde Punkte in diesen ungeheuern Stücken.

Wie sie so unter die Überhänge hinein sahen, gleichsam als gäbe ihnen ein Trieb ein, ein Obdach zu suchen, gelangten sie in einen Graben, in einen breiten, tiefgefurchten Graben, der gerade aus dem Eise hervor ging. Er sah aus wie das Bett eines Stromes, der aber jetzt ausgetrocknet und überall mit frischem Schnee bedeckt war. Wo er aus dem Eise hervorkam, ging er gerade unter einem Kellergewölbe heraus, das recht schön aus Eis über ihn gespannt war. Die Kinder gingen in dem Graben fort, und gingen in das Gewölbe hinein, und immer tiefer hinein. Es war ganz trocken, und unter ihren Füßen hatten sie glattes Eis. In der ganzen Höhlung aber war es blau, so blau, wie gar nichts in der Welt ist, viel tiefer und viel schöner blau als das Firmament, gleichsam wie himmelblau gefärbtes Glas, durch welches lichter Schein hinein sinkt. Es waren dickere und dünnere Bogen, es hingen Zacken, Spitzen und Troddeln herab, der Gang wäre noch tiefer zurückgegangen, sie wußten nicht wie tief, aber sie gingen nicht mehr weiter. Es wäre auch sehr gut in der Höhle gewesen, es war warm, es fiel kein Schnee, aber es war so schreckhaft blau, die Kinder fürchteten sich, und gingen wieder hinaus. Sie gingen eine Weile in dem Graben fort, und kletterten dann über seinen Rand hinaus.

Sie gingen an dem Eise hin, sofern es möglich war, durch das Getrümmer und zwischen den Platten durchzudringen.

»Wir werden jetzt da noch hinüber gehen, und dann von dem Eise abwärts laufen«, sagte Konrad.

»Ja«, sagte Sanna, und klammerte sich an ihn an.

Sie schlugen von dem Eise eine Richtung durch den Schnee

abwärts ein, die sie in das Tal führen sollte. Aber sie kamen nicht weit hinab. Ein neuer Strom von Eis, gleichsam ein riesenhaft aufgetürmter und aufgewölbter Wall, lag quer durch den weichen Schnee, und griff gleichsam mit Armen rechts und links um sie herum. Unter der weißen Decke, die ihn verhüllte, glimmerte es seitwärts grünlich und bläulich und dunkel und schwarz und selbst gelblich und rötlich heraus. Sie konnten es nun auf weitere Strecken sehen, weil das ungeheure und unermüdliche Schneien sich gemildert hatte, und nur mehr wie an gewöhnlichen Schneetagen vom Himmel fiel. Mit dem Starkmute der Unwissenheit kletterten sie in das Eis hinein, um den vorgeschobenen Strom desselben zu überschreiten, und dann jenseits weiter hinab zu kommen. Sie schoben sich in die Zwischenräume hinein, sie setzten den Fuß auf jedes Körperstück, das mit einer weißen Schneehaube versehen war, war es Fels oder Eis, sie nahmen die Hände zur Hilfe, krochen, wo sie nicht gehen konnten, und arbeiteten sich mit ihren leichten Körpern hinauf, bis sie die Seite des Walles überwunden hatten und oben waren.

Jenseits wollten sie wieder hinabklettern.

Aber es gab kein Jenseits.

So weit die Augen der Kinder reichen konnten, war lauter Eis. Es standen Spitzen und Unebenheiten und Schollen empor wie lauter furchtbares überschneites Eis. Statt ein Wall zu sein, über den man hinüber gehen könnte, und der dann wieder von Schnee abgelöst würde, wie sie sich unten dachten, stiegen aus der Wölbung neue Wände von Eis empor, geborsten und geklüftet, mit unzähligen blauen, geschlängelten Linien versehen, und hinter ihnen waren wieder solche Wände, und hinter diesen wieder solche, bis der Schneefall das Weitere mit seinem Grau verdeckte.

»Sanna, da können wir nicht gehen«, sagte der Knabe.

»Nein«, antwortete die Schwester.

»Da werden wir wieder umkehren und anderswo hinab zu kommen suchen.«

»Ja, Konrad.«

Die Kinder versuchten nun von dem Eiswalle wieder da hinab zu kommen, wo sie hinauf geklettert waren, aber sie kamen nicht hinab. Es war lauter Eis, als hätten sie die Richtung, in der sie gekommen waren, verfehlt. Sie wandten sich hierhin und dorthin, und konnten aus dem Eise nicht heraus kommen, als wären sie von ihm umschlungen. Sie kletterten abwärts, und kamen wieder in Eis. Endlich, da der Knabe die Richtung immer verfolgte, in der sie nach seiner Meinung gekommen waren, gelangten sie in zerstreutere Trümmer, aber sie waren auch größer und furchtbarer, wie sie gerne am Rande des Eises zu sein pflegen, und die Kinder gelangten kriechend und kletternd hinaus. An dem Eisessaume waren ungeheure Steine, sie waren gehäuft, wie sie die Kinder ihr Leben lang nicht gesehen hatten. Viele waren in Weiß gehüllt, viele zeigten die unteren, schiefen Wände sehr glatt und fein geschliffen, als wären sie darauf geschoben worden, viele waren wie Hütten und Dächer gegen einander gestellt, viele lagen auf einander wie ungeschlachte Knollen. Nicht weit von dem Standorte der Kinder standen mehrere mit den Köpfen gegen einander gelehnt, und über sie lagen breite, gelagerte Blöcke wie ein Dach. Es war ein Häuschen, das gebildet war, das gegen vorne offen, rückwärts und an den Seiten aber geschützt war. Im Innern war es trocken, da der steilrechte Schneefall keine einzige Flocke hinein getragen hatte. Die Kinder waren recht froh, daß sie nicht mehr in dem Eise waren und auf ihrer Erde standen.

Aber es war auch endlich finster geworden.

»Sanna,« sagte der Knabe, »wir können nicht mehr hinab gehen, weil es Nacht geworden ist, und weil wir fallen oder gar in eine Grube geraten könnten. Wir werden da unter die Steine hinein gehen, wo es so trocken und so warm ist, und da werden wir warten. Die Sonne geht bald wieder auf, dann laufen wir hinunter. Weine nicht, ich bitte dich recht schön, weine nicht, ich gebe dir alle Dinge zu essen, welche uns die Großmutter mitgegeben hat.«

Sie weinte auch nicht, sondern nachdem sie beide unter das steinerne Überdach hinein gegangen waren, wo sie nicht nur bequem sitzen, sondern auch stehen und herumgehen konnten, setzte sie sich recht dicht an ihn, und war mäuschenstille.

»Die Mutter«, sagte Konrad, »wird nicht böse sein, wir werden ihr von dem vielen Schnee erzählen, der uns aufgehalten hat, und sie wird nichts sagen; der Vater auch nicht. Wenn uns kalt wird – weißt du – dann mußt du mit den Händen an deinen Leib schlagen, wie die Holzhauer getan haben, und dann wird dir wärmer werden.«

»Ja, Konrad«, sagte das Mädchen.

Sanna war nicht gar so untröstlich, daß sie heute nicht mehr über den Berg hinab gingen und nach Hause liefen, wie er etwa glauben mochte; denn die unermeßliche Anstrengung, von der die Kinder nicht einmal gewußt hatten, wie groß sie gewesen sei, ließ ihnen das Sitzen süß, unsäglich süß erscheinen, und sie gaben sich hin.

Jetzt machte sich aber auch der Hunger gelten. Beide nahmen fast zu gleicher Zeit ihre Brote aus den Taschen und aßen sie. Sie aßen auch die Dinge – kleine Stückchen Kuchen, Mandeln und Nüsse und andere Kleinigkeiten – die die Großmutter ihnen in die Tasche gesteckt hatte.

»Sanna, jetzt müssen wir aber auch den Schnee von unsern Kleidern tun,« sagte der Knabe, »daß wir nicht naß werden.«

»Ja, Konrad«, erwiderte Sanna.

Die Kinder gingen aus ihrem Häuschen, und zuerst reinigte Konrad das Schwesterlein von Schnee. Er nahm die Kleiderzipfel, schüttelte sie, nahm ihr den Hut ab, den er ihr aufgesetzt hatte, entleerte ihn von Schnee, und was noch zurück geblieben war, das stäubte er mit einem Tuche ab. Dann entledigte er auch sich, so gut es ging, des auf ihm liegenden Schnees.

Der Schneefall hatte zu dieser Stunde ganz aufgehört. Die Kinder spürten keine Flocke.

Sie gingen wieder in die Steinhütte und setzten sich nieder. Das Aufstehen hatte ihnen ihre Müdigkeit erst recht gezeigt, und sie freuten sich auf das Sitzen. Konrad legte die Tasche aus Kalbfell ab. Er nahm das Tuch heraus, in welches die Großmutter eine Schachtel und mehrere Papierpäckchen gewickelt hatte, und tat es zu größerer Wärme um seine Schultern. Auch die zwei Weißbrote nahm er aus dem Ränzchen, und reichte sie beide an Sanna: das Kind aß begierig. Es aß eines der Brote und von dem zweiten auch noch einen Teil. Den Rest reichte es aber Konrad, da es sah, daß er nicht aß. Er nahm es und verzehrte es.

Von da an saßen die Kinder und schauten.

So weit sie in der Dämmerung zu sehen vermochten, lag überall der flimmernde Schnee hinab, dessen einzelne winzige Täfelchen hie und da in der Finsternis seltsam zu funkeln begannen, als hätte er bei Tag das Licht eingesogen, und gäbe es jetzt von sich.

Die Nacht brach mit der in großen Höhen gewöhnlichen Schnelligkeit herein. Bald war es ringsherum finster, nur der Schnee fuhr fort, mit seinem bleichen Lichte zu leuchten. Der Schneefall hatte

nicht nur aufgehört, sondern der Schleier an dem Himmel fing auch an, sich zu verdünnen und zu verteilen; denn die Kinder sahen ein Sternlein blitzen. Weil der Schnee wirklich gleichsam ein Licht von sich gab, und weil von den Wolken kein Schleier mehr herab hing, so konnten die Kinder von ihrer Höhle aus die Schneehügel sehen, wie sie sich in Linien von dem dunkeln Himmel abschnitten. Weil es in der Höhle viel wärmer war, als es an jedem andern Platze im ganzen Tage gewesen war, so ruhten die Kinder enge aneinander sitzend, und vergaßen sogar die Finsternis zu fürchten. Bald vermehrten sich auch die Sterne, jetzt kam hier einer zum Vorscheine, jetzt dort, bis es schien, als wäre am ganzen Himmel keine Wolke mehr.

Das war der Zeitpunkt, in welchem man in den Tälern die Lichter anzuzünden pflegt. Zuerst wird eines angezündet und auf den Tisch gestellt, um die Stube zu erleuchten, oder es brennt auch nur ein Span, oder es brennt das Feuer auf der Leuchte, und es erhellen sich alle Fenster von bewohnten Stuben und glänzen in die Schneenacht hinaus – aber heute erst – am heiligen Abende – da wurden viel mehrere angezündet, um die Gaben zu beleuchten, welche für die Kinder auf den Tischen lagen oder an den Bäumen hingen, es wurden wohl unzählige angezündet; denn beinahe in jedem Hause, in jeder Hütte, jedem Zimmer war eines oder mehrere Kinder, denen der heilige Christ etwas gebracht hatte, und wozu man Lichter stellen mußte. Der Knabe hatte geglaubt, daß man sehr bald von dem Berge hinab kommen könne, und doch, von den vielen Lichtern, die heute in dem Tale brannten, kam nicht ein einziges zu ihnen herauf; sie sahen nichts als den blassen Schnee und den dunkeln Himmel, alles andere war ihnen in die unsichtbare Ferne hinab gerückt. In allen Tälern bekamen die Kinder in dieser Stunde die Geschenke des heiligen Christ: nur die zwei saßen

oben am Rande des Eises, und die vorzüglichsten Geschenke, die sie heute hätten bekommen sollen, lagen in versiegelten Päckchen in der Kalbfelltasche im Hintergrunde der Höhle.

Die Schneewolken waren ringsum hinter die Berge hinab gesunken, und ein ganz dunkelblaues, fast schwarzes Gewölbe spannte sich um die Kinder voll von dichten brennenden Sternen, und mitten durch diese Sterne war ein schimmerndes, breites milchiges Band gewoben, das sie wohl auch unten im Tale, aber nie so deutlich gesehen hatten. Die Nacht rückte vor. Die Kinder wußten nicht, daß die Sterne gegen Westen rücken und weiter wandeln, sonst hätten sie an ihrem Vorschreiten den Stand der Nacht erkennen können; aber es kamen neue und gingen die alten, sie aber glaubten, es seien immer dieselben. Es wurde von dem Scheine der Sterne auch lichter um die Kinder; aber sie sahen kein Tal, keine Gegend, sondern überall nur Weiß – lauter Weiß. Bloß ein dunkles Horn, ein dunkles Haupt, ein dunkler Arm wurde sichtbar, und ragte dort und hier aus dem Schimmer empor. Der Mond war nirgends am Himmel zu erblicken, vielleicht war er schon frühe mit der Sonne untergegangen, oder er ist noch nicht erschienen.

Als eine lange Zeit vergangen war, sagte der Knabe »Sanna, du mußt nicht schlafen; denn weißt du, wie der Vater gesagt hat, wenn man im Gebirge schläft, muß man erfrieren, so wie der alte Eschenjäger auch geschlafen hat, und vier Monate tot auf dem Steine gesessen ist, ohne daß jemand gewußt hatte, wo er sei.«

»Nein, ich werde nicht schlafen«, sagte das Mädchen matt.

Konrad hatte es an dem Zipfel des Kleides geschüttelt, um es zu jenen Worten zu erwecken.

Nun war es wieder stille.

Nach einer Zeit empfand der Knabe ein sanftes Drücken gegen

seinen Arm, das immer schwerer wurde. Sanna war eingeschlafen, und war gegen ihn herüber gesunken.

»Sanna, schlafe nicht, ich bitte dich, schlafe nicht«, sagte er.

»Nein,« lallte sie schlaftrunken, »ich schlafe nicht.«

Er rückte weiter von ihr, um sie in Bewegung zu bringen, allein sie sank um, und hätte auf der Erde liegend fortgeschlafen. Er nahm sie an der Schulter und rüttelte sie. Da er sich dabei selber etwas stärker bewegte, merkte er, daß ihn friere, und daß sein Arm schwerer sei. Er erschrak und sprang auf. Er ergriff die Schwester, schüttelte sie stärker und sagte: »Sanna, stehe ein wenig auf, wir wollen eine Zeit stehen, daß es besser wird.«

»Mich friert nicht, Konrad«, antwortete sie.

»Ja, ja, es friert dich, Sanna, stehe auf«, rief er.

»Die Pelzjacke ist warm«, sagte sie.

»Ich werde dir empor helfen«, sagte er.

»Nein«, erwiderte sie, und war stille.

Da fiel dem Knaben etwas anderes ein. Die Großmutter hatte gesagt: Nur ein Schlückchen wärmt den Magen so, daß es den Körper in den kältesten Wintertagen nicht frieren kann.

Er nahm das Kalbfellränzchen, öffnete es, und griff so lange, bis er das Fläschchen fand, in welchem die Großmutter der Mutter einen schwarzen Kaffeeabsud schicken wollte. Er nahm das Fläschchen heraus, tat den Verband weg, und öffnete mit Anstrengung den Kork. Dann bückte er sich zu Sanna und sagte: »Da ist der Kaffee, den die Großmutter der Mutter schickt, koste ihn ein wenig, er wird dir warm machen. Die Mutter gibt ihn uns, wenn sie nur weiß, wozu wir ihn nötig gehabt haben.«

Das Mädchen, dessen Natur zur Ruhe zog, antwortete: »Mich friert nicht.«

»Nimm nur etwas,« sagte der Knabe, »dann darfst du schlafen.«

Diese Aussicht verlockte Sanna, sie bewältigte sich so weit, daß sie das fast eingegossene Getränk verschluckte. Hierauf trank der Knabe auch etwas.

Der ungemein starke Auszug wirkte sogleich, und zwar um so heftiger, da die Kinder in ihrem Leben keinen Kaffee gekostet hatten. Statt zu schlafen, wurde Sanna nun lebhafter, und sagte selber, daß sie friere, daß es aber von innen recht warm sei, und auch schon so in die Hände und Füße gehe. Die Kinder redeten sogar eine Weile mit einander.

So tranken sie trotz der Bitterkeit immer wieder von dem Getränke, sobald die Wirkung nachzulassen begann, und steigerten ihre unschuldigen Nerven zu einem Fieber, das im Stande war, den zum Schlummer ziehenden Gewichten entgegen zu wirken.

Es war nun Mitternacht gekommen. Weil sie noch so jung waren, und an jedem heiligen Abende in höchstem Drange der Freude stets erst sehr spät entschlummerten, wenn sie nämlich der körperliche Drang übermannt hatte, so hatten sie nie das mitternächtliche Läuten der Glocken, nie die Orgel der Kirche gehört, wenn das Fest gefeiert wurde, obwohl sie nahe an der Kirche wohnten. In diesem Augenblicke der heutigen Nacht wurde nun mit allen Glocken geläutet, es läuteten die Glocken in Millsdorf, es läuteten die Glocken in Gschaid, und hinter dem Berge war noch ein Kirchlein mit drei hellen, klingenden Glocken, die läuteten. In den fernen Ländern draußen waren unzählige Kirchen und Glocken, und mit allen wurde zu dieser Zeit geläutet, von Dorf zu Dorf ging die Tonwelle, ja man konnte wohl zuweilen von einem Dorfe zum andern durch die blätterlosen Zweige das Läuten hören: nur zu den Kindern herauf kam kein Laut, hier wurde nichts vernom-

men; denn hier war nichts zu verkündigen. In den Talkrümmen gingen jetzt an den Berghängen die Lichter der Laternen hin, und von manchem Hofe tönte das Hausglöcklein, um die Leute zu erinnern; aber dieses konnte um so weniger herauf gesehen und gehört werden, es glänzten nur die Sterne, und sie leuchteten und funkelten ruhig fort.

Wenn auch Konrad sich das Schicksal des erfrornen Eschenjägers vor Augen hielt, wenn auch die Kinder das Fläschchen mit dem schwarzen Kaffee fast ausgeleert hatten, wodurch sie ihr Blut zu größerer Tätigkeit brachten, aber gerade dadurch eine folgende Ermattung herbei zogen: so würden sie den Schlaf nicht haben überwinden können, dessen verführende Süßigkeit alle Gründe überwiegt, wenn nicht die Natur in ihrer Größe ihnen beigestanden wäre und in ihrem Innern eine Kraft aufgerufen hätte, welche im Stande war, dem Schlafe zu widerstehen.

In der ungeheueren Stille, die herrschte, in der Stille, in der sich kein Schneespitzchen zu rühren schien, hörten die Kinder dreimal das Krachen des Eises. Was das Starrste scheint, und doch das Regsamste und Lebendigste ist, der Gletscher, hatte die Töne hervorgebracht. Dreimal hörten sie hinter sich den Schall, der entsetzlich war, als ob die Erde entzwei gesprungen wäre, der sich nach allen Richtungen im Eise verbreitete, und gleichsam durch alle Aderchen des Eises lief. Die Kinder blieben mit offenen Augen sitzen, und schauten in die Sterne hinaus.

Auch für die Augen begann sich etwas zu entwickeln. Wie die Kinder so saßen, erblühte am Himmel vor ihnen ein bleiches Licht mitten unter den Sternen, und spannte einen schwachen Bogen durch dieselben. Es hatte einen grünlichen Schimmer, der sich sachte nach unten zog. Aber der Bogen wurde immer heller und

heller, bis sich die Sterne vor ihm zurück zogen und erblaßten. Auch in andere Gegenden des Himmels sandte er einen Schein, der schimmergrün sachte und lebendig unter die Sterne floß. Dann standen Garben verschiedenen Lichtes auf der Höhe des Bogens, wie Zacken einer Krone, und brannten. Es floß helle durch die benachbarten Himmelsgegenden, es sprühte leise, und ging in sanftem Zucken durch lange Räume. Hatte sich nun der Gewitterstoff des Himmels durch den unerhörten Schneefall so gespannt, daß er in diesen stummen, herrlichen Strömen des Lichtes ausfloß, oder war es eine andere Ursache der unergründlichen Natur. Nach und nach wurde es schwächer und immer schwächer, die Garben erloschen zuerst, bis es allmählich und unmerklich immer geringer wurde, und wieder nichts am Himmel war als die tausend und tausend einfachen Sterne.

Die Kinder sagten keines zu dem andern ein Wort, sie blieben fort und fort sitzen, und schauten mit offenen Augen in den Himmel.

Es geschah nun nichts Besonderes mehr. Die Sterne glänzten, funkelten und zitterten, nur manche schießende Schnuppe fuhr durch sie.

Endlich, nachdem die Sterne lange allein geschienen hatten, und nie ein Stückchen Mond an dem Himmel zu erblicken gewesen war, geschah etwas anderes. Es fing der Himmel an, heller zu werden, langsam heller, aber doch zu erkennen; es wurde seine Farbe sichtbar, die bleichsten Sterne erloschen, und die anderen standen nicht mehr so dicht. Endlich wichen auch die stärkeren, und der Schnee vor den Höhen wurde deutlicher sichtbar. Zuletzt färbte sich eine Himmelsgegend gelb, und ein Wolkenstreifen, der in derselben war, wurde zu einem leuchtenden Faden entzündet. Alle

Dinge waren klar zu sehen, und die entfernten Schneehügel zeichneten sich scharf in die Luft.

»Sanna, der Tag bricht an«, sagte der Knabe.

»Ja, Konrad«, antwortete das Mädchen.

»Wenn es nur noch ein bißchen heller wird, dann gehen wir aus der Höhle und laufen über den Berg hinunter.«

Es wurde heller, an dem ganzen Himmel war kein Stern mehr sichtbar, und alle Gegenstände standen in der Morgendämmerung da.

»Nun, jetzt gehen wir«, sagte der Knabe.

»Ja, wir gehen«, antwortete Sanna.

Die Kinder standen auf, und versuchten ihre erst heute recht müden Glieder. Obwohl sie nichts geschlafen hatten, waren sie doch durch den Morgen gestärkt, wie das immer so ist. Der Knabe hing sich das Kalbfellränzchen um und machte das Pelzjäckchen an Sanna fester zu. Dann führte er sie aus der Höhle.

Weil sie nach ihrer Meinung nur über den Berg hinab zu laufen hatten, dachten sie an kein Essen, und untersuchten das Ränzchen nicht, ob noch Weißbrote oder andere Eßwaren darinnen seien.

Von dem Berge wollte nun Konrad, weil der Himmel ganz heiter war, in die Täler hinab schauen, um das Gschaider Tal zu erkennen und in dasselbe hinunter zu gehen. Aber er sah gar keine Täler. Es war nicht, als ob sie sich auf einem Berge befänden, von dem man hinab sieht, sondern in einer fremden, seltsamen Gegend, in der lauter unbekannte Gegenstände sind. Sie sahen heute auch in größerer Entfernung furchtbare Felsen aus dem Schnee empor stehen, die sie gestern nicht gesehen hatten, sie sahen das Eis, sie sahen Hügel und Schneelehnen empor starren, und hinter diesen war

entweder der Himmel, oder es ragte die blaue Spitze eines sehr fernen Berges am Schneerande hervor.

In diesem Augenblicke ging die Sonne auf.

Eine riesengroße blutrote Scheibe erhob sich an dem Schneesaume in den Himmel, und in dem Augenblicke errötete der Schnee um die Kinder, als wäre er mit Millionen Rosen überstreut worden. Die Kuppen und die Hörner warfen sehr lange grünliche Schatten längs des Schnees.

»Sanna, wir werden jetzt da weiter vorwärts gehen, bis wir an den Rand des Berges kommen und hinunter sehen«, sagte der Knabe.

Sie gingen nun in den Schnee hinaus. Er war in der heiteren Nacht noch trockener geworden, und wich den Tritten noch besser aus. Sie wateten rüstig fort. Ihre Glieder wurden sogar geschmeidiger und stärker, da sie gingen. Allein sie kamen an keinen Rand, und sahen nicht hinunter. Schneefeld entwickelte sich aus Schneefeld, und am Saume eines jeden stand alle Male wieder der Himmel.

Sie gingen deßohngeachtet fort.

Da kamen sie wieder in das Eis. Sie wußten nicht, wie das Eis daher gekommen sei, aber unter den Füßen empfanden sie den glatten Boden, und waren gleich nicht die fürchterlichen Trümmer, wie an jenem Rande, an dem sie die Nacht zugebracht hatten, so sahen sie doch, daß sie auf glattem Eise fortgingen, sie sahen hie und da Stücke, die immer mehr wurden, die sich näher an sie drängten, und die sie wieder zu klettern zwangen.

Aber sie verfolgten doch ihre Richtung.

Sie kletterten neuerdings an Blöcken empor. Da standen sie wieder auf dem Eisfelde. Heute bei der hellen Sonne konnten sie erst erblicken, was es ist. Es war ungeheuer groß, und jenseits standen

wieder schwarze Felsen empor, es ragte gleichsam Welle hinter Welle auf, das beschneite Eis war gedrängt, gequollen, empor gehoben, gleichsam als schöbe es sich noch vorwärts und flösse gegen die Brust der Kinder heran. In dem Weiß sahen sie unzählige vorwärts gehende geschlängelte blaue Linien. Zwischen jenen Stellen, wo die Eiskörper gleichsam wie aneinandergeschmettert starrten, gingen auch Linien wie Wege, aber sie waren weiß, und waren Streifen, wo sich fester Eisboden vorfand, oder die Stücke doch nicht gar so sehr verschoben waren. In diese Pfade gingen die Kinder hinein, weil sie doch einen Teil des Eises überschreiten wollten, um an den Bergrand zu gelangen und endlich einmal hinunter zu sehen. Sie sagten kein Wörtlein. Das Mädchen folgte dem Knaben. Aber es war auch heute wieder Eis, lauter Eis. Wo sie hinüber gelangen wollten, wurde es gleichsam immer breiter und breiter. Da schlugen sie, ihre Richtung aufgebend, den Rückweg ein. Wo sie nicht gehen konnten, griffen sie sich durch die Mengen des Schnees hindurch, der oft dicht vor ihrem Auge wegbrach und den sehr blauen Streifen einer Eisspalte zeigte, wo doch früher alles weiß gewesen war; aber sie kümmerten sich nicht darum, sie arbeiteten sich fort, bis sie wieder irgend wo aus dem Eise heraus kamen.

»Sanna,« sagte der Knabe, »wir werden gar nicht mehr in das Eis hinein gehen, weil wir in demselben nicht fortkommen. Und weil wir schon in unser Tal gar nicht hinab sehen können, so werden wir gerade über den Berg hinab gehen. Wir müssen in ein Tal kommen, dort werden wir den Leuten sagen, daß wir aus Gschaid sind, die werden uns einen Wegweiser nach Hause mitgeben.«

»Ja, Konrad«, sagte das Mädchen.

So begannen sie nun in dem Schnee nach jener Richtung ab-

wärts zu gehen, welche sich ihnen eben darbot. Der Knabe führte das Mädchen an der Hand. Allein nachdem sie eine Weile abwärts gegangen waren, hörte in dieser Richtung das Gehänge auf, und der Schnee stieg wieder empor. Also änderten die Kinder die Richtung, und gingen nach der Länge einer Mulde hinab. Aber da fanden sie wieder Eis. Sie stiegen also an der Seite der Mulde empor, um nach einer andern Richtung ein Abwärts zu suchen. Es führte sie eine Fläche hinab, allein die wurde nach und nach so steil, daß sie kaum noch einen Fuß einsetzen konnten und abwärts zu gleiten fürchteten. Sie klommen also wieder empor, um wieder einen andern Weg nach abwärts zu suchen. Nachdem sie lange im Schnee empor geklommen und dann auf einem ebenen Rücken fortgelaufen waren, war es wie früher: entweder ging der Schnee so steil ab, daß sie gestürzt wären, oder er stieg wieder hinan, daß sie auf den Berggipfel zu kommen fürchteten. Und so ging es immer fort.

Da wollten sie die Richtung suchen, in der sie gekommen waren, und zur roten Unglücksäule hinab gehen. Weil es nicht schneit und der Himmel so helle ist, so würden sie, dachte der Knabe, die Stelle schon erkennen, wo die Säule sein solle, und würden von dort nach Gschaid hinab gehen können.

Der Knabe sagte diesen Gedanken dem Schwesterchen, und dieses folgte.

Allein auch der Weg auf den Hals hinab war nicht zu finden.

So klar die Sonne schien, so schön die Schneehöhen da standen und die Schneefelder da lagen, so konnten sie doch die Gegenden nicht erkennen, durch die sie gestern herauf gegangen waren. Gestern war alles durch den fürchterlichen Schneefall verhängt gewesen, daß sie kaum einige Schritte von sich gesehen hatten, und da war alles ein einziges Weiß und Grau durch einander gewesen. Nur

die Felsen hatten sie gesehen, an denen und zwischen denen sie gegangen waren: allein auch heute hatten sie bereits viele Felsen gesehen, die alle den nämlichen Anschein gehabt hatten wie die gestern gesehenen. Heute ließen sie frische Spuren in dem Schnee zurück; aber gestern sind alle Spuren von dem fallenden Schnee verdeckt worden. Auch aus dem bloßen Anblicke konnten sie nicht erraten, welche Gegend auf den Hals führe, da alle Gegenden gleich waren. Schnee, lauter Schnee. Sie gingen aber doch immer fort, und meinten, es zu erringen. Sie wichen den steilen Abstürzen aus, und kletterten keine steilen Anhöhen hinauf.

Auch heute blieben sie öfter stehen, um zu horchen; aber sie vernahmen auch heute nichts, nicht den geringsten Laut. Zu sehen war auch nichts als der Schnee, der helle, weiße Schnee, aus dem hie und da die schwarzen Hörner und die schwarzen Steinrippen empor standen.

Endlich war es dem Knaben, als sähe er auf einem fernen schiefen Schneefelde ein hüpfendes Feuer. Es tauchte auf, es tauchte nieder. Jetzt sahen sie es, jetzt sahen sie es nicht. Sie blieben stehen, und blickten unverwandt auf jene Gegend hin. Das Feuer hüpfte immer fort, und es schien, als ob es näher käme; denn sie sahen es größer und sahen das Hüpfen deutlicher. Es verschwand nicht mehr so oft und nicht mehr auf so lange Zeit wie früher. Nach einer Weile vernahmen sie in der stillen blauen Luft schwach, sehr schwach etwas wie einen lange anhaltenden Ton aus einem Hirtenhorne. Wie aus Instinkt schrieen beide Kinder laut. Nach einer Zeit hörten sie den Ton wieder. Sie schrieen wieder, und blieben auf der nämlichen Stelle stehen. Das Feuer näherte sich auch. Der Ton wurde zum dritten Male vernommen, und dieses Mal deutlicher. Die Kinder antworteten wieder durch lautes Schreien. Nach

einer geraumen Weile erkannten sie auch das Feuer. Es war kein Feuer, es war eine rote Fahne, die geschwungen wurde. Zugleich ertönte das Hirtenhorn näher, und die Kinder antworteten.

»Sanna,« rief der Knabe, »da kommen Leute aus Gschaid, ich kenne die Fahne, es ist die rote Fahne, welche der fremde Herr, der mit dem jungen Eschenjäger den Gars bestiegen hatte, auf dem Gipfel aufpflanzte, daß sie der Herr Pfarrer mit dem Fernrohre sähe, was als Zeichen gälte, daß sie oben seien, und welche Fahne damals der fremde Herr dem Herrn Pfarrer geschenkt hat. Du warst noch ein recht kleines Kind.«

»Ja, Konrad.«

Nach einer Zeit sahen die Kinder auch die Menschen, die bei der Fahne waren, kleine schwarze Stellen, die sich zu bewegen schienen. Der Ruf des Hornes wiederholte sich von Zeit zu Zeit, und kam immer näher. Die Kinder antworteten jedes Mal.

Endlich sahen sie über den Schneeabhang gegen sich her mehrere Männer mit ihren Stöcken herabfahren, die die Fahne in ihrer Mitte hatten. Da sie näher kamen, erkannten sie dieselben. Es war der Hirt Philipp mit dem Horne, seine zwei Söhne, dann der junge Eschenjäger, und mehrere Bewohner von Gschaid.

»Gebenedeit sei Gott,« schrie Philipp, »da seid ihr ja. Der ganze Berg ist voll Leute. Laufe doch einer gleich in die Sideralpe hinab, und läute die Glocke, daß die dort hören, daß wir sie gefunden haben, und einer muß auf den Krebsstein gehen und die Fahne dort aufpflanzen, daß sie dieselbe in dem Tale sehen, und die Pöller abschießen, damit die es wissen, die im Millsdorfer Walde suchen, und damit sie in Gschaid die Rauchfeuer anzünden, die in der Luft gesehen werden, und alle, die noch auf dem Berge sind, in die Sideralpe hinab bedeuten. Das sind Weihnachten!«

»Ich laufe in die Alpe hinab«, sagte einer.

»Ich trage die Fahne auf den Krebsstein«, sagte ein anderer.

»Und wir werden die Kinder in die Sideralpe hinab bringen, so gut wir es vermögen, und so gut uns Gott helfe«, sagte Philipp.

Ein Sohn Philipps schlug den Weg nach abwärts ein, und der andere ging mit der Fahne durch den Schnee dahin.

Der Eschenjäger nahm das Mädchen bei der Hand, der Hirt Philipp den Knaben. Die andern halfen, wie sie konnten. So begann man den Weg. Er ging in Windungen. Bald gingen sie nach einer Richtung, bald schlugen sie die entgegengesetzte ein, bald gingen sie abwärts, bald aufwärts. Immer ging es durch Schnee, immer durch Schnee, und die Gegend blieb sich beständig gleich. Über sehr schiefe Flächen taten sie Steigeisen an die Füße, und trugen die Kinder. Endlich nach langer Zeit hörten sie ein Glöcklein, das sanft und fein zu ihnen heraufkam und das erste Zeichen war, das ihnen die niederen Gegenden wieder zusandten. Sie mußten wirklich sehr tief herab gekommen sein; denn sie sahen ein Schneehaupt recht hoch und recht blau über sich ragen. Das Glöcklein aber, das sie hörten, war das der Sideralpe, das geläutet wurde, weil dort die Zusammenkunft verabredet war. Da sie noch weiter kamen, hörten sie auch schwach in die stille Luft die Pöllerschüsse herauf, die in Folge der ausgesteckten Fahne abgefeuert wurden, und sahen dann in die Luft feine Rauchsäulen aufsteigen.

Da sie nach einer Weile über eine sanfte schiefe Fläche abgingen, erblickten sie die Sideralphütte. Sie gingen auf sie zu. In der Hütte brannte ein Feuer, die Mutter der Kinder war da, und mit einem furchtbaren Schrei sank sie in den Schnee zurück, als sie die Kinder mit dem Eschenjäger kommen sah.

Dann lief sie herzu, betrachtete sie überall, wollte ihnen zu es-

sen geben, wollte sie wärmen, wollte sie in vorhandenes Heu legen; aber bald überzeugte sie sich, daß die Kinder durch die Freude stärker seien, als sie gedacht hatte, daß sie nur einiger warmer Speise bedurften, die sie bekamen, und daß sie nur ein wenig ausruhen mußten, was ihnen ebenfalls zu Teil werden sollte.

Da nach einer Zeit der Ruhe wieder eine Gruppe Männer über die Schneefläche herabkam, während das Hüttenglöcklein immer fortläutete, liefen die Kinder selber mit den andern hinaus, um zu sehen, wer es sei. Der Schuster war es, der einstige Alpensteiger, mit Alpenstock und Steigeisen, begleitet von seinen Freunden und Kameraden.

»Sebastian, da sind sie«, schrie das Weib.

Er aber war stumm, zitterte, und lief auf sie zu. Dann rührte er die Lippen, als wollte er etwas sagen, sagte aber nichts, riß die Kinder an sich, und hielt sie lange. Dann wandte er sich gegen sein Weib, schloß es an sich, und rief: »Sanna, Sanna!«

Nach einer Weile nahm er den Hut, der ihm in den Schnee gefallen war, auf, trat unter die Männer und wollte reden. Er sagte aber nur: »Nachbarn, Freunde, ich danke euch.«

Da man noch gewartet hatte, bis die Kinder sich zur Beruhigung erholt hatten, sagte er: »Wenn wir alle beisammen sind, so können wir in Gottes Namen aufbrechen.«

»Es sind wohl noch nicht alle,« sagte der Hirt Philipp, »aber die noch abgehen, wissen aus dem Rauche, daß wir die Kinder haben, und sie werden schon nach Hause gehen, wenn sie die Alphütte leer finden.«

Man machte sich zum Aufbruche bereit.

Man war auf der Sideralphütte nicht gar weit von Gschaid entfernt, aus dessen Fenstern man im Sommer recht gut die grüne

Matte sehen konnte, auf der die graue Hütte mit dem kleinen Glockentürmlein stand; aber es war unterhalb eine fallrechte Wand, die viele Klaftern hoch hinab ging, und auf der man im Sommer nur mit Steigeisen, im Winter gar nicht hinab kommen konnte. Man mußte daher den Umweg zum Halse machen, um von der Unglücksäule aus nach Gschaid hinab zu kommen. Auf dem Wege gelangte man über die Siderwiese, die noch näher an Gschaid ist, so daß man die Fenster des Dörfleins zu erblicken meinte.

Als man über diese Wiese ging, tönte hell und deutlich das Glöcklein der Gschaider Kirche herauf, die Wandlung des heiligen Hochamtes verkündend.

Der Pfarrer hatte wegen der allgemeinen Bewegung, die am Morgen in Gschaid war, die Abhaltung des Hochamtes verschoben, da er dachte, daß die Kinder zum Vorscheine kommen würden. Allein endlich, da noch immer keine Nachricht eintraf, mußte die heilige Handlung doch vollzogen werden.

Als das Wandlungsglöcklein tönte, sanken alle, die über die Siderwiese gingen, auf die Knie in den Schnee, und beteten. Als der Klang des Glöckleins aus war, standen sie auf und gingen weiter.

Der Schuster trug meistens das Mädchen, und ließ sich von ihm alles erzählen.

Als sie schon gegen den Wald des Halses kamen, trafen sie Spuren, von denen der Schuster sagte: »Das sind keine Fußstapfen von Schuhen meiner Arbeit.«

Die Sache klärte sich bald auf. Wahrscheinlich durch die vielen Stimmen, die auf dem Platze tönten, angelockt, kam wieder eine Abteilung Männer auf die Herabgehenden zu. Es war der aus Angst aschenhaft entfärbte Färber, der an der Spitze seiner Knechte, seiner Gesellen und mehrerer Millsdorfer bergab kam.

»Sie sind über das Gletschereis und über die Schründe gegangen, ohne es zu wissen«, rief der Schuster seinem Schwiegervater zu.

»Da sind sie ja – da sind sie ja – Gott sei Dank,« antwortete der Färber, »ich weiß es schon, daß sie oben waren, als dein Bote in der Nacht zu uns kam, und wir mit Lichtern den ganzen Wald durchsucht und nichts gefunden hatten – und als dann das Morgengrauen anbrach, bemerkte ich an dem Wege, der von der roten Unglücksäule links gegen den Schneeberg hinan führt, daß dort, wo man eben von der Säule weg geht, hin und wieder mehrere Reiserchen und Rütchen geknickt sind, wie Kinder gerne tun, wo sie eines Weges gehen – da wußte ich es – die Richtung ließ sie nicht mehr aus, weil sie in der Höhlung gingen, weil sie zwischen den Felsen gingen, und weil sie dann auf dem Grat gingen, der rechts und links so steil ist, daß sie nicht hinab kommen konnten. Sie mußten hinauf. Ich schickte nach dieser Beobachtung gleich nach Gschaid, aber der Holzknecht Michael, der hinüber ging, sagte bei der Rückkunft, da er uns fast am Eise oben traf, daß ihr sie schon habet, weshalb wir wieder herunter gingen.«

»Ja,« sagte Michael, »ich habe es gesagt, weil die rote Fahne schon auf dem Krebssteine steckt, und die Gschaider dieses als Zeichen erkannten, das verabredet worden war. Ich sagte euch, daß auf diesem Wege da alle herab kommen müssen, weil man über die Wand nicht gehen kann.«

»Und kniee nieder, und danke Gott auf den Knieen, mein Schwiegersohn,« fuhr der Färber fort, »daß kein Wind gegangen ist. Hundert Jahre werden wieder vergehen, daß ein so wunderbarer Schneefall niederfällt, und daß er gerade niederfällt, wie nasse Schnüre von einer Stange hingen. Wäre ein Wind gegangen, so wären die Kinder verloren gewesen.«

»Ja, danken wir Gott, danken wir Gott«, sagte der Schuster.

Der Färber, der seit der Ehe seiner Tochter nie in Gschaid gewesen war, beschloß, die Leute nach Gschaid zu begleiten.

Da man schon gegen die rote Unglückssäule zu kam, wo der Holzweg begann, wartete ein Schlitten, den der Schuster auf alle Fälle dahin bestellt hatte. Man tat die Mutter und die Kinder hinein, versah sie hinreichend mit Decken und Pelzen, die im Schlitten waren, und ließ sie nach Gschaid vorausfahren.

Die andern folgten, und kamen am Nachmittage in Gschaid an.

Die, welche noch auf dem Berge gewesen waren und erst durch den Rauch das Rückzugszeichen erfahren hatten, fanden sich auch nach und nach ein. Der letzte, welcher erst am Abende kam, war der Sohn des Hirten Philipp, der die rote Fahne auf den Krebsstein getragen und sie dort aufgepflanzt hatte.

In Gschaid wartete die Großmutter, welche herüber gefahren war.

»Nie, nie«, rief sie aus, »dürfen die Kinder in ihrem ganzen Leben mehr im Winter über den Hals gehen.«

Die Kinder waren von dem Getriebe betäubt. Sie hatten noch etwas zu essen bekommen, und man hatte sie in das Bett gebracht. Spät gegen Abend, da sie sich ein wenig erholt hatten, da einige Nachbarn und Freunde sich in der Stube eingefunden hatten und dort von dem Ereignisse redeten, die Mutter aber in der Kammer an dem Bettchen Sannas saß und sie streichelte, sagte das Mädchen: »Mutter, ich habe heute nachts, als wir auf dem Berge saßen, den heiligen Christ gesehen.«

»O du mein geduldiges, du mein liebes, du mein herziges Kind,« antwortete die Mutter, »er hat dir auch Gaben gesendet, die du bald bekommen wirst.«

Die Schachteln waren ausgepackt worden, die Lichter waren angezündet, die Tür in die Stube wurde geöffnet, und die Kinder sahen von dem Bette auf den verspäteten hell leuchtenden, freundlichen Christbaum hinaus. Trotz der Erschöpfung mußte man sie noch ein wenig ankleiden, daß sie hinaus gingen, die Gaben empfingen, bewunderten, und endlich mit ihnen entschliefen.

In dem Wirtshause in Gschaid war es an diesem Abende lebhafter als je. Alle, die nicht in der Kirche gewesen waren, waren jetzt dort, und die andern auch. Jeder erzählte, was er gesehen und gehört, was er getan, was er geraten, und was für Begegnisse und Gefahren er erlebt hat. Besonders aber wurde hervorgehoben, wie man alles hätte anders und besser machen können.

Das Ereignis hat einen Abschnitt in die Geschichte von Gschaid gebracht, es hat auf lange den Stoff zu Gesprächen gegeben, und man wird noch nach Jahren davon reden, wenn man den Berg an heitern Tagen besonders deutlich sieht, oder wenn man den Fremden von seinen Merkwürdigkeiten erzählt.

Die Kinder waren von dem Tage an erst recht das Eigentum des Dorfes geworden, sie wurden von nun an nicht mehr als Auswärtige, sondern als Eingeborne betrachtet, die man sich von dem Berge herab geholt hatte.

Auch ihre Mutter Sanna war nun eine Eingeborne von Gschaid.

Die Kinder aber werden den Berg nicht vergessen, und werden ihn jetzt noch ernster betrachten, wenn sie in dem Garten sind, wenn wie in der Vergangenheit die Sonne sehr schön scheint, der Lindenbaum duftet, die Bienen summen, und er so schön und so blau wie das sanfte Firmament auf sie hernieder schaut.

Die Sonnenfinsternis am 8. Juli 1842

Es gibt Dinge, die man fünfzig Jahre weiß, und im einundfünfzigsten erstaunt man über die Schwere und Furchtbarkeit ihres Inhaltes. So ist es mir mit der totalen Sonnenfinsternis ergangen, welche wir in Wien am 8. Juli 1842 in den frühesten Morgenstunden bei dem günstigsten Himmel erlebten. Da ich die Sache recht schön auf dem Papiere durch eine Zeichnung und Rechnung darstellen kann, und da ich wußte, um so und so viel Uhr trete der Mond unter der Sonne weg, und die Erde schneide ein Stück seines kegelförmigen Schattens ab, welches dann wegen des Fortschreitens des Mondes in seiner Bahn und wegen der Achsendrehung der Erde einen schwarzen Streifen über ihre Kugel ziehe, was man dann an verschiedenen Orten zu verschiedenen Zeiten in der Art sieht, daß eine schwarze Scheibe in die Sonne zu rücken scheint, von ihr immer mehr und mehr wegnimmt, bis nur eine schmale Sichel übrig bleibt, und endlich auch die verschwindet – auf Erden wird es da immer finsterer und finsterer, bis wieder am anderen Ende die Sonnensichel erscheint und wächst, und das Licht auf Erden nach und nach wieder zum vollen Tage anschwillt – dies alles wußte ich voraus, und zwar so gut, daß ich eine totale Sonnenfinsternis im voraus so treu beschreiben zu können vermeinte, als hätte ich sie bereits gesehen. Aber, da sie nun wirklich eintraf, da ich auf einer Warte hoch über der ganzen Stadt stand und die Erscheinung mit eigenen Augen anblickte, da geschahen freilich ganz andere Dinge, an die ich weder wachend noch träumend gedacht hatte, und an die keiner denkt, der das Wunder nicht gesehen. – Nie und nie in meinem ganzen Leben war ich so erschüttert, wie in

diesen zwei Minuten – es war nicht anders, als hätte Gott auf einmal ein deutliches Wort gesprochen und ich hätte es verstanden. Ich stieg von der Warte herab, wie vor tausend und tausend Jahren etwa Moses von dem brennenden Berge herabgestiegen sein mochte, verwirrten und betäubten Herzens.

Es war ein so einfach Ding. Ein Körper leuchtet einen anderen an, und dieser wirft seinen Schatten auf einen dritten: aber die Körper stehen in solchen Abständen, daß wir in unserer Vorstellung kein Maß mehr dafür haben, sie sind so riesengroß, daß sie über alles, was wir groß heißen, hinaus schwellen – ein solcher Komplex von Erscheinungen ist mit diesem einfachen Dinge verbunden, eine solche moralische Gewalt ist in diesen physischen Hergang gelegt, daß er sich unserem Herzen zum unbegreiflichen Wunder emportürmt. Vor tausendmaltausend Jahren hat Gott es so gemacht, daß es heute zu dieser Sekunde sein wird; in unsere Herzen aber hat er die Fibern gelegt, es zu empfinden. Durch die Schrift seiner Sterne hat er versprochen, daß es kommen werde nach tausend und tausend Jahren, unsere Väter haben diese Schrift entziffern gelernt und die Sekunde angesagt, in der es eintreffen müsse; wir, die späten Enkel, richten unsere Augen und Sehröhre zu gedachter Sekunde gegen die Sonne, und siehe: *es kommt* – der Verstand triumphiert schon, daß er ihm die Pracht und Einrichtung seiner Himmel nachgerechnet und abgelernt hat – und in der Tat, der Triumph ist einer der gerechtesten des Menschen – *es kommt*, stille wächst es weiter – aber siehe, Gott gab ihm auch für das *Herz* etwas mit, was wir nicht voraus gewußt, und was millionenmal mehr wert ist, als was der Verstand begriff und voraus rechnen konnte: das Wort gab er ihm mit: »*Ich bin*« – – »nicht darum bin ich, weil diese Körper sind und diese Erscheinung, nein, sondern darum, weil es euch

in diesem Momente euer Herz schauernd sagt, und weil dieses Herz sich doch trotz der Schauer als groß empfindet.« – – Das Tier hat gefürchtet, der Mensch hat angebetet.

Ich will es in diesen Zeilen versuchen, für die tausend Augen, die zugleich an jenem Momente zum Himmel aufblickten, das Bild, und für die tausend Herzen, die zugleich schlugen, die Empfindung nachzumalen und festzuhalten, in so ferne dies eine schwache menschliche Feder überhaupt zu tun im Stande ist.

Ich stieg um fünf Uhr auf die Warte des Hauses Nr. 495 in der Stadt, von wo aus man die Übersicht nicht nur über die ganze Stadt hat, sondern auch über das Land um dieselbe bis zu dem fernsten Horizonte, an dem die ungarischen Berge wie zarte Luftbilder dämmern. Die Sonne war bereits herauf und glänzte freundlich auf die rauchenden Donauauen nieder, auf die spiegelnden Wässer, und auf die vielkantigen Formen der Stadt, vorzüglich auf die Stephanskirche, die ordentlich greifbar nahe an uns aus der Stadt, wie ein dunkles, ruhiges Gebirge aus Gerölle, emporstand. Mit einem seltsamen Gefühle schaute man die Sonne an, da an ihr nach wenigen Minuten so Merkwürdiges vorgehen sollte. Weit draußen, wo der große Strom geht, lag eine dicke, langgestreckte Nebellinie, auch im südöstlichen Horizonte krochen Nebel und Wolkenballen herum, die wir sehr fürchteten, und ganze Teile der Stadt schwammen in Dunst hinaus. An der Stelle der Sonne waren nur ganz schwache Schleier, und auch diese ließen große blaue Inseln durchblicken.

Die Instrumente wurden gestellt, die Sonnengläser in Bereitschaft gehalten, aber es war noch nicht an der Zeit. Unten ging das Gerassel der Wägen, das Laufen und Treiben an – oben sammelten sich betrachtende Menschen; unsere Warte füllte sich, aus den

Dachfenstern der umstehenden Häuser blickten Köpfe, auf Dachfirsten standen Gestalten, alle nach derselben Stelle des Himmels blickend, selbst auf der äußersten Spitze des Stephansturmes, auf der letzten Platte des Baugerüstes, stand eine schwarze Gruppe, wie auf Felsen oft ein Schöpfchen Waldanflug – und wie viele tausend Augen mochten in diesen Augenblicke von den umliegenden Bergen nach der Sonne schauen, nach derselben Sonne, die Jahrtausende den Segen herabschüttet, ohne daß einer dankt – heute ist sie das Ziel von Millionen Augen – aber immer noch, wie man sie mit den dämpfenden Gläsern anschaut, schwebt sie als rote oder grüne Kugel rein und schön umzirkelt in dem Raume.

Endlich, zur vorausgesagten Minute – gleichsam wie von einem unsichtbaren Engel empfing sie den sanften Todeskuß – ein feiner Streifen ihres Lichtes wich vor dem Hauche dieses Kusses zurück, der andere Rand wallte in dem Glase des Sternenrohres zart und golden fort – »es kommt« riefen nun auch die, welche bloß mit dämpfenden Gläsern, aber sonst mit freien Augen hinauf schauten – »es kommt« – und mit Spannung blickte nun alles auf den Fortgang. Die erste seltsame, fremde Empfindung rieselte nun durch die Herzen, es war die, daß draußen in der Entfernung von Tausenden und Millionen Meilen, wohin nie ein Mensch gedrungen, an Körpern, deren Wesen nie ein Mensch erkannte, nun auf einmal etwas zur selben Sekunde geschehe, auf die es schon längst der Mensch auf Erden festgesetzt. Man wende nicht ein, die Sache sei ja natürlich und an den Bewegungsgesetzen der Körper leicht rechenbar; die wunderbare Magie des Schönen, die Gott den Dingen mitgab, frägt nichts nach solchen Rechnungen, sie ist da, weil sie da ist, ja sie ist *trotz* der Rechnungen da, und selig das Herz, welches sie empfinden kann; denn nur dies ist Reichtum, und einen

andern gibt es nicht – schon in dem ungeheuern Raum des Himmlischen wohnt das Erhabene, das unsere Seele überwältigt, und doch ist dieser Raum in der Mathematik sonst nichts als groß.

Indes nun alle schauten, und man bald dieses, bald jenes Rohr rückte und stellte, und sich auf dies und jenes aufmerksam machte, wuchs das unsichtbare Dunkel immer mehr und mehr in das schöne Licht der Sonne ein – alle harrten, die Spannung stieg; aber so gewaltig ist die Fülle dieses Lichtmeeres, das von dem Sonnenkörper niederregnet, daß man auf Erden keinen Mangel fühlte, die Wolken glänzten fort, das Band des Wassers schimmerte, die Vögel flogen und kreuzten lustig über den Dächern, die Stephanstürme warfen ruhig ihre Schatten gegen das funkelnde Dach, über die Brücke wimmelte das Fahren und Reiten wie sonst, sie ahnten nicht, daß indessen oben der Balsam des Lebens, das Licht, heimlich wegsieche – dennoch, draußen an dem Kahlengebirge und jenseits des Schlosses Belvedere war es schon, als schliche Finsternis, oder vielmehr ein bleigraues Licht, wie ein böses Tier heran – aber es konnte auch Täuschung sein, auf unserer Warte war es lieb und hell, und Wangen und Angesichter der Nahestehenden waren klar und freundlich wie immer.

Seltsam war es, daß dies unheimliche, klumpenhafte, tiefschwarze vorrückende Ding, das langsam die Sonne wegfraß, unser Mond sein sollte, der schöne, sanfte Mond, der sonst die Nächte so florig silbern beglänzte; aber doch war er es, und im Sternenrohr erschienen auch seine Ränder mit Zacken und Wulsten besetzt, den furchtbaren Bergen, die sich auf dem uns so freundlich lächelnden Runde türmen.

Endlich wurden auch auf Erden die Wirkungen sichtbar, und immer mehr, je schmäler die am Himmel glühende Sichel wurde;

der Fluß schimmerte nicht mehr, sondern war ein taftgraues Band, matte Schatten lagen umher, die Schwalben wurden unruhig, der schöne, sanfte Glanz des Himmels erlosch, als liefe er von einem Hauche matt an, ein kühles Lüftchen hob sich und stieß gegen uns, über den Auen starrte ein unbeschreiblich seltsames, aber bleischweres Licht, über den Wäldern war mit dem Lichterspiele die Beweglichkeit verschwunden, und Ruhe lag auf ihnen, aber nicht die des Schlummers, sondern die der Ohnmacht – und immer fahler goß sichs über die Landschaft, und diese wurde immer starrer – die Schatten unserer Gestalten legten sich leer und inhaltslos gegen das Gemäuer, die Gesichter wurden aschgrau – – erschütternd war dieses allmählige Sterben mitten in der noch vor wenigen Minuten herrschenden Frische des Morgens. Wir hatten uns das Eindämmern wie etwa ein Abendwerden vorgestellt, nur ohne Abendröte; wie geisterhaft aber ein Abendwerden ohne Abendröte sei, hatten wir uns nicht vorgestellt, aber auch außerdem war dies Dämmern ein ganz anderes, es war ein lastend unheimliches Entfremden unserer Natur; gegen Südost lag eine fremde gelbrote Finsternis, und die Berge und selbst das Belvedere wurden von ihr eingetrunken – die Stadt sank zu unsern Füßen immer tiefer, wie ein wesenloses Schattenspiel hinab, das Fahren und Gehen und Reiten über die Brücke geschah, als sähe man es in einem schwarzen Spiegel – die Spannung stieg aufs höchste – einen Blick tat ich noch in das Sternrohr, er war der letzte; so schmal, wie mit der Schneide eines Federmessers in das Dunkel geritzt, stand nur mehr die glühende Sichel da, jeden Augenblick zum Erlöschen, und wie ich das freie Auge hob, sah ich auch, daß bereits alle andern die Sonnengläser weggetan und bloßen Auges hinauf schauten – sie hatten auch keines mehr nötig; denn nicht anders, als wie der letzte Funke eines erlö-

schenden Dochtes, schmolz eben auch der letzte Sonnenfunken weg, wahrscheinlich durch die Schlucht zwischen zwei Mondbergen zurück – es war ein ordentlich trauriger Augenblick – deckend stand nun Scheibe auf Scheibe – und *dieser* Moment war es eigentlich, der wahrhaft herzzermalmend wirkte – das hatte keiner geahnet – ein einstimmiges »Ah« aus aller Munde, und dann Totenstille, es war der Moment, da Gott redete und die Menschen horchten.

Hatte uns früher das allmählige Erblassen und Einschwinden der Natur gedrückt und verödet, und hatten wir uns das nur fortgehend in eine Art Tod schwindend gedacht: so wurden wir nun plötzlich aufgeschreckt und emporgerissen durch die furchtbare Kraft und Gewalt der Bewegung, die da auf einmal durch den ganzen Himmel lag; die Horizontwolken, die wir früher gefürchtet, halfen das Phänomen erst recht bauen, sie standen nun wie Riesen auf, von ihrem Scheitel rann ein fürchterliches Rot, und in tiefem kalten, schweren Blau wölbten sie sich unter und drückten den Horizont – Nebelbänke, die schon lange am äußersten Erdsaume gequollen, und bloß mißfärbig gewesen waren, machten sich nun gelten, und schauderten in einem zarten, furchtbaren Glanze, der sie überlief – Farben, die nie ein Auge gesehen, schweiften durch den Himmel; – der Mond stand mitten in der Sonne, aber nicht mehr als schwarze Scheibe, sondern gleichsam halb transparent wie mit einem leichten Stahlschimmer überlaufen, rings um ihn kein Sonnenrand, sondern ein wundervoller, schöner Kreis von Schimmer, bläulich, rötlich, in Strahlen aus einander brechend, nicht anders, als gösse die oben stehende Sonne ihre Lichtflut auf die Mondeskugel nieder, daß es rings aus einander spritzte – das Holdeste, was ich je an Lichtwirkung sah! – Draußen weit über das Marchfeld hin lag schief eine lange, spitze Lichtpyramide,

gräßlich gelb, in Schwefelfarbe flammend, und unnatürlich blau gesäumt; es war die jenseits des Schattens beleuchtete Atmosphäre, aber nie schien ein Licht so wenig irdisch und so furchtbar, und von ihm floß das aus, mittelst dessen wir sahen. Hatte uns früher Eintönigkeit verödet, so waren wir jetzt erdrückt von Kraft und Glanz und Massen – unsere eigenen Gestalten hafteten darinnen wie schwarze, hohle Gespenster, die keine Tiefe haben; das Phantom der Stephanskirche hing in der Luft, die andere Stadt war ein Schatten, alles Rasseln hatte aufgehört, über der Brücke war keine Bewegung mehr; denn jeder Wagen und Reiter stand, und jedes Auge schaute zum Himmel – – nie, nie werde ich jene zwei Minuten vergessen – es war die Ohnmacht eines riesenhaften Körpers, unserer Erde. – – Wie heilig, wie unbegreiflich und wie furchtbar ist jenes Ding, das uns stets umflutet, das wir seelenlos genießen, und das unseren Erdball mit solchen Schaudern überzittern macht, wenn es sich entzieht, *das Licht*, wenn es sich nur so kurz entzieht. – Die Luft wurde kalt, *empfindlich* kalt, es fiel Tau, daß Kleider und Instrumente feucht waren – die Tiere entsetzten sich; – was ist das schrecklichste Gewitter, es ist ein lärmender Trödel gegen diese todesstille Majestät – mir fiel Lord Byrons Gedicht ein: »Die Finsternis«, wo die Menschen Häuser anzünden, Wälder anzünden, um nur Licht zu sehen – –, aber auch eine solche Erhabenheit, ich möchte sagen, *Gottesnähe* war in der Erscheinung dieser zwei Minuten, daß dem Herzen nicht anders war, als müsse er irgendwo stehen. – – Byron war viel zu klein – es kamen, wie mit einmal, jene Worte des heiligen Buches in meinen Sinn, die Worte bei dem Tode Christi: »Die Sonne verfinsterte sich, die Erde bebte, die Toten standen aus den Gräbern auf, und der Vorhang des Tempels zerriß von oben bis unten.« Auch wurde die Wirkung auf

alle Menschenherzen sichtbar. Nach dem ersten Verstummen des Schrecks geschahen unartikulierte Laute der Bewunderung und des Staunens: der eine hob die Hände empor, der andere rang sie leise vor Bewegung, andere ergriffen sich bei denselben und drückten sich – eine Frau begann heftig zu weinen, eine andere in dem Hause neben uns fiel in Ohnmacht, und ein Mann, ein ernster, fester Mann, hat mir später gesagt: daß ihm die Tränen herabgeronnen. Ich habe immer die alten Beschreibungen von Sonnenfinsternissen für übertrieben gehalten, so wie vielleicht in späterer Zeit diese für übertrieben wird gehalten werden; aber alle, so wie diese, sind weit hinter der Wahrheit zurück. Sie können nur das Geschehene malen, aber schlecht, das Gefühlte noch schlechter, aber gar nicht die namenlos tragische Musik von Farben und Lichtern, die durch den ganzen Himmel liegt – ein Requiem, ein *Dies irae*, das unser Herz spaltet, daß es Gott sieht und seine teuren Verstorbenen, daß es in ihm rufen muß: »Herr, wie groß und herrlich sind deine Werke, wir sind wie Staub vor dir, daß du uns durch das bloße Weghauchen eines Lichtteilchens vernichten kannst, und unsere Welt, den holdvertrauten Wohnort, in einen wildfremden Raum verwandelst, darin Larven starren!«

Aber wie alles in der Schöpfung sein rechtes Maß hat, so auch diese Erscheinung, sie dauerte zum Glücke sehr kurz, gleichsam nur den Mantel hat er von seiner Gestalt gelüftet, daß wir hineinsehen, und augenblicks wieder zugehüllt, daß alles sei wie früher. Gerade da die Menschen anfingen, ihren Empfindungen Worte zu geben, also da sie nachzulassen begannen, da man eben ausrief: »Wie herrlich, wie furchtbar!« – gerade in diesem Momente hörte es auf: mit eins war die Jenseitswelt verschwunden, und die hiesige wieder da, ein einziger Lichttropfe quoll am obern Rande wie ein

weißschmelzendes Metall hervor, und wir hatten unsere Welt wieder – er *drängte* sich hervor, dieser Tropfe, wie wenn die Sonne selber ordentlich froh wäre, daß sie überwunden habe, ein Strahl schoß gleich durch den Raum, ein zweiter machte sich Platz – aber ehe man nur Zeit hatte, zu rufen: »Ach!« bei dem ersten Blitz des ersten Atomes, war die Larvenwelt verschwunden, und die unsere wieder da: das bleifarbene Lichtgrauen, das uns vor dem Erlöschen so ängstlich schien, war uns nun Erquickung, Labsal, Freund und Bekannter, die Dinge warfen wieder Schatten, das Wasser glänzte, die Bäume waren grün, wir sahen uns in die Augen – siegreich kam Strahl an Strahl, und wie schmal, wie winzig schmal auch nur noch erst der leuchtende Zirkel war, es schien, als sei uns ein Ozean von Licht geschenkt worden – man kann es nicht sagen, und der es nicht erlebt, glaubt es kaum, welche freudige, welche siegende Erleichterung in die Herzen kam: wir schüttelten uns die Hände, wir sagten, daß wir uns zeitlebens daran erinnern wollen, daß wir das mit einander gesehen haben – man hörte einzelne Laute, wie sich die Menschen von den Dächern und über die Gassen zuriefen, das Fahren und Lärmen begann wieder, selbst die Tiere empfanden es; die Pferde wieherten, und die Sperlinge auf den Dächern begannen ein Freudengeschrei, so grell und närrisch, wie sie es gewöhnlich tun, wenn sie sehr aufgeregt sind, und die Schwalben schossen blitzend und kreuzend, hinauf, hinab, in der Luft umher. Das Wachsen des Lichtes machte keine Wirkung mehr, fast keiner wartete den Austritt ab, die Instrumente wurden abgeschraubt, wir stiegen hinab, und auf allen Straßen und Wegen waren heimkehrende Gruppen und Züge in den heftigsten, exaltiertesten Gesprächen und Ausrufungen begriffen. Und ehe sich noch die Wellen der Bewunderung und Anbetung gelegt hatten, ehe man mit Freunden

und Bekannten ausreden konnte, wie auf diesen, wie auf jenen, wie hier, wie dort die Erscheinung gewirkt habe, stand wieder das schöne, holde, wärmende, funkelnde Rund in den freundlichen Lüften, und das Werk des Tages ging fort; – wie lange aber das Herz des Menschen fortwogte, bis es auch wieder in sein Tagewerk kam, wer kann es sagen? Gebe Gott, daß der Eindruck recht lange nachhalte, er war ein herrlicher, dessen selbst ein hundertjähriges Menschenleben wenige aufzuweisen haben wird. Ich weiß, daß ich nie, weder von Musik noch Dichtkunst, noch von irgend einem Phänomen oder einer Kunst so ergriffen und erschüttert worden war – freilich bin ich seit Kindheitstagen viel, ich möchte fast sagen ausschließlich mit der Natur umgegangen, und habe mein Herz an ihre Sprache gewöhnt, und liebe diese Sprache, vielleicht einseitiger, als es gut ist; aber ich denke, es kann kein Herz geben, dem nicht diese Erscheinung einen unverlöschlichen Eindruck zurückgelassen habe.

Ihr aber, die es im höchsten Maße nachempfunden, habet Nachsicht mit diesen armen Worten, die es nachzumalen versuchten, und so weit zurückblieben. Wäre ich *Beethoven*, so würde ich es in Musik sagen; ich glaube, da könnte ich es besser.

Zum Schlusse erlaube man mir noch zwei kurze Fragen, die mir dieses merkwürdige Naturereignis aufdrängte.

Erstens. Warum, da doch alle Naturgesetze Wunder und Geschöpfe Gottes sind, merken wir sein Dasein in ihnen weniger, als wenn einmal eine plötzliche Änderung, gleichsam eine Störung derselben geschieht, wo wir ihn dann plötzlich und mit Erschrecken dastehen sehen? Sind diese Gesetze sein glänzendes Kleid, das ihn deckt, und muß er es lüften, daß wir ihn selber schauen?

Zweitens. Könnte man nicht auch durch Gleichzeitigkeit und

Aufeinanderfolge von Lichtern und Farben eben so gut eine Musik für das Auge wie durch Töne für das Ohr ersinnen? Bisher waren Licht und Farbe nicht selbstständig verwendet, sondern nur an Zeichnung haftend; denn Feuerwerke, Transparente, Beleuchtungen sind doch nur noch zu rohe Anfänge jener Lichtmusik, als daß man sie erwähnen könnte. Sollte nicht durch ein Ganzes von Lichtakkorden und Melodien eben so ein Gewaltiges, Erschütterndes angeregt werden können, wie durch Töne? Wenigstens könnte ich keine Symphonie, Oratorium oder dergleichen nennen, das eine so hehre Musik war als jene, die während der zwei Minuten mit Licht und Farbe an dem Himmel war, und hat sie auch nicht den Eindruck ganz allein gemacht, so war sie doch ein Teil davon.

Winterbriefe aus Kirchschlag

1

Gönnen Sie einem Manne, der zur Kräftigung seiner Gesundheit, die durch ein langes Leiden angegriffen war, sich der Meinung und dem Brauche zuwider einen Winteraufenthalt auf einem hohen Berge verordnete, zuweilen einen kleinen Raum in Ihrem Blatte, zu einem Berichte von diesem hohen Berge in die Ebene hinab. Vielleicht können diese Worte manchen Leidenden trösten und ihm Zuversicht zur Heilung geben, vielleicht können sie manchem, der das Landleben liebt, zu einem Entschlusse dienen, vielleicht können sie einem Naturfreunde Freude machen, und ihm Lust erwekken, die Herrlichkeiten des Berges selber zu schauen, und vielleicht können sie die Eigenschaften dieses Berges in größern Entfernungen bekannt machen, als es bis jetzt der Fall ist.

Dieser Berg ist der von Kirchschlag bei Linz.

Obwohl in der Nacht die Lichter der Landeshauptstadt Linz auf den Berg hinauf schimmern, obwohl man von ihm unter Tags die Häuser der Stadt und den Donauspiegel erblickt, und das Läuten ihrer Kirchenglocken, ja oft sogar das Trommeln ihrer Krieger hört, so werden doch nicht alle Bewohner von Linz sich um den Berg bekümmert haben, noch wenigere aber sind hinauf gestiegen, ihn zu betrachten, und die allerwenigsten haben eine Kenntnis seiner Eigenschaften erlangt. Und diese Eigenschaften sind solche, daß man oft weite Reisen macht, um ihres Nutzens und ihrer Freude teilhaftig zu werden.

Es sei mir erlaubt, zuerst im allgemeinen von einigen Dingen zu reden, welche die Grundwirkungen auf das menschliche Leben ausüben, und welche auf Höhen anders sind als in Niederungen.

Beginnen wir mit dem Feinsten und Holdesten, was wir für das

Leben unseres Körpers und unserer Seele auf dieser Erde haben, mit dem *Lichte*. Wer kennt nicht das schauerlich schöne Gedicht Byrons ›Die Finsternis‹, in welchem der Dichter erzählt, was wurde, nachdem das Licht von der Erde genommen war. Die Menschen zünden endlich Häuser, Kirchen, Wälder an, um Licht zu haben. Und zuletzt sind nicht mehr Menschen, Häuser, Kirchen, Wälder, und die Erde ist ein toter Klumpen. Welche Glut und Pracht der Farben haben Pelze, Gefieder, Blätter, Blumen und Früchte des lichtreichen Mittelgürtels der Erde, und wie geht das alles in ein eintöniges Graugrün, Grau und Weiß in den Gürteln der lichtarmen Pole über. Man gebe einer Pflanze Wärme, Feuchtigkeit, Luft und Erde in der besten Güte und lasse ihr gar kein oder nur ein mattes Licht, und sie wird farblos, unkräftig, spindelnd, und strebt mit Angst in die Länge, um irgendwo durch eine Ritze oder ein Loch hinaus in das freudige Licht zu gelangen. Und wer weiß es nicht an sich selber, wie Klarheit des Lichtes Klarheit der Seele ist, und Dumpfheit des Lichtes Dumpfheit der Seele. Nervenleidende können durch einen in die Wochen dauernden gleichfärbigen, bleiernen, sonnenlosen Himmel nach und nach zur Verzweiflung gelangen. Menschen mit geringem Leben der Nerven und der Einbildungskraft verharren in dumpfem Lichte ohne Klarheit und ohne Dumpfheit, und sie verharren in klarem Lichte ohne Klarheit und ohne Dumpfheit.

Die Hauptquelle des Lichtes für unsere Erde ist die Sonne. Ihr Licht stürmt mit einer Schnelligkeit, davon wir keine Vorstellung haben, in die Räume. Es durcheilt in jeder Sekunde über 40 000 Meilen. Körper von völliger Gleichheit ihres Wesens pflanzen die Bewegung des Lichtes fort und heißen durchsichtig, solche, deren Wesen durch Stoffmischung unterbrochen ist, leiten es nicht so

leicht und heißen undurchsichtig. Das dichte, feste Glas, der noch dichtere Diamant sind durchsichtig, das lockere, luftdurchzogene Glaspulver ist undurchsichtig, eben so der Badeschwamm, der doch voll von Löchern ist. Das Licht wird nämlich beim Übergange von einem Stoffe in den andern immer zum Teile in den alten Stoff zurück geworfen, und je mehr solche Übergänge in einem Körper sind, desto weniger wird endlich das Licht, wenn es von dem Körper heraus kömmt, und da kein Stoff vollkommen gleichartig ist, ist auch keiner vollkommen durchsichtig, selbst die Luft nicht. Daher ist das Licht, welches endlich durch die Luftschichten der Niederungen auf die Erde gelangt, schwächer als das, welches auf den Gipfel eines hohen Berges niederglänzt. Das wissen Bergsteiger recht gut, wie ihnen alles an heitern Tagen auf dem Berge in scharfem Lichte entgegen schaut und bestimmte Schatten bildet, und wie selbst auf wagrechten Ebenen der Hochgebirge der sonnige Schnee leuchtet, daß er sogar Augen-Entzündungen zuwege bringt, was der sonnige Schnee der wagrechten Ebenen der Niederungen nie kann. Und das wissen auch die, welche länger auf einem Berge gelebt haben, wie ihnen in den Niederungen an den klarsten Tagen wegen größerer Dunkelheit gewissermaßen bange wird. Dazu kömmt noch etwas anderes, besonders bei größeren Städten. Wir sehen an den heitersten Tagen von unserem Berge hinab über der Donau-Ebene und namentlich über Linz einen schmutzig blauen Schleier schweben, die Ausdünstung der Niederung und insbesonders die Ausdünstung der Menschen, Tiere, Schornsteine, Unratkanäle und anderer Dinge der Stadt. Der Mann, der aus der durchsichtigsten Bergklarheit auf diese Erscheinung niederblickt, denkt unwillkürlich mit einer Art unheimlichen Gefühles daran, daß die da unten in diesem Schwaden und Brodem leben müssen.

Endlich ist in Bezug des Lichtes noch zu beachten, daß die Niederungen, hauptsächlich die an Wässern, sehr oft an sonst heitern Tagen Erdnebel oder Hochnebel ohne Sonne haben, während die Bewohner des hohen Berggipfels auf diesen Erdnebel oder Hochnebel wie auf ein silberschimmerndes Meer niederschauen und über sich den blauem Himmel und die leuchtende Sonne haben. Ich werde von der unaussprechlichen Pracht dieser Silbermeere, die wir heuer genugsam beobachten konnten, ein anderes Mal sprechen, und mir auch erlauben, eine genaue Zusammenstellung der Licht-, Wärme-, Nebel- und Regenverhältnisse zwischen hier und Linz einzusenden. Ich bemerke an diesem Orte nur, daß wir im Spätherbste oft fünf bis sechs Tage, dann nach Unterbrechung wieder mehrere Tage den hellsten Sonnenschein hatten, während in der Ebene Nebel lag. Vom 19. Dezember bis 2. Jänner, also vierzehn Tage, war in Linz ununterbrochen mit Ausnahme von ein paar Abendstunden und zwei Mittagsstunden des 31. Dezembers teils Hochnebel, teils Erdnebel, und in Kirchschlag waren zwölf Tage davon ganze Sonnentage und zwei Tage waren bewölkt.

2

Ich gehe zu dem zweiten Gegenstande, der zu den höchsten Lebensdingen gehört, über, zu der *Wärme*. Die Wärme ist für uns noch eine der rätselhaftesten Erscheinungen, und ihre Gesetze sind noch weit weniger erschöpft als die des Lichtes. Wir empfinden die Wärme durch den Tastsinn, und diese Empfindung ist so wenig zu beschreiben als zum Beispiel die des Süßen, Sauern und

dergleichen. Wärme, die für uns groß ist, heißen wir Hitze, die für uns klein ist, Kälte. Völlige Wärmelosigkeit können wir uns gar nicht vorstellen. Für alles Leben ist eine gewisse Wärme schlechterdings nötig, und zu große Wärme und zu wenig Wärme töten geradezu das Leben. Es sind verschiedene Quellen der Wärme, und sehr oft tritt sie zugleich mit dem Lichte auf. Wie der Schall kein Stoff ist, sondern in Schwingungen eines Stoffes besteht, welche Schwingungen sich bis zum Gehörnerven fortpflanzen und dort ein Bewußtwerden des schallenden Körpers, besonders aber eine eigene Empfindung erzeugen, die uns am lieblichsten als Klang anmutet, und wie das Licht fast gewiß aus Schwingungen besteht, die an den Sehnerv treten, und ein Bewußtwerden des lichtsendenden Körpers und eine dem Klange ähnliche Empfindung erzeugen, die Farbe: so ist das Wesen der Wärme wahrscheinlich auch in Schwingungen zu suchen, und zwar in solchen, die denen des Lichtes sehr nahe verwandt sind. Die Wärme ist nie ruhend, sondern pflanzt sich stets fort, und tut das auf zweierlei Weise: erstens wie das Licht in geraden Linien, die wir Strahlen heißen, und zweitens dadurch, daß jeder wärmere Stoff dem angrenzenden kälteren Wärme abläßt, was wir Mitteilung nennen. Stoffe, in denen die Wärme sich schneller verbreitet, heißen wir gute Wärmeleiter, die andern schlechte. Gute Wärmeleier sind zum Beispiel die Metalle, schlechte die Luft, das Wasser, das Holz, die Wolle. Schlechte Wärmeleiter entziehen dem Körper langsam die Wärme, die er hervorbringt, daher sind unsere Kleider und Wohnungen aus schlechten Wärmeleitern. Die Wärmestrahlen werden durch Körper, auf die sie treffen, zurück geworfen, und zwar noch vollständiger als die Lichtstrahlen. Die Luft läßt sie am meisten durch, fast alle andern Körper werfen sie beinahe ganz zurück. Die Hauptwärmequelle

für unsere Erde ist die Sonne, und hier zeigt sich eine höchst merkwürdige Erscheinung. Wenn das Licht der Sonne auf einen Körper trifft, so wird ein Teil zurück geworfen, und ein Teil dringt ein; aber beide Teile enthalten zusammen nicht mehr die ursprüngliche Lichtmenge, sondern ein dritter Teil geht verloren, und dieser Teil ist dann Wärme. Es sei mir erlaubt, diese Erscheinung kurz auf Schwingungen zurückzuführen. Wenn Schwingungen eines Stoffes auf einen angrenzenden Stoff von anderem Schwingungsvermögen treffen, finden sie Widerstand, der wie ein Stoß rückgehende Schwingungen erzeugt, indes sich der Körper auch auf seine Weise zu vorwärtsgehenden Schwingungen bequemt, die aber notwendig auch andere Bewegungen seiner Teilchen zur Folge haben, die wieder Schwingungen sind, aber andere, weil eben der Körper ein anderes Schwingungsvermögen besitzt. Diese Schwingungen sind in unserm Falle Wärme. Wir haben also dann rückwärtsgehendes und vorwärtsgehendes Licht, und Wärme. Aus dieser Tatsache erklärt sich, weshalb Körper, in denen das Licht sehr viele Rückwerfungen erduldet, in der Sonne so heiß werden, zum Beispiel Sand, dann die Luft unter mehreren über einander gestellten Glasstürzen, die so heiß wird, daß darin Eier in Schnelligkeit fast gebraten werden. Wie solche Glasstürze, nur im minderen Maße, wirken die über einander liegenden Schichten unserer Luft, und zwar desto mehr, je dichter, also schichtenreicher die Luft ist. Wenn daher die Sonnenstrahlen durch einen großen Luftraum und besonders durch die niedere, dichtere Luft gehen, so wird das Licht immer schwächer und die Wärme immer größer. Die Luft macht also aus Licht Wärme. Dies ist ein Hauptgrund, weshalb die höhere Luft kälter ist, und zwar um so mehr, je stärker die Lichtmacht einfällt. Außer der Luft machen auch noch andere lockere Körper aus Licht Wär-

me und teilen sie der Luft mir. Daher auch aus diesem Grund körperreiche Niederungen so heiß werden können, und körperarme Bergspitzen so kühl. Diese Art Wärme empfinden wir in bestimmten Grenzen als sehr angenehm, steigt sie, so heißen wir sie Schwüle, und erreicht sie ein hohes Maß, so kann sie unerträglich beängstigend werden. Die strahlende Wärme wird anders empfunden als die schwüle, und zwar brennend, was in gewissem Maße höchst angenehm ist, in höherem Maße als Sonnenbrand quälend wird, und in noch höherem als Sonnenstich den Tod bringen kann. Die strahlende Wärme ist in höheren Lufträumen stärker als in niederen, weil jede tiefere Luftschichte Strahlen zurück wirft. Auf schwülelosen Höhen wirkt daher das Brennen der Wärmestrahlen so äußerst wohltätig, während in Niederungen ein unbedeutendes Brennen zu der Schwüle hinzu kommend das Ganze unausstehlich macht. Auf Höhen wirken meistens nur die unmittelbaren Wärmestrahlen, in Niederungen, besonders in Städten, wird die Hitze, welche durch die von allerlei Körpern zurück geworfenen Strahlen vermehrt wird, beängstigend. Daß die Wärmestrahlen desto stärker wirken, je senkrechter sie auffallen, weiß jedermann, doch gehört diese Erscheinung nicht in den Bereich unserer Betrachtung, da wir nicht von verschiedenen Erdbreiten, sondern von verschiedenen Erhöhungen in derselben Breite reden. Je heißer ein Sommer ist, desto segenbringender für menschliche Gesundheit sind die Wärmeverhältnisse auf Höhen zwischen 2000 bis 5000 Fuß, dies weiß wohl vielleicht jedermann. Aber wenigere werden wissen, wie es im Winter ist. *Im Winter sind bei uns im allgemeinen die Höhen wärmer als die Niederungen.* Wenn die Sonne für die Nordhälfte der Erde so tief am südlichen Himmel steht, daß wir gleichsam in einer nördlichen Breite liegen, so ist die Wärmeerzeu-

gung aus ihrem Lichte so geringe, daß sie für uns wenig bemerkbar ist, ja daß wir sogar im Sonnenglanze Kälte empfinden. Da macht sich nun ein anderer Wärmezufluß geltend, nämlich wärmere Luft, die aus südlichen Gegenden herzieht, und da die wärmere Luft als die dünnere, weil die Wärme die Körper ausdehnt, auf der kälteren wie Öl auf Wasser schwimmt, so sind in diesem Falle die Höhen wärmer als die Niederungen. Und je gerader die Luftzuflüsse aus Süden kommen, desto wärmer sind die Höhen im Gegensatze zu den Tälern. Darum sind warme, weiche Winde, die im Winter kommen, immer zuerst auf den Höhen, und werden erst durch Nachdrang anderer Luftströme in die Tiefe gestoßen. Darum erscheinen an stillen Tagen in den Niederungen die Nebel, während auf den Höhen der klarste Sonnenschein ist, und so scharf grenzen oft warme und kalte Luft an einander, daß die Oberfläche des Nebels von oben gesehen meistens eine wagrechte Fläche wie eine riesige ebene Tischplatte bildet. Für Kirchschlag und Oberösterreich kommt noch hinzu, daß die aus Süden ziehende Luft nur oberhalb der Alpen herüberkommen und daher nur desto langsamer den tieferen Luftschichten Wärme mitteilen kann, wovon die Höhen eher ihren Teil, und einen größeren, empfangen als die Niederungen. Wenn Winde aus nördlichen Richtungen kommen, also kalt sind, so treffen sie eher die Höhen als die Tiefen, daher dann auf Höhen meist Schnee fällt, wenn es in Niederungen noch regnet, und daher die Höhen überhaupt schneereicher sind. Winter, in denen solche Windrichtungen vorherrschend sind, wären dann allerdings auf den Höhen kälter als in Niederungen, sie sind aber dann überhaupt so kalt, daß überall vorzugsweise der Ofen zur Geltung kömmt. Solche Winter gehören jedoch bei uns zu den Seltenheiten. Im März, wenn die Sonne Gewalt erlangt, werden die Täler

allgemach wärmer als die Höhen, weshalb in der Tiefe der Frühling eher erscheint als in der Höhe. Ich verzeichne an dieser Stelle mehrere Wärmebeobachtungen, die ich im Monate Jänner auf einem 80gradigen Thermometer, der sich gegen Süden außerhalb eines Fensters befindet, in der Sonne um 12 Uhr machte. Am 7. 18°, am 15. 23°, am 19. 24°, am 20. 20°, am 21. 19°, am 22. 21°, am 27. 19°, am 28. 21 ½° An diesen Tagen sahen wir auf dem Donautale unbeweglichen dicken Nebel liegen. Es mögen noch einige Mittags-Wärmebeobachtungen von trüben Tagen, welche einzelne Sonnenblicke hatten, folgen : Am 9. 8 ½°, am 11. 6°, am 16. 7°, am 23. 6°, am 24. 5°, am 29. 7°. Zum Schlusse führe ich Mittag-Beobachtungen bei Schneefällen an: Am 8. 1°, am 10. 0°, am 12. −0.2°, am 30. 2°. Als etwas ganz Besonderes bemerke ich, daß am 24. November mittags 25° Hitze waren, daß an diesem Tage die Käfer im Grase liefen, die Fliegen in der Sonne summten und ein Falter gegen das Fenster von Haslingers Landhaus flog. Genaueres wird sich ergeben, wenn ich werde das vergleichende Gradverzeichnis der Wärme von Linz und Kirchschlag vorgelegt haben. Wer also milde, sanfte Wärmeverhältnisse wünscht, der muß im Winter fast noch sicherer als im Sommer aus Niederungen, besonders, wenn in ihnen große Wässer sind, auf entsprechende Höhen, das heißt solche, die nicht unter 2500 Fuß sind, gehen. Dort hat er die schönen Tage, in denen in der Niederung meist Nebel herrschen, sonnenhell und warm. Die stürmischen mit Regen und Schnee sind zwar auf der Höhe stürmischer und kälter, aber der Kälteunterschied ist nicht sehr groß. Von anderen Vorteilen, die auch an solchen Tagen die Höhen vor den Niederungen bieten, werde ich später sprechen.

3

Wir kommen zu einer dritten Lebensgrundlage, welche am wunderbarsten ist. Wenn Bernstein mit einem Wollappen gerieben wird, zieht er leichte Körperchen an und stößt sie nach einem Weilchen wieder von sich. Man hat dieser Kraft den närrischen Namen Elektrizität gegeben (Electrum, Bernstein, also zu deutsch etwa Bernsteinerei). Man hat später erfahren, daß Harz, Glas und andere Körper durch Reiben dieselbe Eigenschaft bekommen. Hat ein elektrischer Körper diese Eigenschaft in einem höheren Maße, und hält man sich ihm nahe, so hat man im Angesichte eine Empfindung, als wäre man in Spinnweben geraten, man spürt einen Phosphorgeruch, und ist die Elektrizität stark genug, so springt sie als ein Funken mit Knistern in einen hingehaltenen Finger und erregt eine eigene eindringliche Erschütterung in den Nerven. Weiter hat man die Beobachtung gemacht, daß sich Glaselektrizität und Harzelektrizität anziehen, vereinigen, und sich nach gleichen Maßen aufheben, weshalb man ihnen den Namen positive und negative Elektrizität gab. Positive und positive, negative und negative Elektrizität stoßen sich ab. Im Laufe unzähliger Versuche hat sich ergeben, daß es keine Veränderung an einem Körper gibt, und keine Einwirkung von Körpern auf Körper, die nicht Elektrizität hervor ruft. Immer aber treten beide Elektrizitäten zu gleicher Zeit auf. Reißt man ein Seidenband entzwei, so ist ein Stück positiv, das andere negativ elektrisch. Verdünstet Wasser, oder wird Dunst zu Wasser, so haben Wasser und Dunst entgegengesetzte Elektrizität. Trennt sich ein Stoff in zwei chemische Bestandteile, so haben diese Bestandteile entgegengesetzte Elektrizität. Ja schon eine gewisse Stellung eines Körpers gegen die Weltgegenden ruft Elektrizität

hervor. Bringt man einen nicht elektrischen Körper in die Nähe eines elektrischen, so erhält das zugewendete Ende die ungleichnamige, das abgewendete die gleichnamige Elektrizität von der des elektrischen Körpers. Die ungleichnamigen Elektrizitäten vereinigen sich dann oft, was eben das Überschlagen des Funkens ist. Da nun alle Körper nahe an der Erde oder auf der Erde sind, so geschieht die Vereinigung am meisten mit der Erde, weshalb man einst glaubte, die Erde ziehe alle Elektrizität an sich. Oft fließt die Elektrizität ungesehen in die Erde; denn auf manchen Körpern, zum Beispiel Metallen, verbreitet sie sich sehr schnell, sie heißen dann Leiter, auf andern sehr langsam, sie heißen dann Nichtleiter, zum Beispiel Luft, Seide, Harz, Glas. Springt Elektrizität zwischen zwei Leitern durch einen Nichtleiter über, so durchbohrt sie ihn als Funken mit Knistern. Auf Leitern läuft sie ungesehen fort. Am pracht- und machtvollsten erscheint für unsere Sinne die Elektrizität im Gewitter. Wenn mit stürmischer Schnelligkeit Dunst zu Wasser wird, so entstehen mit stürmischer Schnelligkeit beide Elektrizitäten und vereinigen sich durch den Nichtleiter: Luft. Der Funke ist der Blitz, das Knistern der erhabene Donner. Der Donner ist immer nur ein Schlag; da aber der Blitz oft ungeheure Wege macht, so hören wir aus den von unsern Ohren ungleich weit entfernten Punkten dieses Weges den Schlag zu ungleichen Zeiten, also das Rollen. Auch das Echo und andere Umstände tragen zu dem Rollen bei. Es ist nicht unsere Aufgabe, diese Dinge weiter zu verfolgen. Am meisten schlagen die Blitze von Wolke zu Wolke durch die Luft, oft aber auch von einer Wolke in die Erde. Donner und Blitz sind nur bei schneller Wolkenbildung (Übergang des Dunstes in Wasserstaub, der eben die Wolke ist) vorhanden, wobei meist starke Niederschläge (Regen, Schnee) erfolgen.

Die Elektrizität sucht vorzugsweise Leiter, deshalb kann man einen Blitz über einem Dache mit einer eisernen Stange fangen und am Eisen in die Erde leiten. So hinreißend die Erscheinung des Gewitters ist, so ist diese Erscheinung der Elektrizität doch nicht die bedeutendste. Die Wirkungen der Elektrizität auf Stoffe sind so zahlreich und mannigfaltig, daß ihre Aufzählung hier unmöglich ist. Wir führen nur einige Beispiele an. Ein Platindraht (also von einem der schwerstschmelzbaren Metalle) kann durch einen elektrischen Strom glühend werden, schmelzen und wie dünnes Wasser hinab träufeln, Quecksilber, Gold, Silber verbrennen mit lebhafter Flamme, Buchskohle glüht mit einem Lichte, das die Augen nicht ertragen, ein Apfel wird durchsichtig, das Wasser wird in die zwei Luftkörper, Sauerstoffluft und Wasserstoffluft, zerlegt, welche Zerlegung sonst so schwer war, da diese Lüfte eine solche Verwandtschaft haben, daß sie einander heftig fassen, zu dem dichten Wasser sich zusammen drängen, und sich (zu unserm Glücke) nicht so leicht auseinander reißen lassen, die Magnetnadel wird durch den elektrischen Strom abgelenkt, ja ein von einem elektrischen Strome umkreister Körper ist selber eine Magnetnadel. Wie die Elektrizität auf das Leben wirkt, ist unermeßlich und unergründlich, da sich immer und überall Elektrizität erzeugt und vereinigt, also strömt. Sie ist das ausgebreitetste unter allen Naturdingen. Wie tief sie wirkt, zeigt uns schon der nervenerschütternde Schlag des kleinsten Funkens; aber wie nicht das Gewitter die höchste Wirkung der Elektrizität ist, so ist es auch nicht der Schlag des Funkens in unsere Nerven: das sanfte, holde und lindernde Strömen derselben in dem All wird das Lebenerweckendste und Beseligendste sein, wie jedes zarte Maß beglückt, das Unmaß zerrüttet. Wie ein Zustand ohne alle Elektrizität wäre, wissen wir

nicht; wie zu viel Elektrizität wirkt, wissen wir; sie tötet. Die Forschungen über die Lebenswirkungen der Elektrizität werden eifrig fortgesetzt, man wendet sie schon oft als Heilmittel an; aber das errungene Feld ist winzig klein, das unerforschte ahnungsreich groß. Die Werkzeuge zur Messung elektrischer Zustände der Luft und der Erdkörper so wie unseres Körpers sollten sehr verbreitet sein, und die Erfahrungen sollten sorgfältig gesammelt werden. Auf Höhen ist die Luft durchschnittlich trockener, trocknere Luft ist ein schlechterer Leiter als feuchte, also sind auf Höhen die elektrischen Zustände weniger stürmisch als in Niederungen, sondern stetiger, sachter, ruhiger verlaufend und wandelnd, was ganz gewiß zu der gehobenen, freudigen, erquickenden Stimmung, die uns auf Höhen, uns unerklärlich, ergreift, nicht weniger beiträgt als andere Umstände, namentlich wenn man bedenkt, daß die elektrische Spannung und Strömung der ganzen ungeheuern Himmelsglocke, die uns umfängt, auf unser Nervengewebe wie auf das feinste und edelste Saitenspiel wirkt. Ich rede nicht einmal davon, wenn Gewitter in dieser Himmelsglocke stehen und gegen einander spielen und man wie im Mittelpunkte dieser Glocke ist. Von den Gemütswirkungen, wenn Gewitter an Bergen hinziehen, sich entladen, vereinigen, wenden, Lichterspiele auf ihren Rücken und Flammen in ihrem Inneren tragen und Wasserflächen auf die Fluren nieder senden, und wir dies alles von der Ferne betrachten, oder wenn Gewitterballen wie Häuser oder Städte längs der Neigung des Kirchschlager Berges hinab rollen und über Linz sich lagern und ausschütten, oder wenn nach einem Gewitter die balsamische Luft sich ins Unendliche ausgießt – von diesen Empfindungen werde ich an einer späteren Stelle sprechen. Die Darlegung einzelner Wirkungen der Elektrizität auf einzelne Teile oder Verrich-

tungen unsers Körpers, soweit solche schon sicher gestellt sind, erspare ich mir auf eine umfassendere Schrift über diesen Gegenstand.

Was ist nun aber eigentlich Elektrizität?

Das weiß kein Mensch dieser Erde. Wir wissen es noch weniger, als was Licht und Wärme ist. Da bei der Elektrizität Licht, Wärme und Magnetismus auftreten, so sind Licht, Wärme, Magnetismus und Elektrizität wahrscheinlich nur eins in verschiedenen Richtungen. Elektrizität ist dann das Ganze, die anderen dieser Dinge einzelne Wirkungen.

4

Von keinem Stoffe nehmen die lebenden Wesen so viel und so beständig in sich auf als von der Luft, und zwar von jener Luft, die den Erdball als ein ungeheures Meer, als seine äußerste, weichste und flüssigste Hülle umgibt. Einst hielt man diese Luft für die einzige, die besteht, und hielt sie für einen unzersetzlichen Grundstoff der Erde (Element). In neuer Zeit hat man mehrere Luftarten kennen und darstellen gelernt. Alle Lüfte (man nennt sie gewöhnlich Gase) haben die Eigenschaft, daß sich ihre Teilchen stets von einander zu entfernen streben. Den letzten Grund dieser Eigenschaft kennt man nicht. Man gebraucht dafür das Wort Ausdehnsamkeitskraft, Spannkraft, Elastizitätskraft, ich will kurz Dehnkraft sagen. Die Folge der Dehnkraft ist, daß Lüfte in alle Räume, die ihnen zugänglich sind, fließen, wobei sie dünner werden und an Dehnkraft abnehmen. Darum kann man keine Luft in einem

offenen Glase wie Wasser aufbewahren, außer das Glas wäre so hoch, daß darin die Luft so dünn und ihre Dehnkraft so klein würde, daß die Schwere der Luft der Dehnkraft das Gleichgewicht hielte, in welchem Falle die Luft sich dann nicht weiter nach aufwärts ausdehnen könnte und eine freie Oberfläche hätte. Aus diesem Grunde hat auch das Luftmeer, welches auf der ganzen Erde liegt, eine solche freie Oberfläche. Weil die Luft so dehnbar ist, ist sie auch zusammendrückbar, und darum ist die untere Luft unserer Erde dichter, weil die obere auf ihr liegt und sie durch die Schwere drückt. Die Lüfte haben die merkwürdige Eigenschaft, daß nur Teilchen derselben Luft sich abstoßen, nicht aber verschiedener Lüfte. Wenn ein geschlossener Raum schon so mit einer Luft erfüllt ist, daß man mit großer Gewalt nichts mehr von dieser Luft hinein drücken kann, so geht eine andere Luftart ganz leicht hinein. In der Wissenschaft sagt man daher: Jede Luft stehe mit sich selber im Gleichgewichte. Ich will diese Eigenschaft Selbstständigkeit nennen. Aus dieser Selbstständigkeit folgt, daß, wenn in einem Luftraume an einer Stelle neue Luft dieser Art hinzu- oder hinwegkömmt, die Zu- oder Abnahme sich gleich auf die ganze Luftmenge verteilt, welche dann durch die Zunahme dichter, durch die Abnahme dünner wird. Je größer der Luftraum ist, desto weniger werden solche Zu- oder Abnahmen bemerkbar. Im irdischen Luftmeere würde keines unserer Werkzeuge eine Änderung angeben, wenn die Luft um tausende von Zentnern verdichtet oder verdünnt würde. Unser Luftmeer ist ein Gemenge von zwei Lüften: Sauerstoffluft und Stickstoffluft, und zwar sind unter hundert Raumteilchen des Luftmeeres 21 Raumteile Sauerstoff und 79 Raumteile Stickstoff. Da jede der beiden Lüfte mit sich selber im Gleichgewichte steht, so zeigen unsere wissenschaftlichen

Werkzeuge an allen Stellen unseres Luftmeeres und in allen Räumen, die mit ihm zusammenhängen, immer das nämliche Verhältnis. Es gibt daher keine sauerstoffreicheren oder sauerstoffärmeren Teile des Luftmeeres. Von den Wasserdünsten, welche auch hauptsächlich in den unteren Teilen der Luft sind, rede ich später. Gesunde Luft ist also Luft in den oben angegebenen Bestandteilen, ungesunde Luft ist Luft, in welcher sich noch andere, schädliche Stoffe befinden. Der Sauerstoff mischt sich beim Atmen mit dem Blute in der Lunge, man meinte einmal, er sei das einzig Belebende in der Luft, daher man ihn auch Lebensluft nannte: aber in reinem Sauerstoffe lebt zwar ein atmendes Tier anfangs viel fröhlicher, stirbt aber dann, also ist auch der Stickstoff nötig. Im Stickstoffe stirbt das Tier auch, weil der Sauerstoff fehlt, mithin sind beide zusammen die Lebensluft. Die Luft, welche wir ausatmen, ist vorzugsweise eine Verbindung von Sauerstoff und Kohlenstoff, nämlich Kohlensäure. Ausgeatmete Luft ist zum Einatmen schädlich. Die Pflanzenblätter atmen in der Sonne Sauerstoff aus. Sie verbrauchen Kohlenstoff. So gleicht sich in dem Luftmeere Ab- und Zunahme aus, ohne daß unsere Werkzeuge die Schwankungen anzugeben vermögen.

Da der Mensch von der ersten Sekunde seiner Geburt bis zur letzten seines Todes atmet, so ist die Luft für sein Leben und seine Gesundheit eines der allerwichtigsten Dinge, und doch ist er kaum für irgend etwas fahrlässiger als für seine Lebensluft. Wer einem zumutete, täglich ein Quentchen stinkendes Fleisch zu essen, würde für verrückt gehalten werden, und wie viele tausend Quentchen stinkender Luft, oder ungesunder, atmen wir täglich. Es wird aber nicht darauf geachtet, das Blut wird langsam vergiftet, und das Heer der Krankheiten folgt, besonders die Pest großer Städte, die

sogenannten Tuberkeln. Jeder Stoff, selbst der scheinbar unschuldigste, ja sogar anmutigste, zum Beispiel künstliche Wohlgerüche, in die Luft gemischt, schadet. Um so mehr schaden Stoffe, welche unverarbeitlich sind, wie kleine Steinchen in der Gestalt des Staubes, oder allerlei Lüfte und Ruß in Gestalt des Rauches, oder gar Stoffe, welche von Menschen und Tieren als unbrauchbar ausgeworfen wurden, als zum Beispiel ausgeatmete Luft, Luft aus Unrat, Luft aus Schweiß, Luft aus Schleim, oder dann auch Lüfte aus chemischen Anstalten, wie die Brennluft und dergleichen. Wenn diese Lüfte an ihrer Entstehungsquelle, ehe sie sich im großen Lufträume verlieren, geatmet werden, töten sie nach und nach den Körper an irgend einer Krankheit. Ich habe einmal in Wien, nach langer stiller Trockenheit, die ersten fallenden Schneeflocken unter das Vergrößerungsglas genommen, und es hingen solche zottige schwarze, braune und andere Dinge an der Flocke, daß sie eher einem Teilchen eines Misthaufens glich. Da der Schneefall solche feste Körperchen aus der Luft mit sich herab nimmt, also die Luft gleichsam ausbürstet, so empfinden Städter und Bewohner der Niederungen auf den ersten Schneefall nach langen Nebeln oder stiller Zeit ein wohltuendes Atmungsbehagen in freier Luft. Jeder weiß, daß Menschen, deren Beruf sie in Zimmer fesselt, an Schwindsuchten, Unterleibsleiden und Übeln aller Art erkranken. Wie Wasser an Dingen durch Anziehungskraft kleben bleibt und sie naß macht, so klebt Luft auch an den Oberflächen der Dinge, besonders feiner oder gröberer löcheriger Körper. Ein Badschwamm, der in stinkender Luft gelegen ist, stinkt noch, wenn er darauf Monate lang in freier Luft war. Und Städte sind solche groblöcherige Körper: aus mancher Kellertreppe, aus manchem Gange, aus manchem Gäßchen, aus manchem hohen, engen Hofe ist die schlechte Luft

völlig nicht hinauszubringen. Soll man also keine Städte bauen? Gewiß nicht. Es wird eine Zeit kommen, in welcher Städte nicht mehr sind, wenigstens nicht so große, oder gleich außerordentlich große, wie in China, in denen Gärten, Wiesen, Felder und Wälder sind. Unsere Vorväter hatten keine Städte, sie zerstörten die des Römischen Reiches. Im weiteren Mittelalter bauten sie steinerne Panzer gegen die Ungarn und gegen einander. Und unter diesem Übel leiden wir noch.

Ich brauche nun über den Nutzen des Aufenthaltes in Höhen nichts mehr zu sagen. Ehe dahin die Giftlüfte der Städte und Niederungen kommen, haben sie sich bis zum Unmerklichen ausgedehnt und verloren, die Luft ist rein, sie erhält das Blut rein oder reinigt das unreine, und jeder Atemzug bringt erneute Gesundheit und Fröhlichkeit. Daher die Erfahrung stammt, daß Höhen rosenrotes Blut machen. Dieses Blut, sagt Werber, ist für Stubensitzer und ähnliche Kranke das Heilendste. Wer auf krankhafte oder dahin zielende Art ohnehin zur Bildung rosenroten Blutes (arterielles Blut) geneigt ist, bei dem dürften Höhen bedenklich sein, weil Entzündungen zu befürchten wären. In der Schweiz sind schon zahlreiche Punkte für Luftgenuß eingerichtet.

Zum Schlusse noch etwas über den Luftdruck. In Niederungen, wo der Barometerstand 28° ist, beträgt der Luftdruck auf einen Menschen bei 30 000 Pfund. Die Luft im Innern des Körpers hält der äußeren das Gleichgewicht, unser Körper ist für den Druck eingerichtet, also spüren wir ihn nicht. Auf Höhen ist er geringer. Kirchschlag liegt gegen 3000 Fuß über dem Meer (2803), der Barometerstand ist im Mittel nicht ganz 26°, also ist der Luftdruck auf unsern Körper dort um mehrere tausend Pfund geringer, was nach Werber ein Strömen der Säfte gegen die Oberfläche des Körpers

zur Folge hat, also eine augenblickliche Erleichterung für hypochondrische Leute und solche, bei denen innere Stockungen in den feinsten Gefäßen vorhanden sind. Die neue Heilkunde wendet ihr Auge schon immer mehr und mehr diesen Dingen zu, und wird daher einem Manne nicht gram sein, daß er unbefugt ihr Gebiet streift, einem Manne, der nach langem Siechtum die Höhen suchte, und dort schnell fortschreitende Genesung und Lebensfreude gefunden hat.

5

Nach der Luft wird wohl kein Stoff sein, den das Leben dringender braucht und stetiger einnimmt als das Wasser. Man hielt erst das Wasser wie die Luft für einen unzusammengesetzten Grundstoff der Erde (Element); allein die neue Zeit hat auch das Wasser zerlegt. Dasselbe ist eine chemische Verbindung von Sauerstoffluft und Wasserstoffluft. Der elektrische Strom sondert rein die zwei Luftarten des Wassers von einander ab. Man hat jetzt schon mehrerlei Wege, das Wasser zu zerlegen. Es kömmt auf der Erde in drei Gestalten vor, als Eis, tropfbar flüssiges Wasser und als Dunst. Als Eis liefert es nicht einen unmittelbaren Lebensbedarf, als tropfbares Wasser ist es Getränke und Bademittel, und als Dunst wird es unaufhörlich eingeatmet und durch die Oberfläche lebender Wesen eingesaugt. Das Wasser ist in ungeheurer Menge auf der Erde vorhanden, und ist in unaufhörlicher Bewegung und Wandlung begriffen. Es sendet bei jeder uns bekannten Wärme, selbst als Eis, Dünste in die Luft, und stürzt aus derselben

als Regen, Schnee, Hagel, Tau nieder und sickert in die Erde, quillt aus ihr hervor und rinnt als Quelle, Bach, Fluß, Strom dem Meere zu. Der Dunst, der als solcher unsichtbar ist, hat wie die Lüfte eine Spannkraft, die bei höherer Wärme größer ist und bei Erhitzung ungemein groß werden kann. Diese Spannkraft aber hat eine Grenze, über die hinaus sie nicht durch Zusammendrücken des Dunstes oder durch Zugabe neuer Dünste erhöht werden kann, ohne daß ein Teil dieser Dünste sogleich in den tropfbaren Zustand übergeht. Diese Spannungsgrenze ist bei größerer Wärme weiter als bei geringerer, daher Dünste, wenn sie erkältet werden, zum Teile in feinen Wasserstaub übergehen, der sich als Tau an kältere Körper ansetzt, oder als Nebel und Wolken in der Luft ist. Mehrt sich der Wasserstaub in der Luft, so fließen die Tröpfchen zusammen und fallen als Regen herab, oder sie bilden kleine Kristallchen, die sich an einander schließen und als Schneeflocken hernieder kommen. Die Entstehung der oft sehr großen Hagelkörner ist noch nicht völlig ergründet, sie scheint auf einem elektrischen Vorgange zu beruhen.

Wie für alles Leben so auch für den Menschen ist der Wert des Wassers unermeßlich. Es ist in allen Teilen unsers Körpers, und waltet dort rein als solches, oder auch seine Bestandteile. Wir erwähnen hier insbesonders seiner Eigenschaft, viele feste Körper in flüssige verwandeln zu können (aufzulösen), durch welche Eigenschaft es abgenützte Stoffe unsers Körpers fähig macht, ausgeschieden werden zu können. Jedem wird klar sein, daß das Wasser am heilsamsten ist, wenn es rein ist. Unrein wird es durch Stoffe, die es auf seinem Wege durch die Erde findet und auflöst, besonders Salze, in welchem Falle wir es hartes Wasser nennen. Wenn hartes Wasser verdünstet, läßt es die Salze zurück, und der Dunst gibt

weiches Wasser. Daher ist Regenwasser weich, und das salzige Meer gibt Dünste, die weiches Wasser liefern. In der Erde läßt der Granitboden das weichste Wasser aus sich rieseln, also das gesundheitszuträglichste.

Unrein wird Wasser auch durch Stoffe, die in ihm schwimmen, zum Beispiel feine Erdteilchen, wie in den meisten Flüssen. Höchst verderblich wird das Wasser, wenn pflanzliche oder tierische Ausscheidungen oder Verwesungsstoffe in ihm aufgelöst sind oder schwimmen. Im Wasser ist immer auch unsere gewöhnliche Luft, welche natürlich nur heilsam wirkt. Dann ist oft kohlensaure Luft in ihm, der man Heilkräfte zuschreibt. Die meisten Lüfte aber dürften das Wasser schädlich machen.

Wie verfährt nun der Mensch mit dem unschätzbaren Kleinode des Wassers? Die Römer bauten mit dem Aufwande von Millionen Anstalten, sich gutes Wasser oft aus großen Fernen zuzuleiten. Überhaupt schätzte das Altertum gutes Wasser sehr. Was tun wir? Wir graben in den meisten Fällen ein Loch in die Erde und trinken das Wasser, das wir da finden. Auf Bergen und besonders im Granitboden mag das hingehen. In Niederungen ist ein solcher Brunnen wenig mehr als ein Sumpf. Liegt eine Stadt an einem Flusse, oder gar wie Linz zwischen zwei Flüssen, so ist es das Flußwasser, das die lockere Erde auf weite Strecken hin durchdringt, welches getrunken wird, und welches, wenn es auch durch Seihung in der Erde seine schwimmenden Stoffe verloren hat, doch noch die aufgelösten Stoffe mit sich führt. Man kann aber denken, was ein Strom aus Städten und bewohnten Niederungen mit sich bringen mag. Da ferner in großen Städten der menschliche und tierische Unrat in verschiedener Menge in der Erde ist und durch ihre Lokkerheiten nach allen Richtungen hin sich verbreitet, so ist das

Brunnenwasser auch mit Jauche durchsetzt. Man verzeihe mir, daß ich den eklen Gegenstand nenne; aber angesichts der Tatsache, die mit unserer Bildung, die wir erklommen zu haben meinen, so sehr im Widerspruch steht, und angesichts der Dringlichkeit des Gegenstandes kann es nicht klar genug und oft genug gesagt werden. Zeuge dessen sind die Seuchen, die in Städten auch am Wasser den innigsten Helfer ihres Giftes finden, und in großen Städten Tausende von Opfern dahin nehmen. Eigentlich sollte nur aus der Erde quellendes Wasser zugeleitet und verwendet werden und, wo es sein kann, Granitwasser. Wien schreitet jetzt zur Tat und will weiches Wasser in die Stadt leiten. Wir verweisen auf den vortrefflichen Vortrag des Professors Simony über diesen Gegenstand.

Habe ich den Vorteil, den Kirchschlag in Hinsicht von Licht, Wärme, Elektrizität und Luft gegen die Niederungen hat, genannt, so teilt es diesen Vorteil mit vielen Höhen: in Hinsicht des Wassers ist es fast einzig. Ich hoffe, im nächsten Sommer eine genaue Zerlegung dieses Wassers veranlassen und vorlegen zu können, bisher ist mir keine solche zugänglich geworden. Wohl aber sind schon Untersuchungen desselben geschehen, die vorliegen und sehr verläßlich sind. Das Wasser hat 5° R. und nur 2 $\frac{3}{10}$° Härte, ist also weicher als das berühmte Gasteiner Wasser, welches 5° Härte hat. Nach zweistündigem Kochen ist es noch immer ungetrübt und hat eine Härte von 2 $\frac{2}{10}$°. Nur noch in Schweden sollen Wässer ähnlicher Art und von fast chemischer Reinheit vorkommen (Schreinzer, Jahresbericht der Oberrealschule 1854). Wer nun den unermeßlich heilsamen Einfluß des reinen Wassers in Verbindung mit reiner Luft auf unsern Körper, wenn beides auf gewöhnlichen Wegen gebraucht wird, kennt (von den stürmischen Einwirkungen mit Wasser auf den Körper rede ich nicht, da ich hierüber durchaus

kein Urteil habe), und wer bedenkt, daß die neue Zeit diesen Dingen immer mehr Aufmerksamkeit zuwendet, wie ja schon zahlreiche solche auf gewöhnlichen Gebrauch gerichtete Heilpunkte in der Schweiz sind, der wird ermessen, daß Kirchschlag zu einer Stelle europäischer Bedachtnahme bestimmt ist, und wird sich nur wundern, daß bisher noch nicht die Bedingungen zu Stande gebracht sind, die Güter dieses Berges zu verwenden, wie sie verwendet werden könnten.

6

Da ich nun bezüglich des Lebens und Gedeihens der Menschen auf dem Kirchschlagberge über verschiedene äußerliche Dinge gesprochen habe, will ich auch von innerlichen reden, die nicht minderen, vielleicht noch größeren Einfluß auf unser Dasein nehmen. Wer weiß nicht, wie sehr Gefühle den Körper heben oder zerstören können. Oben an als Wohltat stehen die religiösen Gefühle, Gottvertrauen, Gottergebung, Zuflucht zu Gott. Es kömmt mir nicht zu, hievon zu sprechen, jeder kömmt mit seinem Gewissen hierin zurecht, und höhere Gewalten haben dieses Gewissen zu leiten, aber von einem andern will ich sprechen, was nach der Religion am zartesten unser Herz beseligt, und was wie die Religion auch das Göttliche bringt, nur im Gewande des Reizes, nämlich das Gefühl des Schönen. Alle Menschen haben dieses Gefühl, von dem stumpfesten an, der an einem roten Lappen Freude hat, bis zu dem Weisen, der den Sternenhimmel betrachtet.

Was ist Schönheit? Männer der ältesten und jüngsten Zeiten ha-

ben sich bestrebt, die Frage zu beantworten. Sie sagen: schön ist, was unbedingt gefällt, oder, schön ist das Göttliche, das dem Sinne erscheint, oder noch anderes. Aber die Sache scheint von dem Worte schön hier nur auf andere Worte übertragen zu sein. Etwa ist es mit der Schönheit wie mit tausend Dingen, die wir haben und genießen, ohne zu wissen, was sie sind. Sicher ist, daß das Gefühl für Schönheit ein Gefallen ist, und daß wir die Schönheit durch den Sinn wahrnehmen. Und so haben wir sie, und jeder hat eine andere. Je mehr das Gefühl für Schönheit angeboren und durch sich und durch Kenntnisse entwickelt ist, desto höhere empfinden wir, und desto höher empfinden wir sie. Wenn man den Sternenhimmel betrachtet, und wenn man weiß, daß das Licht, welches in der Sekunde einen Weg von 40000 Meilen macht, von manchen Sternen zu uns her Jahrtausende braucht, wenn man weiß, daß eine Million Erdkugeln in der Sonne Platz hätten, oder daß die Erde samt ihrer Mondbahn in der Sonne Raum fände, wenn man weiß, daß unser ganzes Sonnensystem mit seinen entferntesten Planeten in der Höhlung des Sternes Capella unbeirrt wohnen könnte, wenn man weiß, daß der Nebelring der Milchstraße aus lauter Sonnensystemen in ungeheurem Abstande von uns besteht, daß Lichtnebelflecke, die wir sehen, im Fernrohre wieder Sternsammlungen sind, noch ferner und vielleicht noch größer als unsere Milchstraße, wenn man mit dem Fernrohre in den tiefsten Fernen des Himmels wieder neue Lichtnebelflecke entdeckt, und wenn man nun frägt, hat dieses alles eine Grenze, und wenn man sich vorstellen will, daß außerhalb der Grenze der leere Raum fortgeht, und wenn man sich dies nicht vorstellen kann, und wenn man sich vorstellen will, das Weltall geht ins Endlose fort, und wenn man sich das auch nicht vorstellen kann: so steht eine Schönheit vor uns auf, die uns

entzückt und schaudern macht, die uns beseligt und vernichtet. Da hat menschliches Denken und menschliche Vorstellung ein Ende. Und doch kann auf der Spitze des Berges unter der ungeheuren Himmelsglocke, wenn in klaren Winternächten die millionenfache und millionenfache Welt über unsern Häuptern brennt und wir in Betrachtung unter ihr dahin wandeln, ein Gefühl in unsere Seele kommen, das alle unsere kleinen Leiden und Bekümmernisse majestätisch überhüllt und verstummen macht und uns eine Größe und Ruhe gibt, der man sich beugt. Und wer das nicht empfinden kann, weil ihm die Entwicklung fehlt, der wird doch sanft bewegt, wenn in stiller Nacht der nahe Mond im Voll-Lichte niederscheint, und über alles, so Wolken als Fluren, weithin das Silbernebellicht breitet, das fortdämmert, und schweigt. Und wenn die Lichtkönigin unserer Erde, die Sonne, am Morgen aufgeht, und am Abende untergeht, und wir unseren Augen das Schauspiel gönnen: welche Pracht von Farben und Gestaltungen, immer groß, immer herrlich, immer reizend, und nie das Gleiche. Und wer es unternimmt, dem unermeßlichen Leben unseres irdischen Himmelsgewölbes mit seiner Betrachtung zu folgen, das Blau des heitern Himmels anzusehen, immer die Einsamkeit, und immer ein anderes, auf die Wolken zu blicken, wie sie werden, sich gestalten, sich verändern, mit Lichtern oder sanften oder tiefen Schatten spielen, sich heben, türmen, sich verbinden, sich trennen, sich ausbreiten, in ländergroßen Flächen dahin gehen, oder in Streifen und Faden verschwimmen, wie sich Nebel bilden, wogen, wallen, mit Bergen in Umarmung liegen, oder die Ebene als Meer bedecken, oder an der Bergspitze als Wolken hinziehen und das Angesicht des Betrachtenden streifen, wie sich Regen, wie sich Schnee, wie sich Tau und Reif bildet, wie alles wechselt, lebt und wandelt: wer dieses ergründen wollte,

dem würde für dieses scheinbar kleine Ding sein Leben nicht hinreichen. Dann sind die Gestaltungen der Fluren von dem Berge aus zu sehen, die unzähligen Abwechslungen der Höhen und Hügel des untern Mihlkreises, die ausgebreitete Ebene, in der die Glanzstreifen der Donau und der Traun schimmern, und zum Schlusse in der Mittagsgegend der Gürtel der Alpen, von den Bergen, die im Mittage des Chiemsees stehen, bis zum Schneeberge und den Höhen, die in die ungarische Ebene ausgehen. Es ist eine so sanfte Hoheit in diesen Gebilden, eine so edle Gestaltung und so reich, daß keine Linie der andern gleich und doch jede schön ist, eine so holde Stille in diesen gewaltigen Gebilden, und in der klaren Winterluft treten sie oft so scharf hervor, wie im Sommer kaum jemals, die Spalten glaubt man zählen zu können, mit einem Kanonenschusse glaubt man hinlangen zu können, und die Schneefelder des Winters lassen den Bau rein und sicher geführt hervortreten. Und wenn man mit dem Fernrohre durch den Bergzug wandert, so grüßt diese Welt erhaben und stumm und herrlich herüber. Den Freund solcher Dinge kann der Anblick stundenlang ergötzen, und doch hat das Vergnügen kein Ende, es beginnt bei der nächsten Veränderung an dem nächsten Tage, ja oft in dem nächsten Augenblicke wieder.

Einer Erscheinung muß ich besonders gedenken. Im späten Herbste und im frühen Winter liegt oft der Nebel wochenlang, zuweilen noch länger, auf der Ebene, während auf dem Berge heller, warmer Sonnenschein ist. Dann zeigt sich ein Schauspiel eigener Art. Die Grenze des Nebels ist wagrecht wie die Ebene eines Tisches. Gegen Ungarn und gegen Baiern hin ist sie von dem blauen Himmel gesäumt, gegen Steiermark hin von den Alpen. Ehe die Sonne aufgeht, ist die Oberfläche des ungeheuer hingedehnten

Nebels bleigrau, wenn die Sonne aufgegangen ist, wird sie rosenrot, später aber schimmert sie den ganzen Tag wie funkelndes geschmolzenes Silber, an dessen Rande das scharfe Blau der Alpen steht, und wenn der Vollmond scheint, ist ein geisterhafter milder Glanz über die riesige Masse ausgegossen. Sind an einem Tage Wolken an dem Himmel, so legen sie blaue Schatteninseln auf das Silber, und es wird durch sie noch großartiger und lebendiger, und die Fläche scheint ausgedehnter zu sein. Außer dem Meere habe ich nie etwas Schöneres auf der Erde gesehen.

Eines Tages war die Ebene des Nebels in Bewegung. Wogen richteten sich empor und blähten sich, daß der Ötscher wie ein Häufchen, das man in die Hand nehmen kann, daneben stand, Walzen wie unermeßlich große Tiere krochen den Pfennigberg hinan, über Linz war ein Abgrund in den Nebel gerissen, dessen eine gegen uns herauf schauende Wand wie eine ungeheure steilrechte schwarze Mauer empor stand, am Rande mit weißem Schaume überschüttet, und rechts von dem Schlunde stieg eine Säule empor, unfaßbar an Größe des Durchmessers und der Höhe, wie eine Wasserhose, die Länder verschlingen will, und oben breitete sich die Säule palmenartig aus, und wie ich das betrachtete, hob sich auch auf dem Berge der Wind, braune Nebel flogen vom Schauerwalde und der Gisela-Warte herüber und deckten alles zu, und sie flogen vorüber, und alles war wieder sichtbar, und wieder kamen verhüllende Nebel, und wieder gingen sie vorüber, und das geschah öfter, bis dauernde fliegende Wolken alles auf immer verhüllten. Und der Anblick des Schauspiels dieses Morgens war für mich noch erhabener als der des Meeres.

Und wenn man in der Natur auch etwas klein nennen könnte, so würde ich sagen, daß sich die Menschen auf dem Berge noch an

sehr vielen kleinen Dingen ergötzen können: an den Bäumen des Waldes, wenn sie im Sommer in dem düsteren Grün, im Winter im Schimmer des Schnees und Eises dastehen, an den Blumen der Wiesen, an dem Wallen der Getreide, an dem Gesange der Vögel, an Gras und Kraut und Pflanze bis zu dem letzten Steinchen herunter.

Die Menschen haben, da ihnen das Gefühl für Schönheit so eingepflanzt ist, auch versucht, selber Schönheit hervorzubringen. Sie haben die Künste erfunden: Dichtkunst, Tonkunst, Malerei, Bildnerei, Baukunst, Schauspielkunst, und so fort bis zu der Kunst herunter, den eignen Leib mit Gewändern zu schmücken. Die Künste ahmen die Natur nach, die menschliche und außermenschliche, und weil in den Künsten das Schöne der Natur beschränkter, kleiner, und nur von Menschen hervorgebracht erscheint, so wird es von den meisten Gemütern viel leichter aufgefaßt als in der Natur, ja es ist ein sehr gewöhnlicher Weg, daß ein Mensch erst aus dem Empfinden der Schönheit in der Kunst zum Empfinden der unendlich größeren Schönheit in der Natur hinüber geführt wird.

Und so ende ich meine Winterbriefe, da ja der Frühling schon in aller Pracht bei uns ist. Möge mancher Mensch, dem es nicht um die Unterhaltung in der Stadt allein zu tun ist, ein Körnchen Gutes darin gefunden haben, und möge der Berg von Kirchschlag der Seele etwas naher gerückt sein. Er kann noch vielen Labsal geben; aber man bedenke, daß er es nicht in einigen Stunden oder einigen Tagen gibt, sondern ein freundschaftliches Zusammenleben mit ihm fordert, das er aber dann auch sicher vergilt.

Aus dem bairischen Walde

Es möge mir erlaubt sein, ein Ereignis aus meinem Leben zu erzählen, in welchem eine Naturerscheinung und eine Schickung so seltsam verbunden waren, daß, wenn die Sache eine Dichtung wäre, man ihr den Vorwurf der Absichtlichkeit machen würde, und doch hat sich das alles zugetragen, und ich werde es erzählen, wie es sich zugetragen hat.

Ich hatte den Mai des Jahres 1866 in Karlsbad mit meiner Gattin und ihrer Nichte Katharina zugebracht. Der Arzt gab mir die Weisung, ich möchte zu guter Nachwirkung des Heilwassers wieder wie im vergangenen Jahre einen Landaufenthalt in einer hochgelegenen Waldgegend, wo möglich in einem Nadelwalde, nehmen, worauf ich antwortete, ich werde wieder wie im vorigen Jahre in den bairischen Wald, an den Fuß des Dreisesselberges gehen. Er billigte es. Am 8. Juni kamen wir auf der Bahn von Eger über Regensburg in Passau an. Unsere Magd Marie kam mit dem Dampfboote an demselben Tage von Linz nach Passau. Es war verabredet, daß meine Gattin von Passau nach Linz gehen solle, weil sie in der Wohnung manches zu schlichten und zu ordnen hatte, ich aber möge mich sogleich in den Wald begeben. Später wolle sie zu mir kommen. Am 9. Juni fuhr sie mit Marie auf der Donau nach Linz. Nie hatte ich bei einer Trennung eine so bängliche Ahnung, sie könnte krank werden, als damals, und ich band sie der trefflichen Marie, wie man sagt, auf die Seele. Des frühen Morgens am andern Tage saß ich mit Katharina in einem Wagen und fuhr von Passau mitternachtwärts dem Walde zu. Auf der Straße von Passau über Freiung nach Böhmen gelangt man in etwas weniger als drei Stun-

den in den Ort Fendelsberg, der aus zerstreuten Häusern besteht. An der Straße steht einzeln ein stattliches Wirtshaus. Dort ließ ich gewöhnlich die Pferde zwei Stunden rasten und nahm mein Mittagsmahl ein. So taten wir auch jetzt. Wenn man von dem Gasthause auf einem Raine zwischen den Feldern in der Richtung gegen Morgen dahin geht, sieht man ferne zu seiner Linken das ungeheure bläulich schimmernde Band des Waldes, der in einer so langen Linie zwischen Baiern und Böhmen dahin geht. Der Wald hat als Merkmal viele lang gedehnte, weithin gehende, sanft gewölbte Kissen, die seine Höhen sind. Eines dieser Kissen ist der Dreisesselwald oder, wie die Leute kurzweg sagen, der Sesselwald. Er liegt von Fendelsberg ziemlich gegen Morgen, und war noch vor mehreren Jahren dadurch unter allen seinen Genossen ausgezeichnet, daß auf seinem zarten Rande etwas schwebte wie ein Würfel. Dieser Würfel ist aber seit einigen Jahren nicht mehr zu sehen. Die Ursache werde ich später angeben. Wir gingen auch heute wieder auf dem Raine hin und zeigten uns wechselseitig bekannte Höhen des Waldes. Mit dem Fernrohre fanden wir manche befreundete Stellen.

Nach dem Mittagmahle trennten wir uns von der Hauptstraße, und fuhren auf einer Nebenstraße mehr morgenwärts unserem Ziele zu, das wir gegen den Abend erreichten.

Mittagwärts von den drei Sesseln und dem Blöckensteine liegt eine Ortschaft, welche den Namen Lackerhäuser führt. Die Lakkerhäuser aber liegen nicht bei einander, sondern auf einen sehr großen Raum zerstreut. Wie der Wald lange, weiche, polsterartige Erhöhungen oder sanfte Dachungen von sich hinab schiebt, auf denen entweder wieder Wald, oder zerstückte Wäldchen, oder helle Matten oder grünende Felder sind, so stehen auf solchen Matten

oder an einem Wäldchen oder auf einem Hange die Häuser. Sie sind meist aus Holz und haben ein flaches Dach, auf welchem große Steine liegen. Manches hat ein Stückchen weiße Mauer. Sie sind also eigentliche Waldhäuser, wie man sie unter vielerlei Namen auf den Schwellungen und Dachungen an dem Walde längs seiner ganzen Ausdehnung bis gegen Eger hin findet. Die Lackerhäuser haben eine kleine Schule, aber keine Kirche. Ihre Pfarrkirche steht mittagwärts eine Stunde von ihrer Mitte entfernt auf der halben Höhe eines langen Berges, und heißt Breitenberg. Eines der Lackerhäuser, fast das nördlichste, macht von allen übrigen eine Ausnahme. Es ist ein fast schloßähnliches Gebäude, aus einem Haupthause und einem Seitenflügel bestehend. Es hat ein Stockwerk und noch Dachzimmer. Mathias Rosenberger, der durch Handel wohlhabend geworden war, hat es gegen das Jahr 1818 erbaut. Er ist auch der Wohltäter und gewissermaßen der Vater der andern Lackerhäuser geworden. Sein jüngster Sohn, Franz Xaver Rosenberger, erbte das Anwesen, dehnte seine Geschäfte noch mehr aus, und ward auch, wenn man so sagen darf, der Patriarch der Lackerhäuser. Er zierte seine Wohnung mit schönen, meist altertümlichen Geräten, einigen Bildern und wertvollen Büchern, und führte ein schönes Mädchen aus einem achtbaren Bürgerhause Münchens als Gattin in seinen Wald, die jetzt die Mutter mehrerer lieben Kinder ist. Unter dem alten Rosenberger war das Haus auch ein Gasthaus. Franz baute ein eigenes stockhohes Gasthaus neben seinem Hause. Das hinderte aber nicht, daß er stets Freunde oder höher gestellte Menschen gastlich in die Räume seines Hauses aufnahm. So wurde jene Stelle ein Punkt geselligen Verkehres, nicht nur für einzelne Reisende, die kamen, den Wald zu besuchen, sondern auch für ganze Gesellschaften, die erschienen, und für manche Familien aus

Passau, München, Linz, Budweis und anderen Orten, die eine Zeit im Sommer oder Herbste in den Lackerhäusern zubrachten. Der Name Rosenberger wurde weithin bekannt. Wenn ich in der Ferienzeit meiner Studien oft von meiner Heimat Oberplan im südlichen Böhmen in jene Wälder streifte, stieg ich gerne auf der andern Seite zu dem alten Rosenberger hinab, und verweilte, nicht selten mit mehreren Genossen, durch eine Zahl von Tagen in seinem Hause, wo gute und sehr billige Bewirtung zu treffen war. So wurde ich mit seinen Kindern befreundet, was zur Folge hatte, daß ich mehrere Male in späteren Jahren mit meiner Gattin im Hause Franz Rosenbergers war, wo er uns im ersten Stockwerke des Seitenflügels eine Wohnung von einem größeren Zimmer und drei Kabinetten und einer Küche anwies. Wegen Kränklichkeit seiner Gattin brachte Rosenberger in späteren Jahren den Winter in Passau zu, und siedelte endlich vor einigen Jahren ganz nach Passau über. Die ebenerdigen Räume seines Hauses, ein Verkaufsgewölbe desselben und die Feldwirtschaft verpachtete er, das obere Geschoß des Hauses behielt er sich vor. Und so kömmt er oft von Passau in sein Waldhaus, und seine Gattin und ihre Kinder bringen jeden Sommer eine Zeit dort zu.

Ich bekam mit meiner Nichte im Sommer 1866 wieder meine gewöhnliche Wohnung.

Es ist ein reizender Blick aus den Fenstern dieser Wohnung. Ist er nicht so ergreifend wie der in eine erhabene Alpengegend, so schmeichelt er sich je länger desto lieblicher in die Seele. Ein Kreis Land liegt gegen Mittag, dessen Ränder zu beiden Seiten des Hauses nahe, weiter weg etwa zu zwei bis fünf Meilen entfernt sind. Berge, Hügel, Abhänge, Schluchten, Täler, Flächen, Wälder, Wäldchen, Wiesen, Felder, unzählige Häuser und mehrere Ortschaften

mit Kirchen sind in diesem Kreise. Man kann Jahre lang hier weilen, und ersättigt sich nicht an der Mannigfaltigkeit der Gestaltungen. Und an klaren Tagen ragt an einer Stelle des südlichen Randes des Kreises noch die Prielgruppe der Alpen empor, und es sind rechts davon noch einige blaue Häupter sichtbar. Es ist ein wundervoller Anblick, wenn an Sommernachmittagen oder noch mehr in der Abenddämmerung an dem ungeheuern Gesichtskreise breite Gewitter hingehen und ihre Feuer spielen lassen.

An der nördlichen Seite des Hauses sind Felder, deren Breite etwa zwei Flintenschüsse beträgt. Dann steigt der dichte, ununterbrochene, schwere Wald hinan. Das breite bläuliche, schwärzliche, grünliche Band schaut ungemein ernst und an Sonnentagen doch sanft auf die Lieblichkeit des südlichen Kreises hinab. Links, wenn man über das Haus hinblickt, zieht sich die ungemeine Mächtigkeit des Rückens des Sesselwaldes fort, der gegen seinen Rand hinauf einige entblößte Geröllstellen hat, die aber in der Nähe ein Gewirr häusergroßer Granitblöcke sind. Rechts ist die noch höhere Seewand mit noch mehr solchen Geröllstellen. An ihrer entgegengesetzten Seite liegt der Blöckensteiner See. Die Breite des sogenannten wilden Waldes beträgt in jener Gegend zwei bis drei Meilen. Überall, wo man in den reizenden Gefilden herum geht, und es sind der Wanderwege unzählige, einer lieblicher als der andere, zieht die Würde des Waldes den Blick an sich, und die Gegend, deren Anmut man vielleicht auch anderwärts anträfe, erhält durch diese Würde erst ihre Erhabenheit. An den Wänden des Waldes rinnen allwärts Quellen herab und strömen im den tiefen, mitunter sehr scharfen Schluchten, die zwischen den weichen Kissen und Matten sind, dahin, so daß man an stillen Abenden durch die offenen Fenster das Rauschen in die Zimmer hört. Das Wasser ist

glashell, daß man den Sand und die Steinchen des Grundes herauf schimmern sieht, und daß dort, wo es sich etwa still in einem Grunde des Waldes zwischen Steinen sammelt und ruht, die Grenzfläche zwischen Wasser und Luft, wenn man in den Schlund hinein sieht, nicht zu erkennen ist. Weil das Wasser aus einem ungeheuren Granitlager kömmt, hat es fast keine Stoffe in sich gelöst, und ist der lieblichste und erquickendste Trank. Mit der edlen Waldluft ist es ein gesundheitsfreundliches Ding, wie man nur immer eines zu finden vermag.

Am Rande des Waldes ist in den Schluchten meist in und an dem Wasser ein Geschiebe von Granitblöcken. Sie gehen auch noch tiefer hinab, und nicht selten liegt mitten in dem Grün der Matten ein Block, so groß wie eine Waldhütte, und so dicht, daß die schönsten Werke daraus gemeißelt werden könnten. Oft stehen an solchen Blöcken schöne Bäume, besonders Ahorne, dann Birken, Eschen und andere Laubbäume mit Nadelholz gemischt, und solche Gruppen ziehen gegen den hohen Wald hinan. Und dieser Rand und das Land schimmern in einem Grün, wie man es sich kaum denken kann. Oberösterreich ist ein besonders grünes Land, und doch, wenn man von diesem Walde in seine Fluren hinab kömmt, sind sie beinahe grau.

Nicht bloß gesundheitbringend, sondern auch stillend und seelenberuhigend ist es, wenn man hier wandelt und alles auf sich wirken läßt: das Gras an dem Wege mit den tausendartigen Waldblumen und den weißen Stein darin und den ernsten Baum und die hellen Wiesen und das einfärbige Getreide der Felder und die glänzenden Dächer der Hütten und die Hügel und Wäldchen und den Duft der Ferne mit manchem weißen Punkte einer Kirche und die unermeßliche leuchtende Himmelsglocke über dem Haupte. Und

wenn man eine mäßige Höhe hinter dem Rosenbergerhause hinauf geht, sieht man am südlichen Rande des Landes das ganze ungemein sanfte Band der salzburgischen und steirischen Alpen mit manchem Blicke eines Schneefeldes darinnen. Zu allem dem vernimmt man das leise Rauschen der Bäche, mitunter den Klang einer Herdenglocke von dem Walde herab, oder hoch oben das schwache Wirbeln einer Lerche. Man glaubt, die Welt ist voll Ruhe und Herrlichkeit. Und wenn man von dieser Ruhe in eine andere geht, in die des großen Waldes, so ist es wirklich wieder eine Ruhe und wirklich eine andere. Der Blick wird beschränkt, nur das Nächste dringt in das Auge, und ist doch wieder eine unfaßbare Menge der Dinge. Die edlen Tannen, wie mächtig ihre Stämme auch sein mögen, stehen schlank wie Kerzen da, und wanken sanft in dem leichtesten Luftzuge, und wenn der stillste Tag draußen ist, so geht in das Ohr kaum vernehmlich und doch vernehmlich ein schwaches erhabnes Sausen – es ist wie das Atemholen des Waldes. Zu der Tanne gesellt sich ihre geringere, aber doch schöne Schwester, die Fichte, dann kömmt die hellgrünlaubige Buche und in den Tiefen an Wässern die Erle, und es kommen andere wasserliebende Bäume. Und zwischen den Stämmen ist die Saat der Granitblöcke ausgebreitet, einige grau, die meisten mit Moos überhüllt, dann scharen sich die Millionen Waldkräuter, die Waldblumen, dann sind die vielfarbigen Schwämme, die Ranken und Verzweigungen der Beeren, die Gesträuche, und es ist manches Bäumchen, das sein junges Leben beginnt. Hie und da blickt ein ruhiges Wässerlein auf, oder schießt ein bewegtes durch die Dinge dahin. Wenn draußen das breite Meer des Lichtes war, so ist es hier in lauter Tropfen zersplittert, die in unzähligen Funken in dem Gezweige hängen, die Stämme betupfen, ein Wässerchen wie Silber blitzen machen, und

auf Moossteinen wie grüne Feuer brennen. Oft, wenn eine Spalte ist, wird das Dunkel des Waldes durch eine glühende Linie geschnitten. Die vielen Tierchen des Waldes regen und bewegen sich, und wenn die auf dem Boden durch ihre Gestalt und Lebensweise ergötzen, so erfreuen die der Höhe durch ihre Laute. Und in alles tönt das ununterbrochene Rauschen der Wässer. Und wenn man fortwandert, ändert sich alles und bleibt doch alles dasselbe. So kann man viele Stunden wandern, und spannt der heilige Ernst des Waldes Gemüter, die seiner ungewohnt sind, anfangs wie zu Schauern an, so wird er doch immer traulicher, und ist endlich eine Lieblichkeit wie die draußen, nur eine feierlichere.

Und wie eindringlicher und erweckender wirkt es erst, wenn man irgend ein Ding zum Gegenstande seiner Betrachtung oder wissenschaftlichen Forschung macht, sei es das Leben der Himmelsglokke mit ihren Farben und Wolken, oder sei es das Leben mancher Tiergattung, oder seien es nur die verachteten Moose, die mit ihren verschiedenen Blättchen oder den dünnsten goldenen Seidenfäden den Stein überkleiden.

Da zeigt sich im Kleinsten die Größe der Allmacht.

Von den Scheuern des Rosenbergerhauses führt ein Fußpfad einem Wässerlein entgegen am Feldrande bis zu dem Walde. Dort strömt ein klarer Bach aus dem Dunkel hervor. Und von dort geht ein Weg, so trefflich, daß ihn eine Frau mit Stadtschuhen begehen kann, schräge an der Walddachung zu den drei Sesseln hinan. Wenn man sehr langsam geht, kömmt man in zwei Stunden an die Schneide des Waldes hinauf. Man geht beständig unter hohen Bäumen, eine Strecke unter sehr schönen Buchen. Auf der Waldschneide stehen hie und da Granitgiebel empor, die aussehen, als wären sie aus riesigen Steinscheiben gelegt worden. Wahrscheinlich sind es Reste

eines ausgewitterten gewaltigen Granitrückens. Manche sind gerade so wie steilrechte, aus Steintellern gelegte Säulen. Die bedeutendsten sind der Sesselfels und der Hohenstein. Man kann noch den Seeturm des Blöckensteines dazu rechnen. Von andern Blöcken solcher Art, die noch auf der ungeheuern Schneide des ganzen Waldes stehen, ist hier nicht die Rede. In den steilrechten Sesselfels ist eine Steintreppe gehauen. Wenn man sie hinan gestiegen ist, steht man auf einer wagrechten Steinfläche, auf welcher nur einige Menschen Platz haben. Man steht gerade mit seinen Fußsohlen neben den Wipfeln der hohen Bäume. Mit Sesseln hat der Fels nicht die geringste Ähnlichkeit, eher wäre er ein großer Säulenknauf. Vor mehreren Jahren standen noch an der Oberfläche des Steins drei Lehnen empor, welche Spalten zwischen sich hatten, durch die man hinaus sah. Damals glich der Fels einem riesigen Predigtstuhle. Die Leute nannten die Lehnen Sessel, daher der Name. Ich wollte in dem Jahre 1855 in die nördliche Lehne wirklich einen Sitz hauen lassen, so daß man von ihm die ganze südliche Fernsicht genießen könnte; aber der Entschluß fand Verzögerungen durch Voranstalten, Umfragen und dergleichen. Indessen, waren nun die Lehnen schon seit langem locker, oder ist die Auswitterung sehr rasch geschritten, fanden sich mehrere Leute, die sich die Arbeit machten, die viele Zentner schweren Lehnen in die südliche Tiefe zu stürzen. Dort liegen sie nun unter anderem Steingetrümmer. Als sie noch standen, waren sie von ferne wie ein Würfel auf dem Waldesrande zu sehen, jetzt ist von der Ferne nichts mehr sichtbar, weil der Fels nur bis zu den Baumwipfeln reicht, außer es ständen eben Menschen auf ihm, die man dann mit dem Fernrohre finden würde.

Höhere Berge haben oft einen weniger lohnenden Fernblick als

dieser Fels. Man sieht gegen Mittag hinab auf die Schwere des Waldes, durch den man herauf gegangen ist, und da zeigt er sie erst recht, wie es der Hinaufblick nicht vermag. Dann kömmt das hüglige Land bis zur Donau mit den tief drunten liegenden grünen Schwellungen und den weißen Ortschaften, Kirchen und Häusern darauf und den unzähligen Wäldchen, Wiesen und Feldern und mit manchem dunkeln Rücken, der ein großer Wald heißen würde, wenn man nicht auf dem sehr großen Walde stände. Dann erscheint der schleierige Streifen des obst- und kornreichen Landes nördlich der Alpen. Man sieht darin die Glanzfäden der Donau, des Inn und der Isar. Manche behaupten, mit Fernröhren die Türme der Liebfrauenkirche von München gesehen zu haben. Ich konnte wohl die bairische Hochebene finden, sah aber nie diese Türme. Regensburg wird durch die Wälder bei Stauf gedeckt. Endlich ist als Grenze die Krone des Ganzen, die Alpenkette vom Pinzgau bis zum Schneeberge in Unterösterreich, im zartesten gezackten Blau, daß der Kundige jede seiner Höhen und jedes seiner Schneefelder findet. Und über allem ist der feeige Duft und Schmelz der Luft, der ausgedehnte Landschaften so unsäglich anmutig macht, und den der Pinsel so selten erreicht, wenn es nicht etwa Claude Lorrain gelungen ist, der aber nie so große Dehnungen gemalt hat. Gegen Nordwest, Nord und Nordost ist die Aussicht beschränkter, aber sehr ernst. Waldwoge steht hinter Waldwoge, bis eine die letzte ist und den Himmel schneidet. Großartig ist es, wenn Wolkenberge an dem Himmel lagern und mit blauen Schattenflecken dieses Waldmeer unterbrechen. Kann man eine herrliche Alpenansicht ein schwungvolles lyrisches Gedicht nennen, so ist die Einfachheit dieses Waldes ein gemessenes episches.

Nicht weit von dem Sesselfels steht der Hohenstein, auf den

eine hölzerne Treppe führt, und von dem aus eine größere Fernsicht nach Böhmen ist, aber eine weit kleinere nach Süden.

Von den Sesseln kann man auf einem knorrigen, steinigen, oft sumpfigen Wege, der streckenweise, namentlich gegen das Ende, gar kein Weg mehr ist, immer auf der Schneide des Waldes ostwärts gehend in etwas mehr als zwei Stunden zu dem Blöckensteine gelangen, der höher ist als der Sesselberg, aber eine geringere Rundsicht hat. Wenn man jedoch um den Steingiebel, der den Namen Seeturm führt, links herum wendet und einige Schritte abwärts geht, steht man plötzlich auf dem Rande einer steilrecht abfallenden Felsenwand. Links sieht man gewaltige Felsen nieder steigen, rechts steigen Felsen hinab, überall gehen Wälder hinab, und auf dem Grunde dieser Nische an dem Saume eines Gewirres hinabgestürzter und bleichender Baumstämme steht ein ruhiges, starres, schwarzes Wasser, jenseits von einem schmalen dunkeln Waldbande gesäumt. Es ist der Blöckensteinsee. An sonnigen Tagen zeigt der Hinabblick in all das blaue Dämmern und Weben der hinunter steigenden Wälder, der hinunter stehenden Felsen, des bleichenden Saumes, des stahlblau und schwarz schillernden Wassers, des Uferbandes, und dann ein Blick auf das einfärbige Himmelblau etwas so zauberhaft düster Holdseliges, daß manche Gemüter davon mächtiger erfaßt werden als von der Pracht des Blickes von den Sesseln aus. Ich konnte einmal einen Freund von der Felsplatte, die an der Wand gleichsam über dem See schwebt, kaum fort bringen. Man kann den See links von der Wand aus umgehen, und an sein flaches jenseitiges Ufer hinab gelangen, aber der Gang ist durch die Steintrümmer, Farrenkräuter, Brombeerranken und anderes Geniste und über gefallene modernde Bäume äußerst beschwerlich. Die von dem Moldautale aus den See besuchen, kommen an einem öst-

lichen flachen Ufer an. Man hat dort an Nachmittagen den schönsten Anblick gegen die schattige, gleichsam wie in Schleiern zitternde Seewand. Ich habe beide Anblicke, den von oben und den von unten, vielfach genossen, und weiß nicht, welcher vorzuziehen ist.

Vom See gelangt man auf einem andern Wege leicht in zwei Stunden zu dem Rosenberger Hause hinab.

Im Sommer, besonders aber im Frühherbste, dessen Tage im Walde oft sehr schön und trocken sind, kommen häufig Reisende in die Lackerhäuser, um die Sessel und den See zu besuchen. Der See ist auch schon gemalt worden. Im Sommer, am Tage des heiligen Jakob, wird an den Sesseln jährlich ein Volksfest abgehalten. Da ist eine Menschenmenge an dem Fuße des Sesselfelsens, und es wird gesotten und gebraten. Wie viele aber gehen da hinauf, die nicht die Herrlichkeit der Natur im Sinne haben.

Die Lackerhäuser stehen auf bairischem Boden hart an der österreichischen Grenze. Man gelangt in einigen Minuten von dem Rosenbergerhause zu dem Bache, der die Grenze bildet. Jenseits desselben stehen wieder zerstreute Häuser der Ortschaft Schwarzenberg, deren Kirche nebst dem Schulhause von einem fast kegelförmigen Berge empor ragt. Auf dem Fußwege gelangt man leicht in drei Vierteilen einer Stunde zur Kirche. Der Fahrweg ist weiter. Vom Rosenbergerhause führt eine schmale Straße abwärts bis zu dem sogenannten Grenzaufseherhause, wo sie in die bairische Straße mündet, die von Waldkirchen her östlich gegen Österreich läuft. Diese Straße geht bis an die Grenze, wo ein Zollhaus für Österreich und Baiern steht. Von da knüpft sich die österreichische Straße an und geht südöstlich über Schwarzenberg nach Aigen, wohin man mit guten Pferden in zwei Stunden gelangt. In Aigen wird man von

der Reichsstraße zwischen Krumau und Linz aufgenommen, und kann von da leicht in sechs bis sieben Stunden nach Linz fahren.

Einer schönen Ebereschenallee muß ich noch erwähnen, die eine Strecke an dem Rosenbergen Wege von dem Hause aus dahin läuft. Am Ende der Allee hat Rosenberger eine Kapelle bauen lassen, auf deren Altare ein gutes Marienbild ist. An gewissen Tagen des Jahres wird in der Kapelle Messe gelesen. Das geschieht zuweilen bei Gelegenheiten auch an andern Tagen. Einmal traf ich einen Priester aus Passau in den Lackerhäusern, wo er gesundheitshalber verweilte, und da war täglich in der Kapelle Gottesdienst. Auf dem Dache des Seitenflügels des Rosenbergerhauses ist ein Türmchen mit einer Glocke, die das Zeichen zur Morgen-, Mittag- und Abendandacht gibt.

Das ist die Gegend, in welcher ich so gerne und so oft weilte, und zu welcher ich auch jetzt meine Zuflucht nahm.

Ich stieg wegen meiner noch nicht ganz befestigten Gesundheit nicht auf die großen Höhen, ging aber sonst nach allen Richtungen herum. An jedem schönen Tage ging ich mit Katharina nachmittags auf dem anmutigen Wald und Wiesen und Felder durchschneidenden Fußwege nach Schwarzenberg, um dort die Post zu erwarten, ob sie etwa ein Lebenszeichen oder die eine oder andere Gabe, deren meine Gattin oft sendete, aus Linz bringe. Abends gingen wir wieder in unsere Wohnung zurück.

Als der Krieg ausbrach, schrieb ich meiner Gattin, sie möge nicht zu mir kommen, sondern in Linz auf weitere Nachricht von mir warten.

Im Anfange des Juli ging ich selber nach Linz, Katharina ließ ich in den Lackerhäusern zurück, unsere Wohnung zu hüten und auf weitere Weisung zu warten.

In Linz fand ich meine Gattin und Marie in vollkommenster Gesundheit.

»Siehst du,« sagte meine Gattin, »deine Ahnung, daß ich krank werden könnte, war eitel, ich habe mich nie wohler befunden.«

»Gott erhalte dich so,« antwortete ich, »dann ist vieles leichter zu ertragen.«

Ich blieb bis zum achten August teils in Linz, teils auf dem Berge Kirchschlag bei Linz.

Am achten August ging ich wieder in die Lackerhäuser, meinen Landaufenthalt fortzusetzen.

Im September kam auch meine Gattin zu mir. Es wurden außerordentlich schöne Herbsttage, die wir mit einander genossen, und sie dauerten an. Der Oktober war so sonnig und warm, wie ich selten einen erlebt hatte.

Gegen das Ende des Monates Oktober machte ich meiner Gattin den Vorschlag, sie möge mit Katharina nach Linz fahren, ich wolle noch, so lange es nur immer das Wetter gestattet, in den Lakkerhäusern bleiben, um die Heilsamkeit des Waldes bis auf die letzte Möglichkeit auf mich wirken zu lassen. Ihre Besorgnis, daß ich dann allein in der Wohnung sei, behob ich dadurch, daß ich ein Schreiben in das benachbarte Neureichenau an Anna Göschel, eine ältliche, nicht ungebildete, uns befreundete Frauensperson, die oft bei Drang der Gäste im Rosenbergerhause wegen ihrer Geschicklichkeit Aushilfe leistete, mit der Bitte sandte, sie möge einige Zeit in den Lackerhäusern meine Haushälterin machen, und daß die Antwort zurück kam, sie wolle es sehr gerne tun. Und so bestellte ich bei dem Wirte Gruber in Aigen einen bequemen Wagen für meine Gattin und Katharina.

Am 29. Oktober vormittags hob ich beide in den Wagen, wir

sagten uns das letzte Lebewohl, versprachen fleißiges Briefschreiben, freuten uns auf baldiges Wiedersehen, und der Wagen rollte dahin. Ich sah ihm noch mit dem Fernrohre aus dem Fenster nach, bis er mir in der Nähe der Kirche von Schwarzenberg entschwand.

Dann war ich in der Wohnung allein, und aß auch allein mein Mittagessen.

Nachmittags kam Anna, und es begann das Haushälterleben. Was ich vorausgesehen hatte, erkannte ich im ersten Augenblicke als richtig. Anna war die Zartheit, Sorgfältigkeit, Aufmerksamkeit selber, so daß ich erfreut und beinahe gepeinigt zugleich war. Ich schrieb sofort an meine Gattin, daß ich in aller Hinsicht wohl versorgt sei, und daß sie ganz ruhig sein könne. Dieser Brief kreuzte sich mit einem von ihr, worin sie mir meldete, daß sie am 29. sehr gut in Aigen angekommen sei, dort Besuche gemacht, und die Nacht dort zugebracht habe. Am 30. sei sie bei schönstem Wetter und mit heiterstem Gemüte um vier Uhr in Linz angelangt, und sie schreibe mir dieses sogleich.

Ich war nun, so weit es möglich war, fröhlich, und fing an, mich ungestört der unsäglichen Herbstpracht der Wälder hinzugeben.

Nach zwei Tagen aber erhielt ich einen Brief von unserem Arzte aus Linz, in welchem er mir allerlei schrieb, das er zu schreiben nicht nötig gehabt hätte. Am Schlusse sagte er noch, daß er bei einem Besuche meine Gattin etwas fiebernd mit Ergriffenheit der Leber angetroffen und Mittel verordnet habe. Ich möchte aber ja nicht kommen; sie wisse, daß er geschrieben habe, und würde, falls ich plötzlich erschiene, glauben, sie sei lebensgefährlich, und die Erschütterung könne dann wirklich gefährlich werden. Das Weitere werde man mir melden.

Ich aber sah augenblicklich die Gefahr.

Sofort begann ich zu packen. Allein die Betrachtung, daß meine Gattin in der Tat nicht unvorbereitet auf meine Ankunft sein dürfe, überwog doch zuletzt alles in meinem Herzen. Ich setzte mich hin und schrieb an den Arzt und an Marie, ich wolle kommen, sie möchten die Kranke vorbereiten, und mir Meldung tun. Marie möge mir jedenfalls alle Tage schreiben, wenn mir auch die Briefe wieder nach Linz nachgeschickt werden müßten.

Die Antwort sagte, ich möchte ja nicht kommen und den Gang nicht stören, es gehe alles sehr gut. Ich blieb also wieder bis auf die nächsten Briefe. Diese sagten wieder Gutes, und sagten, der Arzt werde mir schreiben, wann ich kommen soll. Marie sendete mir des nächsten Tages Trostesworte folgenden Inhalts: »Seien Sie ganz ruhig, die kranke Frau hat das Bewußtsein wieder, der Arzt ist auch sehr eifrig und tut das Möglichste. Er kömmt täglich zwei Male.« Diese Tröstung versetzte mich in die unbeschreiblichste Angst. Ich schrieb, man solle mir den Namen der Krankheit nennen. Man nannte ihn nicht. Ich war zu nichts mehr fähig, als Briefe zu schreiben und Briefe zu erwarten. Und die Briefe mußte ich freundlich und gelassen schreiben. Tag auf Tag verging. Jeder war lang, die Nacht war noch länger. Ich konnte fast nichts nicht essen. Anna tröstete unaufhörlich. Unser ganzes Gespräch war die kranke Frau, und am tiefsten, aber auch lindernd ging es mir in die Seele, wenn Anna von den Tugenden der Frau sprach, von ihrer Güte, Sanftmut, Häuslichkeit, Sparsamkeit, Arbeitsamkeit, Leutseligkeit. So ward es Morgen und Abend und wieder Morgen und Abend.

Endlich am 15. November erhielt ich einen Brief von dem Arzte, der sagte: »Ihre Frau Gemahlin ist außer Gefahr. Die Krankheit war ein gallichtes Magenfieber. Kommen in einigen Tagen. Sie ist

vorbereitet, sie freut sich auf Ihre Ankunft, sie wird nicht erschüttert werden.«

Der Tag war ein Donnerstag.

Ich wollte nun pünktlich der Weisung des Arztes folgen, und sandte Freitags einen Brief an Gruber nach Aigen, er möchte mich Montags mit einem Wagen nach Aigen holen lassen, und Dienstags mich mit diesem Wagen nach Linz schaffen. Die Antwort lautete, der Wagen werde kommen.

Ich packte nun meine Sachen zusammen, legte mir zurecht, wie ich ohne alle Erregung zu dem Bette meiner Gattin treten wolle, damit sie nicht in zu große Empfindung gerate. Marie sandte noch täglich einen Brief, der die fortschreitende Besserung bekundete. So kam der Sonntag.

Bis dahin war gutes Wetter gewesen. Die Leute arbeiteten in Hemdärmeln auf den Feldern, und die Rinder waren noch auf den Wiesen und Wintersaaten.

In der Nacht von Sonntag auf Montag erhob sich ein Wind, der morgens zum Sturme wuchs. Als es graute, sah ich, daß die Gegend mit Schnee bedeckt sei, und als die Tageshelle gekommen war, sah ich auch, daß es heftig schneie. Das Thermometer zeigte 0 Grade. Ich hoffte daher, daß unter Tags Regen kommen werde. Aber es blieb bei 0, und das Schneien wurde stärker. Ich faßte Besorgnisse. Um zwölf Uhr kam der Wagen. Der Kutscher sagte zu mir: »Sie können nicht fahren. Es sind schon Schneeverwehungen. Auf dem Rosenbergerwege herauf brauchte ich Männer, die mir den Wagen hielten, daß er nicht stürze, und die Pferde sanken oft bis an den Bauch. Ich werde nach Schwarzenberg trachten. Von dort ist die Straße fahrbarer, vielleicht komme ich noch nach Aigen. Wenn es nicht geht, warte ich in Schwarzenberg auf das Weitere.« Alle

Männer, der Pächter, der Wirt, und die im Gasthause waren, sagten, ich dürfe mich der Gefahr nicht aussetzen, auf freiem Felde mit dem Wagen liegen bleiben zu müssen. Wie hier die Gegend und wie jetzt die Jahreszeit ist, wird es sich bald ändern. Der Schnee ist ganz naß, morgen regnet es, und alles ist gut. Anna beschwor mich. Ich sagte also dem Kutscher, er möge wieder mit Männern den Wagen nach Schwarzenberg bringen, und dort tun, wie er für gut finde. Sei er morgen in Schwarzenberg, und es trete Regen ein, und man könne fahren, so möge er wieder um mich kommen. Er sagte es zu, und in einer Stunde fuhr er fort.

Und von nun an erlebte ich ein Naturereignis, das ich nie gesehen hatte, das ich nicht für möglich gehalten hätte, und das ich nicht vergessen werde, so lange ich lebe. Es wurde ein Schneesturm, wie ich ihn nie ahnte, und es wurden Wirkungen, die weit über mein Wissen gingen. Und zwei und siebenzig Stunden dauerte die Erscheinung bei ihrem ersten Auftreten ununterbrochen fort.

Als sich der Kutscher entfernt hatte, stand ich an dem Fenster und betrachtete, was draußen geschah. Anna erzählte mir Geschichten, wie Menschen in Orten eingeschneit worden seien und lange nicht fort gekonnt hatten. Da ich selber in einem Schneelande geboren und mit Winterstürmen vertraut bin, und weiß, wie das verläuft, achtete ich nicht auf sie. Ich kehrte meine Aufmerksamkeit nach außen. Die Gestaltungen der Gegend waren nicht mehr sichtbar. Es war ein Gemische da von undurchdringlichem Grau und Weiß, von Licht und Dämmerung, von Tag und Nacht, das sich unaufhörlich regte und durcheinander tobte, alles verschlang, unendlich groß zu sein schien, in sich selber bald weiße fliegende Streifen gebar, bald ganze weiße Flächen, bald Balken und andere Gebilde, und sogar in der nächsten Nähe nicht die geringste Linie

oder Grenze eines festen Körpers erblicken ließ. Selbst die Oberfläche des Schnees war nicht klar zu erkennen. Die Erscheinung hatte etwas Furchtbares und großartig Erhabenes. Die Erhabenheit wirkte auf mich mit Gewalt, und ich konnte mich von dem Fenster nicht trennen. Nur war ich des Kutschers wegen, der jetzt zwischen mir und Schwarzenberg sein mußte, besorgt. Das Thermometer stand unbeweglich auf 0. Das Quecksilber im Barometer wies, nach der hohen Lage der Gegend, 25 ¼ Zoll. 26 Zoll sind in den Lackerhäusern der Mittelstand.

Da ich einen Spaziergang im Freien nicht machen konnte, nahm ich meinen Mantel um und ging in dem Gange des Hauptgebäudes im ersten Stockwerke hin und wider. Ich blickte auch hier mit Staunen durch die Fenster der beiden Enden des Ganges hinaus. Es war immer dasselbe, das Außerordentliche. Überall im Hause war Schnee, weil er durch die feinsten Ritzen eindrang.

Gegen die Dämmerung ließ ich meinen Boten Joseph aus dem Nebenhäuschen des Rosenbergerhauses holen, und fragte ihn, ob er sich nach Schwarzenberg zu gehen getraue.

»Mit einer Laterne schon,« sagte er, »es ist nicht so schreckhaft.«

Ich gab ihm einen Brief an meine Gattin, worin ich ihr meldete, daß ich wegen zu starken Schneiens nicht abreise, daß ich aber den ersten besseren Tag zur Abreise benützen werde; ich trug ihm auf, daß er auf die Post warten, und mir den Brief, der aus Linz kömmt, bringen möge.

Er ging später mit einer Laterne fort.

Ich packte aus meinem Koffer wieder einiges Notwendige aus, und saß dann mit Anna bei unserem Lichte an dem Tische. Wie es draußen sei, konnten wir nicht erkennen, da alles völlig schwarz geworden war; aber den Sturm hörten wir rütteln, und das sahen

wir, daß die Fenster unserer Küche, und der Kammer daneben, die keine Außenfenster hatten, schon ganz zugeschneit waren.

Da wir unsere Abendsuppe genossen hatten, schickte ich Anna in ihre Schlafkammer im Hauptgebäude, und wartete auf meinen Boten. Er kam eine halbe Stunde nach zehn Uhr bis auf die Brust hinauf mit Schnee überhüllt.

»Morgen kann niemand mehr ausgehen«, sagte er, und gab mir den Brief.

Auf mein Befragen erzählte er mir, daß der Kutscher aus Aigen nicht in Schwarzenberg geblieben, sondern nach Aigen fort sei. Die Post, die in einem Schlitten gekommen sei, habe ihn in Ulrichsberg gesehen, von wo er bis Aigen keine Gefahr mehr habe. Ich reichte ihm seinen Lohn, ließ ihn durch meine untere Treppentür ins Freie, und versperrte mich dann in meiner Wohnung. Mariens Brief sagte mir, es gehe immer besser, und meine Gattin freue sich schon, daß ich bald nach Linz kommen werde.

Ich suchte nun meine Ruhestätte, in welche wenig Schlaf gelangte.

Es erschien nun der Dienstag, und bei dem ersten Tagesschimmer sahen wir, daß es draußen gedauert habe wie gestern, und daß es noch daure. An den Mauern des Hauptgebäudes sahen wir jetzt das Emporwachsen des Schnees. Vor unsern Fenstern war ein Berg desselben, aus dem Garten dämmerte einer herüber, der schon höher war als das Gartenhaus, die Tür des Hauptgebäudes war verschneit, so daß, als eine Magd sie von innen öffnete, der Schnee auf sie hinein fiel, daß sie mit hölzernen Schaufeln ausgeschaufelt werden mußte. Die Mauern waren weiß, und von allen Vorsprüngen und Dächern hingen die vielgestaltigsten Schneeungetüme nieder. Ich konnte nichts tun, als immer in das Wirrsal schauen. Das war

kein Schneien wie sonst, kein Flockenwerfen, nicht eine einzige Flocke war zu sehen, sondern wie wenn Mehl von dem Himmel geleert würde, strömte ein weißer Fall nieder, er strömte aber auch wieder gerade empor, er strömte von links gegen rechts, von rechts gegen links, von allen Seiten gegen alle Seiten, und dieses Flimmern und Flirren und Wirbeln dauerte fort und fort und fort, wie Stunde an Stunde verrann. Und wenn man von dem Fenster weg ging, sah man es im Geiste, und man ging lieber wieder zum Fenster. Der Sturm tobte, daß man zu fühlen meinte, wie das ganze Haus bebe. Wir waren abgeschlossen, die ersten Bäume der Allee, zwanzig Schritte entfernt, waren nicht mehr sichtbar. Zum nächsten Hause geht man sonst in einigen Minuten. Sie konnten nicht zu uns, wir nicht zu ihnen. Von Ausschaufeln, selbst zu dem einige Schritte entfernten Gasthause, war bei diesem Sturme keine Rede. Man konnte nur das Toben anschauen, und hatte keine Ahnung, wohin das führen werde.

Von meiner Gattin konnte ich keine Nachricht erhalten. Nach Schwarzenberg war nicht zu gelangen, und die Post konnte bei diesem Wetter nicht gehen. Wenn sie nun von mir, der ich täglich geschrieben hatte, kein Schreiben mehr erhält, wenn sie aus der Zeitung erführe, daß die Posten aus dem Walde ausgeblieben sind, wenn sie rückfällig würde! Aber mit allen Gedanken konnte man nichts als nur harren. Der Barometerstand und der Thermometerstand waren wie gestern, es konnte jeden Augenblick regnen; aber es regnete nicht, und regnete nicht.

Es wurde Mittag, es wurde Nachmittag, es wurde Abend. Immer das Gleiche.

In der Finsternis, da man das Flirren nicht sah, mußte man es sich vorstellen, und stellte es sich ärger vor, als man es bei Tage ge-

sehen hatte. Und zuletzt wußte man auch nicht, ob es nicht ärger sei.

Ich legte mich ins Bett; der Sturm tönte, als wollte er den Dachstuhl des Hauses zertrümmern.

Es kam Mittwoch.

Das Tageslicht zeigte die gleiche Erscheinung. Der Gipfel des Schneeberges, der einige Schritte entfernt von meinen Fenstern stand, reichte bis zu mir herauf, die Schneewulst im Garten war empor gewachsen, daß sie in gleicher Höhe mit den Fenstern des ersten Stockwerkes stand, und die Tür am untern Ende der Treppe zu meiner Wohnung, die nach außen aufging, konnte nicht mehr geöffnet werden. Und immer noch dauerte das Schneeflirren fort.

Was anfangs furchtbar und großartig erhaben gewesen war, zeigte sich jetzt anders, es war nur mehr furchtbar. Ein Bangen kam in die Seele. Die Starrheit des Wirbelns wirkte fast sinnbestrickend, und man konnte dem Zauber nicht entrinnen. Dazu der Gedanke, wenn etwa, wie die Knechte fahrlässig sind, in den Scheuern des Hauses Feuer ausbräche, was dann? Wir hatten an diesem Tage auch nur mehr das letzte Stückchen Fleisch; ich aß aber keines.

Nachmittags stieg das Barometer sehr rasch und hoch, und es kam ein Lichtschein in mein Gemüt. Gegen den Morgen hörte der Wind auf, und es ward Stille. Später sah ich Sterne durch die Fenster herein scheinen.

Am nächsten Tage, Donnerstag, war an dem tiefblauen Himmel kein Wölklein, und die Sonne strahlte auf das unermeßliche Weiß blendend hernieder. Der Pächter ließ einen Weg in das Gasthaus schaufeln. Menschen kamen hoch auf dem Schnee mit Schneereifen zu uns und in das Gasthaus. Ich ging auch in dasselbe. Dort sahen die Angekommenen verstört aus, und achtzigjährige Männer

sagten, daß sie das nie erlebt haben. Ich ließ bei dem Bürgermeister der Lackerhäuser anfragen, wann er schaufeln lassen werde. Er antwortete, morgen werde er einsagen lassen. Das war mir zu spät. Ich bestellte nun durch Joseph eine Zahl Männer, und trug ihnen auf, sie möchten den Weg bis zu den Aufsehern schaufeln, daß ein Schlitten durchkommen könne. Sie machten sich ans Werk. Mittags kamen sie und sagten, es sei nun bis zu den Aufsehern offen; aber auf der Waldkirchnerstraße könne man auch nicht bis zu dem Zollhause, ein zweispänniger Schlitten aus Klafferstraß habe es versucht und habe umkehren müssen, vom Zollhause aber sei weiter zu gelangen, auf der Österreicherstraße arbeiten alle Gemeinden. Ich trug ihnen nun ferner auf, auch bis zum Zollhause zu schaufeln. Abends waren sie fertig, und ich bezahlte sie. Dann gab ich Joseph einen Brief an meine Gattin und einen an Gruber in Aigen, den letzten des Inhaltes, es sei nun zu mir hin offen, er möge morgen bei Empfang dieser Zeilen einen Schlitten senden. Früher hatte mir Gruber einmal gesagt, ich möge, wenn ich etwas Dringendes zu melden habe, den Brief durch den Postkutscher senden, der ihn sogleich bei seiner Ankunft in Aigen abgebe, während die Post dies erst nach Stunden tue. Ich sagte also Joseph, er solle auf dem geschaufelten Wege nach Schwarzenberg gehen, den Brief an Gruber dem Postkutscher geben, und ihn bitten, daß er denselben morgen frühe gleich bei seiner Ankunft in Aigen dem Gruber einhändige. Joseph ging, kam zurück, und sagte, alles sei in Ordnung. Er brachte mir auch Mariens rückständige Briefe, die die Post erst an diesem Tage von Rohrbach gebracht hatte. Sie enthielten Versicherungen der Besserung, aber auch den Wunsch meiner Gattin, ich möge bei schlechtem Wetter nicht reisen, daß es mir nicht schade. Ich hatte nun eine ruhigere Nacht.

Der nächste Tag, Freitag, war still und sanft bewölkt. Mittags stand ich am Fenster, und erwartete den Schlitten. Alles war gepackt, ich in Reisekleidern. Aber der Schlitten kam nicht, und es kam keine Nachricht. Ich war in unbeschreiblicher Unruhe. Nachmittags fiel das Barometer eben so rasch, als es Mittwochs gestiegen war. Ich schrieb nun einen Brief an den Wirt Weichselbaum in Schwarzenberg. Der Wirt ist der Beförderer der Post, er sendet täglich zwei Pferde über Aigen nach Rohrbach, die abends wieder zurück kommen. Zu diesem Behufe und andern Geschäften hat er sechs Pferde, aber keinen recht geeigneten Wagen. Ich schrieb ihm, er möge mir morgen was immer für einen Schlitten senden und mich nach Aigen bringen. Joseph kam spät zurück, brachte mir Mariens Brief, sagte, der zurück gekehrte Postkutscher habe versichert, er habe meinen Brief an Gruber abgegeben, und Weichselbaum lasse mir sagen, morgen sende er einen der zwei Postschlitten um mich.

Ich las nun den günstigen Brief Mariens, und legte mich halb beruhigt zu Bette, konnte aber nicht schlafen. Es war mir immer, ich höre ein schwaches Sausen. Das Sausen war auch wirklich, es wuchs, und noch vor Mitternacht war Sturm.

Morgens, Samstag, war der Schneesturm wieder so stark wie in den früheren Tagen, mein geschaufelter Weg war wieder zu, Weichselbaums Schlitten konnte nicht kommen, und alles war vergeblich gewesen. Das Thermometer zeigte 0, das Barometer stand auf 25 ¼. Wie lange wird nun der Sturm dauern, und was wird werden, wenn die neuen Schneemassen zu den alten kommen, und wenn sie so hoch sind wie die alten, und wenn sie höher sind? Mir klebte die Zunge an dem Gaumen, ich aß nichts mehr, sondern träufelte nur Liebigs Fleischextrakt in warmes Wasser, und trank die Brühe. Das

Flirren war nun geradezu entsetzlich, und es riß die Augen an sich, wenn man auch nicht wollte. Nachmittags stieg das Barometer wieder rasch. Die Nacht war ohne Schlaf.

Der folgende Tag, Sonntag, war still, aber trüb. Die Leute traten, da sie zu uns kamen und von uns gingen, mit Schneereifen auf den feuchten Schnee so feste Fußstapfen, daß man auf ihnen gehen konnte. Jeder Tritt aber seitwärts hätte unberechenbares Einsinken zur Folge gehabt. Nachmittags ging ich auf diese Fußstapfen tretend die Allee entlang und weiter fort. Ich ging Schneestiegen hinan, und Schneestiegen hinab. Alleebäume sahen mit ihren Kronen wie Gesträuche aus dem Schnee. Alles war anders. Wo ein Tal sein sollte, war ein Hügel, wo ein Hügel sein sollte, war ein Tal, und wo der Weg unter dem Schnee gehe, wußte ich nicht; denn man hatte die Ruten zur Bezeichnung desselben noch nicht gesteckt. Der erhabene Wald, obwohl ganz beschneit, war doch dunkler als all das Weiß und sah wie ein riesiger Fleck fürchterlich und drohend herunter. Bekannte Gestaltungen der Ferne vermochte ich nicht zu finden. Neben der Kapelle war ein Schneerücken, von dessen Schneide man auf das Kapellendach nieder sah. Ich brauchte zu einem Wege von Minuten eine Stunde.

Gegen Abend schickte ich Joseph wieder mit einem Briefe an meine Gattin nach Schwarzenberg. Er brachte mir einen Brief von Marie mit guten Versicherungen und die Nachricht von Weichselbaum, daß er mich wohl von Schwarzenberg nach Aigen bringen könne, daß aber von Schwarzenberg in die Lackerhäuser nicht durch zu dringen sei. Joseph erzählte auch, daß heute gegen Mittag Grubers Kutscher mit einem Schlitten um mich gekommen sei, daß er aber in Schwarzenberg wieder habe umkehren müssen.

Am Montage war leichtes Schneien mit etwas Wind. Es fielen zum ersten Male wieder Flocken.

Ich hielt mich für krank, weil ich schon in den dritten Tag nichts gegessen hatte. Ich sandte Joseph um den Arzt nach Schwarzenberg. Dieser kam mit Schneereifen, in Schweiß gebadet, und hatte drei Stunden gebraucht. Er untersuchte mich, und sagte dann, ich sei nicht krank, könne es aber werden. Mein Entschluß war nun gefaßt. Ich schrieb einige Zeilen an Weichselbaum, die besagten, morgen komme ich nach Schwarzenberg, er möge mir einen Schlitten zur Fahrt nach Aigen bereit halten. Den Arzt bat ich, den Brief zu übergeben. Er versprach es, und verließ mich. Dann ließ ich Joseph holen, und beauftragte ihn, er möge mir Männer bestellen, die mit Schneereifen morgen beim Tagesgrauen zu mir kommen sollen. Ich werde nach Schwarzenberg gehen, und weil ich es mit Schneereifen nicht kann, so sollen sie mit ihren Schneereifen mir einen Pfad auf dem Schnee nieder treten, der mich trägt. Einer soll mein Gepäck mit einem Handschlitten ziehen. Joseph versprach, alles zu besorgen.

So kam die Nacht. Mein Wunsch war nun der einzige: nur morgen kein Sturm.

Die Nacht war ruhig. Der Tag brach an und hatte grauen Himmel und leichtes Gestöber. Da kamen die Männer und Joseph. Ich sagte ihnen noch einmal mein Anliegen, und sie antworteten, so gehe es. Anna rang die Hände. Ich bat sie aber, meine Habschaften, die da bereit lägen, dem Manne auf den Schlitten packen zu helfen, ich gehe gleich fort, ich könne nicht mehr warten. Dann dankte ich ihr, da sie bitterlich weinte, für alle Sorgfalt und Treue, und nahm Abschied. Ich ging nun, in meinen Oberrock geknüpft, die Treppe hinunter, verabschiedete mich unten von dem Pächter und seiner

Frau, und trat meinen Weg an. Die Männer stampften Fuß neben Fuß setzend vor mir einen Pfad. Es ging so langsam, daß ich kaum in jeder Sekunde einen Schritt machen konnte; aber der Pfad trug mich. Gegen die stechenden Nadeln, die wagrecht in der Luft daher flogen, spannte ich den Regenschirm auf. So kamen wir weiter. Wir überwanden Schneehügel, Schneewülste, Schneefelder. Um und über uns war dichtes Grau, unter uns das Weiß. Ich hätte allein die Richtung nicht gefunden. Ich fand mich erleichtert. Der Mann mit dem Schlitten kam uns nach, und war erfreut; denn der Wind verwehre in kurzer Strecke hinter uns den Pfad wieder. Ich glaubte, wir kommen nie mehr zu dem Aufseherhause. Endlich erkannte ich in der dichten Luft die Umrisse des Hauses, und wir kamen bald zu demselben. Dort auf der Waldkirchnerstraße wurde es besser. Auch das war besser, daß wir gegen Osten gingen und den Wind im Rücken hatten. Im Zollhause konnten die Schneereifen abgelegt werden, und wir vermochten nun auf der österreichischen Straße in gewöhnlichem Schritte fort zu gehen. Und so kamen wir nach einer Wanderung von mehreren Stunden in das Gasthaus von Schwarzenberg.

Als ich in das Zimmer getreten war, sagte die Wirtin: »Sie sind da, und mein Mann und mein Sohn sind mit unsern zwei Schlitten nach Aigen gefahren.«

»Hat er denn meinen Brief nicht bekommen?« fragte ich.

»Der Herr Doktor hat ihn erst heute gebracht, da beide schon fort waren«, antwortete sie.

»Haben Sie ein Zimmer für mich, wenn ich bis morgen warten muß?« fragte ich.

»Nein,« sagte sie, »aber Sie können in unserem Nebenhäuschen heim Martin schlafen.«

Martin ist ein Postkutscher Weichselbaums, und ich bin oft mit ihm gefahren. Ich ließ meinen Männern Speise und Trank geben, und ging dann in das Nebenhäuschen und fand Martin zu Hause und in seiner sehr heißen Stube. Ich setzte ihm die Sache auseinander, und fragte, wo ich da schlafen könnte. Er meinte, man mache mir aus Stroh ein Lager auf die Erde. Ich nahm in der warmen Stube frische Wäsche, die ich in einem Päckchen habe mittragen lassen, und ging dann wieder in die Gaststube zurück. Dort bezahlte ich die Männer, und träufelte für mich wieder Fleischextrakt in warmes Wasser.

Ein erfreuliches Zeichen traf mich in Schwarzenberg. Der Postmeister brachte mir einen Brief, der gestern gekommen war. Er war von der Hand meiner Gattin geschrieben, und so lieb, daß ich vor allen Menschen in Tränen ausbrach.

Auch andere Leute waren gekommen, mich zu sehen. Es wurde von dem Schnee gesprochen, und wie so ein Gottesgericht einbrach. Es können ja Leute erhungern.

»Mein Gott,« sagte die Wirtin, »die zwei Pferde wären da, mit denen Sie in Oberplan und in Obermihel gewesen sind, Martin ist auch da, wenn nur in ganz Schwarzenberg ein Schlitten wäre, besser als unser Fuhrschlitten.«

»Ist ein Fuhrschlitten da?« fragte ich.

»Ja«, antwortete sie.

»Zeigen Sie mir ihn«, sagte ich.

Sie führte mich in den Hof und zeigte mir einen Schlitten, der an der Mauer lehnte. Er hatte breite, hölzerne Kufen, zwei Leitern, und war vorne und rückwärts offen.

»Könnten Sie mir einen Sitz auf diesen Schlitten binden lassen?« fragte ich.

»Einen sehr guten Sitz«, antwortete sie.

»Also einen Sitz hinauf, vorn für Martin ein Brett, viel Stroh in den Schlitten, und fahren«, sagte ich.

Und so geschah es. In einer Stunde waren die Pferde und der Schlitten in Bereitschaft. Meine Sachen wurden aufgepackt, ich stieg mittelst eines Schemels über die Leiter in den Schlitten, machte mir aus Werg Überschuhe, hüllte mich in meinen Pelz, breitete noch meinen Mantel und Plaid über die Füße, und war in Ordnung. Meine Schneereifenmänner und die andern Leute umringten den Schlitten, um von mir Abschied zu nehmen. Ich sagte ihnen ein herzliches Lebewohl, und Martin führte mich von dannen.

Als wir die Häuser um die Kirche hinter uns hatten, war wieder die weiße Wildnis vor uns, und das Grau des Schneefalles um und über uns, sonst nichts. Die Bahn war hoch oben, zu beiden Seiten war der tiefe, lockere Schnee, und sie hatte nur die Breite eines Schlittens.

»Martin«, sagte ich, »wenn uns ein Schlitten begegnet.«

»Es begegnet uns keiner«, antwortete er.

»Wenn uns aber doch einer begegnet«, sagte ich wieder.

»Es begegnet uns keiner«, antwortete er.

»Wenn uns aber doch einer begegnet«, beharrte ich.

»Dann weiß ich es nicht«, sagte er.

Es begegnete uns aber keiner. Die Pferde gingen Schritt für Schritt in dem tiefen Schneemehle der Bahn, und der Fuhrschlitten war ein Vorteil; denn seine breiten Kufen drückten den Schnee nur nieder, und schnitten nicht ein. Außerhalb Schwarzenberg sollten Waldhütten an dem Wege sein. Ich sah aber nur weiße Bühel.

»Sie sind verschneit«, sagte Martin, »auf der andern Seite haben sie sich ein Loch zum Herausgehen gebohrt.«

Wenn ein Pferd von der Bahn geriet, verfiel es im Schnee, so daß ich von dem Sattelpferde einmal nur den Kopf sah. Die Tiere aber kannten dies, Martin hielt immer sogleich still, und das Pferd kletterte wie ein Eichhörnchen wieder auf die Bahn. Dort hielten sie sich gewöhnlich sehr dicht an einander gedrängt. Nach einer Zeit war plötzlich eine weiße Mauer vor uns, in der ein dunkles Pförtchen war. In das Pförtchen sollten wir einfahren. Es war ein Seitenarm des großen Waldes, den wir dort zu durchschneiden hatten. Die Fichten, aus denen er besteht, hatten die schneebelasteten Äste fast steilrecht niederhängen, und die Zwischenräume waren mit Schnee erfüllt. Im Walde war aber das Fahren besser, da sich in ihm keine Schneeverwehungen befanden.

Nach langer, langer Zeit kamen wir gegen den Ort Klaffer. Vor ihm mündete die Straße aus den Aigenhäusern in die unsere, und die Bahn wurde breiter. Auch hörte der Schneefall auf. Weiterhin war der Schnee weniger, und die Pferde konnten stellenweise laufen. So gelangten wir nach Ulrichsberg. Von Ulrichsberg bis Aigen liefen die Pferde ihres gewöhnlichen Laufes. Der Bann war von mir genommen, und ich fühlte mich vollkommen gesund. Gegen vier Uhr kamen wir in dem freundlichen Markte Aigen an. Dort war der Schnee etwa zwei Ellen hoch. Ich wähnte mich in Italien.

Man brachte mich in mein gewöhnliches gutes Zimmer, heizte ein, und mir mundete beim warmen Ofen der Kaffee sehr wohl. Dann machte ich zwei Besuche. Bei Gruber erfuhr ich, daß der Postkutscher meinen Brief um den Schlitten auf Freitag abzugehen vergessen habe; das war der erste Fall dieser Art gewesen. Als ich zurück gekehrt war, sagte ich zu Martin, ich lasse ihn und die Pferde bis Linz nicht mehr von mir. Wir fanden in Aigen einen der

Postschlitten Weichselbaums, der zwar auch unbedeckt war, aber doch seitwärts und vorne bis zur Brust geschlossen. Dieser Schlitten wurde für die morgige Fahrt bestimmt. Abends aß ich mit Behagen einen Rinderbraten, und legte mich dann zu Bette.

Ehe der Morgen noch graute, fuhren wir schon fort. Es war stille, und schien sich aufheitern zu wollen. Und wie es mehr und mehr tagte, und wie die Rosen an dem Osthimmel erblühten, und wie wir auf der breiten, wohlgeschaufelten Reichsstraße schnell dahin fuhren, senkte sich eine große Ruhe in meine Seele.

In Rohrbach traf ich Weichselbaum, der gestern herüber gefahren und hier über Nacht geblieben war. Ich sagte ihm mein Vorhaben mit seinen Pferden. Er war einverstanden.

Mittags kamen wir in das einzeln stehende Gasthaus in Gerling, wo wir Rast hielten. Unterhalb Gerling endete die Schlittenbahn. Ich fragte die Wirtin, ob sie mir einen Wagen nach Linz leihen könne.

»Nein,« antwortete sie, »sehen Sie die vielen Schlitten, die auf der Gasse liegen, alles, was heute mit Schlitten von oben her angekommen ist, mußte mit Wägen weiter, und alle Fuhrwägen der Bauern da herum sind schon genommen worden.«

So sollte ich denn hier, so nahe an dem Ziele noch aufgehalten werden; denn zur nächsten Post Ottensheim um einen Wagen hinab zu schicken, würde mindestens drei bis vier Stunden in Anspruch genommen haben. Als ich der Wirtin nach und nach Bauerhöfe der Umgegend nannte, die mit von meiner Amtswirksamkeit her bekannt waren, und fragte, ob die Kirchenwägen derselben schon genommen seien, und sie es bejahte, fiel ihr bei dem Worte Kirchenwagen ein, daß im Gasthause selber noch so ein Kirchenwagen stehe, der sechzehn Jahre nicht mehr gebraucht worden ist.

Ich besah ihn. Er war eine winzige offene Schüssel voll abenteuerlicher Gestalt. Ich schickte Martin zur Untersuchung hin. Er fand den Wagen noch in brauchbarem Stande, und mit seiner Geschicklichkeit brachte er mich und meine Sachen auf demselben unter, mich auf meinem Sitze freilich in einer Lage, die Glieder zu verrenken. Ich meinte, ich könne es nicht zehn Minuten so aushalten; aber ich bezwang mich, und dauerte aus. Wir fuhren den langen sanften Berg hinunter, der vom Hochlande ins Donautal führt. Ein schwerer Regen, der eine halbe Stunde dauerte, begleitete uns eine Strecke. Ehe wir das Ende des Berges erreichten, war aller Schnee verschwunden, und auf der fest gepflasterten Straße der Ebene liefen die Pferde fröhlich dahin, als wäre auch von ihnen ein Bann genommen, und für mein Ohr war es ein angenehmer Klang, daß ich wieder Hufschläge hörte. In der für jene Wegstrecke sehr kurzen Zeit von einer und einer halben Stunde waren wir in Linz.

Meine Gattin hatte mich nicht erwartet. Das Wiedersehen war freudig und schmerzlich. Ich fand sie außer dem Bette, aber noch schwach und angegriffen. Jedoch die Krankheit war völlig gehoben. Wir saßen nun bei einander und erzählten uns unsere Erlebnisse. Sie war sichtlich gesunder, weil ich nur da war, und ich war es, weil ich sie doch außer aller Gefahr fand. Die freundlichen, warmen, von jedem Unwetter geschützten Räume meiner Wohnung waren mir wie ein Paradies.

Das Glück des nun folgenden Zusammenlebens zu schildern liegt nicht in dem Zwecke dieser Zeilen.

Ich hatte Martin noch auf diesen Abend zu mir bestellt. Er kam. Ich belohnte ihn für seine große Sorgfalt, und trug ihm auf, seinem Herrn zu sagen, er möge mir schreiben, was ich für die Fahrt zu entrichten habe, was natürlich auch davon abhängen wird, mit

welchen Fährlichkeiten Martin auf dem Rückwege zu kämpfen haben wird. Und so verabschiedete ich mich von dem letzten Menschen aus jenem herrlichen und nun so schrecklichen Walde.

Die erste Nacht schlief ich wie tot. Die zweite auch.

Dann brach eine Krankheit aus. Ich hatte etwas wie Fieber und große Angst. Der Arzt sagte, es sei ein Ergriffensein der Nerven, und das Gegenmittel sei ungemeine Ruhe. Ich fand dieses Gegenmittel, und fand noch ein besseres: die herzliche Liebe aller derer, die in meiner Wohnung sind. Alle Aufmerksamkeit, die sonst in die verschiedenen Gelegenheiten zerstreut ist, war vereinigt und in weicher Stille um mich ausgebreitet. Trotz der Krankheit möchte ich jene Tage unter die glücklichsten meines Lebens zählen. Eines war aber da, merkwürdig für den Naturforscher; mir jedoch hätte es, wenn es sich nicht täglich gemindert hätte, wirkliche Verzweiflung gebracht. Ich sah buchstäblich das Lackerhäuserschneeflirren durch zehn bis vierzehn Tage vor mir. Und wenn ich die Augen schloß, sah ich es erst recht. Nur durch geduldiges Fügen in das Ding und durch ruhiges Anschauen desselben als eines, das einmal da ist, ward es erträglicher, und erblaßte allmählich. Ich kann die Grenze seines Aufhörens nicht angeben, weil es, wenn es auch nicht mehr da war, doch wieder erschien, sobald ich lebhaft daran dachte. Endlich verlor es sich, und ich konnte daran denken und davon erzählen. Auch die Unruhe der Nerven wich. Jedoch Monate lang, wenn ich an die prachtvolle Waldgegend dachte, hatte ich statt des grün und rötlich und violett und blau und grau schimmernden Bandes nur das Bild des weißen Ungeheuers vor mir. Endlich entfernte sich auch das, und das lange eingebürgerte edle Bild trat wieder an seine Stelle.

Nach meiner Genesung gab mir meine Gattin die Zeitungsblät-

ter, in denen der seit Jahrhunderten nicht erlebte Novemberschneefall im bairischen Walde beschrieben war.

Das Unwetter wurde aber nach meiner Abreise noch ärger. Martin brauchte vier Tage zur Rückfahrt, und die Verbindung für Schlitten war zwischen den Lackerhäusern und Schwarzenberg noch drei Wochen lang unterbrochen.

Zu den Texten

Die Erzählung *Der Condor* erschien zuerst in der *Wiener Zeitschrift für Kunst, Literatur, Theater und Mode* im April 1840. Sie wird hier nach der Buchfassung in der Ersten Folge der *Studien* (1844) gedruckt.

Die Erzählung *Brigitta* wurde zuerst in dem Almanach *Gedenke mein! für 1844* gedruckt, der im Oktober 1843 ausgeliefert wurde. Sie wird hier nach der Buchfassung in der Zweiten Folge der *Studien* (1847) gedruckt.

Das Kapitel *Der sanftmütige Obrist* ist entnommen der Erzählung *Die Mappe meines Urgroßvaters*, die zuerst in der *Wiener Zeitschrift* in zwei Teilen, im Juni und im September 1841, gedruckt wurde. Der vorliegende Text folgt der Zweiten Folge der Buchfassungen der *Studien* (1847). Adalbert Stifter hat später versucht, den Text romanartig auszuarbeiten, und eine dritte (1864/65) und vierte Fassung (1867) der *Mappe meines Urgroßvaters* in Angriff genommen, ohne den Text vollenden zu können. Die beiden Spätfassungen sind aus den Handschriften ediert von Herwig Gottwald und Adolf Haslinger unter Mitarbeit von Walter Hettche in den Bänden 6,1 und 6,3 der historisch-kritischen Gesamtausgabe der *Werke und Briefe* Adalbert Stifters (1998/99). Ein Faksimile der (im Prager Stifter-Archiv aufbewahrten) Handschrift der dritten Fassung mit Transkription und Kommentar wurde herausgegeben von Alois Hofmann (mit einem Vorwort von Karl-Heinz Hahn), Leipzig 1988.

Das sanfte Gesetz ist der Text der Vorrede zu den *Bunten Steinen*, vom Autor selbst auf den Herbst 1852 datiert. Der Abdruck folgt der mit der Jahreszahl »1853« noch auf Weihnachten (also im Dezember) 1852 erschienenen Ausgabe *Bunte Steine. Ein Festgeschenk*.

Die Erzählung *Kalkstein* erschien zuerst unter dem Titel *Der arme Wohltäter* in: *Austria. Österreichischer Universal-Kalender für das Schaltjahr 1848*, der noch 1847 ausgeliefert wurde. Sie wird hier nach der Fassung der *Bunten Steine* (1852) gedruckt.

Die mehrfach (unter anderem 2004) verfilmte Erzählung *Bergkristall* erschien zuerst unter dem Titel *Der heilige Abend* in: *Die Gegenwart. Politisch-literarisches Tageblatt* in Wien im Dezember 1845. Sie wird hier nach der Fassung der *Bunten Steine* (1852) gedruckt.

Stifters Beschreibung der in Wien am 8. Juli 1842 beobachteten totalen Sonnenfinsternis wurde in der *Wiener Zeitschrift für Kunst, Literatur, Theater und Mode* am 14., 15. und 16. Juli 1842 gedruckt. Diesem Druck folgt der vorliegende Text.

Die *Winterbriefe aus Kirchschlag* erschienen zuerst in der *Linzer Zeitung* 1866 zwischen dem 1. Februar (1.Brief) und dem 24. April (6.Brief). Da Stifter in diesen Briefen zum Lesepublikum seines Wohnortes spricht, sind einige Anmerkungen nötig. Die alten Wasserheilverfahren, die in Deutschland unter den Folgen des Dreißigjährigen Krieges in Vergessenheit geraten waren, wurden im 19. Jahrhundert (zuerst von Laien, dann auch von der Schulme-

dizin) wieder entdeckt. In seinem Vertrauen auf die an sich selbst erprobten, gesundheitsstärkenden Wirkungen von Luft- und Wasserkuren wird Stifter durch unterschiedliche wissenschaftliche Aufsätze bestärkt. Gustav Wilhelm belegt, daß er u.a. folgende Texte zitiert: (1.) das Buch des Schweizer Arztes W.I.A.Werber: *Die Schweizer Alpenluft in ihren Wirkungen auf Gesunde und Kranke mit Berücksichtigung der Mineralquellen und Kurorte* (2. Auflage, Zürich 1862), (2.) Friedrich Simonys Aufsatz *Die Wasserversorgung der Stadt Wien*, in der *Österreichischen Revue* 1865 sowie (3.) die Studie von Edmund Schreinzer *Clarks Methode der Härtebestimmung des Wassers, angewendet auf Linzer Trinkquellen*, im *Jahresbericht der Linzer Oberrealschule*, wo besonders die Reinheit des Kirchschlager Wassers gerühmt wird. Die *Winterbriefe* Stifters gehören zu den frühesten literarischen Zeugnissen in deutscher Sprache, in denen über die Verschmutzung von Wasser und Luft, die Dunstglocke über den Großstädten und andere Umweltschäden berichtet wird. Stifter, der seit der Schulzeit in Kremsmünster meteorologische Interessen hatte und Wetter- und Klimadaten sammelte, zerlegt in den *Winterbriefen* die physikalischen Elemente ebenso in ihre Bestandteile, wie das diesen (wegen seiner elementaren Wirkung) angeschlossene Element der Schönheit.

Die Erfahrung eines Jahrhundertschneesturmes im Bayerischen Wald (im November 1866) hat Stifter (mit geringfügigen Abweichungen von den realen Ereignissen) in der autobiographischen Erzählung *Aus dem bairischen Walde* verarbeitet. Sie erschien zuerst in Stifters Todesjahr in: *Die Katholische Welt. Friedliche Blätter für Unterhaltung, Belehrung und öffentliches Leben mit*

Bildern. Redigiert von Leo van Heemstede, 3. Jahrgang. Aachen 1868. Der in diesem Text erwähnte, Stifter traumatisch verletzende, Ausbruch des Krieges meint den Beginn des sogenannten Deutschen Krieges am 15. Juli 1866. In diesem Krieg kämpfte Preußen mit den Staaten des Norddeutschen Bundes gegen Österreich mit 13 (meist süddeutschen) Verbündeten. Der Krieg wurde am 26. Juli mit einem Präliminarfrieden abgeschlossen und endete mit dem Ausschluß Österreichs aus dem deutschen Staatenverband.

Da hier ein Stifter-Lesebuch, keine kritisch rezensierte Ausgabe zusammengestellt wurde, sind die Texte ohne kritischen Anspruch. In der Normalisierung von Rechtschreibung und Zeichensetzung folge ich der als Leseausgabe kanonisch gewordenen Bearbeitung von Max Stefl *Adalbert Stifter: Gesammelte Werke*, 6 Bände, Frankfurt am Main 1959, auch wenn Stefl die auf Sprechrhythmus zielende Zeichensetzung Stifters häufig grammatikalisch entstellt. Der Wortlaut wurde jedoch an den historisch-kritischen Editionen überprüft, und zwar an den Bänden 1,4 (*Der Condor*), 1,5 (*Brigitta, Die Mappe meines Urgroßvaters*) und 2,2 (*Vorrede, Kalkstein, Bergkristall*) von *Adalbert Stifter: Werke und Briefe. Historisch-kritische Gesamtausgabe.* Hgg. von Alfred Doppler und Wolfgang Frühwald, Stuttgart u. a. 1980 und 1982, und an Band 15 von: *Adalbert Stifters Sämmtliche Werke. Vermischte Schriften. Zweite Abteilung.* Hg. von Gustav Wilhelm, Reichenberg 1935.

Adalbert Stifter erzählt die Natur

Nachwort von Wolfgang Frühwald

1. Die neue Wirklichkeitserfahrung

Als Adalbert Stifter am 23. Oktober 1805 in Oberplan im Böhmerwald geboren wurde, war Europa ein agrarisch bestimmter Kontinent. Vier Fünftel der Bevölkerung, auch ein Teil der Stadtbürger, lebten von der Landwirtschaft. Der Zufall, daß Schillers Todesjahr und das Geburtsjahr Stifters zusammenfallen, verweist schlaglichtartig auf die Zeit, in der Stifter aufgewachsen ist. Die Ära nach Schillers Tod nämlich, nach der Niederlage Preußens und Österreichs gegen das napoleonische Frankreich (1806 und 1809), markiert in Europa den raschen Übergang von einer philosophisch-literarisch dominierten zu einer technisch-praktischen Epoche. Für die Länder deutscher Sprache freilich galt dies nur in dem Umfang, daß zwar die moderne, chemiebasierte Landwirtschaft hier entwickelt wurde, diese Länder aber in der Mechanisierung der Landwirtschaft und des Verkehrs lange hinter England und den USA zurückgeblieben sind. So spielen auch der Dampfwagen und die Lokomotive in der deutschen Literatur eine auffallend zurückgenommene Rolle. Gottfried Kellers grüner Heinrich reist von Zürich aus noch mit dem Postwagen und dem Pferdefuhrwerk durch die Lande. Erst in Bayern bringt ihn »die friedlich wackelnde Kutsche [zu] einem Halteorte der Eisenbahn«, deren »mächtiger Wagenzug«, mit dem alles durchdringenden Pfiff der qualmenden und keuchenden Lokomotive, ihn dann rasch nach München entführt. Das war 1840, als das (meist in privater Hand befindliche) Schienennetz der Eisenbahnen in Deutschland nur langsam wuchs und von einem Netz noch nicht die Rede sein konnte. Joseph von Eichendorff, der letzte Romantiker, hat zehn Jahre später (um 1850) darauf hingewiesen, was dieser Dampfwagen für das Lebensgefühl

der Menschen seiner Zeit bedeutete: eine kaleidoskopartige Zersplitterung der Landschaftserfahrung, die Zerstörung der alten Wandergemeinschaften, den Übergang zur Zweckhaftigkeit des Reisens, das nun nicht mehr (bildender) Selbstzweck war. So heißt es (bei Eichendorff) im Vorwort zum Entwurf einer autobiographischen Erzählung: »Diese Dampffahrten rütteln die Welt, die eigentlich nur noch aus Bahnhöfen besteht, unermüdlich durcheinander wie ein Kaleidoskop, wo die vorüberjagenden Landschaften, ehe man noch irgendeine Physiognomie gefaßt, immer neue Gesichter schneiden, der fliegende Salon immer andere Sozietäten bildet, bevor man noch die alten recht überwunden.« Stifter hat das moderne Verkehrsmittel nicht infragegestellt. In »Wien und die Wiener« (1844) spricht sogar ein gewisser Stolz aus den Zeilen über die von Wien aus nach Süden führende Bahn, die das Städtchen Baden in die unmittelbare Umgebung der Hauptstadt rückte. Der kleine Erholungsort war nun vom Bahnhof aus mit der Südbahn in vierzig Minuten zu erreichen.

Die Zeit, in die Stifter hineingeboren wurde, war eine Epoche des Übergangs. Sie litt daran, daß (nach Rahel Varnhagens Befund) immer eine Zeit in die andere griff »und nicht die neue in die alte, sondern die alte in die neue«. Die Zeitgenossen Stifters (und Stifter selbst) empfanden den Gegensatz der bürgerlichen Lebenszwecke, einerseits die allzu zögerlichen politischen Veränderungen im restaurativen Europa und andererseits die rasante technische Entwicklung, zunehmend als Belastung. In Europa entstand eine wissenschaftliche Ära, in der Historie und Technik den Ton angaben. So jedenfalls hat Franz Schnabel die bewegenden Kräfte des 19. Jahrhunderts beschrieben, in dem das mächtig emporstrebende und revolutionär seine Rechte einfordernde Bürgertum »mit den

Mitteln der geschichtlichen Wissenschaften das staatliche Leben von Grund auf [umbildete] und […] mit den Mitteln der Naturwissenschaften alle äußern Voraussetzungen des menschlichen Daseins in ungeheurer Weise revolutionierte, als es das Wunderwerk der modernen Technik errichtete: Konstitution und Maschine hießen seine beiden Lebenszwecke!« Die auf naturwissenschaftlicher Basis entwickelte Technik ist mit erschreckender Wucht in das Leben der Menschen eingebrochen. Da die Geschichtsschreibung im frühen 19. Jahrhundert von der pragmatischen zur genetischen Geschichtsauffassung übergegangen ist, völker- und länderindividuelle Entwicklungen suchte, wo bisher die Abstraktion des Menschheitlichen geherrscht hatte, reichte dieses Erschrecken tief hinab zu den Wurzeln des sozialen und kulturellen Bewußtseins. Nirgendwo in der bekannten Geschichte gab es Vorbilder für Dampfkraft, für Maschinen und ihre sozialen Folgen. Kein Wunder, daß den Menschen in der Zeit der (seit 1789 wiederholten) Revolutionen, der politischen, der ökonomischen, der sozialen und der literarischen, der Boden, auf dem sie gingen, zu wanken schien. Figuren mit (sozial bedingten) Mißbildungen, wie in Stifters Erzählung »Turmalin«, Sonderlinge, wie sein vermutlich Franz Grillparzers armem Spielmann nachgebildeter »armer Wohltäter« (in der Erzählung »Kalkstein«), Menschen, die meinen, auf dem Kopfe zu gehen, mit dem Himmel als »Abgrund unter den Füßen« (so wurde Georg Büchners Lenz von Paul Celan beschrieben), Menschen, die den Albtraum des gottleeren Himmels träumen, wie in Jean Pauls »Rede des toten Christus vom Weltgebäude herab, daß kein Gott sei«, Menschen, die den Anblick des naturwissenschaftlich entzauberten Himmels nicht ertragen, wie Cornelia in Stifters Erzählung »Der Condor«, bevölkern die Literatur.

Jean Pauls und E. T. A. Hoffmanns Schriften gehören, zusammen mit denen Herders, Goethes und Alexander von Humboldts, zu Stifters bevorzugter Quellenlektüre. Heinrich Heine hat journalistisch übertrieben, als er in der »Romantischen Schule« meinte, für E. T. A. Hoffmann sei »die ganze Natur [...] ein mißgeschliffener Spiegel [gewesen], worin er, tausendfältig verzerrt, nur seine eigne Totenlarve erblickte«, und hinzufügte, seine Werke seien »nichts anders als ein entsetzlicher Angstschrei in zwanzig Bänden«. Doch bei Hoffmann, wie in Jean Pauls gewaltiger »Rede des toten Christus«, bei Büchner wie bei Stifter trifft ein tief gefühlter Schöpfungsglaube auf die sich naturwissenschaftlich entwickelnde Erfahrung der Wirklichkeit und wandelt sich in eine verzweifelte Gott*suche*. »Ich stieg herab, soweit das Sein seine Schatten wirft«, sagt der tote Christus in Jean Pauls Roman »Blumen-, Frucht- und Dornenstücke« (1796/97), »und schauete in den Abgrund und rief: ›Vater, wo bist du?‹ aber ich hörte nur den ewigen Sturm, den niemand regiert, und der schimmernde Regenbogen aus Wesen stand ohne eine Sonne, die ihn schuf, über dem Abgrunde und tropfte hinunter. Und als ich aufblickte zur unermeßlichen Welt nach dem göttlichen *Auge*, starrte sie mich mit einer leeren bodenlosen *Augenhöhle* an: und die Ewigkeit lag auf dem Chaos und zernagte es und wiederkäuete sich. – Schreiet fort, Mißtöne, zerschreiet die Schatten; denn Er ist nicht!« In der Geschichte des europäischen Atheismus ist diese »Rede des toten Christus« gleichsam das retardierende Moment, ehe die Woge der Gottesleugnung im 19. Jahrhundert (über Feuerbach, Schopenhauer, Nietzsche und Marx bis Haeckel) aufgelaufen ist. Der Erzähler in Jean Pauls Roman will mit der Vision einer von Gott verlassenen Welt die rationalistische Gottesspekulation, »einige lesende und gelesene Magister in Furcht

[...] setzen«, welche »das Dasein Gottes so kaltblütig und kaltherzig erwägen, als ob vom Dasein des Kraken und Einhorns die Rede wäre«; wenige Jahrzehnte später wandelte sich das mächtige Immanenzgefühl in Trauer und Empörung. Kenntlich am Gebrauch der Kapitelteilung ist Jean Pauls »Blumen-, Frucht- und Dornenstücke oder Ehestand, Tod und Hochzeit des Armenadvokaten F. St. Siebenkäs« die unmittelbare Vorlage für Stifters Erzählung »Der Condor«. In dieser Erzählung schlägt die Erfahrung einer rational entzauberten Natur um in die Entfremdung von Mann und Frau, in die fundamentale Fremdheit der Geschlechter, welche durch das Jahrhundert hindurch die Geschichte der Gottesleugnung als ein dunkler Unterton begleitet und die Entsagungstradition der europäischen Liebesliteratur noch einmal bekräftigt hat.

Die neue, schon in Goethes »Die Leiden des jungen Werthers« (1774) präludierte, Realitätserfahrung geht über in das »kosmische Erschrecken«, das heißt in die Erkenntnis von der grenzenlosen Verlassenheit des Menschen im All. William H. Rey hat es als Kennzeichen für Adalbert Stifters Frühwerk vorgeschlagen. Die für die erste Hälfte des 19. Jahrhunderts oftmals abfällig »Biedermeier« genannte Epoche blickt, darin ganz dem Lebensgefühl des einsamen Beobachters in Stifters »Condor« verbunden, »auf einen ungeheuren, klaren, heitern, *leeren* Himmel«. Doch aus dem Erschrecken über den gottverlassenen Himmel, aus der Sehnsucht nach einer Neudefinition des Verlorenen gewinnt diese Ära Kraft für das Diesseits. »Sterblicher neben mir, wenn du noch *lebest*«, heißt es zur Gottesfrage bei Jean Paul, »so bete Ihn an: sonst hast du Ihn auf ewig verloren.« Diese Epoche hat sich auf die Entwicklung innerweltlicher Möglichkeiten und die Gestaltung der Um-

welt besonnen, sie wurde die Zeit der Mobilität, der Reise, des Verkehrs, der Gasbeleuchtung in den Städten, der Landgewinnung (durch Rodung, Bewässerung, Eindeichung und Küstenbefestigung), die Zeit der Bauernbefreiung, der Gewerbefreiheit und der Kapitalwirtschaft. Jetzt wurden Kälte und Feuchtigkeit aus den Wohnungen vertrieben, wurde die Nacht erhellt, das Leben in der zutiefst bürgerlichen Epoche bequemer und luxuriöser gestaltet. Aber das »ganze geistige Universum« [heißt es bei Jean Paul] wurde »durch die Hand des Atheismus zersprengt und zerschlagen in zahllose quecksilberne Punkte von Ichs, welche blinken, rinnen, irren, zusammen- und auseinanderfliehen, ohne Einheit und Bestand«. Der um Johann Gottlieb Fichtes Gottesvorstellungen entstandene Atheismusstreit, der mit der Entfernung des Philosophen aus dem Jenaer Universitätsamt endete, erreichte 1799, wenige Jahre nach der Publikation von Jean Pauls »Rede des toten Christus vom Weltgebäude herab«, seinen Höhepunkt.

2. Die Bäume und der Wald

Auch nach den napoleonischen Kriegen wurde Europa zwar von Mißernten, Teuerung und von den mehrfach über den Kontinent ziehenden Wellen der Cholera erschüttert, doch schien es, »als hätte die Erde [...] nach Kräftigung verlangt, oder als wären alle Fortschritte der Zeit [...] nur durch Intensivierung des Ackerbaus ermöglicht worden. 1804 hatte Théodore de Saussure die Humustheorie begründet, 1809 hatte Thaer, auf Saussure fußend, die Resultate der Naturwissenschaften der Landwirtschaft nutzbar

gemacht, 1840 hatte Liebig die Verwendung künstlichen Düngers angebahnt, während 1804 bereits von Alexander von Humboldt der Guano empfohlen worden war und Sprengel (1830) seine Stickstofftheorie entwickelte« (E. Heilborn). Unter diesem Horizont ist das Pathos zu verstehen, das in Stifters Erzählung »Brigitta« die Melioration der ungarischen Steppe begleitet. »In das öde Steinfeld«, heißt es da, »war ein kraftvoll weiterschreitend Heldenlied gedichtet.« Adalbert Stifter hat maßgeblichen Anteil an den poetischen Versuchen der Zeit, die dem Menschen real entgleitende Natur dem *ästhetischen* Bewußtsein näherzustellen. Der heilende Eindruck, den Natur und Landschaft auf die Empfindung und die Gesundheit des Menschen ausüben (von dem berühmtesten Arzt der Zeit, von Christoph Wilhelm Hufeland, mit in das gedankliche System der Makrobiotik hineingenommen), sollte nicht verlorengehen. Poesie und Natur kommen sich seit dem letzten Drittel des 18. Jahrhunderts nahe, wie nie zuvor in der Geschichte des menschlichen Geistes. »Kann man eine herrliche Alpenansicht ein schwungvolles lyrisches Gedicht nennen«, schreibt Stifter in der autobiographischen Studie »Aus dem bairischen Walde«, »so ist die Einfachheit dieses Waldes ein gemessenes episches.« Nicht nur »gesundheitbringend« ist die Wanderung im Wald, »sondern auch stillend und seelenberuhigend«, im Wald, durch den der Wind geht, als hole die Natur Atem, zeigt sich »im Kleinsten die Größe der Allmacht«. Jede Landschaft hat die ihr zugehörigen Pflanzen und Tiere, jede Landschaft die ihr zugehörigen Menschen. Wer die Landschaft als ganze beobachtet, kann am Verhalten der Tiere, am Geruch des Grases, am Duft der Blumen die Veränderungen des Wetters erkennen; doch erst »die Wege der neuen Wissenschaftlichkeit«, heißt es in Stifters Roman »Der Nachsommer«, werden

den Menschen lehren, aus all dem ein System zu gewinnen, wenn er »die Hilfsmittel benützt, die es jetzt gibt, besonders die Rechnung«.

Als Adalbert Stifter geboren wurde, gab es noch die wegelosen Wälder, gab es noch »wilden Wald«, auch wenn die Spur des Menschen schon breite Schneisen durch die grenzsetzenden Wälder zu ziehen begann. Der Böhmerwald und der Bayerische Wald galten unter den deutschen Gebirgen als die am wenigsten bekannten, noch urtümlichen und für den Tourismus erst zu erschließenden Gebiete, Relikte inmitten gewaltiger Rodungen. Nicht zufällig führt Schillers Karl Moor seine Räuberschar in »böhmische Wälder«. Doch auch in diese von Stifter mit nie endender Detailtreue beschriebenen uralten Wälder, mit mehrhundert- und tausendjährigen Bäumen, fielen zu Beginn des 19. Jahrhunderts Axt, Säge und Raubbau ein. »Stifters Leben«, sagt Arthur Brande, »[...] liegt in der Zeit stärkster Ausräumung der Wälder am Plöckenstein [im böhmischen Grenzgebirge], während der einhundert Jahre bis 1870.« In den waldreichen Landschaften Stifters also spiegeln sich Erinnerungsbilder der Kindheit, nicht die unmittelbaren Realitäten der Waldnutzung im 19. Jahrhundert. Noch war die Steinkohle als Energieträger kaum entdeckt, der gewaltige Energie-Hunger dieser Jahre der Frühindustrialisierung mußte durch Holz gestillt werden. Vermutlich sind die Rodungen in Mitteleuropa an der Wende vom 18. zum 19. Jahrhundert nur mit denen des 12. und des 13. Jahrhunderts zu vergleichen, als der deutsche Minnesänger Walther von der Vogelweide die Heimat seiner Jugend nicht mehr wiedererkannt und darüber gesungen hat. So ist auch Stifters Lobpreis des Waldes der Abschiedsgesang auf einen an Hölzern reichen Mischwald, der dort, wo er nicht gerodet wurde, durch Bau-

ernwald ersetzt wurde, durch die endlosen (mit militärischer Exaktheit gepflanzten) Kolonnen der gerade und rasch wachsenden Bretterfichten. Bei Stifter liest sich das noch anders: »Zu der Tanne gesellt sich ihre geringere, aber doch schöne Schwester, die Fichte, dann kömmt die hellgrünlaubige Buche und in den Tiefen an Wässern die Erle, und es kommen andere wasserliebende Bäume.« Die Ruhe und das Atmen des Waldes, die er beschreibt, ist die Ruhe anderer Wälder als wir sie heute in Mitteleuropa in der Regel kennen, auch wenn Stifter die Arbeit der Holzfäller und das Geschäft der Rodung in allen Einzelheiten beschrieben hat. Denkt er am Ende seines Lebens an die Landschaft der Jugend, so ist es, als ob vor das Auge des Malers nur noch die Fülle, nicht mehr das Detail des Waldes trete. »Da ist Wald und Wald und Wald«, heißt es in der letzten Fassung der »Mappe meines Urgroßvaters«. »In demselben sind Föhren, Fichten, Tannen, Buchen und Birken in Menge. Alle andern Bäume und Gesträuche sind auch da.«

Zur Erfahrung des Waldes gehören dessen artenreiche Fülle, der in den Wipfeln rauschende Wind, der Einbruch des Schneesturmes, unter dessen Gewalt die hohen Bäume zerbrechen, sein Licht und seine Schatten, seine Farben und sein Duft, die wimmelnde Tierwelt, das »ununterbrochene Rauschen der Wässer«, der Gesang der Vögel. »Oberösterreich ist ein besonders grünes Land«, sagt dieser autobiographische Erzähler, »und doch, wenn man von diesem Walde [dem Böhmerwald] in seine Fluren hinab kömmt, sind sie beinahe grau.« Alle Sinne des Menschen sind von dieser Naturerfahrung angesprochen, die eine ästhetische Erfahrung so gut wie eine Kindheitserinnerung und durchsichtig auf das alte, organismische Naturbild. Es wird in »Brigitta«, im Roman »Der Nachsommer«, in den »Bunten Steinen« und anderen Erzählungen ab-

gelöst von der Beschreibung der Landschaftsgärten, der vom Menschen benannten, von ihm gestalteten und kultivierten Natur. Im »Nachsommer« berichtet der Ich-Erzähler von seinen Erfahrungen als Maler, die der Poet Adalbert Stifter auch in der erzählenden Prosa gemacht hat. Danach gehört es zu den ersten Erfahrungen des Malens, »daß die Dinge der Natur und selber das menschliche Angesicht die heftigen Farben nicht haben, die sich in dem Farbenkasten befinden, daß aber dafür die Natur eine Kraft des Lichtes und des Schattens besitze, die wenigstens ich durch alle meine Farben nicht darzustellen vermochte«. Auf dem Dreisesselberg, in der von ihm gedanklich nie verlassenen Landschaft der Kindheit, hat Stifter Goethes, durch den Maler des Lichtes, durch Claude Lorrain, vorgedeutete, sizilianische Erfahrung des Lichtes wiederholt. Er hat den »feeigen Duft und Schmelz der Luft [erlebt], der ausgedehnte Landschaften so unsäglich anmutig macht, und den der Pinsel so selten erreicht, wenn es nicht etwa Claude Lorrain gelungen ist, der aber nie so große Dehnungen gemalt hat«.

Der Stifter vorangehenden Poeten- und Malergeneration, den Angehörigen der »Romantischen Schule«, galten Bäume als der Inbegriff des Lebens, als tief in der Geschichte wurzelnde Lebensgefährten und schließlich als sichtbare Zeichen von der Anwesenheit des Schöpfers in seinen Geschöpfen. Bettine von Arnim erzählt von einem Blaufärber in Offenbach, dessen Sorge beim Brand seines Betriebes nicht dem Haus und den Geräten galt, sondern nur den alten Linden im Hof, auf die er, zum Ärger der Polizei, alles verfügbare Löschwasser lenken ließ. Diese Bäume waren ihm Bild seines Herkommens, seiner Familie, seiner Geschichte, mit ihnen hatten er und seine Vorfahren in Eintracht und Treue gelebt, sie wollte er retten, das Haus ließ sich jederzeit neu erbauen. Vom

Freiherrn vom Stein berichtet Ernst Moritz Arndt, er habe die Bäume seines Gartens »umhalst, geherzt und gestreichelt und so in der eigenen Person gleichsam die von ihm angespielte Fabelsage [bewahrheitet], daß die ersten Menschen auf und aus den Bäumen gewachsen seien«. Solche Bäume und Wälder, Eichenbäume und Buchenwälder, haben Caspar David Friedrich, Carl Friedrich Schinkel, Carl Gustav Carus und ihre Zeitgenossen gemalt. Georg Friedrich Kersting hat das Motiv (in den Bildern über die Lützower Jäger auf Vorposten im real selten gewordenen, daher symbolischen Eichenwald und in der »Kranzwinderin«, 1815) ins National-Mythische übertragen.

Wie nahe der Maler (und der Dichter) Adalbert Stifter den Bestrebungen stand, die Carl Gustav Carus in den »Briefen über Landschaftsmalerei« (1805) verfolgte, hat Karl Möseneder nachgewiesen: »Carus erörterte nicht allein die […] Korrespondenzen zwischen Natur- und Gemütszuständen, sondern formulierte, sich auf Goethe, [Alexander von] Humboldt und Jean Paul berufend, die Prinzipien einer neuen, auf Wissenschaft gegründeten Landschaftsmalerei. […] Damit vertrat [er] gleichsam eine zu Humboldt komplementäre Position. Empfahl dieser die Annäherung der Geologie und Geographie an die künstlerische Naturdarstellung, so jener umgekehrt die Berücksichtigung naturwissenschaftlicher Einsichten in der Landschaftsmalerei: Kunst und Wissenschaft konvergierten.« In den Versuch, die Geschichtlichkeit von Landschaften, von Gebirgen und Steinen zu zeigen, sind die Mythen von der Weltentstehung eingeschlossen. Wie Steine und Gebirge in die Urzeit der Erde zurückverweisen, so ahnten diese Maler in jedem Baum ein fernes Abbild des Gartens Eden, ein Bild des Lebensbaumes, des Baumes der Erkenntnis von Gut und Böse.

Die Bäume und die Steine, der aufgehende Mond und die untergehende Sonne zeigen die geschichtlichen, das heißt die auf den Menschen bezogenen Spuren des Lebens. Sie sind bedeutsam, weil sie das Herz des Menschen rühren. Stifters eigene Gemälde und Zeichnungen stehen in dieser Tradition. Durchaus nicht-christlich wird sie schon in Goethes Winckelmann-Studie (1805) verkündet: »Denn wozu dient alle der Aufwand von Sonnen und Planeten und Monden, von Sternen und Milchstraßen, von Kometen und Nebelflecken, von gewordenen und werdenden Welten, wenn sich nicht zuletzt ein glücklicher Mensch unbewußt seines Daseins freut?«

Der Wald war Stifters früheste Lebenserfahrung, der Wald im bayerisch-böhmischen Grenzgebirge, zwischen dem Donautal und dem Tal der Moldau, in dem er geboren wurde. Das Land seiner Kindheit war in seiner Erinnerung »je höher hinauf, immer mehr mit den Bäumen des Waldes geziert, es ist immer mehr von dem reinen Granitwasser durchrauscht und von klareren und kühleren Lüften durchweht, bis es im Arber, im Lusen, im Hohensteine, im Berg der drei Sessel und im Blöckensteine die höchste Stelle und den dichtesten und an mehreren Orten undurchdringlichen Waldstand erreicht«. Stifter beschreibt Urwald, Buchenwald und Nadelwald, und in den Höhen »auch oft Knieholz, nicht der Berghöhe, sondern der kalten Winde wegen, die gerne und frei hier herrschen«. Doch ist schon dieser Wald auf den Menschen bezogen, ist Zufluchtsstätte und Barriere, schwer zu durchdringen auch für jene, welche, wie der Wanderer Adalbert Stifter, von Berg zu Berg, von Tal zu Tal den Wald zu durchqueren suchen. In diesen Wäldern, auf einsamen Bergen, in großen Gletschergebieten, still gelegenen Dörfern und Weilern ließ sich noch Natur erfahren, auch als die moderne Landwirtschaft, mit der Chemie im Bunde,

die fruchtbaren und die gerodeten Gebiete rasant zu verändern begann. Stifter hat mit dem an Carus geschulten Blick des Landschaftsmalers den Bergsee am Plöckenstein in der Erzählung »Der Hochwald« mit organismisch-mythischem Vokabular beschrieben, er hat »Waldeinsamkeit« (das alte, romantische Kennwort) in dem Sinne beschrieben, daß der Mensch dort im Anblick der Natur zu sich selbst und zu den Wurzeln seiner natürlichen Herkunft findet. »Ein Gefühl der tiefsten Einsamkeit überkam mich jedesmal unbesieglich«, heißt es in der Erzählung, »so oft und so gern ich zu dem märchenhaften See hinaufstieg. […] Da in diesem Becken buchstäblich nie ein Wind weht, so ruht das Wasser unbeweglich, und der Wald und die grauen Felsen, und der Himmel schauen aus seiner Tiefe heraus, wie aus einem ungeheuern schwarzen Glasspiegel. […] Oft entstieg mir ein und derselbe Gedanke, wenn ich an diesen Gestaden saß: – als sei es ein unheimlich Naturauge, das mich hier ansehe tief schwarz – überragt von der Stirne und Braue der Felsen, gesäumt von der Wimper dunkler Tannen – drin das Wasser regungslos, wie eine versteinerte Träne.« Das poetisch-metaphorische Vokabular fehlt in der autobiographischen Geschichte aus dem Bayrischen Wald, nicht nur wegen des Formwechsels, sondern weil die Zeit und die Entwicklung der Poetik über die mythische Naturerfahrung hinweggeschritten sind. Übrig geblieben ist das »erweckte Herz«, eine Empfindung, welche die Menschen der Moderne auch dann ergreift, wenn sie sich nicht getrauen, sich dazu zu bekennen. Der Blick auf den Plöckensteinsee, »der Hinabblick in all das blaue Dämmern und Weben der hinunter steigenden Wälder, der hinunter stehenden Felsen, des bleichenden Saumes, des stahlblau und schwarz schimmernden Wassers, des Uferbandes, und dann ein Blick auf das einfärbige

Himmelblau [zeigt] etwas so zauberhaft düster Holdseliges, daß manche Gemüter davon mächtiger erfaßt werden als von der Pracht des Blickes von den Sesseln aus«.

3. *Die fremde Natur und ihr sanftes Gesetz*

Der Blick auf den Plöckensteinsee verdeutlicht, in der Antithese von Faszination und Schauder, im sprachlichen Paradox (»düster Holdseliges«) ein neues Waldgefühl und doch auch die alte mythische Naturerfahrung. Die Natur wird im 18. und oftmals noch im frühen 19. Jahrhundert als ein gleichsam organisches Wesen gesehen, das der Mensch zu beschädigen und zu verwunden imstande ist. Insgesamt aber ist es ihm vertraut und daher nahe, er lebt mit der Natur, mit ihr und von ihr und ist mit seinem Leib ein Teil von ihr. Bergleute, die in den frühneuzeitlichen Jahrhunderten einen Stollen in die Erde trieben, haben vor Beginn der Arbeit rituelle Opfer vollbracht, »strikt Regeln der Reinlichkeit, sexueller Abstinenz [beachtet], und sie fasteten, bevor sie das Heiligtum der lebendigen Erde verletzten« (C. Merchant). Stifter dichtet in dem geschichtlichen Augenblick, in dem dieser magisch- und dämonisch-nahe Zusammenhang des Menschen mit der Natur aufgelöst wird. Natur erscheint nun technisch und wissenschaftlich beherrschbar.

So gewinnt der Mensch der Natur gegenüber eine neue Perspektive, er tritt gleichsam einen Schritt zurück, die einst vertraute und nahe Natur wird ihm fremd. Fremdheit aber ist die Bedingung für die Entstehung der modernen, experimentellen Naturwissenschaft. »Diese Trennung, die Auflösung des unmittelbaren Zusam-

menhanges mit der Natur«, so fassen Hartmut und Gernot Böhme ein längere Forschungsdiskussion zusammen, »macht die Herrschaft über die Natur möglich und ist zugleich der Ursprung ihrer empfindsamen Entdeckung. Die Natur ist das Fremde, das Andere der Vernunft.« Bis heute gilt Schillers Elegie »Der Spaziergang« (1795) als das poetische Eingangsdokument zu dieser europäisch-menschheitlichen Erfahrung, die zeitverschoben in vielen Entwicklungs- und Schwellenländern (in China, Korea, Indien, Taiwan) erst seit dem Ende des 20. Jahrhunderts in den unterschiedlichen *green movements* Gestalt annimmt. In dem von Schiller selbst und den Zeitgenossen gerühmten Text wird das Freiheitsgefühl des Menschen an die Entfremdung von der Natur gebunden, weil Freiheit zunächst Freiheit von den Zwängen des naturverhafteten Lebens bedeutet, sei es im Verhältnis zur außermenschlichen Natur oder im Verhältnis zur Natur des menschlichen Leibes. »Glückliches Volk der Gefilde!« heißt es in Schillers Elegie. »Noch nicht zur Freiheit erwachet, / Teilst du mit deiner Flur fröhlich das enge Gesetz.« Doch dann erwacht der Mensch zur Freiheit: »Seine Fesseln zerbricht der Mensch. Der Beglückte! Zerriß er / Mit den Fesseln der Furcht nur nicht den Zügel der Scham! / Freiheit ruft die Vernunft, Freiheit, die wilde Begierde, / Von der heil'gen Natur ringen sie lüstern sich los.«

In der nachromantischen Generation ist der Glaube an die *ästhetische* Versöhnung des »freien« Menschen mit der Natur zerbrochen. Schiller hatte ihn noch verkündet (»Und die Sonne Homers, siehe! sie lächelt auch uns«), die Romantiker hatten ihn in seiner Nachfolge zu gestalten versucht. Stifters jüngerer Zeitgenosse Georg Büchner (1813–1837) aber, ein vergleichender Anatom, ist darin ein Vorläufer der Moderne geworden, daß er die bei-

den Welten der spekulativen Philosophie und der empirischen Naturwissenschaft, die sich mit Riesenschritten aus den angebotenen (rasch veraltenden) Sinnhorizonten entfernte, nicht mehr zusammenfügen konnte. Ihn führte die, auch von Stifter gestellte, Frage nach dem Gesetz alles Seins und des *totalen* Wissens zur »Anschauung des Mystikers« und zum »Dogmatismus des Vernunftphilosophen. Daß es bis jetzt gelungen sei, zwischen letzterem und dem Naturleben, das wir unmittelbar wahrnehmen, eine Brücke zu schlagen, muß die Kritik verneinen. Die Philosophie a priori sitzt noch in einer trostlosen Wüste; sie hat einen weiten Weg zwischen sich und dem frischen grünen Leben, und es ist eine große Frage, ob sie ihn je zurücklegen wird«.

Stifter hat ähnlich empfunden, jedoch anders formuliert. Für ihn gab es eine »sanfte Sonne«, welche, unberührt von den Verwüstungen der natürlichen und der vom Menschen herbeigeführten Katastrophen, ihre Strahlen, erwärmend und vernichtend zugleich, auf die Erde sendet. Das Wort »sanft« wird dabei von ihm stets so verwendet, daß seine Verwandtschaft mit »sammeln« und »gesamt« gegenwärtig bleibt. Die Bedeutungen »weich« und »milde« sind urverwandt mit den Bedeutungen des Beisammenseins und der Übereinstimmung. Das Sanfte also ist bei Stifter meist das Gesamte der gesetzhaft handelnden Natur, es ist das der Natur Gemäße. In der außermenschlichen Natur (und im All) bezeichnet es das dort wirkende Naturgesetz, in der Menschenwelt meint es die Übereinstimmung mit dem Sittengesetz, mit dem Maß menschlicher Natur. Der »sanftmütige Obrist«, der die Pflanzen seines Gartens liebt, »weil sie *unschuldig* den Willen Gottes tun«, hat sich in langer Selbsterziehung ein solches menschliches Maß zugeeignet. Er lernte, »das Gute von dem Gepriesenen unterscheiden, und

das Heißersehnte von dem Gewordenen« und wurde so »widerstreitender Weise mitten im Kriege und Blutvergießen ein sanfterer Mensch«. Das Gesetz, das über dem Leben dieses einstigen Spielers, Duellanten und verhinderten Selbstmörders herrscht, ist das Gesetz aller Natur, ein Gesetz, welches das Große ebenso bewegt wie das Kleine, das Wilde wie das Zarte. Dieser Obrist, der in seiner im Gemüt kranken Frau »die Pflanze des Vertrauens« hat wachsen lassen, wird von der Katastrophe (dem Unfalltod dieser Frau) eingeholt. Ihr lautloser Absturz in den Bergen ereignet sich ebenso gesetzmäßig, wie das Leben mit ihr – und »dann schien die Sonne , wie alle Tage, es wuchs das Getreide, das sie im Herbste angebaut hatten, die Bäche rannen durch die Täler hinaus – – nur daß sie allein dahin war, wie der Verlust einer goldenen Mücke«. Menschen wie der »sanftmütige Obrist«, gut und heilsam für jene, die mit ihnen leben, sind eher selten in deutscher Literatur. Gottfried Kellers Frauengestalten jedenfalls gehören diesem Geschlecht heilender, sanftmütig-weiser Menschen an. Vielleicht ist auch Stifters sanftmütiger Obrist eine Menschengestalt, wie sie »die bittere Erde nicht hegt«.

Der »sanftmütige Obrist«, der so sanftmütig nicht immer gewesen ist, trägt die Erfahrung des Selbstmordes in sich. Nur weil die Büchse versagte, die er abends geladen hatte, um sich zu erschießen, ist er noch unter den Lebenden. Seine Lebens- und Liebesgeschichte erzählt er einem jungen Arzt, der sich aus Liebeskummer das Leben nehmen will. Stifters Werk ist von der Reflexion des Todes und des freiwilligen Sterbens durchzogen, von den Erfahrungen der Entfremdung auch des eigenen Inneren. Lebenslang hat er dem ihm angstvoll bewußten Sog des Todes durch die genaue Beobachtung und die sorgfältige Konstruktion des Lebens wider-

standen, bis er ihn doch in den Schmerzen der Todeskrankheit eingeholt hat. Der erste Biograph des Dichters, Alois Raimund Hein, berichtet davon, daß Stifter in der Nacht vom 25. auf den 26. Januar 1868 den quälenden Schmerzen ein Ende zu machen versuchte. »Wie von plötzlichem Wahnsinn erfaßt, tastete er [...] in einem unbewachten Augenblicke mit zitternden Händen nach dem Tischchen, in welchem sein Rasiermesser verwahrt lag, ergriff es und brachte sich in der Raserei des unerträglichen Schmerzes einen furchtbaren Schnitt am Halse bei.« Zwei Tage später, am 28. Januar, ist Adalbert Stifter mit 63 Jahren in Linz gestorben. »Zehrfieber und Leberverhärtung« sagt der Totenschein, seien die Ursachen seines Todes gewesen. »Deswegen zerlegt auch der Tod das Kunstwerk des Lebens«, hat Stifter in der »Mappe meines Urgroßvaters« geschrieben, »weil alles nur Hauch ist, und ein Reichtum herrscht an solchen Dingen. – Und groß und schreckhaft herrlich muß das Ziel sein, weil dein unaussprechbar Wehe, dein unersättlich großer Schmerz nichts darinnen ist, gar nichts – oder ein winzig Schrittlein vorwärts in der Vollendung der Dinge.«

4. Ästhetische Landschaft

Das von Stifter empfohlene Verfahren im Umgang mit der Natur, die sorgfältige, langdauernde, geduldige Beobachtung und deren Reflexion, oder (mit den Worten Natalies aus dem Roman »Der Nachsommer« gesprochen), die Dinge dieser Erde zu lieben, ihnen nachzugehen, sie in der Wissenschaft zu hegen, ist neu wie am ersten Tag. Dieses Verfahren hat ein poetisches Pendant: die genau

bedachte Sprache, eine Syntax, die jeden realen Schritt und jeden reflektierenden Gedankenschritt bedenkt und benennt, eine Sprache, deren Strukturen sich wie unter einem Mikroskop dehnen und vergrößern, Licht und Schatten gewinnen. Friedrich Hebbel hat Stifters Schreibweise in der Glosse »Das Komma im Frack« (1858) satirisch getadelt, da er das Nebenbei, das überall zu florieren beginne, also den Realismus der Einzelheiten, den Stifter in der Tat pflegte, als Ablenkung von den politischen Aufgaben der Zeit verstanden hat. Die Warze werde ebenso wichtig genommen, »wie die Nase, auf der sie sitzt«, der Kot auf Napoleons Stiefeln werde, »wenn es sich um den großen Abdikationsmoment des Helden handelt, ebenso ängstlich treu gemalt, wie der Seelenkampf auf seinem Gesicht. […] Kurz, das Komma zieht den Frack an und lächelt stolz und selbstgefällig auf den Satz herab, dem es doch allein seine Existenz verdankt«. Stifter hat sich gegen Hebbels Vorwurf, ein Dichter der Käfer und der Butterblumen zu sein, weil er die Sterne nicht sehe, die Menschen nicht kenne, nicht nur in der »Vorrede« zu den »Bunten Steinen« verteidigt; er hat auf die mehrfachen Angriffe auch mit der Ausprägung eines zeremoniellen, epischen Altersstiles geantwortet, der sich des Gehens auf dem dünnen Eis einer fremd gewordenen Natur versicherte. Dabei haben Stifters Landschaften und die Menschen, die in diesen Landschaften leben, große Ähnlichkeit deshalb miteinander, weil sich die Menschen in diese Landschaften gleichsam hineindichten. Die Wölfe (der Leidenschaft), die Gustav, den Sohn von Stephan Murai und Brigitta bedrohen, kommen aus einer noch nicht kultivierten Gefildenatur ebenso, wie aus dem sich erst entwickelnden Inneren des jungen Mannes. Als die einander entfremdeten Eltern zusammenwirken, um den Sohn zu retten, finden sie wieder zur Gemein-

schaft ihrer Ehe. Der lange, geduldige Umgang mit der Natur hat sie gelehrt, sich selbst und das eigene Verhalten zu verstehen, den Sohn (vielleicht) vor den Irrwegen zu bewahren, die sie selbst gegangen sind. Peter Handke hat Stifters episches, immer stärker gedehntes Schreiben als eine Art von Eskapismus aus den großen Entfremdungserfahrungen der Zeit gekennzeichnet. Adalbert Stifter, sagte Peter Rosei, habe »sehr wohl gewußt, wie dünn das logische, sprachliche Parkett war, auf dem er sich bewegte. Im Alterswerk wird die Angst vor dem Einbrechen in das von [ihm] als gesetzlos empfundene Unten überdeutlich spürbar. […] Die Angst, und es ist keine andere als die alte Angst seines Lebens, zwingt ihn dazu, die Sprache bis auf ihr Skelett abzumagern, die Phantasie bis auf ein Minimum zurückzunehmen und nichts mehr dem Zufall zu überlassen«.

Die Angst vor der einfallenden Fremdheit, die das Verhältnis des Menschen zur Natur betrifft, aber auch das Verhältnis des Menschen zum Menschen, hat Stifter mit seinen Zeitgenossen geteilt. Doch teilte er mit seinen Zeitgenossen auch das Pendant zu der Erfahrung der Fremdheit, denn zugleich mit der Entfremdung des Menschen von der Natur, die nicht plötzlich geschehen ist, sondern sich langsam, mit der Ausbreitung des Erfahrungswissens und dem neuzeitlichen Forschungsbegriff entwickelte, vollzieht sich die Wiederentdeckung der Natur als Landschaft. Dabei ist »Landschaft« mehr als die Anverwandlung der Natur an die Lebensbedürfnisse des Menschen. Im landschaftlichen Ausschnitt aus der Natur versucht der Mensch, in den sich spezialisierenden Wissenschaften, in der Genremalerei, im literarischen Realismus des Details, die ihm entgleitende Totalität der Natur noch einmal zu fassen. Natur als Landschaft ist nach Joachim Ritter ein »Pro-

dukt des theoretischen Geistes« und gehört »zur Entzweiungsstruktur der modernen Gesellschaft«. Trennung oder (mit Max Weber gesprochen) rationale Entzauberung der Natur ist das Kennzeichen der Moderne, wie Vereinigung oder neue Verzauberung das Kennzeichen der ihr entsprechenden Kunst ist. »Landschaft«, erkannte Joachim Ritter in seiner berühmt gewordenen Rektoratsrede von 1963, »ist Natur, die im Anblick für einen Fühlenden und empfindenden Betrachter ästhetisch gegenwärtig ist: Nicht die Felder vor der Stadt, der Strom als ›Grenze‹, ›Handelsweg‹ und ›Problem für Brückenbauer‹, nicht die Gebirge und die Steppen der Hirten und Karawanen (oder der Ölsucher) sind als solche schon ›Landschaft‹. Sie werden dies erst, wenn sich der Mensch ihnen ohne praktischen Zweck in ›freier‹ genießender Anschauung zuwendet, um als er selbst in der Natur zu sein.« So ist die Manie der Landschaft in spätromantischer sowie detailrealistischer Malerei und Dichtung ein Phänomen, das in dem Maße wächst, wie die Erfahrung des beschleunigten Verlustes von Natur durch experimentierende Wissenschaft und Technik offenbar wird. Die Landschaftsgärtnerei, die im 17. und im 18. Jahrhundert, aber auch noch im Englischen Garten des 19. Jahrhunderts als eine Kunstform gepflegt wurde, ist »ein Abkömmling der Landschaftsmalerei«, nicht umgekehrt (H. und G. Böhme). Die solchermaßen ästhetisch reflektierte Landschaft ist vermutlich erstmals von Petrarca entdeckt worden. Der von Ritter aufgestellten Reihe der Landschaftserfahrungen von Petrarca bis Cézanne könnte man daher ohne weiteres Stifter anfügen und formulieren: »Die Landschaft Petrarcas ist der Mont Ventoux, die Rousseaus der Bieler See, die Cézannes der Saint Victoire«, die Stifters der Böhmerwald. Im 19. Jahrhundert wurden die einstmals abgelegenen, jetzt durch den Verkehr er-

schlossenen Landschaften literarisch entdeckt: der Böhmerwald, das »gebirgigte Westphalen«, das schweizerische Emmental, die nord- und süddeutschen Heidelandschaften. Doch auch das Universum sollte den Menschen durch populäre Beschreibung nähertreten. Friedrich Hebbel ist (1859) der »absurden Bauern-Verhimmlung« in Literatur und Malerei seiner Zeit entgegengetreten, noch Goethe aber hat mit Respekt darauf verwiesen, wie der 1826 gestorbene Johann Peter Hebel das Universum »verbauert« habe, um es der Erfahrung seiner badischen Landsleute vertraut zu machen.

Ohne Stifter zu nennen, werden bei Joachim Ritter zwei von dessen Vorläufern in der Auffassung genannt, daß im landschaftlichen Ausschnitt das Ganze der Natur gegenwärtig sei: Alexander von Humboldt und Carl Gustav Carus. Der Entdecker und Forschungsreisende Alexander von Humboldt hat die wissenschaftliche Naturerzählung als Gattung erfunden, indem er die Beschreibung der Natur mit der Sprache der Weimarer Klassiker vermittelte. Er wandte sich der ästhetisch anspruchsvollen und gleichwohl wissenschaftlich exakten Naturerzählung in dem Augenblick zu, in dem die Gefahr bestand, daß das Ganze der Natur von der Fülle der erforschten und entdeckten Details verschüttet würde. »Um die Natur in ihrer ganzen erhabenen Größe zu schildern«, schrieb er im zweiten Band seines »Kosmos« genannten Entwurfes einer physischen Weltbeschreibung (1847), »darf man nicht bei den äußeren Erscheinungen allein verweilen; die Natur muß auch dargestellt werden, wie sie sich im Inneren des Menschen abspiegelt, wie sie durch diesen Reflex bald das Nebelland physischer Mythen mit anmutigen Gestalten füllt, bald den edlen Keim darstellender Kunsttätigkeit entfaltet.« Ritter schloß daraus, daß Humboldt so großartig wie tiefsinnig das Allgemeine ausge-

sprochen habe: »In der geschichtlichen Zeit, in welcher die Natur, ihre Kräfte und Stoffe zum ›Objekt‹ der Naturwissenschaften und der auf diese begründeten technischen Nutzung und Ausbeutung werden, übernehmen es Dichtung und Bildkunst, die gleiche Natur – nicht weniger universal – in ihrer Beziehung auf den empfindenden Menschen aufzufassen und ›ästhetisch‹ zu vergegenwärtigen.« Zugleich aber entwarf Humboldt damit ein Szenario unterschiedlicher Formen der Naturerzählung: zum einen ihre poetische Verwirklichung, in welcher sich unter dem Erfahrungsdruck der Zeit Landschaft und Natur im Inneren des Menschen und in seinen Schicksalen spiegeln; zum anderen ihre eher »objektivierende« Darstellung, die auf die Natur und die in ihr erkennbare Gesetzlichkeit zielt.

Adalbert Stifter war in diesem ästhetisch-wissenschaftlichen Verständnis der Natur ein Schüler Alexander von Humboldts. Er folgte auch dessen fester Überzeugung, daß der Anblick der (erhabenen) Natur und deren poetische oder malerische Gestaltung, den Menschen im Tiefsten zu verwandeln, das »unversöhnte Geschlecht« zu beruhigen, in der Lage sei. Das didaktische Element der Landschaftserzählung ist (bei Humboldt wie bei Stifter) nicht zu übersehen. In der Beschreibung der totalen Sonnenfinsternis in Wien 1842, in den »Winterbriefen aus Kirchschlag«, dem Bericht »Aus dem bairischen Walde« hat Stifter das von Humboldt virtuos angewandte Verfahren entwickelt. Er hat Wissenschaft und Poesie so einander genähert, daß Natur *erzählt* wird, daß sie als Reflex des menschlichen Inneren gleichsam neu entsteht. Alexander von Humboldt hat seine »Ansichten der Natur« (1807) vorzugsweise »bedrängten Gemütern« gewidmet und stets auf den »ewigen Einfluß hingewiesen, welchen die physische Natur auf die moralische

Stimmung der Menschen und ihre Schicksale ausübt«. Darin, nicht in der bloßen Landschaftsbeschreibung, hat auch Stifter die Möglichkeit gesehen, die beiden Gesetze, das der Natur und das des Menschen, in eins zu fassen, weil sie im Grunde eines Ursprungs sind. In Erzählungen für junge Leserinnen und Lesern, in den »Bunten Steinen« (1853), versuchte er, das Gefühl für die aus der Natur drohenden Gefahren zu gestalten und so den im Umgang mit der realen Natur verlorenen Instinkt poetisch-ästhetisch wieder zu erwecken. Daß das scheinbar Vertraute fremd werden kann, unheimlich und lebensbedrohend, das scheinbar Nahe fern und das Schöne schrecklich, ist die Grunderfahrung der Kinder in Stifters weihnachtlichem »Festgeschenk«, wie der Untertitel der »Bunten Steine« lautet. So erlebt es der Knabe in »Granit« im Konflikt mit der Mutter, während der Großvater, ihm zum Trost, aus den Namen der Hügel und Täler seiner Heimat, nicht deren natürliche Entwicklung, sondern deren Geschichte in der Wechselwirkung von Mensch und Natur wachruft und den kleinen Schmerz des Kindes spiegelt in den großen Schmerzen der Vergangenheit. So erleben es Konrad und Sanna in »Bergkristall«, auf dem Gletscherfeld des ihnen fremd gewordenen Hausberges, der doch der ganze Stolz des Dorfes ist, »als hätten sie ihn selber gemacht«. Die Kinder gehen über das verschneite Eisfeld »mit der Unablässigkeit und Kraft, die Kinder und Tiere haben, weil sie nicht wissen, wie viel ihnen beschieden ist, und wann ihr Vorrat erschöpft ist«. Doch die Todesnot der Kinder, der sie wie durch ein Wunder entkommen, führt die einander (ebenso wie der sie umgebenden Natur) entfremdeten Bewohner des Bergdorfes dauerhaft zusammen. Sie suchen die Kinder gemeinsam und finden sie – deshalb. So erfahren es schließlich auch die sorglosen Kinder der Schule im Kar, als ihr

scheinbar gefahrloser, vertrauter Schulweg sich bei Hochwasser in eine gefährliche Falle verwandelt und der Pfarrer im Kar »seinen« Kindern das Leben rettet. Durch sein asketisches Leben (es war karg wie die Gegend, in der er lebte) hat er ihnen schließlich sogar eine Schule gestiftet, die sie von dem gefährlichen Schulweg unabhängig machte. »Aber wie das Böse stets in sich selber zwecklos ist und im Weltplane keine Wirkung hat, das Gute aber Früchte trägt, wenn es auch mit mangelhaften Mitteln begonnen wurde, so war es auch hier.« Das Beispiel des armen Wohltäters stiftet Gemeinschaft und Solidarität: »Jetzt, da ich rede, steht die Schule längst in den Steinhäusern und Karhäusern, sie steht in der Mitte der Schulkinder auf einem gesunden und luftigen Platze.«

Stifter hat versucht, in der Beobachtung, der Beschreibung und der ästhetischen Konstruktion von Landschaft und Natursensationen, wie der totalen Sonnenfinsternis (1842) oder dem Schneesturm im Bayerischen Wald (1866), in Erzählungen vom Verhalten des Menschen in der Natur und mit der Natur, jenes »zivilisatorische Urvertrauen« zu stiften, das humane Solidarität im Angesicht der natürlichen Bedrohung schenkt. Nach all dem könnte der Eindruck entstehen, dieser Autor sei ausschließlich ein Dichter der Landschaft und des Waldes gewesen, der im Alterswerk (zum Beispiel im Epos »Witiko«, 1865–1867) auch den historischen Zustand der Natur, der mittelalterlichen Wälder und der Steppen Europas exakt recherchierte, um die Differenz zu den Rodungen der Gegenwart sichtbar zu machen und die Veränderung menschlicher Schicksale in der Veränderung von deren natürlicher Umgebung zu deuten. Doch Stifter hat (1844) mit bei ihm ungewohnter Heiterkeit auch das Leben der Wienerinnen und der Wiener beschrieben, das Leben einer Großstadt, deren Bewohner sich längst unab-

hängig von der Natur und ihren Einflüssen wähnten, um dann umso stärker unter den Winterstürmen zu leiden, dem Regen, dem Glatteis, der in die Häuser einfallenden Sommerhitze und den dikken, zähen Donaunebeln, für die Wien berüchtigt ist. Der Volksmund, meinte Stifter, habe solche Wetterlagen am besten getroffen. Wenn er seinen Kleiderputzer nach dem Wiener Wetter fragte, habe dieser geantwortet: »Euer Gnaden! Ein Nebel, daß man ihn auf das Brot streichen könnte, und dazu ein so scharfer Luft, daß sich eine Sau daran zu reiben vermöchte.«

5. Die Rechnung und der Schauder

Bei der in Europa zu beobachtenden totalen Sonnenfinsternis am 11. August 1999 hat ein Physiker gemeint, es sei gut, wenn die Menschen einmal wieder sähen, daß die Naturgesetze funktionierten. Stifter hat am 8. Juli 1842 nicht die Funktion der Naturgesetze, sondern deren Störung erlebt. Er hat, wie in manchen Erzählungen vorher und nachher, auf dem Kornhäuselturm in Wien das Gesetz der Natur als den Mantel Gottes bezeichnet, der für einen Augenblick, den der Änderung und der Störung, vor den Augen der Menschen gelüftet wird, damit die Menschen im Gesetz die Größe Gottes ahnen, ohne sie doch recht zu erfassen. Bei Stifter beginnt (vielleicht sogar mit dem Engel der »Sonnenfinsternis«) in deutschsprachiger Literatur eine Tradition, die erst Rainer Maria Rilke in den »Duineser Elegien« auf die bündige und seither oft zitierte Formel gebracht hat: »Denn das Schöne ist nichts / als des Schrecklichen Anfang, den wir noch grade ertragen, / und wir bewundern

es so, weil es gelassen verschmäht, / uns zu zerstören.« Stifter selbst hat versucht, die Erfahrung der Nacht am Tage, das Erlebnis des Abendwerdens ohne Abendröte mit literarischen Bildern zu beschreiben. Byrons Gedicht »Die Finsternis« ist ihm dabei eingefallen, doch erging es ihm wie manchem Leser, der im Angesicht der Apokalypse nur *einen* Bericht für ausreichend gefunden hat, das Erahnte zu beschreiben: den biblischen Bericht vom Tode Jesu. Weniger die Verfinsterung der Sonne, als die Reaktionen der Kreatur auf das ihr unverständliche Geschehen erregen Schauder und Befremdung: »[…] die Tiere entsetzten sich.« Es waren im Grunde nur zwei Minuten, als »deckend […] Scheibe auf Scheibe« stand, »doch *dieser* Moment war es eigentlich, der wahrhaft herzzermalmend wirkte – das hatte keiner geahnet – ein einstimmiges ›Ah‹ aus aller Munde, und dann Totenstille, es war der Moment, da Gott redete und die Menschen horchten«. So ist zu verstehen, warum Stifter häufig davon spricht, daß es Augenblicke im Leben des Menschen gebe, in denen es ist, als ob der verhüllende Mantel Gottes einen Spalt breit gelüftet werde, um dem Menschen die Allmacht zu zeigen. Beim Tode Jesu aber spaltete sich die Erde, zerriß der Vorhang des Tempels, hat Gott seinen Mantel gleichsam zerrissen. Er tritt in solchen Situationen dem Menschen in furchtbarer Majestät entgegen. Das Geschehen erlangt apokalyptische Wucht, vorgedeutet ist das Gericht, das über die Menschen und ihre Erde kommen wird.

Kosmologie und Planetologie, die Erforschung des Mondes und des Ganges der Erde um die Sonne, die Neigung der Erdachse gegen die Ekliptik ihrer Umlaufbahn, die Entstehung der Jahreszeiten, der Wechsel von Tag und Nacht, die Wirkung der Schwerkraft etc. gehörten zu Beginn des 19. Jahrhunderts zu den Gegen-

ständen, die nicht mehr Geheimwissen der Gelehrten waren, sondern in Kalendern und Almanachen für eine große Zahl zunehmend lesefähiger Menschen aufbereitet wurden. Nun erst setzte sich das kopernikanische Weltbild auch bei den Ungelehrten durch, begann mit der Mathematisierung der Naturwissenschaften die von diesen dominierte Epoche. Daß die Erde keine Scheibe ist, sondern »eine ungeheure große Kugel«, daß sie »frei und ohne Unterstützung« hängt und schwebt, »wie seines Orts die Sonne und der Mond, in dem unermeßlichen Raum des Weltalls unten und oben zwischen lauter himmlischen Sternen«, hat bereits Johann Peter Hebel den Lesern seines Landkalenders erzählt und im »Schatzkästlein des Rheinischen Hausfreundes« (1811) für ein stadtbürgerliches Lesepublikum wiederholt. Für die Entfernung der Sonne von der Erde hat dieser späte Abkömmling der »moralischen Wochenschriften« ein gerade in Kriegszeiten ungemein eindrucksvolles Bild gewonnen: »Merke: Wenn auf der Sonne eine große scharf geladene Kanone stünde, und der Konstabler, der hinten steht und sie richtet, zielte auf keinen anderen Menschen als auf dich, so dürftest du deswegen in dem nämlichen Augenblick, da sie losgebrannt wird, noch herzhaft anfangen ein neues Haus zu bauen, und könntest darin essen und trinken und schlafen, oder du könntest ohne Anstand noch geschwinde heiraten, und Kinder erzeugen und ein Handwerk lernen lassen, und sie wieder verheiraten und vielleicht noch Enkel erleben. Denn wenn auch die Kugel in schnurgerader Richtung und immer in gleicher Geschwindigkeit immer fort und fort flöge, so könnte sie doch erst nach Verfluß von 25 Jahren von der Sonne hinweg auf der Erde anlangen […].« Die Rechenkunststücke, die anschaulichen Vergleiche, die Stifter verwendet, um die Eindrücke der Natursensationen festzuhalten,

sind häufig bei Hebel, in der von diesem und seinem Verleger Cotta für die Gebildeten gewonnenen Kalenderliteratur, vorgebildet. Doch das vom Aberglauben befreite Naturerlebnis ist zugleich dessen ängstigende Erfahrung.

Bei Stifter ist durch die Mathematisierung der Naturwissenschaft, durch die Berechnung des natürlichen Geschehens, die Angst nicht aus der Natur genommen. Die Natur wird nicht auf menschliche Größe geschrumpft, sondern bleibt, trotz Berechnung und vielleicht sogar wegen der Berechnung, groß und schwer durchdringlich wie am ersten Tag der Schöpfung, als sich Kosmos aus Chaos bildete. »Der Mathematiker hat […] Werkzeuge zu Wahrnehmungen erfunden«, heißt es in Stifters Betrachtung »Der Silvesterabend« (1866), »die ihm die Grundlagen zu seinen Rechnungen geben, und die Rechnungen sagen, […] daß eine Million Erdkugeln im Bauche der Sonne Platz haben. […] Die Rechnungen sagen, daß um diese Sonne in ungeheuern Entfernungen Planeten herum gehen und dem erschrocknen Rechner sagen die Rechnungen, daß dieses ganze Sonnensystem im Bauche des Sternes Capella Platz hätte.« Im Blick der neuen Beobachtungssysteme, der verbesserten Teleskope und Mikroskope, der Thermometer, Hygrometer und Barometer, taucht eine Wirklichkeit auf, die zu sehen, den Menschen lange verschlossen war. Der kühle Rechner, der mit seinem Verstand das Weltall durchdringt, erschrickt vor den Folgen des eigenen Kalküls, die Ambivalenz von Neugier und Erschrecken wird zur Signatur des beginnenden naturwissenschaftlichen Zeitalters. Es ist eine Art von kantianischer Gotteserfahrung, die Stifter im Anblick der Sonnenfinsternis erlebt. Vorausberechnet, exakt nach Rechnung eingetreten und doch »herzzermalmend« ist diese Verfinsterung des Zentralgestirns; sie

ist in der Erfüllung uralter Rechnungen einer der »gerechtesten« Triumphe des Menschen, »aber siehe, Gott gab ihm auch für das *Herz* etwas mit, was wir nicht voraus gewußt, und was millionenmal mehr wert ist, als was der Verstand begriff und voraus rechnen konnte: das Wort gab er ihm mit: ›Ich bin‹ – –, nicht darum bin ich, weil diese Körper sind und diese Erscheinung, nein, sondern darum, weil es euch in diesem Momente euer Herz schaudernd sagt, und weil dieses Herz sich doch trotz der Schauer als groß empfindet.‹ – – Das Tier hat gefürchtet, der Mensch hat angebetet«. Die unmittelbare Überwältigung des Herzens im Anblick des Außerordentlichen, die Ahnung dessen, was alles Begreifen und alles Rechnen übersteigt, belegt das Humanum. Nur der Mensch hat die Möglichkeit anzubeten und dort die eigene Größe zu erkennen, wo die Kreatur in Ängsten liegt. Dieses kalkulierende und rechnende Ich reflektiert die Kategorien der menschlichen Existenz und erkennt dabei, daß alle Vorstellungen, die über die Rahmung des menschlichen Daseins durch Zeit und Raum hinausgehen, in eine Ungewißheit führen, wo die Spekulation jeweils in einem kategorialen Nichtwissen endet, in einem »ignoramus« (»wir wissen es nicht«), das nahe bei einem »ignorabimus« (»wir werden es vermutlich nie wissen«) liegt. »Um eine Billion zu zählen, würde man, wenn man in jeder Sekunde fünf zählt, in ununterbrochenem Zählen über sechstausend Jahre brauchen«, ist in »Der Silvesterabend« zu lesen. »In der Zeit ist die Welt erschaffen worden. Was war die Zeit vorher? Was waren in der weltleeren Zeit die billionenmal Billionen Jahre, die vielmal billionenmal Billionen Jahre? Hat die Zeit selber einen Anfang gehabt? Wenn sie einen Anfang gehabt hat, so müssen wir uns vor dem Anfange der Zeit eine leere Zeit denken, also wieder eine Zeit, und vor ihr wie-

der eine. Das verstehen wir nicht, [...] wie den unendlichen Raum nicht.« Stifter nähert sich den Grenzen des sinnvoll-physikalischen Fragens, das alles zu erfassen sucht, was ist. Die von Leibniz gestellte Frage: »Warum ist da nicht nichts?« gilt als unwissenschaftlich und wird in das Reich der *Meta*physik verwiesen. Trotzdem ist sie auch in der modernen Spekulation nie verstummt. Sie stellt sich heute, da es uns möglich ist, in den Ablauf des Lebens einzugreifen, da wir die Erde, den blauen, lebentragenden Planeten in der Einsamkeit des Weltalls, erstmals von außen gesehen haben, da wir den Mond betreten haben, den Mars für die nächste Expedition erkunden, drängender als jemals zuvor und ist ebensowenig zu beantworten wie zu Stifters Zeiten.

Als Naturwissenschaftler hat Stifter keineswegs schon auf die moderne Physik oder gar auf die moderne Mathematik vorausgedeutet. Er ist fest verwurzelt in dem, allerdings avancierten, wissenschaftlichen Denken seiner Zeit. Als Dichter aber war er seiner Zeit voraus und gelangte an den Saum der Moderne. So hat sich dieser Denker, der ein Dichter war, schließlich von Kalkül und Spekulation, von Mathematik und Philosophie abgewandt und sich dem »Menschenmachen« zugewandt, dem einzigen Wettbewerb, in dem die menschliche Phantasie mit ihrem Schöpfer zu konkurrieren vermag. Stifter hat dabei sehr wohl gesehen, wie mühsam dieses Menschenmachen ist, vor allem, wenn es im Gleichklang mit einer Natur geschehen soll, die ebenso erst geschaffen werden muß, wie die in ihr lebenden Menschen. Die Inspirationskrise, die zur Symptomatologie des Poetischen gehört, zumindest seit der Entstehung der Autonomieästhetik, äußert sich bei ihm in dem Seufzer, man solle nicht versuchen, Gott ins Handwerk zu pfuschen. Gott verstehe das Menschenmachen allemal besser als der

einsame Poet. So hat er versucht, sich auf das dem Menschen Nötige und das dem Menschen Mögliche zu beschränken, auf die Beschreibung von Luft, Erde, Wasser, Feuer (Wärme und Elektrizität), und – auf das Schöne, das so elementar wirken kann, wie die übrigen dem Menschen nötigen und in ihm interagierenden physikalischen Elemente. Stifter hat die Natur erzählt, die außermenschliche und die mit ihr verknüpfte menschliche, er hat menschliches Glück und Leid, die Trauer und die Freude der Menschen unter dem naturwissenschaftlich geschärften Blick eines Zeitalters erkundet, das vielleicht erst um die Mitte des 20. Jahrhunderts zu Ende gegangen ist.

* * *

Die Lehre von den drei Weltzeitaltern, dem goldenen, naiven, der harten Übergangszeit und der künftigen reflektierten, goldenen Zeit hat Friedrich Schiller der literarischen Moderne angepaßt. Die Romantiker haben daraus (unter Berufung auf Milton und Schiller) die Grundstruktur ihres Denkens, die Beschreibung des verlorenen und die Vision des wieder zu gewinnenden Paradieses, gewonnen. Stifter hat versucht, die Dreizeitalterlehre so umzugestalten, daß sie mit der modernen naturwissenschaftlichen Entwicklung in Einklang gebracht werden konnte. In dem utopischen Roman »Der Nachsommer« hat er verdeutlicht, welch nahezu übermenschlicher ethischer Anstrengungen es bedarf, wenn das Wollen des Menschen mit seinem vorauseilenden Können im Einklang bleiben soll. Der Freiherr von Risach, Heinrich Drendorfs, des Ich-Erzählers, Lehrer und Gastfreund, beschreibt in einer grandiosen Vision die Entwicklung des naturwissenschaftlichen

Jahrtausends, dessen Anfänge er erlebt. Dabei meinen die drei Zeitalter der zivilisatorischen Entwicklung: die griechisch-römische Antike, die zählebige Übergangszeit (zu welcher er auch die eigene Lebenszeit rechnet) und das kommende Zeitalter forcierter Technik und Naturwissenschaft, in dem auf die Sammlung von Information und Daten, nach »Aufklärung«, schließlich deren Reflexion und theoretische Durchdringung, das heißt »Abklärung«, folgen werde. Wann dies alles eintreten werde, darüber gibt dieser im Umgang mit Geschichte, Kunst und Natur weise gewordene Staatsmann keine Auskunft. Christian-Paul Berger hält die (nachfolgend zitierte) Vision aus dem 4. Kapitel des zweiten »Nachsommer«-Bandes für eine »Schlüsselstelle« des Romans. Ob und wie sie auf unsere Zeit verweist, in welcher nicht nur die blitzschnelle Übermittlung der dadurch allen gleichzeitig verfügbaren Informationen Realität geworden ist, sondern auch die Übermacht des Stoffes vor dem (reflektierenden und theoretisierenden) Geist, mag jeder für sich selbst entscheiden. Die »Gewichte der Weltuhr« jedenfalls werden in dem neuen Zeitalter bewegt, die Weltuhr selbst wird anders als zuvor justiert:

»Wir arbeiten an einem besondern Gewichte der Weltuhr, das den Alten, deren Sinn vorzüglich auf Staatsdinge, auf das Recht und mitunter auf die Kunst ging, noch ziemlich unbekannt war, an den Naturwissenschaften. Wir können jetzt noch nicht ahnen, was die Pflege dieses Gewichtes für einen Einfluß haben wird auf die Umgestaltung der Welt und des Lebens. […] wir stehen erst ganz am Anfange des Anfangs. Wie wird es sein, wenn wir mit der Schnelligkeit des Blitzes Nachrichten über die ganze Erde werden verbreiten können, wenn wir selbst mit großer Geschwindigkeit und in kurzer Zeit an die verschiedensten Stellen der Erde werden

gelangen, und wenn wir mit gleicher Schnelligkeit große Lasten werden befördern können? Werden die Güter der Erde da nicht durch die Möglichkeit des leichten Austauschens gemeinsam werden, daß allen alles zugänglich ist? [...] Dann wird, um der Allberührung genügen zu können, das, was der Geringste wissen und können muß, um vieles größer sein als jetzt. Die Staaten, die durch Entwicklung des Verstandes und durch Bildung sich dieses Wissen zuerst erwerben, werden an Reichtum, an Macht und Glanz voranschreiten und die andern sogar in Frage stellen können. Welche Umgestaltungen wird aber erst auch der Geist in seinem ganzen Wesen erlangen? Diese Wirkung ist bei weitem die wichtigste. Der Kampf in dieser Richtung wird sich fortkämpfen, er ist entstanden, weil neue menschliche Verhältnisse eintraten, das Brausen [des Anfangs] wird noch stärker werden, wie lange es dauern wird, welche Übel entstehen werden, vermag ich nicht zu sagen; aber es wird eine Abklärung folgen, die Übermacht des Stoffes wird vor dem Geiste, der endlich doch siegen wird, eine bloße Macht werden, die er gebraucht, und weil er einen neuen menschlichen Gewinn macht, wird eine Zeit der Größe kommen, die in der Geschichte noch nicht dagewesen ist. Ich glaube, daß so Stufen nach Stufen in Jahrtausenden erstiegen werden. Wie weit das geht, wie es werden, wie es enden wird, vermag ein irdischer Verstand nicht zu ergründen. Nur das scheint mir sicher, andere Zeiten und andere Fassungen des Lebens werden kommen, wie sehr auch das, was dem Geiste und Körper des Menschen als letzter Grund inne wohnt, beharren mag.«

Literaturangaben:

Im Nachwort werden u. a. folgende Texte zitiert: *Hartmut Böhme und Gernot Böhme*: Das Andere der Vernunft. Zur Entwicklung von Rationalitätsstrukturen am Beispiel Kants. Frankfurt am Main 1983 – *Christian-Paul Berger*: »... welch ein wundervoller Sternenhimmel in meinem Herzen ...« Adalbert Stifters Bild vom Kosmos. Wien, Köln, Weimar 1996 – *Arthur Brande*: Stifters Hochwald am Plöckenstein. Eine vegetationskundliche und waldgeschichtliche Analyse. In: *Walter Hettche und Hubert Merkel* (Hgg.): Waldbilder. Beiträge zum interdisziplinären Kolloquium »Da ist Wald und Wald und Wald« (Adalbert Stifter). Göttingen, 19. und 20. März 1999. München 2000, S. 47–67 – *Georg Büchner*: Über Schädelnerven. Probevorlesung, gehalten in Zürich 1836. In: *Karl Pörnbacher, Gerhard Schaub, Hans-Joachim Simm und Edda Ziegler* (Hgg.): Georg Büchner. Werke und Briefe. München, Wien 1980, S. 235–244 – *Paul Celan*: Der Meridian. Rede zur Entgegennahme des Büchner-Preises 1960. In: Büchner-Preis-Reden 1951–1971. Mit einem Vorwort von Ernst Johann. Stuttgart 1972, S. 88–102 – *Wolfgang Frühwald*: Fremde und Vertrautheit. Zum Naturverständnis in der deutschsprachigen Literatur seit dem 18. Jahrhundert. In: *Wolfgang Frühwald und Alberto Martino, unter Mitwirkung von Ernst Fischer und Klaus Heydemann* (Hgg.): Zwischen Aufklärung und Restauration. Sozialer Wandel in der deutschen Literatur (1700–1848). Festschrift für *Wolfgang Martens* zum 65. Geburtstag. Tübingen 1989, S. 451–463 – *Ders.*: Nachwort in: *Max Stefl* (Hg.): Adalbert Stifter: Studien. 2 Bde. Frankfurt am Main 1989 – *Ernst Heilborn*: Zwischen zwei Revolutionen. Der Geist der Schinkelzeit (1789–1848). Berlin 1929 – *Alexander von Humboldt*: An-

sichten der Natur, mit wissenschaftlichen Erläuterungen. 3. Auflage. Stuttgart und Tübingen 1849 – *Ders.*: Kosmos. Entwurf einer physischen Weltbeschreibung. Bd. 1. Stuttgart und Tübingen 1845. Bd. 2. Stuttgart und Tübingen 1847 – *Mathias Mayer*: Adalbert Stifter. Erzählen als Erkennen. Stuttgart 2001 – *Carolyn Merchant*: The Death of Nature. San Francisco 1980 – *Karl Möseneder*: Stimmung und Erdleben. Adalbert Stifters Ikonologie der Landschaftsmalerei. In: *Hartmut Laufhütte und Karl Möseneder* (Hgg.): Adalbert Stifter. Dichter und Maler, Denkmalpfleger und Schulmann. Neue Zugänge zu seinem Werk. Tübingen 1996, S. 18–57 – *Karl Privat*: Adalbert Stifter. Sein Leben in Selbstzeugnissen, Briefen und Berichten. Berlin 1946 – *Joachim Ritter*: Landschaft. Zur Funktion des Ästhetischen in der modernen Gesellschaft. Münster in Westfalen 1963 – *Hannelore Schlaffer*: Johann Peter Hebel: Schatzkästlein des Rheinischen Hausfreundes. Ein Werk in seiner Zeit. Mit Bilddokumenten, Quellen, historischem Kommentar und Interpretation hg., Tübingen 1980 – *Franz Schnabel*: Deutsche Geschichte im neunzehnten Jahrhundert. Bd. 3: Erfahrungswissenschaft und Technik. 2. Auflage. Freiburg i. Br. 1950 – *Wilhelm Treue*: Wirtschafts- und Sozialgeschichte Deutschlands im 19. Jahrhundert. In: *Herbert Grundmann* (Hg.): *Bruno Gebhardt*: Handbuch der deutschen Geschichte. Bd. 3: Von der Französischen Revolution bis zum Ersten Weltkrieg. 8. Aufl. Stuttgart 1960, S. 324–413 – *Werner Welzig* (Hg.): Adalbert Stifter: Die kleinen Dinge schreien drein. 59 Briefe. Frankfurt am Main 1991.